Die Bonus-Seite

Ihr Vorteil als Käufer dieses Buches

Auf der Bonus-Webseite zu diesem Buch finden Sie zusätzliche Informationen und Services. Dazu gehört auch ein kostenloser **Testzugang** zur Online-Fassung Ihres Buches. Und der besondere Vorteil: Wenn Sie Ihr **Online-Buch** auch weiterhin nutzen wollen, erhalten Sie den vollen Zugang zum **Vorzugspreis**.

So nutzen Sie Ihren Vorteil

Halten Sie den unten abgedruckten Zugangscode bereit und gehen Sie auf **www.galileocomputing.de**. Dort finden Sie den Kasten **Die Bonus-Seite für Buchkäufer**. Klicken Sie auf **Zur Bonus-Seite/Buch registrieren**, und geben Sie Ihren **Zugangs-code** ein. Schon stehen Ihnen die Bonus-Angebote zur Verfügung.

Ihr persönlicher
Zugangscode | iwxh-cesm-q3v2-u97j |

Bernhard Wurm

Programmieren lernen!

Schritt für Schritt zum ersten Programm

Galileo Press

Liebe Leserin, lieber Leser,

ich freue mich, dass Sie sich auf das Abenteuer »Programmierung« einlassen möchten!

Unser Buch wählt einen anderen Weg, Sie ans Programmieren heranzuführen, als andere Einsteigerbücher es tun. Es will Ihnen nicht in erster Linie eine Sprache vermitteln, sondern Sie in die Lage versetzen, das »Denken« des Computers so weit zu verstehen, dass Sie mit ihm sprechen können. Anders gesagt: Wenn Sie einen Algorithmus formulieren können, wird es für Sie ein Leichtes sein, ihn in einer bestimmten Sprache umzusetzen.

Nehmen Sie sich Zeit, gründlich zu lesen, und nehmen Sie sich die Aufgaben am Ende der Kapitel vor. Wir werden Sie nicht davor bewahren, ins Schwitzen zu kommen. Denn schließlich wollen Probleme durch Programme gelöst werden. Und das hat es in sich!

Bernhard Wurm führt Sie in die Welt der Softwareentwicklung ein. Sie werden lernen, den Computer zu verstehen, aber auch die Anwender Ihrer Programme. Und den Durchblick zu behalten, wenn es gilt, Fehler zu beheben oder Software zu schreiben, die sich später noch erweitern lässt.

Programmierung ist ein Abenteuer. Na, dann lassen Sie sich darauf ein! Indiana Jones war auch nicht nach einer Viertelstunde wieder zuhause.

Viel Freude beim Lesen wünscht

Ihre Almut Poll
Lektorat Galileo Computing

almut.poll@galileo-press.de
www.galileocomputing.de
Galileo Press · Rheinwerkallee 4 · 53227 Bonn

Auf einen Blick

Wir hoffen sehr, dass Ihnen dieses Buch gefallen hat. Bitte teilen Sie uns doch Ihre Meinung mit. Eine E-Mail mit Ihrem Lob oder Tadel senden Sie direkt an den Lektor des Buches: *almut.poll@galileo-press.de*. Im Falle einer Reklamation steht Ihnen gerne unser Leserservice zur Verfügung: *service@galileo-press.de*. Informationen über Rezensions- und Schulungsexemplare erhalten Sie von: *julia.mueller@galileo-press.de*.

Informationen zum Verlag und weitere Kontaktmöglichkeiten finden Sie auf unserer Verlagswebsite *www.galileo-press.de*. Dort können Sie sich auch umfassend und aus erster Hand über unser aktuelles Verlagsprogramm informieren und alle unsere Bücher versandkostenfrei bestellen.

An diesem Buch haben viele mitgewirkt, insbesondere:

Lektorat Almut Poll
Korrektorat Katharina Raub, Konstanz
Einbandgestaltung Barbara Thoben, Köln
Titelbilder Beetlebum.de, Johannes Kretschmer, Jena
Herstellung Janina Brönner
Layout Vera Brauner
Satz III-satz, Husby
Druck Beltz Druckpartner, Hemsbach

Dieses Buch wurde gesetzt aus der TheAntiquaB (9,35/13,7 pt) in FrameMaker. Gedruckt wurde es auf chlorfrei gebleichtem Offsetpapier (90 g/m²).

Der Name Galileo Press geht auf den italienischen Mathematiker und Philosophen Galileo Galilei (1564–1642) zurück. Er gilt als Gründungsfigur der neuzeitlichen Wissenschaft und wurde berühmt als Verfechter des modernen, heliozentrischen Weltbilds. Legendär ist sein Ausspruch *Eppur si muove* (Und sie bewegt sich doch). Das Emblem von Galileo Press ist der Jupiter, umkreist von den vier Galileischen Monden. Galilei entdeckte die nach ihm benannten Monde 1610.

Bibliografische Information der Deutschen Nationalbibliothek:
Die Deutsche Nationalbibliothek verzeichnet diese Publikation in der Deutschen National-bibliografie; detaillierte bibliografische Daten sind im Internet über *http://dnb.d-nb.de* abrufbar.

ISBN 978-3-8362-1990-7
1. Auflage 2013
© Galileo Press, Bonn 2013

Das vorliegende Werk ist in all seinen Teilen urheberrechtlich geschützt. Alle Rechte vorbehalten, insbesondere das Recht der Übersetzung, des Vortrags, der Reproduktion, der Vervielfältigung auf fotomechanischem oder anderen Wegen und der Speicherung in elektronischen Medien.

Ungeachtet der Sorgfalt, die auf die Erstellung von Text, Abbildungen und Programmen verwendet wurde, können weder Verlag noch Autor, Herausgeber oder Übersetzer für mögliche Fehler und deren Folgen eine juristische Verantwortung oder irgendeine Haftung übernehmen.

Die in diesem Werk wiedergegebenen Gebrauchsnamen, Handelsnamen, Warenbezeichnungen usw. können auch ohne besondere Kennzeichnung Marken sein und als solche den gesetzlichen Bestimmungen unterliegen.

Für Angelika

Inhalt

4   Vom Text zum Algorithmus

5   Implementierung

6 Erweiterte Konzepte 161

7 Fortgeschrittene und ereignisbasierte Konzepte 199

10 So gestalten Sie Benutzeroberflächen 277

11 Tipps zum Finden von Fehlern 301

12   Was ist noch hilfreich?

13   War das schon alles?

Wie Sie mit diesem Buch lernen

EDV-Systeme verarbeiten, womit sie gefüttert werden.
Kommt Mist rein, kommt Mist raus.
– André Kostolany

Mein Name ist Bernhard Wurm, und ich darf Sie sehr herzlich begrüßen. Sie wollen Programmieren lernen? Ich darf Ihnen zu dieser herausfordernden Entscheidung gratulieren. Sie begeben sich auf einen etwas steinigen, aber auch sehr schönen Weg. Wie heißt es doch: »Aller Anfang ist schwer.« Und wie wir alle wissen, beginnt jede Reise mit dem ersten Schritt. Man darf sich nur nicht zu viel auf einmal vornehmen. Ich will Ihnen mit diesem Buch in dreizehn Schritten oder besser gesagt dreizehn Kapiteln dabei behilflich sein, die Hürden zu nehmen. Das Buch soll Sie dabei unterstützen, jenes Problem zu lösen, mit dem die meisten Personen kämpfen, die mit der Programmierung beginnen, und an dem sie am ehesten scheitern. Es handelt sich dabei, auf den Punkt gebracht, um das »algorithmische Denken«, also darum, wie Sie von einer Idee zu einem Programm kommen. Dabei spielen natürlich Elemente wie die Programmiersprache, die Idee, die Syntax und viele andere Punkte eine wesentliche Rolle. All diese Punkte werden beleuchtet, und Sie werden anhand praktischer kleiner Beispiele an das Thema herangeführt. Nachdem Sie in Kapitel 1 eine Einführung in die Welt der Softwareentwicklung erhalten und etwas Übersicht gewonnen haben, wird in Kapitel 2, »Algorithmisches Denken«, das analytische Denken für diesen Bereich geschärft. Sie werden mit verschiedenen Syntaxelementen einer Programmiersprache vertraut gemacht. In Kapitel 3, »Die Wahl der Programmiersprache«, gehe ich auf verschiedene Programmiersprachen ein, und eine Kurzeinführung in *Microsoft Visual Studio Express für Windows Desktop* wird Sie mit der Entwicklungsumgebung bekannt machen. Das sich anschließende Kapitel 4, »Vom Text zum Algorithmus«, gibt Ihnen Hilfestellung zu der Frage, wie Sie von einer textuellen Beschreibung ausgehend einen Algorithmus entwickeln können. Mit Kapitel 5, »Implementierung«, werden Sie selbst geführt Algorithmen entwickeln. Nach diesem großen Schritt erläutere ich weitere Konzepte, die für die Entwicklung von Computerprogrammen unabdingbar sind. Die Konzepte, die ich Ihnen in Kapitel 6, »Erweiterte Konzepte«, vorstelle, behandeln unter anderem Fehlerbehandlung, Namespaces, Klassen und Datenstrukturen. Mit Kapitel 7, »Fortgeschrittene und ereignisbasierte Konzepte«, werden Sie in die objektorientierten Konzepte sowie Ereignisse eingeführt. Kapitel 8, »Notepad selbst gemacht«, und 9, »Gekonnt grafische Anwendungen erstellen«, können Sie Ihre ersten grafischen Windows-Anwendungen programmieren. In Kapitel 10, »So gestalten Sie Benutzeroberflächen?«, unterstütze ich Sie mit Hinweisen zur Gestaltung der Benutzeroberfläche, sodass sich ein Benutzer sehr einfach in Ihren Programmen zurechtfinden kann. Tipps aus der Praxis zum Auffinden und Vermeiden von Fehlern erhalten Sie in Kapitel 11 »Tipps zum Finden von Fehlern«. Weitere Hinweise aus dem Alltagsleben der Softwareentwicklung will ich Ihnen dann in Kapitel 12, »Was ist noch hilfreich?«, ans Herz legen. Da dieses Buch natürlich bei Weitem nicht die gesamte Softwareentwicklung und auch nicht den gesamten Sprachumfang von C# abdeckt und abdecken kann, gibt Ihnen Kapitel 13, »War das schon alles?«, einen Ausblick auf Sprachelemente, die noch nicht betrachtet wurden, Ihnen aber das Leben als Softwareentwickler noch leichter machen können. Nach der Lektüre dieser Kapitel haben Sie ein solides Fundament von Techniken und eine Vorgehensweise, die Sie dabei unterstützt, Ihre Software erfolgreich zu entwickeln. Das, was Sie mithilfe dieses Buches lernen, ist, sofern nicht explizit so benannt, sehr allgemein gültig. Sie können das hier Erlernte nicht nur mit Microsoft Visual Studio Express für Windows Desktop und C# 5 umsetzen, sondern viele der Elemente auch mit anderen Programmiersprachen, älteren oder neueren Versionen von C#.

Sämtliche Kapitel sind nach folgendem Schema aufgebaut: Als Erstes gebe ich Ihnen einen kurzen Überblick über den Inhalt des Kapitels. Nachdem das Kapitel vollständig abgehandelt wurde, wird es mit einer Zusammenfassung abgerundet. Da Sie das Programmieren nur durch Programmieren lernen werden, enthält jedes Kapitel ein paar Aufgaben. Ich empfehle Ihnen, sie durchzuarbeiten. Sie sind herzlich eingeladen, die Beispiele noch weiter auszubauen und dadurch noch mehr Erfahrung zu sammeln. Damit Sie sich selbst kontrollieren können, habe ich an das Ende jedes Kapitels Kontrollfragen gestellt, die die Inhalte des Kapitels abfragen.

Sowohl die Antworten auf die Kontrollfragen als auch Musterlösungen für die Aufgaben finden Sie im Anhang des Buches. Das Literaturverzeichnis am Ende des Anhangs hält einige Empfehlungen bereit, die Ihnen auf Ihrem zukünftigen Weg noch behilflich sein können.

Natürlich müssen Sie das Buch nicht vollständig von vorn bis hinten durcharbeiten. Es steht Ihnen frei, die Reihenfolge der Kapitel zu ändern, einzelne Kapitel zu überspringen oder Ähnliches. Die Kapitel bauen jedoch aufeinander auf, und daher möchte ich Ihnen empfehlen, das Buch in der angeführten Reihenfolge durchzuarbeiten (ja, *durcharbeiten*, denn das Buch nur zu lesen, ist wahrscheinlich zu wenig). Auch wenn ich mich wiederhole: Programmieren lernen Sie ausschließlich durch Programmieren.

Daher ist es wichtig, die Aufgaben abzuarbeiten und diese idealerweise mithilfe Ihrer Fantasie noch zu erweitern.

Ich wünsche Ihnen nun viel Spaß mit diesem Buch und viel Erfolg bei der Entwicklung Ihrer Computerprogramme!

Aigen,
Bernhard Wurm

Kapitel 1
Einführung

»Wenn ich die Folgen geahnt hätte, wäre ich Uhrmacher geworden.«
– Albert Einstein

Dieses Kapitel bereitet Sie auf den Rest des Buches vor. Es stellt das Thema Softwareentwicklung und dessen Umfeld vor. Es gibt einen Überblick, wie groß dieses Thema ist, auf welchen Weg wir uns in diesem Buch begeben und was alles dazu benötigt wird. Programmieren ist kein triviales Thema. Dieses Buch legt jedoch den ersten Stein des Fundaments, das für einen Programmierer unabdingbar ist.

Das erste Kapitel hilft Ihnen dabei, zu erahnen, womit Sie konfrontiert werden, und soll Sie gleichzeitig in eine Richtung weisen, die Sie gern beschreiten möchten. Ich erläutere Grundbegriffe, die Sie als Entwickler kennen müssen, da Sie im täglichen Leben immer wieder damit konfrontiert werden, und ich stelle verschiedene Sparten der Softwareentwicklung mit ihren Vorzügen und Nachteilen vor.

1.1 Programmieren macht Spaß!

Bestimmt kennen Sie das Vorurteil, dass Programmierer nur im dunklen Kämmerlein hocken und absolut unsozial sind. Ich bin mir sicher, dass sich beim Lesen dieses Satzes ein entsprechendes Bild in Ihrem Kopf gebildet hat. Obgleich es derartige Programmierer auch geben wird, sind sie bestimmt die Ausnahme.

Sie haben auch mit Sicherheit schon davon gehört oder einmal daran gedacht, dass die Tätigkeit als Softwareentwickler bedeutet, den ganzen Tag vor dem Computer zu sitzen, was extrem langweilig sein muss.

Aber ich sage Ihnen: »Programmieren macht Spaß!« – und ich werde Ihnen auch nicht vorenthalten, warum:

► *Helfen Sie anderen Personen.* Es gibt nur einen Grund, ein Computerprogramm zu schreiben – um ein Problem zu lösen. Mit einem Computerprogramm lösen Sie ein ganz bestimmtes Problem: zum Beispiel die Berechnung einer Primzahl. Ihr Programm könnte auch Kunden helfen, ihre Bestellung aufzugeben, oder man könnte mit ihm bestimmen, ob ein bestimmtes Produkt auch wirklich gefertigt werden kann. Meist lösen Sie als Programmierer nicht ein Problem, das Sie selbst haben, sondern eins, das ein Kunde hat. Sie programmieren Auswertungen von Daten, die ein Mensch manuell nicht tätigen kann. Sie optimieren oder visualisieren Prozesse eines Unternehmens, um Schwachstellen aufzudecken oder um die Durchlaufzeit in einem Prozess zu verringern und somit Kosten zu sparen. Mit jedem Programm, das Sie schreiben, lösen Sie ein Problem, das ein Mensch bisher hatte.

▶ *Kein Problem gleicht dem anderen!* Als Programmierer haben Sie sehr viel Abwechslung im Job. Ja, wirklich! Sie lösen Probleme. Probleme von Kunden. Und da kein Mensch und keine Firma wie der bzw. die andere ist, ist auch kein Problem wie das andere. Sie werden täglich mit neuen Herausforderungen und Kundenwünschen konfrontiert, und Sie werden mit diesen Herausforderungen wachsen. Obwohl es so viele Standardprogramme gibt, werden immer wieder neue Softwareprodukte programmiert, da viele Firmen eben nicht »Standard« sind und eigene, spezielle Lösungen benötigen. Immer wieder höre ich von Kunden auf die Frage, warum sie hierfür keine Standardlösung verwenden oder zur Not eine solche adaptieren: »Wir sind nicht Standard, bei uns ist alles viel zu speziell, um diese Anforderungen mit einem Standardprodukt abdecken zu können.« Sie können solche neuen Herausforderungen nutzen, um sich selbst zu beweisen, an sich selbst zu arbeiten und um selbst kreativ zu sein.

▶ *Kreativität ist gefragt.* Softwareentwicklung ist, auch wenn viele Nicht-Softwareentwickler ein anderes Bild im Kopf haben, eine sehr kreative Tätigkeit. Durch die ständige Neuartigkeit der Anforderungen an die Software und somit an Sie, ist Ihre Kreativität gefordert. Sie müssen sich auf Lösungssuche begeben. Das Suchen bzw. Erarbeiten einer adäquaten Lösung ist eine Aufgabe, die Ihre Kreativität fordert und fördert! Wenn Sie Software schreiben und stundenlang über einer Aufgabe oder einem Fehler in der Software brüten, werden Sie sich wohl so manches Mal wundern, wie andere Personen hinter einen solchen Fehler kommen. Das kann ich Ihnen verraten: Auch andere, erfahrene Programmierer haben über diesem oder einem ähnlichen Fehler schon gebrütet. Wahrscheinlich haben sie dafür genauso lange gebraucht wie Sie. Aber wenn Sie die Lösung gefunden haben, haben Sie sich den Lösungsweg so gut eingeprägt, dass Sie einen ähnlichen Fehler in Zukunft in einem Bruchteil der Zeit finden werden – oder idealerweise gar nicht erst machen werden. Das heißt, zu Beginn verhalten Sie sich problemlösend. Beim zweiten Mal verhalten Sie sich routiniert. So erfordert der Weg der Problemlösung Abstraktion und Kreativität.

Doch nicht nur das Finden von Fehlern erfordert Kreativität, sondern auch das Finden von algorithmischen Lösungen oder auch das Gestalten der Benutzeroberfläche.

- ▶ *Sie lernen ständig neue Technologien kennen.* Die Welt der Softwareentwicklung ist wohl die am schnellsten voranschreitende Branche. Daher – und da keine Anforderung der anderen gleicht – werden Sie kontinuierlich mit neuen Technologien konfrontiert. Sie haben immer wieder die Möglichkeit, sich weiterzubilden. Es macht Spaß, sich mit neuen Technologien zu beschäftigen. Sie werden Freude verspüren, wenn Sie durch neue Technologien Herausforderungen viel einfacher, schneller und eleganter lösen können als bisher.

- ▶ *Sie werden nicht den ganzen Tag vor dem Computer sitzen.* Auch mit diesem Gerücht möchte ich aufräumen! Programmieren heißt nicht nur, dass Sie den ganzen Tag vor dem Computer sitzen! Programmieren heißt nicht, dass Sie allein mit Ihrem Computer und von der Welt abgeschnitten sind. Programmieren ist Team-Arbeit! Sie werden mit Kunden deren Probleme besprechen und Ihre erarbeiteten Lösungen präsentieren. Sie werden Papier und Bleistift benötigen, um Konzepte oder Skizzen von Benutzeroberflächen für Ihr Programm zu entwickeln. Sie werden mit Ihren Team-Kollegen Besprechungen abhalten, um den Code von Ihnen oder von Kollegen zu besprechen. Sie werden Fehler, neue Lösungsansätze und neue Technologien im Team durcharbeiten. Sie werden viel mit Ihren Kollegen zusammen arbeiten! Sie werden recherchieren, in Büchern und im Internet. Sie werden auf Konferenzen fahren und Schulungen belegen oder halten. Aber natürlich werden Sie auch vor dem PC sitzen, um Programme zu schreiben.

Das sind einige Punkte, die Sie als Softwareentwickler motivieren, Sie vorantreiben und immer wieder bestätigen werden. Jedoch ist das Programmieren nicht nur Spaß. Programmieren hat wie alles andere im Leben zwei Seiten. Programmieren ist auch Arbeit, und es wäre unfair, Ihnen nicht auch die Kehrseite der Medaille vor Augen zu führen. Immerhin gibt es lediglich drei Motive, die Sie bewegen, dieses Buch zu lesen:

- ▶ Sie haben noch nie programmiert und möchten in das Thema einsteigen.

- ▶ Sie haben erste kleine Schritte getan, sind jedoch (mit anderen Büchern oder dergleichen) noch auf keinen grünen Zweig gekommen.

- ▶ Sie sind bereits im IT-Bereich tätig und möchten auch einmal Einblick in die Entwickler-Seite der Branche erhalten.

Daher folgen hier, wie versprochen, einige Worte zur »dunklen Seite« der Softwareentwicklung:

- ▶ *Der Weg ist das Ziel.* Wie ich weiter oben gesagt habe, werden Sie sich in dieser Branche – wohl schneller und häufiger als in einer anderen Branche – mit neuen Technologien auseinandersetzen müssen. Dieser Prozess wiederholt sich immer wieder. Der Punkt, an dem Sie »Ich weiß jetzt alles« sagen, kann nicht erreicht werden. Sie müssen immer wieder Neues lernen und können sich nie auf Ihren Lorbeeren ausruhen. Wahrscheinlich schreitet die Entwicklung der Branche viel schneller voran, als Sie nachlernen können. Das wird Sie dazu zwingen, sich auf entsprechende Bereiche zu spezialisieren und in diesen Bereichen top zu sein.

Ein sehr großer Teil Ihres Wissens ist innerhalb von wenigen Jahren überholt, und Sie müssen sich stets auf die neuesten Gegebenheiten einstellen.

▶ *Perfektion gibt es nicht.* Ich habe noch nie einen Softwareentwickler getroffen, der mir bestätigt hätte, dass ein Programm zu seiner vollen Zufriedenheit ist. Selbst wenn Software ausgeliefert und als fertiggestellt deklariert wurde, können Software-entwickler eine Unzahl von Dingen aufzählen, die sie beim nächsten Mal anders machen würden. Dies hängt unter anderem mit dem Lernprozess zusammen. Sie verlassen jedes Projekt mit viel mehr Wissen, als Sie zu Beginn des Projekts hatten. Sie gewinnen Erfahrung, und beim nächsten Projekt setzen Sie diese Erfahrung um. Möglicherweise waren Sie sich während der Entwicklung bereits über den einen oder anderen Knackpunkt im Klaren, und Sie haben das Problem aufgrund von Zeit und Kostendruck dennoch nicht optimal gelöst. Wird absolute Perfektion angestrebt, so wird das Projekt wahrscheinlich nie fertig. Daher kommt der Spruch »Software wird nicht released, sie entkommt«.

▶ *Softwareentwickler sind häufig im Stress.* Immer, wenn ich mit einem Kunden bezüg-lich eines neuen Features oder eines neuen Entwicklungsprojekts im Gespräch bin, frage ich ihn, nachdem er mir das Problem geschildert hat, bis wann er die Lösung braucht. Die Antwort, dass noch Zeit sei, kommt leider sehr selten. Meist bekomme ich als Antwort ein Lächeln und das Wörtchen »gestern«. Wer ein Haus im klassi-schen Stil baut, geht nicht davon aus, dass dies in drei Tagen erledigt ist. Bei Software denken dies jedoch noch viele Personen.

▶ *Freud und Leid können nahe beieinander liegen.* Obgleich die Entwicklung von neuen Funktionen und Programmen sehr viel Spaß machen kann, kann die Fehlersuche äußerst langweilig und langwierig sein. Sie werden viel Zeit damit verbringen, nach Fehlern zu suchen. Das betrifft sowohl Fehler in Programmen, die Sie selbst geschrie-ben und zu verantworten haben, als auch Fehler, die Kollegen verursacht haben. Dabei haben Sie noch Glück, wenn Sie den Fehler vor dem Kunden finden und ihn im besten Fall bereits behoben haben, bevor der Fehler beim Kunden auftreten kann – was wieder mit dem oben erwähnten Stress zu tun hat.

Nach den angeführten Schattenseiten hoffe ich, Sie haben noch Interesse an dem Thema. Aber da Sie sich die Mühe gemacht haben, das Buch auszuwählen, zu erwerben und (bis hier) zu lesen, gehe ich davon aus, dass schon mehr passieren muss, bevor Sie die Flinte ins Korn werfen.

Ich habe dieses Buch geschrieben, damit Sie möglichst einfach Programmieren lernen. Ich werde immer wieder Tipps und Erfahrungen aus der Praxis anführen. Und daher will ich auch zu diesen Punkten meine Tipps und bildlichen Vergleiche vortragen. Als Erstes möchte ich Ihnen einen Vergleich vorstellen, der Ihnen helfen soll, den Spaßfaktor möglichst zu maximieren und den Frust auf ein Minimum zu reduzieren.

Wo Sie Hilfe bekommen

Wissen Sie noch, wie Sie Fahrrad fahren lernten? Sie haben sich auf das Fahrrad gesetzt, und Ihre Eltern und Verwandten haben für Ihr Gleichgewicht am Stützrad gesorgt und Sie angeschoben. Nach einer Weile konnten Sie selbst in die Pedale treten und gewannen Selbstvertrauen in Ihre Fahrkünste. Es dauerte eine Weile, bis Sie das Gleichgewicht auch ohne Stützräder halten konnten und endlich selbstständig Fahrrad fahren konnten. Das letzte Hindernis (zumindest war es bei mir so) war der Umstieg von der Rücktrittbremse auf die normalen Bremsgriffe. Ich habe mir dabei einige Schrammen geholt.

Beim Programmieren ist es ähnlich. Vor allem zu Beginn ist es schwierig. Sie werden Fehler machen (nicht nur zu Beginn), und das Programm wird nicht tun, was Sie eigentlich von ihm verlangen. Wenden Sie sich mit Ihren Fragen und Problemen an Foren. Viele kompetente Programmierer werden Ihnen dort mit Rat und Tat zur Seite stehen. Nutzen Sie ein Forum, um nicht für alle Fehler »bluten« zu müssen. Nutzen Sie Foren, um die Sicherheit zu finden, die Sie bekommen haben, als Ihre Eltern Sie mit den Stützrädern geschoben haben. Sie können durch Foren viel lernen und auch anderen Personen helfen.

Sie werden sich in Geduld üben müssen, denn Programmieren lernt man nun leider nur durch die Tätigkeit selbst. Wenn Sie nur Programmiercodes ansehen und zu verstehen versuchen, werden Sie zwar einen Einblick gewinnen, doch wenn Sie selbst nicht vor der Tastatur sitzen und versuchen, ein Programm zu schreiben, werden Sie nie selbstständig ein Problem lösen können. Genauso wie Sie das Programmieren nur in der Praxis lernen, lernen Sie auch die Fehlerbehebung und -vermeidung nur, indem Sie selbst Fehler machen und diese beheben. Die Fehlersuche ist jedoch im Lernprozess inbegriffen; Sie bekommen also zwei Schritte zur Erkenntnis zum Preis von einem – allerdings nicht ganz.

In einem Programm werden immer wieder Fehler auftreten. Erwarten Sie niemals von Beginn an ein vollständig fehlerfreies Programm von sich selbst oder von Ihren Kollegen. Seien Sie sich dessen immer bewusst! Ich kann Ihnen jedoch einen Tipp geben, der Ihnen ungemein bei der Fehlersuche und bei der Suche nach einer Lösung helfen kann: Fragen Sie einen Freund oder Kollegen, ob dieser kurz für Sie Zeit hat, und erklären Sie ihm, was das Programm genau macht oder machen soll. Gehen Sie dabei den Programmcode Zeile für Zeile durch. Sie werden mit dieser Methode sehr häufig den Fehler finden – und zwar ohne Zutun ihres Freundes oder Kollegen. Dabei ist es prinzipiell irrelevant, ob der Freund oder Kollege programmieren kann oder nicht, wobei es für ihn natürlich spannender ist (und auch für Sie), wenn er selbst programmieren kann. Dieser Tipp funktioniert wunderbar, und ich wende diese Methode selbst immer wieder mit einem Kollegen an. Diese Methode hilft, weil Sie durch das Erklären des Programms den ganzen Ablauf erneut durchgehen und jede Entscheidung, die Sie beim Schreiben des Programms getroffen haben, erneut hinterfragen müssen. In schlauen Büchern wird diese Methode als *Phantominspektor* bezeichnet. Versuchen Sie es – oftmals wird es Ihnen wie Schuppen von den Augen fallen, und Sie werden sich gar nicht erklären können, warum Sie es nicht bereits von Anfang an so gemacht haben.

1.2 Was ist überhaupt Programmieren?

Nachdem Sie jetzt wissen, worauf Sie sich einlassen, möchte ich kurz erläutern, was Programmieren eigentlich ist und was es nicht ist und warum es darauf ankommt, was Sie programmieren wollen.

Wenn Sie einen Text schreiben (eine E-Mail, einen Brief oder ein Buch), so schreiben Sie ihn in einer Sprache wie zum Beispiel Deutsch oder Englisch. Dabei bestimmt die Grammatik der Sprache, wie welche Wörter aufeinander folgen dürfen, woraus ein Satz bestehen muss und so weiter. Die Grammatik bestimmt also die Möglichkeiten, die Sie haben. Die Grammatik ist ein Baukasten mit Regeln, den Sie verwenden, um Ihre Texte zu formulieren.

Wenn Sie ein Computerprogramm schreiben, schreiben Sie auch dieses in einer Sprache – in einer Programmiersprache. Diese Programmiersprache ist beinahe genauso weit von den Nullen und Einsen des Binärsystems entfernt wie die natürliche Sprache von den elektrischen Impulsen in den Synapsen unseres Gehirns. Die Grammatik einer Programmiersprache wird *Syntax* genannt, nach dem Begriff für den Satzbau. Die Syntax beschreibt, wie die Sprache aufgebaut ist. Die Syntax bestimmt, was gültig ist und was nicht, welche Zeichen Sie benötigen und welche nicht verwendet werden dürfen. Diese Syntax ist viel eingeschränkter als die Grammatik der deutschen Sprache. Somit ist eine Programmiersprache auch leichter zu erlernen als eine natürliche Sprache. Eine Programmiersprache hat auch den Vorteil, dass sie lediglich geschrieben und nicht gesprochen existiert. Des Weiteren ist eine Programmiersprache im Gegensatz zu einer natürlichen Sprache eindeutig. Es gibt keine Ironie oder Mehrdeutigkeiten. Wie die Grammatik bei der natürlichen Sprache bestimmt die Syntax bei der Programmiersprache, welches Konstrukt Ihnen zur Verfügung steht, um Ihre Programme zu schreiben.

Wie in der natürlichen Sprache sind Sie gefordert, aus den einzelnen »Wörtern« entsprechende »Sätze« zu bilden.

Definition »Syntax«

Die Syntax definiert, wie Sprachelemente zusammenhängen und verwendet werden dürfen.

Erst die Zusammenstellung der Wörter zu sinnvollen Sätzen und die Zusammenfassung von Sätzen zu einzelnen Abschnitten und Kapiteln verleihen den einzelnen Wörtern Sinn. Diese Zusammenfassung ist beim Programmieren das Schreiben eines *Algorithmus*. Der Algorithmus besteht aus vielen einzelnen Anweisungen (zum Beispiel »Gib einen Text aus«) und gibt dem Ganzen somit eine *Semantik*. Die Semantik ist also die Bedeutung des Programms. Dieser Zusammenhang ist in Abbildung 1.1 schematisch dargestellt.

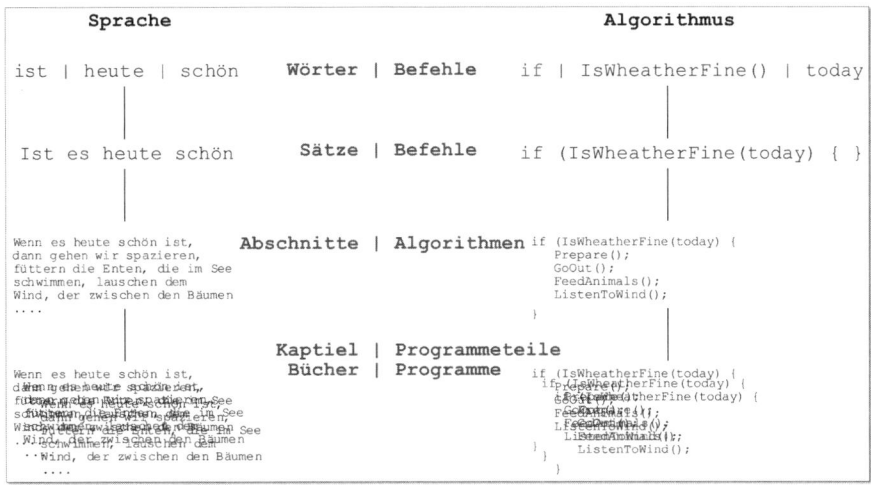

Abbildung 1.1 Schematische Darstellung von Semantik

Definition »Algorithmus«

Ein Algorithmus ist eine Reihe von zusammengehörigen Befehlen, die einen bestimmten Zweck erfüllen.

Das klingt jetzt vielleicht etwas theoretisch. Die Begriffe werden Sie jedoch sehr oft hören und lesen, und daher ist es wichtig, dass Sie auch wissen, was die einzelnen Begriffe bedeuten. Wenn Ihr Programm einen Syntaxfehler liefert, dann wissen Sie, dass

»die Satzstellung« nicht passt oder dass Sie ein »Wort« verwenden, das nicht definiert ist. Bei einem semantischen Fehler handelt es sich umgangssprachlich um einen Denk-fehler. Syntaxfehler sind einfacher zu finden, da Sie auf den Fehler aufmerksam gemacht werden. Semantische Fehler stellen Sie fest, wenn das Programm nicht das macht, was Sie eigentlich erwarten. Um das Ganze mit Syntax und Semantik etwas zu verinnerlichen und zu veranschaulichen, hier ein kleines Beispiel:

▶ Der Satz »Heute ist ein schöner Tag.« ist ein korrekter Satz. Sowohl syntaktisch als auch semantisch ist er in Ordnung.

▶ Der Satz »Vorgestern ist morgen heute.« ist grammatikalisch korrekt, allerdings kann vorgestern unmöglich der gleiche Tag wie morgen sein. Es handelt sich hier um einen semantischen Fehler.

▶ Der Satz »Ich gehen nach Hause.« ist grammatikalisch falsch (»Ich gehe nach Hause.« wäre richtig). Somit handelt es sich um einen syntaktischen Fehler.

Definition »Semantik«
Die Semantik gibt dem Programm die Bedeutung.

Obwohl eine Programmiersprache bei Weitem nicht so komplex ist wie eine natürliche Sprache, ist auch die Programmiersprache für einen Computer *nicht* ohne Weiteres ver-ständlich. Ihr Programm besteht ausschließlich aus Befehlen. (Ja, als Programmierer sind Sie stets Befehlsgeber.) Diese Befehle müssen dem Computer jedoch verständlich gemacht werden. Dies macht der sogenannte *Compiler*. Der Compiler ist also der Über-setzer von der Programmiersprache in die Maschinensprache, die der Computer nun endlich ausführen kann. Es gibt hier zwar auch einige Detailgrade und »Zwischenspra-chen«, darüber müssen Sie sich jedoch aktuell keine Gedanken machen. Der Compiler kennt also sowohl die Maschinensprache als auch die Programmiersprache und tritt somit als Dolmetscher auf. Da ein Compiler genau eine Programmiersprache kennt, ist für jede Programmiersprache ein anderer Compiler nötig. Die Maschinensprache ist weitgehend gleich, doch Programmiersprachen gibt es viele verschiedene (mehr dazu erfahren Sie in Kapitel 3, »Die Wahl der Programmiersprache«). Wenn Sie sich nun die Frage stellen, warum Sie nicht gleich Ihr Programm in Maschinensprache schreiben, so sollten Sie diesen Gedanken gleich wieder verdrängen. Es ist für einen Menschen kaum mehr möglich, adäquate Programme in Maschinensprache zu formulieren. Diese ist nicht programmiererfreundlich.

Jede Programmiersprache hat ihren eigenen Compiler. Da der Compiler die Program-miersprache genau kennen muss, nimmt dieser auch eine syntaktische Überprüfung vor. Das heißt, dass der Compiler Ihr Programm nach Syntaxfehlern durchforstet und

Ihnen gegebenenfalls den Fehler mit einer mehr oder weniger guten Fehlerbeschreibung aufzeigt. Was der Compiler nicht kann, ist, eine semantische Überprüfung vorzunehmen. Immerhin ist es ja nur ein Computer. Dieser kann zwar Regeln prüfen, den Inhalt versteht er jedoch nicht. Zu dem Thema, was ein Computer »versteht«, erfahren Sie mehr in Kapitel 2, »Algorithmisches Denken«.

Programmieren könnten wir also wie folgt definieren:

Definition »Programmieren«
Programmieren ist das Formulieren einer Problemlösung in Befehlsanweisungen mithilfe einer Sprache, die automatisch in Befehle übersetzt wird, die ein Computer ausführen kann.

Nach dem, was wir bisher behandelt haben, lässt sich der in Abbildung 1.2 dargestellte grundlegende Entwicklungsprozess festhalten:

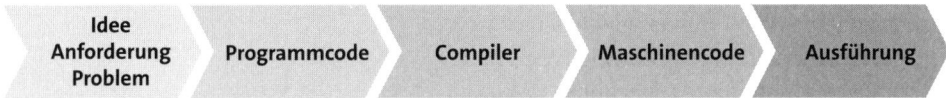

Abbildung 1.2 Grundlegender Entwicklungsprozess

Wenn man Programmieren lernt, treten die größten Schwierigkeiten relativ früh auf, und zwar dann, wenn es darum geht, von einer Idee, einer Anforderung oder von einem Problem zum Programmcode (engl. *Sourcecode*) zu gelangen. Wie kann ich mein Problem, das ich als Mensch in natürlicher Sprache formuliere, in einen Programmcode gießen und somit dem Computer verständlich machen? Ist diese Hürde erst einmal genommen, so haben Sie den schwersten Teil bereits hinter sich. Sobald Sie dieses Hindernis überwunden haben, kann der Spaß am Programmieren beginnen, und nichts kann Sie mehr aufhalten. Da dies der wohl schwerste Teil beim Erlernen des Programmierens ist, sollten Sie hier wirklich gewissenhaft Zeit investieren. Denn genau das müssen Sie beherrschen, um richtig viel Spaß bei der Tätigkeit entwickeln zu können. Da dieser Abstraktionsprozess, wenn Sie mit dem Programmieren beginnen, das Schwierigste ist, wird die Vorgehensweise vor allem in Kapitel 2, »Algorithmisches Denken«, genau behandelt. Das Gute an diesem Thema ist, dass es praktisch programmiersprachen-unabhängig ist.

Das Schöne an dem in Abbildung 1.2 abgebildeten einfachen Prozess ist, dass Sie sich primär nur um die ersten beiden Schritte bzw. um die Übergangsphase von Schritt 1 zu Schritt 2 kümmern müssen. Der 3. Schritt des Kompilierens wird vom Compiler übernommen. Dieser wird zwar Ihren Code aufgrund von Syntaxfehlern immer wieder mal verweigern, aber wenn der Compiler den Programmiercode annimmt, so erzeugt er vollautomatisch den Maschinencode, der vom Computer ausgeführt werden kann.

Da Sie sicher bereits auf Programmiercode warten, hier ein kleines Beispiel in *Pseudocode*:

```
If (2012 - YearOfBirth > 18)
    Write("Sie sind älter als 18 Jahre");
Else
    Write("Sie sind jünger oder genau 18 Jahre alt");
```

Listing 1.1 Beispiel für einen Pseudocode zur Textausgabe je nach Altersangabe

So kann zum Beispiel ein Programmteil aussehen. Dieser würde vom Jahr 2012 das Geburtsjahr abziehen und je nachdem, ob das Ergebnis größer als 18 ist, »Sie sind älter als 18 Jahre« oder, wenn das Ergebnis kleiner oder gleich 18 ist, »Sie sind jünger oder genau 18 Jahre alt« ausgeben. – Keine Angst, Sie werden im nächsten Kapitel erfahren, wie man derartige Zeilen interpretiert.

Der angeführte Programmcode ist sogenannter *Pseudocode.* Das heißt, er entspricht keiner echten Programmiersprache. Er ist an einige Programmiersprachen angelehnt, ist jedoch etwas leichter zu lesen als eine echte Programmiersprache.

> **Definition »Pseudocode«**
>
> Mit Pseudocode werden exemplarisch bestimmte Teile eines Algorithmus oder Konzepte aufgezeigt, wobei der Pseudocode lediglich Elemente einer Programmiersprache enthält, die für dieses Konzept von Bedeutung sind. Pseudocode ist daher eine vereinfachte Art von Programmiersprache, die für die Darstellung eines Sachverhaltes zweckmäßig ist.

Das nächste Kapitel behandelt den Schritt, wie Sie von der Idee zum Algorithmus und somit zum Programmcode kommen, inklusive den damit verbundenen Kenntnissen. Erst später gehe ich auf verschiedene Programmiersprachen und Algorithmen ein.

1.3 Welche Bereiche der Softwareentwicklung gibt es?

Bevor ich Sie in die algorithmischen Denkmuster entlasse, möchte ich Ihnen noch kurz vor Augen führen, in welchen Bereichen überall Softwareprogramme existieren und wo die Schwerpunkte bei verschiedenen Programmierunternehmungen liegen.

▶ *Computerspiele und Computergrafik:* Die Entwicklung von Computerspielen ist der Bereich, in dem wohl sehr viele Programmierer gern tätig wären. Die Entwicklung eines Computerspiels ist mit Sicherheit eine große Herausforderung mit großem Spaßfaktor. Doch als leidenschaftlicher Programmierer werden Sie sich wohl nicht mit der Verwendung eines Spiele-Frameworks (engl. *Game Engine*) begnügen. Als leidenschaftlicher Programmierer sind Sie sicher daran interessiert, ein Spiele-Framework zu entwickeln. Dies ist jedoch, aus meiner persönlichen Sicht, die Königsdisziplin der Spieleentwicklung und alles andere als trivial. Sie müssen schon die Mathematik lieben, um ein Spiele-Framework entwickeln zu können! Matrizentransformationen im dreidimensionalen Raum sind das Grundhandwerkszeug – und dort fängt es erst an! Es werden sehr hohe Performance-Ansprüche gestellt usw. In der Spieleindustrie ergeben sich verschiedene Aufgabenbereiche: die Entwicklung eines Spiele-Frameworks, die Entwicklung des Spiels auf Basis dieses Frameworks, Level Designer, Animateur, Story Writer usw. Die Entwicklung eines Computerspiels kann inzwischen zu einem großen Teil bereits mit einem Filmdreh verglichen werden.

▶ *Webanwendungen:* Immer mehr Anwendungen werden für das Internet programmiert. Diese Anwendungen werden mithilfe eines Internetbrowsers benutzt (denken Sie an E-Banking). Hierbei ist keine Installation auf dem Computer notwendig. Durch den Trend zum Web 2.0 wächst dieser Bereich sehr schnell, und die Programmierer stehen vor neuen Konzepten und Herausforderungen. Die in den 1990er- und frühen 2000er-Jahren in Verruf geratene Webentwicklung erkämpft sich ihre Anerkennung wieder zurück. Hier stehen Sie vor allem vor folgenden Herausforderungen: Sie haben es mit sehr vielen Benutzern (gleichzeitig) zu tun, was dazu führt, dass Sie Ihre Hardwareressourcen überlegt einsetzen müssen. Die Benutzer sind Ihnen nicht alle positiv gesinnt, und Sie müssen das System sehr gut gegen Hacker absichern. Neben dem Sicherheitsaspekt und der Herausforderung, eine performante Anwendung zu erstellen, müssen Sie sich noch dazu mit verschiedenen Technologien zwischen Client und Server herumschlagen und sich dem Problem widmen, wie Client und Server über das zustandslose HTTP-Protokoll kommunizieren. Vergessen Sie auch nicht die verschiedenen Browser und Browserversionen, die Ihre Webanwendung unter Umständen unterschiedlich darstellen. Der Summe an Spaß-Killern zum Trotz ist diese Art der Programmierung die, mit der Sie am schnellsten die meisten Personen ansprechen können, was auch ihren Reiz ausmacht.

▶ *Mobile Softwareentwicklung:* Die mobile Softwareentwicklung reicht von Software für Handys und PDAs bis hin zu Anwendungen, die von Außendienst-Mitarbeitern auf Notebooks verwendet werden und eine Synchronisation mit einem Hauptsystem erfordern. Hier gilt es, sich vor allem mit verschiedenen Endgeräten und deren

Spezifikationen auseinanderzusetzen, also zum Beispiel mit der Größe des Displays, dem Nichtvorhandensein einer Maus oder Tastatur, verschiedenen Schnittstellen zum Betriebssystem, geringem Speicherplatz und geringer Rechenkapazität sowie beschränkter Energie und so weiter.

▶ *Embedded Systems:* Embedded Systems sind zum Beispiel kleine Industrie-PCs zur Maschinensteuerung oder dergleichen. Wie bei mobilen Anwendungen existiert hier meist eine sehr eingeschränkte Kapazität. Oftmals stehen keine Displays oder Eingriffsmöglichkeiten sowie kein Benutzer zur Verfügung. Die Programme laufen oftmals vollautomatisch, und die einzigen Eingabeparameter sind Sensorinformationen. Ein Beispiel hierfür ist die Menge an Software in Ihrem Auto.

▶ *Desktop-Softwareentwicklung:* Dies ist die Entwicklung von typischen Client-Anwendungen für alle möglichen Anwendungsfälle. Als Entwickler haben Sie hier einen Sandkasten mit viel Spielzeug, der es Ihnen erlaubt, dem Benutzer möglichst schöne, animierte und schnelle Benutzeroberflächen zu bieten. Hier können Sie am einfachsten die beste *User Experience* erzielen. Die User Experience beschreibt im Wesentlichen, dass Sie den Benutzer durch Ihr Programm und die Art und Weise begeistern, wie dieses zu bedienen ist und wie es reagiert. Dazu müssen Sie im Allgemeinen seine Erwartungen übertreffen. Auch hier gibt es jedoch einen erheblichen Nachteil: Im Gegensatz zu Webanwendungen, die meist auf einem zentralen Server laufen, ist bei Desktop-Software eine Installation auf jedem einzelnen Client notwendig, was ein Setup nötig macht. Außerdem bedeuten viele verschiedene Konfigurationsmöglichkeiten des Clients meist auch viel Arbeit. Bei dieser Art von Anwendungen müssen Sie nicht nur Fehler im Programmcode finden und beheben, sondern auch ein neues Setup-Paket schnüren, das installiert werden muss und einen Fehler durch das Einspielen Ihres *Bug Fixes* behebt.

▶ *Verteilte Softwareentwicklung:* Systeme wie *Windows Live* oder *Google* laufen nicht auf einem einzelnen Server, sondern auf Tausenden von Rechnern, die parallel arbeiten. Dies ist ein sehr spannendes Thema, jedoch ist parallele Softwareentwicklung nicht trivial! Ein paralleles System ist um ein Vielfaches komplexer und fehleranfälliger als ein sequenzielles System.

Haben Sie eine Ahnung, wie viel Software in Ihrem Auto steckt? Glauben Sie mir, sehr viel! Ihr Auto ist ein typisches *Embedded System*. Sie spielen ein Spiel auf Ihrem Handy, womit Sie sich sogar im Bereich der mobilen Spieleentwicklung befinden, wobei dies mehr mobile Entwicklung als Spieleentwicklung ist (zumindest mit den aktuellen Handy-Leistungen). Sie schreiben auf Ihrem Notebook eine E-Mail – Desktop-Anwendung. Und Sie benutzen E-Banking, um Ihre Bankgeschäfte zu tätigen – Webanwendung. Außerdem suchen Sie in einer Suchmaschine im Internet nach einem netten

Spruch zum Muttertag – verteilte Software. Am Abend sehen Sie sich im Kino den neuen Action-Film an – viel Computergrafik. Wie Sie es drehen und wenden, Sie sind täglich von Software umgeben und verlassen sich darauf, dass die Software das tut, was Sie von ihr erwarten.

Es liegt an Ihren persönlichen Präferenzen, welcher Teil der Softwareentwicklung Ihnen am sympathischsten ist und welchen Sie genauer unter die Lupe nehmen wollen. Es ist unmöglich, in allen Bereichen ein Spezialist zu sein, es lohnt sich jedoch, in jeden Bereich reinzuschnuppern und sich anschließend auf einen oder zwei Bereiche zu spezialisieren.

Folgende Tabelle zeigt noch einmal zusammengefasst die Spaßfaktoren und die Spaßverderber der einzelnen Bereiche:

Bereich	Spaßfaktoren	Spaßverderber
Computerspiele	Spieltrieb	sehr viel Aufwand
Web	viele Benutzer auf einmal ansprechbar einfaches Setup/Update	verschiedene Browser verschiedene Technologien eingeschränkte User Experience
Mobile	Unabhängigkeit	viele verschiedene Plattformen
Embedded	keine Benutzer* kleine Programme – schnelle Fertigstellung	verschiedene Plattformen keine Anerkennung durch Benutzer
Desktop	viele Möglichkeiten sehr viele Ressourcen	Installation auf jeden Client viele Clientkonfigurationen zu prüfen
Verteilt	sehr viel Rechenpower	sehr komplex!

Tabelle 1.1 Bereiche der Softwareentwicklung

Dass »keine Benutzer«(*) ein Spaßfaktor sein kann, mag Ihnen komisch erscheinen, jedoch werden Sie im Laufe der Zeit feststellen, dass die Benutzer Ihnen das Leben nicht immer erleichtern.

▶ Sie haben eine Kleinigkeit im Programm übersehen? – Ein Benutzer wird sie finden, somit das Programm zum Absturz bringen und sich vielleicht bei Ihnen beschweren.

▶ Sie benutzen das Programm, und es funktioniert? – Ein Benutzer wird Eingaben nicht machen, andere Eingaben machen oder Ihr Programm ganz anders benutzen, und das Programm soll so tolerant sein, dass es dennoch richtig funktioniert.

▶ Sie haben etwas für einen bestimmten Zweck bzw. eine bestimmte Anforderung programmiert, und dafür funktioniert das Programm auch perfekt. – Es wird ein Benutzer kommen, vor dem Sie sich rechtfertigen müssen, warum es nicht auch für den einen oder anderen Anwendungsfall funktioniert (von dem zuvor natürlich nie die Rede war).

Wenn Sie das Gefühl haben, ein Programm ist fertig, lassen Sie es eine Person benutzen, die es noch nie zuvor gesehen hat. Sehen Sie dieser Person nur über die Schulter, um zu sehen, wie sie es benutzt, und Sie können sehr viel daraus lernen. Sie sehen, wo ein Benutzer das Programm anders verwendet, als Sie es erwartet hätten. Somit können Sie Schwächen in der Gestaltung der Benutzeroberflächen erkennen und beseitigen. Des Weiteren wird es mit Sicherheit passieren, dass der Benutzer das Programm zum Absturz bringt und Ihnen somit aufzeigt, wo noch keine gute Fehlerbehandlung eingebaut ist und Sie noch einmal nacharbeiten müssen.

Es gibt einen Spruch: »Hassen Sie nicht auch diese Benutzer? Wie viel Spaß könnten wir Programmierer haben, wenn wir nur Software für Programmierer schreiben würden?« Dieser Satz besagt im Kern, dass Benutzer sehr viel kritischer sind und Programme potenziell anders einsetzen, als es der Programmierer gedacht hat. Dennoch, und das sollten Sie sich *immer* vor Augen halten, bestimmt der Anwender, ob er das Programm benutzt oder auch nicht. Der Benutzer bewertet Ihr Programm, ob es stabil, tauglich usw. ist. Also entscheidet allein der Benutzer, ob Ihr Programm erfolgreich sein wird oder nicht! Vergessen Sie also den Spruch, und versuchen Sie sich stets in die Situation des Benutzers zu versetzen, der oftmals das Gefühl hat, dass der Computer ohnehin nie das macht, was er eigentlich erwartet hatte. Viele Personen haben noch immer keine Fehlertoleranz für Programmfehler – möglicherweise auch zu Recht.

1.4   Zusammenfassung

Dieses Kapitel hat Ihnen aufgezeigt, was Sie erwartet, wenn Sie Programmierer sein wollen. Es hat Ihnen gezeigt, dass Programmieren Arbeit ist und Nachteile hat, aber ungemein Spaß machen kann – was Sie hoffentlich noch selbst feststellen werden. Mithilfe kleiner Beispiele habe ich Ihnen gezeigt, dass Programmieren mehr ist, als nur den ganzen Tag vor dem Computer zu sitzen und die Finger möglichst schnell über die Tastatur fliegen zu lassen. Sie werden mit Kunden und Benutzern zu tun haben, in Meetings und bei Konferenzen sein.

Anschließend bin ich auf einige Begrifflichkeiten und den Unterschied zwischen Programmiersprache und natürlicher Sprache eingegangen:

▶ *Syntax*: die Grammatik der Programmiersprache

▶ *Semantik*: die Bedeutung der einzelnen Symbole (das Sinnhafte des Zusammenführens von Wörtern zu Sätzen)

▶ *Algorithmus*: ein Teil eines Programms, der ein bestimmtes Problem löst (z.B. ein Sortieralgorithmus zum Sortieren von Zahlen)

▶ *Compiler*: der Übersetzer von der Programmiersprache in die Maschinensprache

▶ *Pseudocode*: eine vereinfachte Programmiersprache, die die wesentlichen Teile einer Programmiersprache enthält, um einen Sachverhalt einfach veranschaulichen zu können. Pseudocode ist nicht zum Programmieren geeignet.

Ich habe Ihnen verschiedene Bereiche der Softwareentwicklung (Webanwendungen, Client-Anwendungen, mobile Anwendungen, Embedded-Anwendungen, parallele Anwendungen) im Überblick dargestellt und zu jedem Bereich die entsprechenden Eigenheiten und Spezialitäten erwähnt.

Sie haben gelernt, dass Ihnen die Benutzer Ihres Programms das Leben als Programmierer nicht immer vereinfachen werden, dass Sie sie jedoch dennoch respektieren und als Qualitätssicherer betrachten sollten. Immerhin bestimmt der Benutzer, ob Ihr Programm erfolgreich sein wird oder nicht!

Sie sehen, wie weit sich das Thema Programmieren erstreckt. Nun können Sie möglicherweise auch erahnen, dass ein einziges Buch all dies niemals abdecken kann und dass ein Menschenleben nicht ausreicht, um alle Bereiche der Softwareentwicklung beherrschen zu können. Dieses Buch soll den Grundstein legen, damit Sie in dem oder den von Ihnen bevorzugten Bereich(en) Fuß fassen können.

1.5   Aufgabe

Welcher Bereich der Softwareentwicklung interessiert Sie am meisten? Schreiben Sie drei Bereiche auf, die Sie interessieren, und priorisieren Sie diese nach Ihrem Interesse. In zwei der drei Bereiche sollten Sie zukünftig (nach der Lektüre dieses Buches) versuchen, Ihr Wissen zu vertiefen. Wenn Sie bei der Wissensvertiefung feststellen, dass ein Bereich doch nicht das vermutete Interesse verdient, weichen Sie auf den dritten Bereich aus.

Schreiben Sie zu jedem der Bereiche Ihre Motivation auf. Schreiben Sie auf, warum Sie sich speziell für diesen Bereich interessieren, sodass Sie sich dies immer wieder vor Augen führen können.

Notieren Sie sich für jeden Bereich, wie gut Sie in diesem Bereich werden wollen. Definieren Sie ein Ziel und ein Teilziel für Ihr Wissen.

1.6 Kontrollfragen

1. Nennen Sie zwei Spaßverderber bei der Softwareentwicklung.
2. Nennen Sie drei Spaßfaktoren bei der Softwareentwicklung.
3. Was ist Semantik?
4. Was ist ein Algorithmus?
5. Was ist eine Syntax?
6. Wer prüft die Syntax?
7. Was sind die Hauptaufgaben des Compilers?
8. Auf welche Fehler macht der Compiler Sie aufmerksam?
9. Welche Bereiche der Softwareentwicklung wurden behandelt?
10. Warum ist der Bereich der parallelen Softwareentwicklung für Programmier-Einsteiger nicht geeignet?

Kapitel 2
Algorithmisches Denken

Der Mensch ist immer noch der beste Computer.
– John F. Kennedy

Dieses Kapitel hilft Ihnen bei Ihren ersten Schritten. Ich bringe Ihnen algorithmische Denkmuster bei, mit denen Sie aus einer Problembeschreibung einen Algorithmus entwickeln können. Zur Formulierung eines Algorithmus verwende ich Pseudocode. Durch diesen Pseudocode lernen Sie die grundlegenden Programmierelemente kennen, mit denen Sie in Zukunft Ihre Programme schreiben werden. Nach Abschluss dieses Kapitels können Sie Algorithmen in Pseudocode formulieren und diesen Pseudocode mithilfe der Programmierelemente in Programmcode umsetzen.

2.1   Computer sind dumm!

Ihr Computer kann Ihnen schöne Grafiken auf dem Bildschirm darstellen und viele mathematische Aufgaben schneller lösen als Sie? Dennoch ist die Darstellung einer schönen Grafik nicht das Verdienst des Computers, sondern des Programmierers, der den entsprechenden Algorithmus dazu geschrieben hat. Gleiches gilt natürlich auch für Lösungen von mathematischen Aufgaben, für den perfekten Ausdruck am Drucker und für das Abspielen Ihrer gespeicherten Musikstücke. Computer können selbstständig keine Algorithmen entwickeln. Sie können auch selbstständig keine Musik komponieren und schon ganz und gar nicht denken! Die Zeit, in der sich der Mensch Sorgen machen muss, dass sich die Welt der Maschinen gegen ihn erhebt, ist noch lange nicht gekommen – also: Computer sind dumm!

2.2   Algorithmische Formulierung

Stellen Sie sich vor, Ihr Computer wäre ein Koch. Dieser Koch kann zwar selbst nicht kochen, er kann jedoch das Kochrezept ablesen und die darin stehenden Anweisungen akribisch befolgen. So sind Sie als Programmierer gefordert, das entsprechende Kochrezept zu schreiben. Da Ihr Computer, so wie jeder andere Computer auf der Welt, lediglich Befehle ausführen kann und selbst keinen Funken an Intelligenz besitzt, ist es Ihre Aufgabe, dieses Kochrezept so genau zu definieren, dass der Koch jeden zu tätigenden Schritt ablesen kann.

Ein Beispiel:

Sie wollen einen Kuchen backen und sind bereits soweit, dass der Kuchen für 30 Minuten bei 180 °C in den Ofen muss. Dann steht dies in einem Backrezept in etwa so:

und den Kuchen nun 30 Minuten bei 180 °C backen.

Ein Mensch würde die Anweisung verstehen und ausführen. Selbstverständlich würden Sie das Backrohr erst öffnen und die Aktion lediglich dann ausführen, wenn sich aktuell nichts im Backrohr befindet. Genau daran würde Ihr Computer jedoch scheitern, wenn Sie Ihr Programm so formulierten. Ist das Backrohr aus irgendwelchen Gründen zu dem Zeitpunkt bereits offen, wird Ihr Programm funktionieren. Ist es jedoch geschlossen (was wohl wahrscheinlicher ist), so müssten Sie anschließend den Boden sauber machen, da die Anweisung für das Öffnen des Backrohrs nicht gegeben wurde.

Um ein funktionierendes Programm zu schreiben, ist es erforderlich, jede mögliche Situation zu definieren. Möglicherweise wurden Sie bereits mit der folgenden Fehlermeldung in einem Programm konfrontiert: »Es ist ein unbehandelter Fehler aufgetreten ...« Immer wenn Sie so etwas sehen, wissen Sie nun, dass gerade etwas passiert ist, was der Programmierer im Programm nicht berücksichtigt hat.

Um bei unserem Beispiel zu bleiben: Die Ofentür war geschlossen, und der Computer hat versucht, die Teigmasse in den Ofen zu schieben. Im schlimmsten Fall ist nun auch die Glastür des Ofens kaputt, im besten Fall ist die Teigmasse nicht zu Boden gegangen, und es kann ein erneuter Versuch unternommen werden. Übertragen auf ein Computerprogramm bedeutet dies, dass im schlimmsten Fall nun Dateien beschädigt (engl. *corrupt*) und nicht mehr verwendbar sind. Im besten Fall wird dem Benutzer eine Meldung angezeigt, die ihm dabei hilft, das Problem zu lösen.

Sie sehen, dass dieser eine Satz im Backrezept nicht ausreicht, und daher müssen wir ihn etwas umformulieren. Vorerst formulieren wir diese Anweisung in natürlicher Sprache:

Nun öffnen Sie die Ofentür und prüfen, ob das Backrohr aktuell leer ist. Wenn das Backrohr aktuell leer ist, nehmen Sie den Kuchen und geben ihn in den Ofen. Ist das Backrohr nicht leer, nehmen Sie den darin vorhandenen Gegenstand heraus. Geben Sie anschließend den Kuchen in das Backrohr. Anschließend schalten Sie den Ofen für 30 Minuten auf 180 Grad Celsius.

Durch diese Formulierung kann doch schon nichts mehr falsch gemacht werden, oder?

Haben wir nicht etwas in der Formulierung vergessen? Da war doch noch etwas: Die Ofentür muss natürlich auch wieder geschlossen werden, nicht dass noch die Küche abbrennt! Auch diesen Fehler haben Sie möglicherweise schon einmal erlebt! Kennen Sie die Fehlermeldung a là »Die Datei kann nicht gelöscht werden, da sie noch von einem anderen Prozess verwendet wird«? Auch wenn Sie auf eine Datei zugreifen, indem Sie diese lesend oder schreibend öffnen, müssen Sie diese am Ende des Vorgangs wieder schließen, da diese ansonsten für andere Programme (und möglicherweise auch für dieses Programm) bis zum nächsten Neustart des Betriebssystems gesperrt ist und somit nicht verwendet werden kann. Also formulieren wir unseren Teil der Zubereitung noch etwas weiter um:

> *Nun öffnen Sie die Ofentür und prüfen, ob das Backrohr aktuell leer ist. Wenn das Backrohr aktuell leer ist, nehmen Sie den Kuchen und geben ihn in den Ofen. Ist das Backrohr nicht leer, nehmen Sie den darin vorhandenen Gegenstand heraus. Geben Sie anschließend den Kuchen in das Backrohr. Schließen Sie das Backrohr. Konnten Sie das Backrohr schließen, schalten Sie anschließend den Ofen für 30 Minuten auf 180 Grad Celsius.*

Die Abfrage, ob das Backrohr geschlossen werden konnte, ist in diesem Fall wichtig, da in dem Fall, dass dies nicht möglich war (weil zum Beispiel die Ofentür defekt ist), die Küche abbrennen könnte. Um unser Beispiel wieder in die Welt der IT (Informationstechnologie – oder umgangssprachlich in die »Computerwelt«) zu übertragen: Falls etwas passieren kann, das unter Umständen schwerwiegende Fehler nach sich ziehen würde, so vergewissern Sie sich, dass Sie diese Aktion auch gefahrlos ausführen können! Sie können also, wenn Sie versuchen, etwas in eine Datei zu speichern, nicht davon ausgehen, dass genügend Speicherplatz für den Schreibvorgang vorhanden ist. Sie können nicht davon ausgehen, dass der Benutzer Schreibrechte auf das Verzeichnis besitzt, Sie können nicht davon ausgehen, dass die Datei nicht gerade von einem anderen Programm gesperrt ist, und so weiter. Sie müssen also derartige Fehler behandeln. Dazu folgt später mehr im Abschnitt 6.3, »Exceptions«.

Dieses einfache Beispiel macht Folgendes deutlicher:

▶ Sie müssen dem Computer jede Kleinigkeit befehlen, sonst macht das Programm nicht, was Sie von ihm verlangen.

▶ Sie müssen in Ihrem Computerprogramm alle möglichen Fehlerfälle behandeln (später wird gezeigt, wie Sie mit möglicherweise vergessenen Fehlerbehandlungen umgehen können).

▶ Versuchen Sie, Dinge, die für Menschen selbstverständlich sind, bei der Formulierung eines Algorithmus nicht wegzulassen, sondern zu formulieren. (Natürlich müssen Sie die Ofentür öffnen – dann schreiben Sie es auch!)

▶ Ein Programm besteht zu einem großen Prozentsatz aus Befehlen, die lediglich Ausnahmen behandeln!

So wichtig ist Fehlerbehandlung

Ein stabiles Programm besteht zu 40 % aus Programmcode zur Fehlerbehandlung.

Bisher haben wir lediglich das Vorgehen in natürlicher Sprache erarbeitet. Als Nächstes vereinfachen wir die Sätze, indem wir uns auf die Wörter beschränken, die uns tatsächlich Informationen darüber liefern, was zu tun ist. Elemente, die den Satz ausschmücken, werden weggelassen:

Ofentür öffnen
Backrohr leer?
　　Wenn JA:
　　　　Gib Kuchen in Backrohr
　　Wenn NEIN:
　　　　Nimm Inhalt aus Backrohr
　　　　Gib Kuchen in Backrohr
Schließe Backrohr
Backrohr geschlossen?
　　Wenn JA:
　　Ofen einschalten (30 min, 180 °C)

Wie Sie sehen, habe ich lediglich die Füllwörter entfernt. Natürlich sind es nun keine grammatikalisch korrekten Sätze mehr, allerdings beinhalten sie genug Informationen, damit Sie wissen, was zu tun ist. Durch die Einrückung bei Fragen und den möglichen Antworten sind auch Zusammenhänge erkennbar.

Inzwischen ist aus einem einfachen Satz ein struktureller Pseudocode geworden. Dies ist der Ausgangspunkt zur Erstellung eines Algorithmus. Erstellen Sie immer entsprechenden Pseudocode, bevor Sie mit der Entwicklung eines Algorithmus beginnen – vor allem dann, wenn Sie mit Schwierigkeiten bei der Formulierung des Algorithmus in der Programmiersprache kämpfen. Der Pseudocode hilft Ihnen dabei, die Struktur des Algorithmus zu definieren, ohne dass Sie sich mit Syntax-Spitzfindigkeiten herumschlagen müssen. Später, wenn Sie erfahrener und routinierter werden, werden Sie oftmals sofort mit der Algorithmenerstellung in der Programmiersprache beginnen. Folgende

Tatsache soll Sie etwas motivieren, die Pseudocodeformulierungen zu verwenden: In Softwareprojekten werden oftmals Algorithmen und Programmstrukturen vor der eigentlichen Implementierung mithilfe von (UML-)Diagrammen (Ablaufdiagrammen, Flussdiagrammen, Klassendiagrammen usw.) erstellt. Diese Diagramme stellen den Datenfluss und die Struktur des Algorithmus dar. Die Formulierung in Pseudocode (auch wenn die Form eine etwas andere ist) ist also durchaus gängige Praxis.

2.3   Beschreibung des Sachverhalts

Sie müssen also äußerst genau bei der Formulierung des Algorithmus sein, damit der Computer genau das macht, was er auch soll. Häufig müssen Sie sich dabei lediglich selbst oder einen Vorgang genau beobachten, um diesen entsprechend beschreiben zu können. Die Beantwortung der folgenden Fragen wird Ihnen darüber hinaus bei der Formulierung eines Sachverhalts in Text, als Pseudocode oder als Algorithmus in einer Sprache, helfen:

1. Wie ist die genaue Ausgangssituation?

2. Was muss gegeben sein, damit die Ausgangssituation in Ordnung ist?

3. Wie sieht das Ziel ganz genau aus?

4. Von welchen Parametern ist das Ziel abhängig?

5. Wodurch wissen Sie, ob und wann Sie das Ziel erreicht haben?

6. Sind Parameter voneinander abhängig? Falls ja, wie?

7. Schlussendlich – wie ist der Ablauf von der Ausgangssituation zur Zielsituation in Abhängigkeit der identifizierten Parameter.

Diese Fragen müssen Sie sich stellen, wenn Sie Schwierigkeiten haben, einen Sachverhalt zu formulieren.

Ein sehr einfaches Beispiel zur Beschreibung des Sachverhalts: Stellen Sie sich einen Läufer vor, der einen Wettbewerb gewinnen will.

1. Wie ist die genaue Ausgangssituation?
   Alle Läufer stehen in der notwendigen Sportbekleidung und den richtigen Schuhen an der Startlinie und sehen der Laufrichtung entgegen.

2. Was muss gegeben sein, damit die Ausgangssituation in Ordnung ist?
   Ausrichtung der Läufer, Bekleidung, die Startposition ist hinter der Linie.

3. Wie sieht das Ziel ganz genau aus?
   Durchlaufen der Zielgerade in möglichst kurzer Gesamtzeit.

4. Von welchen Parametern ist das Ziel abhängig?
   Laufgeschwindigkeit, Ausdauer, Länge der Strecke.

5. Wodurch wissen Sie, ob und wann Sie das Ziel erreicht haben?
   Sobald die Ziellinie überschritten wurde. Die Minimale Zeit wird dann erreicht, wenn die Laufgeschwindigkeit so angepasst wird, dass diese bei der aktuellen Ausdauer und Länge der Strecke in der Summe am höchsten ist.

6. Sind Parameter voneinander abhängig? Falls ja, wie?
   Je länger die Strecke ist, desto höher die Ausdauer und geringer die Geschwindigkeit. Auch die Gesamtlaufzeit ist dadurch länger.

7. Schlussendlich – wie ist der Ablauf von der Ausgangssituation zur Zielsituation in Abhängigkeit der identifizierten Parameter?
   Nach dem Startschuss wähle die Laufgeschwindigkeit so, dass diese möglichst hoch ist, und bei der aktuellen Ausdauer und bekannten Streckenlänge das Ziel ohne Zusammenbruch erreicht werden kann.

8. Ich möchte das Beispiel jetzt nicht weiter formulieren. Es geht darum aufzuzeigen, welche Gedanken Sie sich machen müssen. Nämlich wie sieht das Ziel genau aus? Das Ziel als »Gewinnen« zu beschreiben, reicht leider nicht. Das Ziel ist in diesem Fall, in möglichst kurzer Zeit die Ziellinie zu überschreiten. Und die möglichst kurze Zeit ist abhängig von verschiedenen Faktoren. Diese müssen Sie finden und identifizieren, genauso wie deren Abhängigkeiten. Wenn Sie diese Tatsachen zusammengetragen haben, können Sie sich über die Formulierung weitere Gedanken machen.

Bevor wir nun zur Formulierung in einer Programmiersprache kommen, müssen Sie die Sprachelemente einer Programmiersprache kennenlernen. Damit befassen wir uns im Folgenden, und anschließend wird der Satz zum Kuchenbacken unser erster formulierter Algorithmus werden.

2.4   Einführung in Sprachelemente

Sie können nicht ohne eine Programmiersprache programmieren. Und da es sehr viele verschiedene davon gibt, haben Sie die Qual der Wahl, sich für eine zu entscheiden. Kapitel 3, »Die Wahl der Programmiersprache«, soll Sie bei der Wahl unterstützen. Dort bringe ich Ihnen die Vor- und Nachteile sowie Einsatzgebiete von verschiedenen Programmiersprachen nahe. In diesem Buch verwende ich als Syntax und zur Einführung die Programmiersprache C# (gesprochen »Si-Scharp«), die von Microsoft entwickelt wurde und weiterentwickelt wird. Wenn Sie C# programmieren können, so ist es für Sie ein Leichtes, auch in Java zu entwickeln. Sollten Sie sich später für C++ entscheiden, werden Sie auch hier sehr viele Ähnlichkeiten feststellen.

In Kapitel 1, »Einführung«, habe ich Ihnen gesagt, dass Sie beim Programmieren einen großen Sandkasten mit viel Spielzeug haben. Nun ist es soweit, Sie mit dem Spielzeug vertraut zu machen. Die Erklärung der Sprachelemente ist zwar nicht so prickelnd, aber ein notwendiges Übel. Sie werden jedoch lernen, Algorithmen zu formulieren und zu durchdenken, und anschließend werden Sie hier die nötigen Fähigkeiten erlernen, um den formulierten Algorithmus in einer Programmiersprache in Code umzuwandeln. Danach werden Sie sich mit den syntaktischen Spitzfindigkeiten beschäftigen müssen. Da Sie allerdings den Algorithmus bereits formuliert haben, werden Sie sich nicht vom Weg abbringen lassen, und Ihr Fleiß wird von Erfolg gekrönt sein.

2.4.1   Eine erste Algorithmus-Formulierung

Versuchen Sie noch nicht, die angeführten Codeteile in Ihren Computer zu tippen. Sie werden mit der Ausführung des Programms (noch) keinen Erfolg haben, da es sich um einzelne Codeschnipsel handelt, die der Compiler nicht ohne Weiteres akzeptiert.

Damit Sie mit den Sprachelementen vertraut werden, werden wir jede Zeile des bisher formulierten Pseudocodes in seine Bestandteile zerlegen und entsprechend neu formulieren.

Ofentür öffnen

```
OpenDoor();
```

Listing 2.1 Darstellung einer Funktion in einem Programmcode

Was Sie hier sehen, ist der Aufruf einer Funktion mit dem Namen OpenDoor. Eine Funktion ist ein abgeschlossener Programmteil, der etwas macht und unter Umständen ein Ergebnis liefert. Sie können sich Funktionen auch wie mathematische Funktionen vorstellen:

$y = x^*x/2$

Hierbei ist *y* das Ergebnis der Funktion, die bei der Berechnung innerhalb der Funktion durchgeführt wird. Die Funktion wird mit einem Namen versehen, und das war's schon.

Diese Funktion muss natürlich entsprechend programmiert werden. Dies soll Sie jedoch noch nicht weiter stören. Sie erkennen eine Funktion daran, dass ihrem Namen immer runde Klammern () folgen. Im Programmcode wird die Funktion aufgerufen, und der Computer führt diese aus. `OpenDoor` benötigt in diesem Beispiel keine Parameter zum Öffnen. Das heißt, wir gehen davon aus, dass diese Funktion das Backrohr vollkommen öffnet (und nicht nur ein kleines Stück).

Mehr ist in dieser Zeile nicht zu erledigen! Also wird der Befehl mit einem Strichpunkt abgeschlossen. Nebenbei sei erwähnt, dass in C# Befehle immer mit Strichpunkten abgeschlossen werden. Sie werden diese bestimmt auch das eine oder andere Mal vergessen. In diesem Fall macht der Compiler Sie mit einer Meldung »Strichpunkt erwartet« auf den Fehler aufmerksam. Das Nützliche an Funktionen ist, dass diese jederzeit durch die Namensangabe wieder aufgerufen werden können und dass das Programm besser strukturiert wird, wenn Teile in Funktionen ausgelagert sind.

> **Was Sie über eine Funktion wissen sollten**
>
> Eine Funktion kapselt eine bestimmte Funktionalität in einem Programm und kann von verschiedenen Stellen in einem Programm aus aufgerufen werden.

Backofen leer?

```
if ( IsEmpty() )
```

Listing 2.2 Darstellung einer Bedingung im Pseudocode

Immer dann, wenn Sie in einem Satz das Wort »wenn« verwenden oder ein Satz mit einem Fragezeichen abschließt, benötigen Sie in einem Algorithmus das Wörtchen `if`. Die Formulierung mit »wenn« deutet auf eine Bedingung bzw. Verzweigung hin. Ist die Bedingung erfüllt, so soll etwas Bestimmtes geschehen. Ist also der Backofen leer, so wird der Kuchen hineingegeben. Ansonsten muss erst der Gegenstand entfernt werden, der sich noch im Ofen befindet.

Durch `if` weisen Sie den Computer an, eine Prüfung durchzuführen. Sie prüfen auf etwas, das entweder wahr oder falsch ist. Es existiert bei diesen Prüfungen kein »vielleicht« oder »ein bisschen wahr«. Der Computer ist sehr strikt und erlaubt ausschließlich wahr (`true`) oder falsch (`false`). Die Prüfung wird in C# in der Klammer nach dem `if` angegeben. Unsere Prüfung wäre in diesem Fall also die Funktion `IsEmpty()`, was wiederum der Aufruf einer Funktion ist (wie auch `OpenDoor`). Auch hier brauchen Sie sich (noch) nicht damit aufhalten, wie die Funktion `IsEmpty` *implementiert* ist (»implementiert« ist ein gern verwendetes Synonym für »programmiert«). Wichtig ist jedoch, dass die Funktion `IsEmpty` als Ergebnis entweder `true` (für »Ja, das Backrohr ist leer.«) oder `false` (für »Nein, das Backrohr ist nicht leer.«) liefert. Ist dies nicht der Fall, so wird der Compiler Sie auf einen Fehler aufmerksam machen.

Backofen leer?
  Wenn JA:
    Gib Kuchen in Backrohr

```
if ( IsEmpty() ) {
      PutIn();
}
```

Listing 2.3 Darstellung einer Bedingung mit anschließendem Funktionsaufruf im Pseudocode

Nachdem mit `if ( IsEmtpy() )` abgefragt wird, ob das Backrohr leer ist, muss auch definiert werden, was passiert, wenn es tatsächlich leer ist. Dazu dienen die geschwungenen Klammern `{ }` und der darin stehende Programmcode. Alles das, was innerhalb der geschwungenen Klammern steht, führt der Computer nur dann aus, wenn die Bedingung bei `if` erfüllt ist – also wenn `IsEmpty()` den Wert `true` zurückgibt. Wahrscheinlich ist Ihnen aufgefallen, dass nach dem `if` kein Strichpunkt steht. Der Grund ist, dass das `if`-Statement noch nicht vollständig ist, da ja auch die geschwungenen Klammern und der Inhalt darin zum `if`-Statement gehören. Dadurch ist hier kein Strichpunkt notwendig. Kurz gesagt: Es folgt nach einem `if` *kein* Strichpunkt. Die `if`-Anweisung beinhaltet einen vollständigen *Programmblock*, der durch die geschwungenen Klammern `{ }` definiert ist.

> **Definition »Programmblock«**
>
> Ein Programmblock besteht aus zusammengehörigen Befehlen, die durch geschwungene Klammern abgegrenzt werden. Funktionen, `if`-Anweisungen und andere Elemente spannen Programmblöcke auf.

Wenn das Backrohr also leer ist, führt der Computer die Funktion `PutIn()` aus. Ist das Backrohr nicht leer (`IsEmtpy()` liefert den Wert `false`), so wird die Funktion `PutIn()` nicht ausgeführt, sondern an das Ende des Blocks gesprungen und der Programmcode ausgeführt, der nach der schließenden geschwungenen Klammer steht.

Backofen leer?
  Wenn JA:
    Gib Kuchen in Backrohr
  Wenn NEIN:
    Nimm Inhalt aus Backrohr
    Gib Kuchen in Backrohr

```
if ( IsEmpty() ) {
        PutIn();
}
else {
        PutAllOut();
        PutIn();
}
```

Listing 2.4 Erweiterung des Pseudocodes mit alternativen Wegen

Nun ist auch noch definiert, was passiert, wenn `IsEmpty()` den Wert `false` liefert. Der Computer überspringt den Inhalt der geschwungenen Klammern und springt direkt zum `else`-Zweig der Anweisung. Auch hier folgt auf das `else` eine geschwungene Klammer, die alle Anweisungen beinhaltet, die nur dann ausgeführt werden, wenn die Bedingung im `if` *nicht* erfüllt ist. Wie Sie sehen, können auch mehrere Anweisungen zwischen den geschwungenen Klammern im `if` oder im `else` stehen. Aus diesem Grund sind auch die geschwungenen Klammern notwendig, denn ansonsten weiß der Computer nicht, welche Anweisungen ausgeführt werden sollen und welche nicht – also welche Anweisungen noch Teil des Blocks sind.

Gibt es nur eine einzige Anweisung (auch *Statement* genannt) im `if`- oder `else`-Zweig, so können die geschwungenen Klammern in diesem Bereich auch weggelassen werden, da die nächste Zeile immer zum entsprechenden `if` bzw. `else` gezählt wird, auch wenn keine Klammerung vorhanden ist (aber eben nur *genau eine* Zeile) – dies sei jedoch nur nebenbei erwähnt. Um Fehler zu vermeiden, empfehle ich Ihnen, zu Beginn immer eine entsprechende Klammerung zu setzen, damit Sie die zusammenhängenden Elemente bewusst kennzeichnen.

Dieser `else`-Zweig ruft also die Methode mit dem Namen `PutAllOut()` auf und anschließend die Methode `PutIn()`. Natürlich tut er das nur dann, wenn die Bedingung im `if` nicht erfüllt ist, also wenn `IsEmpty` den Wert `false` liefert.

Schließe Backrohr;

```
Close();
```

Listing 2.5 Funktionsaufruf zum Schließen des Backrohrs als Pseudocode

Hier ruft der Computer die Funktion `Close()` auf, die das Backrohr wieder schließt. Das Statement wird mit einem Strichpunkt abgeschlossen.

Backrohr geschlossen?

```
if ( IsClosed() )
```

Listing 2.6 Abfrage, ob das Backrohr geschlossen ist, als Pseudocode

»Backrohr geschlossen?« ist eine Frage, und somit ist ein `if`-Statement notwendig. Die Antwort auf diese Frage soll uns die Funktion `IsClosed()` liefern, die `true` für »Ja, das Backrohr ist geschlossen.« oder `false` für »Nein, es ist nicht geschlossen.« als Ergebnis liefert. Wenn Sie die Funktion `IsClosed()` und `Close()` vergleichen, stellen Sie fest, dass nicht jede Funktion einen Rückgabewert liefern muss. Es kann auch Funktionen geben, die keinen Rückgabewert liefern. Diese werden oftmals auch *Prozeduren* genannt. Ach ja, vergessen Sie nicht, dass nach dem `if` kein Strichpunkt benötigt wird.

> **Definition »Prozedur«**
>
> Eine Prozedur ist eine Funktion, die keinen Rückgabewert liefert.

Backrohr geschlossen?
  Wenn JA:
    Ofen einschalten (30 min, 180 °C);

```
if ( IsClosed() ) {
    Start( 30, 180 );
}
```

Listing 2.7 Starten des Ofens, falls die Ofentür geschlossen ist, als Pseudocode

Wie Sie hier sehen, kann ein `if`-Statement auch ohne `else`-Zweig existieren. Ist die Bedingung `IsClosed()` erfüllt (gibt die Funktion den Wert `true` zurück), so wird der Code in den geschwungenen Klammern ausgeführt. Ist die Bedingung nicht erfüllt, so wird der Programmiercode nicht ausgeführt. In diesem Beispiel ist der auszuführende Code der Aufruf der Funktion `Start()`. Diese Funktion unterscheidet sich von anderen Funktionen, da diese Funktion nun zwei Parameter benötigt. Diese Parameter beschreiben, dass der Ofen für 30 Minuten bei 180 °C eingeschaltet werden soll. Wenn Sie sich nun fragen, wie der Computer weiß, dass es sich bei der Zahl 30 um Minuten handelt und bei 180 um Grad Celsius, so lautet die Antwort, dass er es nicht weiß. Die Funktion `Start()` muss diese Parameter vorgeben und mit den Werten entsprechend rechnen. Dazu jedoch später mehr.

Der gesamte Algorithmus lautet also wie folgt:

```
OpenDoor();
if ( IsEmpty() ) {
        PutIn();
}
else {
        PutAllOut();
        PutIn();
}
Close();
if ( IsClosed() ) {
        Start( 30, 180 );
}
```

Listing 2.8 Der gesamte Algorithmus des Beispiels als Pseudocode

Dieser Algorithmus entspricht nun der Formulierung des Satzes im Kochbuch, sodass der Computer die Aktionen auch tatsächlich ausführen könnte. Aktuell kann der Computer den Algorithmus noch nicht ausführen, da er die Funktionen OpenDoor, IsEmpty, PutIn, PutAllOut, Close, IsClosed und Start noch nicht kennt und diese auch noch nicht implementiert sind.

Die Einrückungen, die im Algorithmus beim if-Statement im if- und im else-Zweig gemacht wurden, sind zwar für den Computer nicht erforderlich, für Sie als Entwickler sind diese Einrückungen jedoch sehr wichtig, um die Struktur des Programmcodes erkennen zu können.

Folgendes haben Sie bisher kennengelernt:

▶ den Aufruf einer Funktion mit (Start) und ohne Parameter (IsEmpty)

▶ eine if-Anweisung, die eine Bedingung prüft, die wahr (true) oder falsch (false) ergeben muss; und je nachdem, welchen Wert diese hat, springt der Computer in den if- oder in den else-Zweig.

▶ Ein Funktionsaufruf endet mit einem Strichpunkt.

Rufen Sie sich in Erinnerung, wie wir den Algorithmus entwickelt haben:

1. Als Erstes haben wir einen Sachverhalt so ausformuliert, dass alle Eventualitäten berücksichtigt worden sind. (Dies ist auch schon die schwierigste Aufgabe bei der Entwicklung eines Algorithmus.)

2. Anschließend haben wir sämtliche Füllwörter entfernt, die für eine natürliche Sprache notwendig sind, jedoch keine weiteren Informationen liefern. Dann haben wir alle Entscheidungsbehandlungen strukturell ausformuliert (*Wenn JA:, Wenn NEIN:,* ...).

3. Dann haben wir den Algorithmus in eine Programmiersprache übersetzt. (Dies erscheint Ihnen wohl aktuell noch am schwierigsten.)

Wenn Sie mehr Erfahrung gesammelt haben, werden Sie nicht immer alle drei Schritte durcharbeiten. Zu Beginn, solange Sie noch nicht sattelfest sind, empfehle ich Ihnen die oben angeführte Vorgehensweise. Dadurch bekommen Sie ein Gefühl für einen Algorithmus. Durch diese Vorgehensweise sind Sie gezwungen, sich alle erforderlichen Fragen zu stellen, um erfolgreich einen Algorithmus erstellen zu können, ohne von Eigenheiten einer bestimmten Programmiersprache abgelenkt zu werden. Mit etwas Routine werden Sie als Erstes den zweiten Schritt nicht mehr durchführen. Oftmals werden Sie gleich mit dem Algorithmus selbst loslegen, nur um später festzustellen, dass es einfacher und mit weniger Fehlern vonstatten gegangen wäre, hätten Sie den Sachverhalt zu Beginn genau definiert – glauben Sie mir, das wird auch Ihnen passieren! Wenn Sie routiniert an die Programmierung herangehen, so werden Sie – vor allem dann, wenn Sie ein Programm für eine andere Person schreiben – vor der Herausforderung stehen, dass Sie oftmals nicht alle Anforderungen kennen. Der Algorithmus hätte wahrscheinlich anders ausgesehen, wenn Sie alle Anforderungen gekannt hätten. Der Grund hierfür ist, dass auch die Benutzer selbst oftmals nicht wissen, was sie wollen.

2.4.2   Elemente eines Algorithmus

Ein Algorithmus besteht natürlich nicht nur aus Funktionsaufrufen und `if`-Anweisungen. Funktionen müssen nicht nur aufgerufen, sondern auch formuliert werden. Im nächsten Schritt erläutere ich die beim Programmieren zur Verfügung stehenden Sprachelemente. Sie benötigen diese Elemente, um unter anderem Funktionen zu entwickeln. Auch wenn das möglicherweise etwas langweilig klingt, ist dieser Abschnitt für das weitere Verständnis sehr wichtig!

Datentypen und Variablen

Die Variable ist eines der wichtigsten grundlegenden Elemente eines Algorithmus und somit eines Programms. Eine Variable besteht aus einem *Datentyp* und dem dazu gehörigen *Wert*. Der Name »Variable« kommt daher, dass sich der Wert der Variable ändern kann (anders als bei einer Konstanten).

Wie können Sie sich das vorstellen? Ganz einfach: Stellen Sie sich einen Messbecher vor. Der Messbecher bestimmt, wie viel in den Becher passt. Geben Sie zu viel hinein, so läuft der Becher über. Der Messbecher wäre ein Datentyp. Der Datentyp bestimmt, was und wie viel davon in einer Variablen gespeichert werden kann. Der Wert der Variablen wäre beispielsweise die tatsächliche Wassermenge, die sich im Messbecher befindet; sagen wir 200 ml.

Der Datentyp bestimmt, was in einer Variablen gespeichert werden kann, also ob es sich bei der Variablen um ein Datum, einen Text, eine Zahl usw. handelt.

Gleichzeitig bestimmt der Datentyp, wie viel gespeichert werden kann (wie viel Wasser kann der Messbecher fassen?). Es liegt in der Natur der Sache, dass der Computer für den Wert Speicherplatz (vom Arbeitsspeicher) reservieren muss. Je mehr Daten die Variable fassen muss, desto mehr Speicher muss der Computer reservieren. Aus dem Grund gibt es verschiedene Datentypen für Zahlen, die je nach Einsatzfall entsprechend ausgewählt werden müssen. Es gibt Datentypen für ganze Zahlen, es gibt Datentypen für Komma-Zahlen, es gibt Datentypen, die keine negativen Werte besitzen dürfen, und so weiter. Auch beim Programmieren gilt: Wer die Wahl hat, hat die Qual. Wobei Sie sich auf Folgendes einstellen können: Meist gehen Programmierer bei der Auswahl des Datentyps für Zahlen eher verschwenderisch mit dem Arbeitsspeicher um, da in den meisten Fällen ohnehin genügend Arbeitsspeicher auch für große Werte verfügbar ist.

Eine Variable wird wie folgt definiert:

```
[DatenTyp] [NameDerVariable];
```

Listing 2.9 Deklaration eines Datentyps

Meist werden den Variablen direkt Werte zugewiesen. Dies sieht wie folgt aus:

```
[DatenTyp] [NameDerVariable] = [Wert];
```

Listing 2.10 Deklarations eines Datentyps inkl. Wertzuweisung

Bekommt eine Variable nicht direkt einen Wert, so wird sie mit dem Standardwert für diesen Datentyp belegt. Bei Zahlen ist dies beispielsweise 0.

Zum Beispiel:

```
int num = 3;
int age;
double hourlyFee = 10.5;
```

```
double average = 15.95;
string firstName = "Max";
string lastName = "Mustermann";
```

Listing 2.11 Deklaration von Variablen

Vergessen Sie nicht, die Definition mit einem Strichpunkt abzuschließen! Jede Variable, die Sie in einem Programm verwenden wollen, muss zuvor definiert sein.

Eine Variable kann ihren Wert ändern. Dazu weisen Sie ihr lediglich den neuen Wert zu. Dieser Wert muss jedoch zum Datentyp passen! Das bedeutet, dass Sie in einer Variablen, die lediglich Zahlen speichern kann, keinen Text und auch kein Datum speichern können. Der Compiler macht Sie auf diesen Fehler aufmerksam.

```
int num = 3;
num = 4;
```

Listing 2.12 Wertzuweisung von Variablen

Bei der Zuweisung des neuen Wertes ist es nicht mehr erforderlich, den Datentyp erneut anzugeben. Der Compiler ist noch strenger: Sie dürfen den Datentyp nicht angeben, da der Compiler ansonsten davon ausgeht, dass es sich um eine neue Variable handelt – der Variablenname ist jedoch bereits vergeben. Daher würde der Compiler bei erneuter Angabe des Datentyps einen Syntaxfehler melden. Sie müssen also die Variable erst definieren, und bei der Definition der Variablen wird der Datentyp angegeben. Bei der Verwendung – wobei es irrelevant ist, ob Sie den Wert der Variablen lesen oder der Variablen einen neuen Wert zuweisen – darf der Datentyp nicht mehr angegeben werden.

Der Datentyp bestimmt also, worum es sich handelt. In Tabelle 2.1 sehen Sie die wichtigsten C#-Datentypen im Überblick.

Diese Liste ist nicht vollständig, beinhaltet allerdings die wichtigsten und am häufigsten verwendeten Datentypen. Auf der Seite *msdn.microsoft.com* finden Sie alle Datentypen und viele weitere Informationen, die Ihnen beim Entwickeln mit C# sehr nützlich sein werden.

Neben int, long, float usw. stehen auch immer uint, ulong, ufloat usw. zur Verfügung. Der Buchstabe u steht für *unsigned*. Wird ein uint-Datentyp verwendet, benötigt dieser den gleichen Speicherplatz wie ein int-Datentyp, jedoch wird auf den negativen Anteil verzichtet, und daher verdoppelt sich der positive Wertebereich. Dies sei lediglich am Rande erwähnt.

Datentyp	Beschreibung	Speicher	Wertebereich
byte	ganze Zahl im positiven Bereich	8 Bit	0 bis 255
sbyte	ganze Zahl mit Vorzeichen	8 Bit	−128 bis 127
short	ganze Zahl mit Vorzeichen	16 Bit	−32.768 bis 32.767
int	ganze Zahl mit Vorzeichen	32 Bit	−2.147.483.648 bis 2.147.483.647
long	ganze Zahl mit Vorzeichen	64 Bit	−922337203685477508 bis 922337203685477507
float	Gleitkommazahl mit einfacher Genauigkeit	32 Bit	−3.402823e38 bis 3.402823e38
double	Gleitkommazahl mit doppelter Genauigkeit	64 Bit	−1.79769313486232e308 bis 1.79769313486232e308
bool	Wahrheitswert (Ja/Nein)	8 Bit	true oder false
char	ein einzelnes (Unicode-)Zeichen	16 Bit	ein Unicode-Zeichen
string	Text		ein beliebiger Text

Tabelle 2.1 Die wichtigsten C#-Datentypen

Durch die Wahl des Datentyps bestimmen Sie, welche Werte in der Variablen gespeichert werden können! Sie bestimmen, wie viel Speicher vom Computer reserviert wird. Immer dann, wenn Sie einen Text oder Wörter speichern wollen, verwenden Sie eine Variable vom Datentyp string. Immer dann, wenn Sie einen Preis speichern wollen, verwenden Sie den Datentyp float (für Gleitkommazahlen). Würden Sie für einen Preis den Datentyp int (für ganze Zahlen) verwenden, so könnten nur ganze Euro angegeben werden und keine Cent, da der Datentyp int keine Kommastellen speichern kann. Wollen Sie etwas auf einen Wahrheitswert prüfen oder eine Antwort auf eine geschlossene Frage speichern, so verwenden Sie den Datentyp bool (für Ja/Nein-Werte).

Als kleine Illustration ist hier angeführt, welche Datentypen und Variablen Sie benötigen würden, um ein paar Personendaten zu speichern:

```
string firstName;
string lastName;
string email;
float weight;
byte age;
bool isMale;
int salary;
```

Listing 2.13 Darstellung verschiedener Variablen mit verschiedenen
Datentypen zum Abbilden von Personeninformationen

Das Alter einer Person kann, wie hier dargestellt, mit einer Zahl abgebildet werden oder
auch, indem das Geburtsdatum der Person statt des Alters gespeichert wird. Wie Sie
sehen, gibt es immer verschiedene Möglichkeiten, einen Sachverhalt in einem Programm abzubilden. Wenn zwei Personen unabhängig voneinander jeweils das gleiche
Programm schreiben sollen, so werden Sie zwei absolut unterschiedliche Programme
(was Programmiercode und Lösungsansatz betrifft) bekommen. Ich gehe davon aus,
dass Sie dies nicht verwundert. Wenn doch, so überlegen Sie einmal Folgendes: Wenn
Sie zwei Baumeistern unabhängig voneinander den Auftrag geben, ein Einfamilienhaus
zu planen, werden Sie dann zwei absolut gleiche Häuser bekommen?

Das Alter eines Menschen kann 255 nicht überschreiten (und auch nicht erreichen). Aus
diesem Grund reicht für die Variable age der Datentyp byte vollkommen aus. (Da ja das
Alter und nicht das Geburtsdatum gespeichert wird.)

Das Gewicht kann nicht nur auf ganze Kilogramm angegeben werden. Oftmals wird
zum Beispiel 75,5 kg angegeben. Daher habe ich hier einen float-Datentyp gewählt.
Wenn Sie der Meinung sind, dass ganze Kilogramm als Genauigkeit ausreichen, können
Sie hier auch einen int verwenden. Aufgrund der Tatsache, dass es auch Menschen jen-
seits der 255 kg gibt, würde ich hier keinen byte-Datentyp verwenden.

Datentypen wählen

Sie werden Variablen bei jedem Programm benötigen. Es gibt kein Programm, keine
Funktion, keinen Algorithmus ohne Variable. Und Sie müssen entscheiden, welche
Werte in diese Variable hineinkommen. Wenn Sie sich irren oder eine Variable zu klein
definieren, so wird Ihr Programm nicht richtig funktionieren. Daher ist es oftmals besser, auf Nummer sicher zu gehen und im Zweifelsfall den nächstgrößeren Datentyp zu
verwenden (der wohl gemerkt das Doppelte an Speicherplatz benötigt).

Konstanten

Konstanten sind so zu behandeln wie Variablen, nur dass der Wert bei der Definition zugewiesen werden muss und anschließend nicht mehr geändert werden kann. Dies ist zum Beispiel erforderlich, wenn Sie die Konstante in Ihrem Programm definieren wollen:

```
const double PI = 3.14159265;
```

Listing 2.14 Definition einer Konstanten

Durch das Schlüsselwort `const` vor dem Datentyp der Variablen wird aus der Variable eine Konstante. Natürlich können Sie auch auf die Konstante verzichten und anstelle der Konstante im Programmcode den entsprechenden Wert schreiben, doch ist die Änderung einfacher, wenn Sie eine Konstante verwenden. Wenn Sie zum Beispiel während der Programmierung immer wieder mit 3.14 im Programmcode geschrieben haben und plötzlich feststellen, dass 3.14 zu ungenau ist und Sie den Wert auf 3.1459265 ändern müssen, müssen Sie den gesamten Programmcode durchforsten und den Wert ersetzen. Hätten Sie eine Konstante verwendet, so gäbe es genau eine Stelle, die geändert werden müsste, und der restliche Programmcode bliebe gleich.

Es wird oft erforderlich sein, dass Sie Ihren Programmcode ändern – weil dieser Fehler beinhaltet, weil Sie neue Funktionalitäten zum bestehenden Programm hinzufügen wollen oder weil Sie das Programm verbessern wollen. Diese Änderungen bzw. der Vorgang wird als *Software-Wartung* oder nur *Wartung* bezeichnet. Je besser Ihr erzeugter Programmcode wartbar ist, desto leichter werden Ihnen die Änderungen fallen. Konstanten sind ein wichtiges Konzept, das die Wartbarkeit erhöht. Es ist wichtig, dass Ihr Code wartbar ist. Wenn Ihr Programm nur schwer wartbar ist, tun Sie sich selbst keinen Gefallen. Achten Sie also darauf.

Definition »Konstante«

Eine Konstante (engl. *constant*) muss einen Initialwert besitzen, der nicht abgeändert werden kann.

Des Weiteren können Sie anstatt einer Konstante auch eine Variable verwenden. Allerdings schützt der Compiler Sie nicht davor, dass der Variablen ein anderer Wert zugewiesen wird. Bei einer Konstante genießen Sie den Komfort oder besser gesagt diese Sicherheit.

Tipp

Verwenden Sie Konstanten immer, wenn es sich um Werte handelt, die sich nicht ändern und nicht ändern dürfen.

Kommentare

Kommentare sind äußerst wichtige Sprachelemente! Dem Compiler sind Kommentare egal. Er ignoriert Kommentare. Für den Programmierer selbst und alle anderen Personen, die den Programmcode jemals zu Gesicht bekommen, sind Kommentare äußerst wichtig. Der Programmcode soll von Kommentaren durchsetzt sein, um Ihre Gedankengänge zu dokumentieren. Durch das Lesen des Kommentars soll eine Person nachvollziehen können, warum der Algorithmus so aussieht, wie er aussieht, was sich der Programmierer dabei gedacht hat und wie und warum der Programmierer bestimmte Entscheidungen getroffen hat. Sie sollten Kommentare auch dann verwenden, wenn Sie Programme nur für sich selbst schreiben und keine andere Person Ihren Programmcode je zu sehen bekommt. Irgendwann wollen oder müssen Sie Ihren Programmcode wieder einmal ansehen, weil Sie etwas nachschauen wollen, den Code verbessern oder einen Fehler ausbessern wollen, und dann werden Sie über die Kommentare froh sein!

Es existieren zwei Typen von Kommentaren: *einzeilige Kommentare* und *mehrzeilige Kommentare*. Ein einzeiliger Kommentar beginnt mit zwei Schrägstrichen (//) und reicht bis zum Ende der Zeile.

Ein mehrzeiliger Kommentar beginnt mit /* und reicht bis zum Kommentar-Ende-Symbol */.

```
/* Das ist ein mehrzeiliger Kommentar.
Dieser Text ist nur Kommentar und wird vom Compiler ignoriert.
Kommentare sind für den Programmierer wichtig! */

//Einzeilige Kommentare enden automatisch am Ende der Zeile.
```

Listing 2.15 Die Syntax für ein- bzw. mehrzeilige Kommentare

Im restlichen Buch sind bei den Programmcodes entsprechende Kommentare angefügt. Damit Sie den Programmcode leichter verstehen, habe ich die Kommentare in Deutsch eingefügt. Ich empfehle Ihnen, beim Programmieren die englische Sprache – auch bei Kommentaren – zu verwenden, wie es die meisten Softwareentwickler tun. In der IT-Branche dominiert nun einmal die englische Sprache, und wenn Sie sich gleich daran gewöhnen, wird es Ihnen leichter fallen, Programmcodes von anderen Entwicklern zu lesen, zu verstehen oder in Ihren eigenen Code zu integrieren.

Der Kommentar oberhalb einer Zeile soll die folgende Zeile oder den folgenden Bereich etwas erklären. Werden Kommentare in der gleichen Zeile verwendet wie ein Programmcode, so soll genau diese Zeile beschrieben werden. Sie sind zwar nicht gezwungen, dies genauso zu machen, ich kann es Ihnen jedoch nur empfehlen.

Zuweisungen

Eine Zuweisung weist einer Variablen einen bestimmten Wert zu. Dabei wird immer die rechte Seite des Gleichheitssymbols ausgewertet und das Ergebnis der linken Seite des Gleichheitssymbols zugewiesen. Der Computer arbeitet Zuweisungen also immer von rechts nach links ab.

Beispiel:

```
int x = 4;      //Der Wert 4 wird der Variable x zugewiesen.
int y = x + 1;  //Berechne den Wert von x+1. Das Ergebnis wird
                //der Variable y zugewiesen. y = 4+1 = 5
int z = x + y;  //Addiere x und y, und weise das Ergebnis der
                //Variable z zu.
x = x + 1;      //Erhöhe den Wert von x um 1.
```

Listing 2.16 Werzuweisungen bei Variablen

Der Vorgang, eine Variable um den Wert eins zu erhöhen, wird oft benötigt. Daher existiert hier eine kürzere Schreibweise:

```
x++;
```

Listing 2.17 Erhöhung einer Variablen um den Wert 1

++ bedeutet: Die Variable um eins erhöhen.
-- bedeutet: Den Wert der Variable um eins verringern.

Beispiel:

```
int x = 4;
x++;      //Nach dieser Zeile wird x den Wert 5 haben.
x--;      //Nach dieser Zeile wird x wieder den Wert 4 haben.
x = x + 1; //Das ist das Gleiche wie x++. x+1 wird berechnet und
           //das Ergebnis der Variable x zugewiesen. Das Ergebnis
           //ist nun wieder 5.
x = x - 1; //Das ist das Gleiche wie x--. x-1 wird berechnet und
           //das Ergebnis der Variable x zugewiesen. Das Ergebnis
           //ist nun wieder 4.
```

Listing 2.18 Rechnen mit Variablen sowie Erhöhen und Verringern von Werten.

Für den Fall, dass Sie eine Variable nicht nur um den Wert eins erhöhen oder verringern wollen, können Sie natürlich

```
int x = 4;
x = x + 2;
```

Listing 2.19 Rechnen mit Variablen

schreiben oder auch die Kurzform:

```
int x = 4;
x += 2;
```

Listing 2.20 Kurzform zum Addieren von beliebigen Werten zu einer Variablen

Diese Kurzform erhöht x um den Wert 2. Gleiches funktioniert natürlich auch beim Verringern (-=), Multiplizieren (*=) oder auch Dividieren (/=).

Behalten Sie im Gedächtnis, dass Anweisungen immer von rechts nach links ausgeführt werden. Das heißt: Das, was rechts vom Gleichheitszeichen steht, wird ausgerechnet, und das Ergebnis wird der Variablen auf der linken Seite zugewiesen.

Tabelle 2.2 fasst die verschiedenen Schreibweisen noch einmal zusammen, bei denen eine Variable ihren Wert entsprechend ändert.

Anweisung	Variante 1	Variante 2	Variante 3
x um eins erhöhen	x = x + 1;	x++;	x += 1;
x um eins verringern	x = x − 1;	x−−;	x −= 1;
x mal drei	x = x * 3;		x *= 3;
x dividiert durch drei	x = x / 3;		x /= 3;
x um drei erhöhen	x = x + 3;		x += 3;
x um drei verringern	x = x − 3;		x −= 3;

Tabelle 2.2 Verschiedene Schreibweisen bei Zuweisungen

Sie können natürlich nicht nur bei Zahlen Zuweisungen durchführen, es funktioniert auch mit Text-Variablen:

```
string firstname = "Max";
string lastname = "Mustermann";
string fullName = firstname + " " + lastname;
                //Vorname + Leerzeichen + Nachname
```

Listing 2.21 Wertzuweisen und Zusammenfügen von Texten

Verzweigungen

Verzweigungen haben Sie bereits durch die if-Anweisung kennengelernt. Eine Verzweigung weist den Computer an, zu prüfen, ob ein bestimmter Code ausgeführt werden soll oder nicht bzw. welcher Code von mehreren Alternativen ausgeführt werden soll.

Die if-Anweisung

Die if-Anweisung wird am häufigsten verwendet. Das Kernstück einer if-Anweisung ist der benötigte boolesche Ausdruck, der angibt, ob ein Codebereich ausgeführt werden soll oder nicht. Dieser Ausdruck kann alles sein, was einen booleschen Wert (true oder false) liefert. Also zum Beispiel: 1 > 4 oder ein Funktionsaufruf, der einen entsprechenden booleschen Wert (bool-Variable) als Ergebnis zurückgibt. Es kann auch eine bool-Variable abgefragt werden usw. Um das Ganze einfacher darzustellen, folgt hier ein Beispiel:

```
int x = 4;  //Definiere die Variable x, und weise ihr den Wert 4 zu.
//Beispiel für einen booleschen Ausdruck
if (x <= 4) { //wenn x kleiner oder gleich 4 ist - boolescher
              //Ausdruck
       x++;   //Erhöhe den Wert von x um 1. x bekommt einen neuen
              //Wert, der um eins größer ist als der Wert, den x
              //zuvor besessen hat.
}


//Beispiel für einen Funktionsaufruf
if ( IsClosed() ) { //Die Methode wird aufgerufen und gibt einen
                    //bool-Wert zurück.
    x++;  //Gibt die Methode true zurück, so wird x erhöht.
}
else {
      x--; //Gibt die Methode false zurück, so wird x wieder
           //verringert.
}


bool isBiggerThan4; //Diese bool-Variable soll später einen Wert
                    //zwischenspeichern.
if (x > 4) {
     isBiggerThan4 = true;
}
else {
```

```
        isBiggerThan4 = false;
}
//Diese Variable kann nun direkt im if-Statement abgefragt werden.
if (isBiggerThan4) { //Prüfe, ob isBiggerThan4 den Wert true oder
                     //false besitzt.
    x++; //Wenn die Variable den Wert true besitzt, so
         //wird x um 1 erhöht.
}
```

Listing 2.22 Darstellung eines Algorithmus mit Wertzuweisungen und Wertabfragen

Die Zeile if (isBiggerThan4) prüft, ob isBiggerThan4 den Wert true hat. Es ist äquivalent mit der Schreibweise:

```
if (isBiggerThan4 == true) {
```

Listing 2.23 Langform einer if-Abfrage mit einer booleschen Variablen

Das doppelte Gleichheitszeichen weist den Compiler an, zu überprüfen, ob die zwei Werte gleich sind. Sollte es Ihnen passieren, dass Sie ein Gleichheitszeichen vergessen, so handelt es sich nicht um eine Prüfungsanweisung, sondern um eine Zuweisung. Das heißt, Sie würden der Variablen isBiggerThan4 den Wert true zuweisen. Da dieser Vorgang per Definition immer true liefert und die Abfrage keinen Sinn machen würde, liefert der C#-Compiler in diesem Fall einen Syntaxfehler, da hier nur ein Fehler vorliegen kann. (Achtung: C++-Compiler tun das zum Beispiel nicht!)

Sie können natürlich nicht nur auf den Wert true abfragen, sondern auch auf den Wert false. Dazu verwendet C# das Ausrufezeichen (!) als Symbol für eine Negation. Das Ausrufezeichen bedeutet immer »nicht«.

Das Symbol zur Abfrage von Gleichheit sind zwei Gleichheitszeichen (==). Das Symbol für Ungleichheit ist ein »nicht ist gleich« (!=).

Die folgende Tabelle soll Ihnen veranschaulichen, auf welche Varianten Sie nun eine boolesche Variable abfragen können:

Programmcode	Beschreibung
if (isBiggerThan)	Wenn isBiggerThan den Wert true hat.
if (isBiggerThan == true)	Wenn isBiggerThan den Wert true hat.

Tabelle 2.3 Äquivalente Darstellungen bei »if«-Anweisungen

Programmcode	Beschreibung
`if (isBiggerThan != false)`	Wenn `isBiggerThan` nicht den Wert `false` hat. (Entspricht semantisch den ersten beiden Varianten.)
`if (isBiggerThan == false)`	Wenn `isBiggerThan` den Wert `false` hat.
`if (!isBiggerThan)`	Wenn `isBiggerThan` nicht den Wert `true` hat. (Also wird abgefragt, ob `isBiggerThan` den Wert `false` hat.)
`if (isBiggerThan != true)`	Wenn `isBiggerThan` nicht den Wert `true` hat. (Entspricht semantisch den beiden Varianten darüber.)

Tabelle 2.3 Äquivalente Darstellungen bei »if«-Anweisungen (Forts.)

Wie gesagt, muss innerhalb der runden Klammern einer `if`-Anweisung ein boolescher Ausdruck stehen, also etwas, das Sie mit »ja« oder »nein« beantworten können.

Das nächste Beispiel wird algorithmisch eine Entscheidung darstellen, ob ein Freund zu einem Barbecue eingeladen werden soll oder nicht. Dabei gilt es, folgendes Regelwerk abzubilden:

▶ Das Barbecue findet statt, wenn das Wetter schön ist.

▶ Das Barbecue findet statt, wenn genügend Essen und Trinken im Kühlschrank vorhanden ist.

▶ Der Freund wird eingeladen, sofern das Barbecue stattfindet.

▶ Ist der Freund bereits hier, wird er nicht eingeladen, sondern es wird sofort mit den Vorbereitungen begonnen.

Ob das Wetter schön ist, liefert die Funktion `IsSunny()`; ob genügend Essen und Trinken im Kühlschrank ist, liefern die Funktionen `IsEnoughToEatAvailable()` und `IsEnoughToDrinkAvailable()`. Die Funktion `CallFriend()` lädt den Freund ein. `IsFriendAlreadyHere()` liefert Informationen darüber, ob der Freund bereits vor Ort ist. Die Funktion `DoStuff()` soll die nötigen Vorbereitungen treffen.

Der Algorithmus funktioniert also wie folgt:

▶ Wenn sonnig und ausreichend Essen und ausreichend Trinken und Freund nicht anwesend → Freund anrufen.

▶ Wenn sonnig und ausreichend Essen und ausreichend Trinken und Freund anwesend → Vorbereitungen durchführen.

In entsprechendem Code sieht das so aus:

```
if (IsSunny() && IsEnoughToEatAvailable() && IsEnoughToDrinkAvailable()) {
      if (!IsFriendAlreadyHere())
            CallFriend();
      else
            DoStuff();
}
```

Listing 2.24 Kombination von booleschen Werten mit »und«

Die doppelten Und-Symbole (&&) weisen den Compiler darauf hin, dass beide Bedingungen (die links davon stehende und die rechts davon stehende Bedingung) erfüllt sein müssen, damit der entsprechende Code ausgeführt wird. Die Prüfung IsFriendAlreadyHere() wird erst durchgeführt, wenn IsSunny() und IsEnoughToEatAvailable() und IsEnoughToDrinkAvailable() den Rückgabewert true liefern.

Dabei optimiert der Compiler die Ausführung so, dass die anderen Methoden nicht mehr aufgerufen werden, sobald eine Methode den Wert false zurückgibt. Dadurch wird Laufzeit gespart, und Ihr Computer kann das Programm schneller ausführen, da er weniger Befehle verarbeiten muss. Immerhin kann es durchaus passieren, dass weitere Prüfungen – bei komplexeren Programmen – mehrere Sekunden dauern.

Des Weiteren können Sie einzelne Elemente nicht nur mit »und« verknüpfen, sondern auch mit »oder«. Um ein »Oder« darzustellen, werden zwei senkrechte Striche verwendet (||).

Hierzu ein Beispiel:

Sie gehen zu einer Hochzeit, weil entweder Sie selbst heiraten oder weil Sie zu einer Hochzeit eingeladen sind.

Ob Sie heiraten, soll die Funktion DoIMarry() feststellen, und ob Sie zur Hochzeit eingeladen worden sind, stellt die Funktion AmIInvited() fest.

```
if (DoIMarry() || AmIInvited()) {
      GoToMarriage();
}
```

Listing 2.25 Kombination von booleschen Werten mit »oder«

Natürlich können Sie derartige Ausdrücke auch klammern.

Zum Beispiel gehen Sie ja nur zur Hochzeit, wenn zusätzlich zu den angeführten Bedingungen auch noch der tatsächliche Hochzeitstag ist.

```
if ((DoIMarry() || AmIInvited()) && IsMarriageToday()) {
        GoToMarriage();
}
```

Listing 2.26 Kombination von booleschen Werten

Die Oder-Verknüpfung wird, wie die Und-Verknüpfung, von links nach rechts ausgewertet. Und während die Und-Verknüpfung sofort `false` liefert, sofern ein Eintrag mit `false` gefunden wird, liefert die Oder-Verknüpfung sofort `true`, wenn ein Eintrag mit `true` gefunden wurde. Alle anderen Elemente werden in einem derartigen Fall nicht weiter ausgewertet. Wenn Sie die Ausführung einer entsprechenden Funktion erzwingen wollen, so empfehle ich Ihnen, das Ergebnis der Funktion in einer Variablen zu speichern und die Variable abzufragen:

```
bool doI = DoIMarry();
bool amIInvited = AmIInvited();
bool isToday = IsMarriageToday();
if ((doI || amIInvited) && isToday) {
        GoToMarriage();
}
```

Listing 2.27 Zwischenspeichern von Funktionsergebnissen in Variablen

In den meisten Fällen ergibt die sogenannte Kurzschlussauswertung Sinn, da das Ergebnis ohnehin keinen anderen Wert mehr annehmen kann und dadurch Zeit gespart wird. Sollte es notwendig sein (was durchaus der Fall sein kann), dass die Funktionen unbedingt ausgeführt werden sollen, so können Sie den Variablen-Ansatz verwenden.

Dass die Kurzschlussauswertung Sinn ergibt, können Sie an folgendem Beispiel ganz einfach nachvollziehen: Sie gehen montags bei Schönwetter schwimmen.

Algorithmisch umformuliert, würde der Satz lauten:
Wenn Montag ist und Schönwetter ist, so gehen Sie schwimmen.

Oder nach Entfernung der Füllwörter:
Wenn Montag und Schönwetter, dann schwimmen.

Ist nun jedoch Dienstag, so gehen Sie ohnehin nicht schwimmen. Warum sollten Sie sich dann noch die Mühe machen, einen Blick aus dem Fenster zu werfen und die Wetterlage für diesen Tag zu inspizieren, wenn Sie aufgrund der Tatsache, dass es Dienstag und nicht Montag ist, ohnehin nicht schwimmen gehen?

Der andere Fall ist, dass tatsächlich Montag ist. In diesem Fall müssen Sie auch das Wetter prüfen.

Auf die gleiche Art und Weise können Sie auch die Kurzschlussauswertung für Oder-Abfragen nachvollziehen: An Wochenenden oder Feiertagen gehen Sie nicht arbeiten.

Algorithmisch umformuliert würde der Satz so lauten:
Wenn Wochenende oder Feiertag, dann nicht arbeiten.

Wenn gerade Wochenende ist, kümmert es Sie nicht, ob auch noch zusätzlich ein Feiertag ist, denn Sie gehen ja ohnehin nicht arbeiten. Ist aktuell jedoch noch nicht Wochenende, so müssen Sie natürlich prüfen, ob vielleicht ein Feiertag ist und Sie doch nicht zur Arbeit müssen.

Die Switch-Anweisung

Switch-Anweisungen sind in einem Programm nicht unbedingt erforderlich, da entsprechende Szenarien auch mit if/else-Anweisungen abgebildet werden können. Ich empfehle Ihnen unter bestimmten Umständen dennoch, die switch-Anweisung der if-Anweisung vorzuziehen. Sie sollten sie immer dann vorziehen, wenn Sie eine fest definierte Menge an Werten abfragen müssen und je nach Wert eine andere Entscheidung zu treffen haben. Dies lässt sich am besten mit einem Beispiel veranschaulichen. Hierzu treffen wir im nächsten Beispiel eine Unterscheidung der einzelnen Wochentage.

Variante 1 – ausführliche if/else–Kaskade:

```
string weekday = "Monday";
if (weekday == "Monday") {
  //Mach was am Montag.
}
else {
  if (weekday == "Tuesday") {
    // Mach was am Dienstag.
  }
  else {
    if (weekday == "Wednesday") {
      // Mach was am Mittwoch.
    }
    else {
      if (weekday == "Thursday") {
```

```
    // Mach was am Donnerstag.
  }
  else {
    if (weekday == "Friday") {
      // Mach was am Freitag.
    }
    else {
      if (weekday == "Saturday") {
        // Mach was am Samstag.
      }
      else {
        if (weekday == "Sunday") {
          // Mach was am Sonntag.
        }
        else {
          //Sollte nicht der Fall sein.
        } // if Sunday
      } // if Saturday
    } // if Friday
  } //if Thursday
 } // if Wednesday
 } // if Tuesday
} // if Monday
```

Listing 2.28 Entscheidung je Wochentag mit if-Abfragen

Wie Sie sehen, bedeutet diese Variante nicht nur viel Tipparbeit; durch die Verschachtelung wird der Programmcode auch schwer lesbar. Die vielen geschwungenen Klammern machen den Code weder kürzer noch verständlicher. Wie Sie ebenfalls sehen, steht auch noch kein Code, der ausgeführt werden soll, in den entsprechenden Zeilen. Es sind lediglich Kommentare vorhanden, aber noch keine Programmanweisungen. Das heißt, der Code wird in Wirklichkeit noch länger und unübersichtlicher.

Doch es ist möglich, entsprechende Kaskaden auch einfacher und lesbarer zu schreiben (auch mit if-Anweisungen). Hier besteht jeder else-Zweig lediglich aus einer neuen if-Anweisung. Wenn ein if- oder ein else-Zweig aus lediglich einer Anweisung besteht (in diesem Fall ist die eine Anweisung ein gesamtes if-Statement), so ist es nicht erforderlich, einen neuen Codeblock aufzuspannen. Aufgrund dieser Tatsache können Sie auf die geschwungenen Klammern verzichten. Wenn nun das if-Statement noch in die gleiche Zeile wie das else geschrieben wird, so spart man sich die Einrückung, und der ganze Programmcode schaut wie in Variante 2 aus.

Variante 2 – Optimierte if/else-Kaskade:

```
string weekday = "Monday";
if (weekday == "Monday") {
  // Mach was am Montag.
}
else if (weekday == "Tuesday") {
  // Mach was am Dienstag.
}
else if (weekday == "Wednesday") {
  // Mach was am Mittwoch.
}
else if (weekday == "Thursday") {
  // Mach was am Donnerstag.
}
else if (weekday == "Friday") {
  // Mach was am Freitag.
}
else if (weekday == "Saturday") {
  // Mach was am Samstag.
}
else if (weekday == "Sunday") {
  // Mach was am Sonntag.
}
else
  //Sollte nicht der Fall sein.
```

Listing 2.29 Leserlichere Darstellung der Wochentagsentscheidung mit if-Abfragen

Das sieht doch schon viel besser aus! Variante 1 und Variante 2 beschreiben den absolut gleichen Sachverhalt und sind auch syntaktisch identisch!

Mit der switch-Anweisung würde der Code nun so aussehen wie in Variante 3 dargestellt.

Variante 3 – switch-Anweisung:

```
string weekday = "Monday";
switch (weekday) {
    case "Monday":
        // Mach was am Montag.
        break;
```

```
    case "Tuesday":
        // Mach was am Dienstag.
        break;
    case "Wednesday":
        // Mach was am Mittwoch.
        break;
    case "Thursday":
        // Mach was am Donnerstag.
        break;
    case "Friday":
        // Mach was am Freitag.
        break;
    case "Saturday":
        // Mach was am Samstag.
        break;
    case "Sunday":
        // Mach was am Sonntag.
        break;
    default:
        //Sollte nicht der Fall sein. Kommt das Programm in diese
        //Zeile, ist etwas falsch gelaufen und es handelt sich um
        //einen Fehler. Dieser sollte entsprechend behandelt werden.
        break;
}
```

Listing 2.30 Wochentagsabfrage mit dem switch-Syntaxelement

Diese Variante ist nicht immer kürzer. Dennoch empfehle ich Ihnen eine `switch`-Anweisung bei mehreren verschiedenen festgelegten Werten, wie zum Beispiel bei Wochentagen oder Monaten.

```
switch(weekday)
```

Listing 2.31 Der Kopf der switch-Anweisung beinhaltet die Variable, auf Basis welcher die Entscheidung getroffen wird.

Dieser Ausdruck sagt aus, dass – je nachdem, welchen Wert die Variable `weekday` besitzt – ein anderer `case`-Zweig ausgeführt wird. Der Computer springt bei der Programmausführung zu genau einem `case`-Zweig. Alle anderen werden ignoriert. Der `case`-Zweig, dessen Wert zu dem Wert der Variablen `weekday` passt, wird ausgeführt. Jeder `case`-Zweig endet mit einer `break`-Anweisung, sodass der Computer weiß, dass dieses Statement zu

Ende ist und bei dem Code, der nach dem switch steht, weitergearbeitet werden soll. Sollte keine case-Anweisung zum Wert in der switch-Anweisung passen, so wird der default-Zweig ausgeführt, der nicht zwingend vorhanden sein muss.

Wollen Sie den gleichen Programmcode für zwei case-Anweisungen verwenden (also zwei Werte mit »oder« verbinden), so können Sie dies wie folgt schreiben:

```
string weekday = "Monday";
switch (weekday) {
    case "Monday":
    case "Tuesday":
        // Mach was am Montag oder Dienstag.
        break;
    case "Wednesday":
    case "Thursday":
        // Mach was am Mittwoch oder Donnerstag.
        break;
    case "Friday":
        // Mach was am Freitag.
        break;
    case "Saturday":
        // Mach was am Samstag.
        break;
    case "Sunday":
        // Mach was am Sonntag.
        break;
    default:
        //Sollte nicht der Fall sein. Fehlerbehandlung hierher.
        break;
}
```

Listing 2.32 switch-Anweisung mit oder-Verknüpfung von Werten

Arrays

Sie werden nicht immer für jede Information, die Sie verwalten wollen oder müssen, eine Variable anlegen können. Wenn Sie zum Beispiel eine Datei mit vielen einzelnen Zeilen (zum Beispiel im CSV-Format) verwalten möchten, so werden Sie kaum jeder Zeile eine einzelne Variable spendieren wollen. Des Weiteren wissen Sie meist nicht, wie viele Zeilen die Datei beinhaltet. Das angesprochene CSV-Format (CSV steht für *Comma Separated Value*) ist eine tabellarische Darstellung von Daten, die durch einen Strichpunkt oder auch durch einen Tabulator getrennt sind. Die erste Zeile der Datei entspricht den Überschriften, die weiteren Zeilen entsprechen den einzelnen Spalten. Zum Beispiel:

```
Anrede;Vorname;Nachname;Alter
Herr;Max;Mustermann;20
Frau;Elisabeth;Musterfrau;34
```

Listing 2.33 Beispieldarstellung des Inhalts einer CSV-Datei

Wenn Sie die Wochentage verwalten wollen, können Sie für jeden Wochentag eine Variable spendieren:

```
string monday = "Montag";
string tuesday = "Dienstag";
string wednesday = "Mittwoch";
string thursday = "Donnerstag";
string friday = "Freitag";
string saturday = "Samstag";
string sunday = "Sonntag";
```

Listing 2.34 Variablendeklaration mit Wochentagen

Was tun Sie jedoch, wenn Sie nun den dritten Tag benötigen oder alle Tage nacheinander am Bildschirm ausgeben möchten? In einem derartigen Fall müssten Sie erneut wieder jede Variable einzeln tippen und den Ausgabebefehl mit der entsprechenden Variablen aufrufen. Das ist nicht nur viel Tipparbeit: Wenn die Daten etwas mehr als nur Wochentage sind (zum Beispiel Monate, Tage im Monat, Tage im Jahr), so wird dies eine nicht zu bewältigende Aufgabe.

Aus diesem Grund werden Sie dies auch nicht so machen, sondern für derartige Aufgaben Arrays verwenden:

```
string[] weekdays = new string[7]; //Array deklarieren
weekdays[0] = "Montag"; //"Montag" wird dem Array an der ersten
                        //Stelle zugewiesen.
weekdays[1] = "Dienstag";
weekdays[2] = "Mittwoch";
weekdays[3] = "Donnerstag";
weekdays[4] = "Freitag";
weekdays[5] = "Samstag";
weekdays[6] = "Sonntag";
```

Listing 2.35 Arraydeklaration und Wertzuweisung

2

Sie werden sich nun fragen, was dies nun für einen Vorteil bringt. Dazu sage ich gleich mehr, sobald die Erklärung der Funktionsweise eines Arrays abgeschlossen ist.

Das Array aus unserem Beispiel ist ein Array vom Datentyp string, und die Größe des Arrays beträgt sieben. Das bedeutet, dass Sie sieben string-(Text-)Elemente in dieses Array speichern können. Ein Array erkennen Sie an den eckigen Klammern nach dem Datentyp.

Sie können sich ein Array wie in Abbildung 2.1 vorstellen. Stellen Sie sich vor, dass die Elemente mit den Werten nacheinander an den entsprechenden Plätzen im Array vorhanden sind.

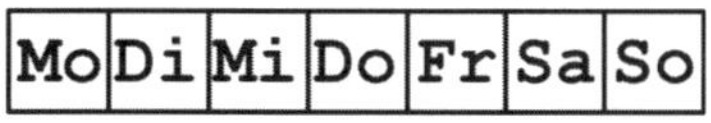

| Mo | Di | Mi | Do | Fr | Sa | So |

Abbildung 2.1 Schematische Darstellung eines Arrays

Ein Array ist nullbasiert. Das bedeutet, dass der Montag im Array an der Stelle null steht. Dienstag steht an der Stelle eins, Mittwoch an der Stelle zwei und so weiter, bis sich schließlich der Sonntag an der Stelle sechs befindet. Somit besteht das Array aus sieben Elementen. Wenn Sie die einzelnen Elemente mit dem Index ansprechen, so verwenden Sie den Index von null bis sechs. In Abbildung 2.2 ist ersichtlich, welche Elemente mit welchem Index verbunden sind.

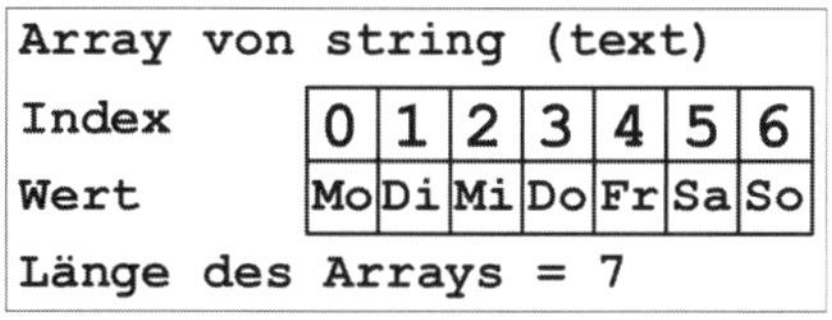

```
Array von string (text)
Index    0  1  2  3  4  5  6
Wert     Mo Di Mi Do Fr Sa So
Länge des Arrays = 7
```

Abbildung 2.2 Array-Darstellung mit Index

Die Abbildung 2.2 ist also wie folgt zu lesen: Im Array steht an der Stelle null der Wert »Montag«. Im Array steht an der Stelle eins der Wert »Dienstag« usw.

Hinweis

Nullbasierte Indizes sind bei der Softwareentwicklung Standard. Auch wenn Sie als Kind gelernt haben, dass Sie bei eins zu zählen beginnen, müssen Sie nun umlernen.

Wenn Sie ein Array anlegen, so ist es erforderlich, die Größe des Arrays anzugeben. Sie müssen sich also bereits im Voraus Gedanken darüber machen, wie viele Elemente in Ihrem Array verwaltet werden sollen. Die Größe muss zu Beginn feststehen und kann nicht mehr geändert werden! Dies ist eine große Einschränkung bei Arrays. Sehen Sie diese Restriktion aktuell als gegeben an. Es gibt noch andere Möglichkeiten, mehrere Werte zu verwalten, dazu sage ich später mehr. Arrays sind eine wichtige Grundlage und bieten auch einen großen Vorteil, und zwar den, dass Sie direkt über den Index auf einzelne Elemente zugreifen können und der Zugriff vom Computer sehr schnell durchgeführt werden kann.

Der folgende Programmcode zeigt verschiedene Arten von Arrays:

```
string[] weekdays = new string[6]; //string[] beschreibt, dass
                                   //weekdays ein Array ist
int[] numbers = new int[10]; //new int[10]: Ein neues Array mit der
                             //Größe 10 wird erstellt.
int numOfFlags = 5;
bool[] flags = new bool[numOfFlags]; //Es können auch Variablen zur
                                     //Größenangabe verwendet
                                     //werden. Das Array wird je
                                     //nach dem Wert der Variable
                                     //mit der entsprechenden Größe
                                     //erstellt.
```

Listing 2.36 Arraydeklaration mit zur Laufzeit bestimmter Größe

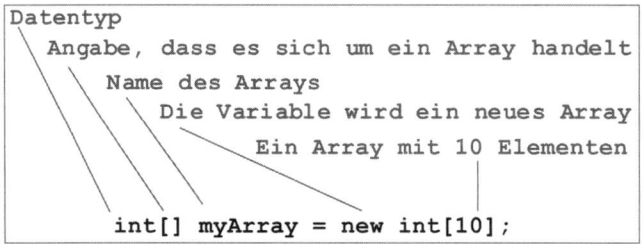

Abbildung 2.3 Deklaration eines Arrays

Wie Sie an dem oben angeführten Programmcode und aus Abbildung 2.3 sehen, können Sie Arrays von verschiedensten Datentypen erstellen. Genau genommen, können Sie Arrays von allen beliebigen Datentypen erstellen. Sie verwenden lediglich den Namen des Datentyps und zwei eckige Klammern, um anzugeben, dass es sich um ein Array handelt. Anschließend benötigen Sie natürlich einen Namen für die Array-Variable, und Sie benötigen das *Schlüsselwort* new, das Sie später bei Klassen noch genau kennenlernen werden. Nun schreiben Sie wieder den Namen des Datentyps und geben in eckigen Klammern an, wie viele Elemente das Array beinhalten soll. Zu diesem Zeitpunkt wird das Array angelegt, und auch dann, wenn Sie in den eckigen Klammern eine Variable verwenden, um die Anzahl der Elemente zu definieren, ist diese Anzahl später nicht mehr änderbar.

Ein Schlüsselwort ist übrigens ein Wort, das von der Programmiersprache *reserviert* wurde, also Datentypen wie int, string, double oder auch Befehle wie for, if, while usw. Die Entwicklungsumgebung stellt Schlüsselwörter blau dar.

Bei der Verwendung von Arrays sollten Sie sich immer an Abbildung 2.2 erinnern, die den Zusammenhang von Elementanzahl, Index und Wert darstellt. Die Verwendung erfolgt, genau wie die Erstellung eines Arrays, mithilfe von eckigen Klammern. Das folgende Beispiel erstellt ein Array (wie in Abbildung 2.4 ersichtlich) für acht Elemente und füllt dieses mit beliebigen Zahlen.

| 1 | 4 | 3 | 2 | 9 | 1 | 5 | 8 |

Abbildung 2.4 Array-Darstellung mit beliebigen Zahlen

```
int[] numbers = new int[8];
numbers[0] = 1;
numbers[1] = 4;
numbers[2] = 3;
numbers[3] = 2;
numbers[4] = 9;
numbers[5] = 1;
numbers[6] = 5;
numbers[7] = 8;
//Die vierte Zahl auslesen:
int fourthNumber = numbers[3]; //Die vierte Zahl ist 2 und an der
                               //dritten Stelle gespeichert.
```

Listing 2.37 Wertzuweisung an ein Array sowie Auslesen eines Wertes an einer bestimmten Stelle

Der oben angeführte Code kann auch kürzer geschrieben werden, da die Initialisierung des Arrays direkt durchgeführt werden kann. Der Code hierzu sieht wie folgt aus:

```
int[] numbers = new int[] { 1, 4, 3, 2, 9, 1, 5, 8 };
```

Listing 2.38 Deklaration eines Arrays inkl. Wertzuweisung in Kurzform

Bei dieser Schreibweise ist es auch nicht nötig, die Größe des Arrays anzugeben, da der Compiler diese automatisch durch das Zählen der Werte in den geschwungenen Klammern ermittelt.

Natürlich funktioniert diese automatische Initialisierung mit Werten auch beim Wochentagsbeispiel:

```
string[] weekdays = new string[]
  { "Montag", "Dienstag", "Mittwoch", "Donnerstag", "Freitag", "Samstag", "Sonntag"
  };
```

Listing 2.39 Deklaration eines String-Arrays mit Wertzuweisung

Sie können zwar die maximale Anzahl der Elemente nachträglich nicht mehr verändern, jedoch können Sie sie ermitteln:

```
int[] numbers = new int[] { 1, 4, 3, 2, 9, 1, 5, 8 };
int numOfNumbers = numbers.Length;
```

Listing 2.40 Größenbestimmung eines Arrays

Sie können, wenn Sie .Length nach dem Namen des Arrays schreiben, auf die Länge des Arrays zugreifen. Da die Anzahl der Elemente in einem Array immer eine ganze Zahl ist, wird bei .Length der Wert als Datentyp int zurückgegeben. Das Array an sich besitzt also nicht nur die einzelnen Elemente, sondern auch Eigenschaften und Funktionen, die auf das Array ausgeführt werden können bzw. das Array selbst betreffen. Auf diese Eigenschaften und Funktionen können Sie mit dem Punkt zugreifen. Eine Eigenschaft ist zum Beispiel die eben angeführte Length-Eigenschaft, die die Größe des Arrays liefert. Funktionen sind beispielsweise CopyTo, die das Kopieren des Arrays in ein anderes Array ermöglicht, oder auch GetUpperBound, die den maximal zugreifbaren Index zurückgibt.

Wie beim Array ersichtlich, kann ein Datentyp noch weitere Möglichkeiten bieten, als lediglich Werte zu halten. Datentypen können auch Funktionen oder Eigenschaften bieten, auf die Sie mit einem Punkt nach dem Variablennamen zugreifen können. Vor allem bei komplexeren Datentypen wie Klassen, die Sie noch genauer kennenlernen werden, spielen diese Eigenschaften und Funktionen eine große Rolle. Sie können sich eine Klasse wie einen Datentyp vorstellen, den Sie auch selbst definieren können. Wenn Sie eine Variable von diesem Datentyp anlegen, so wird diese nicht Variable genannt, sondern *Objekt*. Die einzelnen Objekte besitzen nun nicht nur einen internen *Zustand* (Variablen mit Werten), sondern auch *Eigenschaften*, mit denen dieser Zustand gesetzt oder ermittelt werden kann, und auch *Funktionen* (diese werden bei Objekten aber *Methoden* genannt), mit denen zum Beispiel der Zustand verändert werden kann. Dazu folgt jedoch wie erwähnt später mehr.

Arrays verwenden Sie, wenn Sie eine Menge von Elementen (eine Liste von Zutaten, eine Liste von Monaten, eine Liste von Benutzern, eine Liste von Dokumenten usw.) verwalten müssen.

Was tun Sie jedoch, wenn Sie nicht eine einfache Liste, sondern zum Beispiel ein Schachbrett oder eine Tabelle mit Spalten und Zeilen verwalten müssen? In diesem Fall verwenden Sie nicht ein eindimensionales Array wie bisher, sondern ein zweidimensionales. Mit diesem Array können Sie Daten abbilden, die eine tabellarische Form besitzen (also rechteckig sind):

```
int[,] chess = new int[8,8];
```

Listing 2.41 Deklaration eines zweidimensionalen Arrays

Wie Sie sehen, wird in den eckigen Klammern die entsprechende Größe des Rechtecks angegeben. In diesem Fall ist ein Schachbrett abgebildet, das 8 × 8 Elemente besitzt. Bei mehrdimensionalen Arrays werden die einzelnen Dimensionen mit einem Beistrich (Komma) voneinander getrennt.

Der Zugriff in einem zweidimensionalen Array erfolgt nun über die Angabe der zwei Indizes, die das einzelne Element beschreiben:

```
int queenBlack = chess[0,3];
int queenWhite = chess[7,3];
```

Listing 2.42 Auslesen eines zweidimensionalen Arrays

Die direkte Initialisierung eines zweidimensionalen Arrays ist ebenfalls möglich, auch wenn diese nicht mehr so übersichtlich erscheint:

```
int[,] numbers = new int[,] { { 1, 2, 3 },
                              { 4, 5, 6 } };
```

Listing 2.43 Deklaration eines zweidimensionalen Arrays inkl. Wertzuweisung in Kurzform

Dies wäre ein Array mit zwei Zeilen und drei Spalten wie in Abbildung 2.5 dargestellt.

Abbildung 2.5 Beispiel für ein zweidimensionales Array

Wenn Sie den Gedanken auf eine oder mehrere weitere Dimensionen weiterführen, werden Sie folgende logische Syntax feststellen:

```
float[,,] volumeElements = new float[3,4,2];
```

Listing 2.44 Deklaration eines dreidimensionalen Arrays

Dies wäre ein dreidimensionales Array, das zum Beispiel Messwerte beinhalten könnte, die die Temperatur in einem Becken mit den Abmessungen 3 × 4 × 2 Meter darstellen, wenn in jedem Kubikmeter des Beckens genau ein Messwert entnommen wird.

Ein- und zweidimensionale Arrays werden Sie immer wieder benötigen. Und zu Beginn werden Sie wohl auch immer wieder einen Blick in die Hilfe werfen müssen. Das ist ganz normal! Bei mehrdimensionalen Arrays werden Sie jedoch oftmals keine Rechteck-Struktur für 2D oder Quader-Struktur für 3D haben. Oftmals müssen Sie ein »Array von Arrays« verwalten. Also ist das Array ein Ausgangspunkt für andere Arrays, die alle unterschiedlich lang sein können. Dies sind sogenannte *ausgezackte Arrays* (engl. *jagged arrays*). Ich verwende den englischen Begriff Jagged-Array, da dieser geläufiger ist.

Ein Jagged-Array ist in Abbildung 2.6 abgebildet und zeigt, dass das Array selbst (grau hinterlegt) wieder aus Arrays besteht, die nun verschiedene Längen besitzen können.

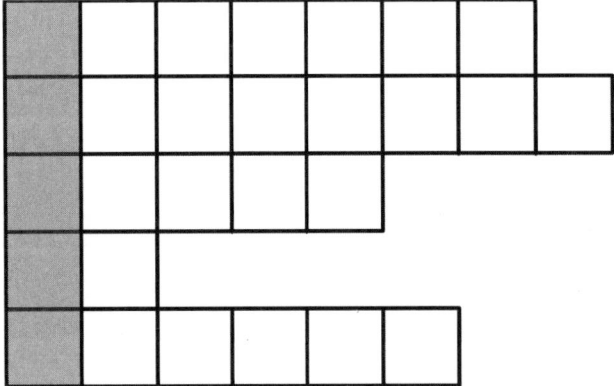

Abbildung 2.6 Ausgezacktes Array (Jagged-Array)

Während ein mehrdimensionales Array einen Beistrich als Trennzeichen für die entsprechenden Dimensionen verwendet, bedient sich ein Jagged-Array einer erneuten Klammerung. Wenn Sie ein Jagged-Array als »Array von Arrays« betrachten, so macht diese Syntax auch Sinn.

Wie Sie feststellen, bildet der folgende Programmcode das Array in Abbildung 2.6 ab:

```
int[][] numbers = new int[5][]; //Erzeuge ein Jagged-Array.
numbers[0] = new int[7]; //Das erste Element ist ein Array mit
                              //7 Elementen.
numbers[1] = new int[8]; //Das zweite Element ist ein Array mit
                              //8 Elementen.
numbers[2] = new int[5];
numbers[3] = new int[2];
numbers[4] = new int[6];
```

Listing 2.45 Deklaration eines Jagged-Arrays

Wie bei allen Arrays müssen auch bei einem Jagged-Array alle Elemente des Arrays vom gleichen Datentyp sein!

Sie werden alle drei Arten von Arrays (ein- und mehrdimensionale sowie Jagged-Arrays) bei Ihrer Softwareentwicklung benötigen – zumindest in der einen oder anderen Art und Weise bzw. in Abwandlungen davon.

Schleifen

Bisher haben Sie Kommentare, Variablen, Konstanten, Verzweigungen, Zuweisungen und Arrays kennengelernt. Damit ist schon ein großer Schritt in den Grundlagen getan, die zu Beginn benötigt werden. Es fehlt noch ein kleiner Schritt, und Sie werden fähig sein, Ihre ersten Algorithmen zu schreiben.

Erinnern Sie sich an die Anekdote mit dem Backen? Sie erinnern sich: Der Computer selbst kann nicht backen. Das Einzige, was der Computer kann, ist die Anweisungen in Ihrem Backrezept ausführen. Um den Vorgang des Backens etwas zu vereinfachen, gehen Sie davon aus, dass alle Zutaten lediglich nacheinander in der richtigen Menge in die Form gegeben werden müssen, bevor der Kuchen in den Backofen gegeben wird.

Wenn Sie nun eine Liste mit den entsprechenden Zutaten vor sich haben, ist es erforderlich, so lange Zutaten der Masse beizumengen, bis die Liste abgearbeitet ist. Bisher habe ich allerdings noch kein Element abgehandelt, mit dem Sie eine Formulierung wie »so lange« oder »von/bis« umsetzen können.

Derartige Formulierungen werden mit *Schleifen* umgesetzt. Das heißt, der Computer führt einen Programmteil so lange aus, bis eine bestimmte Bedingung nicht mehr erfüllt ist. Solange diese sogenannte Laufbedingung erfüllt ist, führt der Computer diesen Programmteil aus. Ist diese Bedingung nicht mehr erfüllt, so springt der Computer automatisch zum nächsten ausführbaren Programmbefehl.

C# bietet Ihnen vier verschiedene Typen von Schleifen, wobei eine eher selten verwendet wird.

Die for-Schleife

Wenn Sie eine Liste (ein *Array*) mit Zutaten (engl. *ingredients*) vor sich haben, so können Sie dieses Array am besten mit einer for-Schleife durchlaufen.

```
string[] ingredients = new string[] { "Eier", "Butter", "Zucker",
                       "Vanillezucker", "Mehl" };
for (int i = 0; i < ingredients.Length; i++) {
    //Hier wird nun etwas gemacht, wie z. B. ein Element aus dem
    //Array gelesen.
    string item = ingredients[i];
}
```

Listing 2.46 Verwendung einer for-Schleife zum Durchlaufen des Arrays

Der oben angeführte Schleifencode ist wie folgt zu lesen: Sie weisen den Computer an, eine Variable i vom Typ int anzulegen und mit dem Wert 0 zu initialisieren (int i = 0). Die Schleife wird so lange wiederholt, bis die Variable (bei Schleifen heißt diese Variable *Laufvariable*) einen kleineren Wert als die Anzahl der Einträge in der Variablen ingredients hat (i < ingredients.Length). Erreicht die Laufvariable den Wert, so wird die Schleife nicht weiter ausgeführt. Bei jedem Schleifendurchlauf wird der Wert von i durch i++ um eins erhöht, sodass innerhalb der Schleife auf das jeweils nächste Element der Zutatenliste zugegriffen wird. Der Programmcode innerhalb der geschwungenen Klammern wird beim Ausführen der Schleife immer wieder ausgeführt, solange die angeführte Bedingung i < ingredients.Length zutrifft. Sehen Sie sich den Code erneut an, und gehen Sie diesen in Gedanken selbstständig durch.

Abstrakt ist die for-Schleife wie folgt zu sehen:

```
for (Startwert ; LaufBedingung ; LaufvariableÄndern ) {
  Code, der bei jedem Schleifendurchlauf ausgeführt wird.
}
```

Listing 2.47 Aufbau einer for-Schleife

Wenn Sie ein Array rückwärts durchlaufen wollen, sieht der Programmcode wie folgt aus:

```
string[] ingredients = new string[] { "Eier", "Butter", "Zucker",
                       "Vanillezucker", "Mehl" };
for (int i = ingredients.Length - 1; i >= 0; i--) {
    //Hier wird nun etwas gemacht, wie z. B. ein Element aus dem
    //Array gelesen.
    string item = ingredients[i];
}
```

Listing 2.48 Rückwärtiges Durchlaufen eines Arrays

In diesem Fall wird die Variable i mit der Anzahl der Elemente des Arrays minus eins initialisiert. Die Schleife wird so lange wiederholt, solange i einen Wert größer oder gleich 0 hat. Bei jedem Schleifendurchlauf wird die Variable i durch i-- um eins reduziert. Somit nimmt die Variable i nacheinander die Werte 4, 3, 2, 1, 0 an.

Es wird ingredients.Length - 1 verwendet, da auf ein Array mit dem Index zugegriffen wird. Da der Index mit 0 beginnt und nicht mit 1, darf auch nur bis 4 und nicht bis 5 gezählt werden.

Schleifenkonstrukte bestehen immer aus einer Laufbedingung, d.h. einer Bedingung, die erfüllt sein muss, damit die Schleife ausgeführt wird. Ist sie nicht mehr erfüllt, so wird die Schleife automatisch beendet. Die Laufbedingung ist in diesem Beispiel i >= 0. Oft wird die Bedingung auch fälschlicherweise als »Abbruchbedingung« bezeichnet.

Vergleichen Sie die beiden Codebeispiele von vorne nach hinten und hinten nach vorne, um sich die Syntax einzuprägen. Als Übung können Sie sich überlegen, wie der oben angeführte Programmcode aussehen würde, wenn Sie lediglich jede zweite Zutat verwenden würden.

Die for-Schleife ist ideal, wenn Sie eine Formulierung »von/bis« oder »für alle« im normalen Sprachgebrauch verwenden. Diese Schleife hat eine fixe Anzahl von Durchläufen (z.B. vom Beginn bis zum Array-Ende) und ist vor allem beim Durchlaufen von Arrays sehr elegant.

Die while-Schleife

Während die for-Schleife durch eine definierte Anzahl von Durchläufen besticht, nutzt die while-Schleife eine Bedingung. Die Schleife wird so lange durchlaufen, wie die Bedingung erfüllt ist (also der boolesche Ausdruck den Wert true liefert). Der folgende Beispielcode der while-Schleife sucht nach einem bestimmten Eintrag in der Zutatenliste:

```
string[] ingredients = new string[] { "Eier", "Butter", "Zucker",
                         "Vanillezucker", "Mehl" };
string searchString = "Vanillezucker"; //Dieser Begriff soll
                                        //gefunden werden.
int index = 0; //Diese Variable soll den Index des Arrays
               //beinhalten, der betrachtet wird.
bool endReached = false; //Die Variable wird auf true gesetzt, wenn
                         //das Element gefunden wurde oder das Ende
                         //des Arrays erreicht ist.
bool found = false; //Wird auf true gesetzt, wenn das Element
                    //gefunden wurde.

while (endReached == false) {
//Prüfe, ob das gewünschte Element im Array und dem Index steht.
    if (searchString == ingredients[index])
        found = true;
    else
        index++; //Nicht gefunden -> Nächstes Mal das nächste
                 //Element betrachten.
    //Prüfe, ob bereits das Ende des Arrays erreicht wurde.
    if (index >= ingredients.Length || found == true)
        endReached = true; //Element wurde gefunden oder Ende des
                           //Arrays ist erreicht. Schleife wird
                           //beendet.
}
```

Listing 2.49 Durchlaufen eines Arrays mit einer while-Schleife

Wie Sie sehen, ist es lediglich (wie bei einem if-Statement) notwendig, einen booleschen Ausdruck in die Klammern der while-Schleife zu setzen. Der Programmcode innerhalb der geschwungenen Klammern wird ausgeführt, solange die Bedingung erfüllt ist.

In diesem Beispiel ist endReached auf false gesetzt, und solange dieser Wert beibehalten wird, führt der Computer den Codeblock der while-Schleife aus; also so lange, wie die Laufbedingung erfüllt ist.

Sie können sowohl diese Schleife als auch die for-Schleife mit einer Anweisung direkt verlassen, sobald Sie (wie in diesem Fall) das gewünschte Ergebnis gefunden haben. Dies ist die gleiche Anweisung, wie Sie sie bereits aus dem Switch-Statement kennen: break.

2

Hier ist der gleiche Code unter der Verwendung von break:

```
string[] ingredients = new string[] { "Eier", "Butter", "Zucker",
                    "Vanillezucker", "Mehl" };
string searchString = "Vanillezucker"; //Dieser Begriff soll gefunden werden.
int index = 0; //Diese Variable soll den Index des Arrays
              //beinhalten, der betrachtet wird.
bool endReached = false; //Die Variable wird auf true gesetzt, wenn
                        //das Ende des Arrays erreicht wurde.
bool found = false; //Wird auf true gesetzt, wenn das Element gefunden wurde.
while (!endReached) {
    //Prüfe, ob das gewünschte Element im Array an dem Index steht.
    if (searchString == ingredients[index]) {
        found = true;
        break;
    }
    else
        index++; //Nicht gefunden -> Nächstes Mal nächstes Element betrachten.
    //Prüfe, ob bereits das Ende des Arrays erreicht wurde.
    if (index >= ingredients.Length)
        endReached = true; //Ende erreicht. Nichts gefunden. Schleife stoppen.
}
```

Listing 2.50 Durchlaufen einer while-Schleife, welche mittels break abbricht

Natürlich können Sie diesen Code auch mit einer for-Schleife abbilden:

```
string[] ingredients = new string[] { "Eier", "Butter", "Zucker",
                    "Vanillezucker", "Mehl" };
string searchString = "Vanillezucker"; //Dieser Begriff soll gefunden werden.
bool found = false; //Wird auf true gesetzt, wenn das Element gefunden wurde.
for (int i = 0; i < ingredients.Length; i++) {
    //Prüfe, ob das gewünschte Element im Array an dem Index steht.
    if (searchString == ingredients[i]) {
        found = true;
        break;
    }
}
```

Listing 2.51 Beispiel einer for-Schleife mit break-Anweisung

In diesem Fall ist der Programmcode mit einer for-Schleife kürzer, da die Inkrementierung der Laufvariable i direkt im Schleifenkopf passiert, genau wie das Überprüfen der Laufbedingung und somit der Test, ob das Ende des Arrays erreicht wurde. Sobald das gewünschte Element gefunden wurde, wird die Schleife mit break abgebrochen.

Ein Tipp aus der Praxis: Setzen Sie break nicht bei jeder Gelegenheit ein. Seien Sie sparsam mit diesem Befehl, da er die definierten Laufbedingungen der Schleife umgeht. Sollten Sie oder ein anderer Programmierer den Programmcode zu einem späteren Zeitpunkt ansehen müssen, kann eine exzessive Verwendung des break-Befehls zur Verwirrung führen, wenn die Schleife abbricht, obwohl die Laufbedingung nach wie vor erfüllt ist!

Der break-Befehl steht Ihnen natürlich in jedem der vier Schleifentypen zur Verfügung.

Die do-Schleife

Die while-Schleife hat folgende Eigenschaft: Für den Fall, dass die Bedingung zu Beginn nicht erfüllt ist, wird der Programmcode in der Schleife nie ausgeführt. Dies ist der einzige Unterschied zur do-Schleife (oder auch do/while-Schleife genannt). Diese garantiert mindestens einen Schleifendurchlauf, und zwar aus dem einfachen Grund, weil die Schleifenbedingung erst am Ende der Schleife geprüft wird. Dies soll das bewährte Zutatenbeispiel zeigen:

```
string[] ingredients = new string[] { "Eier", "Butter", "Zucker",
                    "Vanillezucker", "Mehl" };
string searchString = "Vanillezucker"; //Dieser Begriff soll
                                //gefunden werden.
int index = 0; //Diese Variable soll den Index des Arrays
            //beinhalten, der betrachtet wird.
bool endReached = false; //Die Variable wird auf true gesetzt, wenn
                    //das Ende des Arrays erreicht wurde.
bool found = false; //Wird auf true gesetzt, wenn das Element
                //gefunden wurde.
    //Die Schleife darf nur durchlaufen werden, wenn Zutaten in der
    //Liste vorhanden sind
    if (ingredients.Length > 0) {
        do {
            //Prüfe, ob das gewünschte Element im Array an dem
            //Index steht.
            if (searchString == ingredients[index]) {
                found = true;
```

```
            break;
    }
    else
        index++; //Nicht gefunden -> Nächstes Mal das
                //nächste Element betrachten.
    //Prüfe, ob bereits das Ende des Arrays erreicht wurde.
    if (index >= ingredients.Length)
        endReached = true; //Ende erreicht. Nichts gefunden.
                        //Schleife stoppen.
} while (!endReached);
}
```

Listing 2.52 Verwendung einer do-while-Schleife

Wie Sie sehen, ist der Code identisch, bis auf die Tatsache, dass an der Stelle, an der das while gestanden hat, nun ein do steht und die Schleife statt mit einer geschwungenen Klammer mit dem while endet. Durch das do erkennt der Compiler, dass es sich um eine Schleife handelt. Das while wird am Ende geprüft. Ist die Bedingung nicht erfüllt, so endet die Schleife; ist die Bedingung erfüllt, so beginnt der Computer mit dem nächsten Durchlauf.

Schleifen (vor allem die do- und die while-Schleife) bergen eine große Gefahr, vor der Sie gewarnt sein sollen: Schleifen laufen so lange, bis die Laufbedingung erfüllt ist. Es ist möglich, dass diese Bedingung immer erfüllt ist und sich das Programm dadurch in einer sogenannten *Endlosschleife* befindet. Dann lässt sich Ihr Programm nur durch das gewaltvolle Beenden des Prozesses durch das Betriebssystem beenden! Sie merken dies normalerweise daran, dass sich die CPU oder zumindest ein Kern der CPU auf Volllast befindet und Ihr Programm nicht mehr reagiert.

Die foreach-Schleife

Erinnern Sie sich noch an die for-Schleife? Die foreach-Schleife ist ähnlich und etwas einfacher als die for-Schleife. Ich bin mir sicher, dass Ihnen diese Schleife gleich sympathisch sein wird.

Durch die foreach-Schleife können Sie auf eine Laufvariable verzichten. Des Weiteren ist die foreach-Schleife unter Umständen schneller als eine for-Schleife, bei der Sie mit dem Index zugreifen, und zwar dann, wenn Sie anstatt eines Arrays eine Liste verwenden; dazu jedoch später mehr.

Zur Erinnerung: So sieht der Code in der for-Schleife aus:

```
string[] ingredients = new string[] { "Eier", "Butter", "Zucker",
                       "Vanillezucker", "Mehl" };
for (int i = 0; i < ingredients.Length - 1; i++) {
    //Dieser Code wird in der Schleife ausgeführt. Zugriff auf das
    //Element erfolgt an der Stelle i.
    string item = ingredients[i];
}
```

Listing 2.53 Verwendung der for-Schleife

So sieht der gleiche Code mit einer foreach-Schleife aus:

```
string[] ingredients = new string[] { "Eier", "Butter", "Zucker",
                       "Vanillezucker", "Mehl" };
foreach (string item in ingredients) {
    //Die Variable item ändert bei jedem Schleifendurchlauf
    //den Wert. Sie nimmt alle Werte des Arrays an.
}
```

Listing 2.54 Die Verwendung der foreach-Schleife, welche auf den Indexzugriff verzichtet

Die foreach-Schleife nimmt jedes Element im Array ingredients und speichert den Wert in der string-Variablen mit dem Namen item. Mit diesem string können Sie nun innerhalb der Schleife entsprechend arbeiten. Worauf Sie jedoch in der foreach-Schleife verzichten müssen, ist die Information über den Index des Eintrags, den Sie aktuell in der Schleife verwenden, sofern Sie diesen nicht selbst explizit wie bei der while-Schleife führen. Wenn Sie ohnehin einen Index benötigen, ist wohl die for-Schleife die bessere Wahl.

Da Sie jetzt alle Arten von Schleifen kennen, können Sie diese nach Ihren Vorlieben einsetzen – mal eine for-Schleife, mal eine foreach-, mal eine while- und ein anderes Mal eine do/while-Schleife. Ich persönlich muss gestehen, dass ich die do/while-Schleife, wenn ich mich recht entsinne, noch nie verwendet habe. Die anderen drei Varianten verwende ich je nach Anwendungsfall.

Sie erinnern sich bestimmt noch an die break-Anweisung, mit der Sie sofort aus einer Schleife springen können. Es existiert noch etwas Interessantes, und zwar eine continue-Anweisung, die ich Ihnen anhand einer foreach-Schleife verdeutlichen will. Nehmen wir an, Sie wollen innerhalb der Schleifen einen bestimmten Code ausführen, außer wenn es sich bei der Zutat gerade um »Mehl« handelt. Bisher würden Sie dies mit folgendem Code umsetzen:

```
string[] ingredients = new string[] { "Eier", "Butter", "Zucker",
                      "Vanillezucker", "Mehl" };
foreach (string item in ingredients) {
    if (item != "Mehl") {
        //Code wird nur ausgeführt, wenn "Mehl" erreicht wurde.
    }
}
```

Listing 2.55 Verwendung der foreach-Schleife inkl. Schleifenvariable

Dies funktioniert natürlich gut. Folgendes funktioniert jedoch genauso:

```
string[] ingredients = new string[] { "Eier", "Butter", "Zucker",
                      "Vanillezucker", "Mehl" };
foreach (string item in ingredients) {
    if (item == "Mehl")
        continue;
    //Hier folgt weiterer Code. Dieser wird nicht für das "Mehl"-
    //Element im Array ausgeführt.
}
```

Listing 2.56 Beispiel für das Schlüsselwort continue

Mithilfe von continue wird automatisch wieder zum Schleifenanfang (auch *Schleifen-kopf* genannt) gesprungen und der nächste Iterationsschritt eingeleitet.

Verschachtelte Schleifen

Schleifen – natürlich auch verschiedenen Typs – können, wie auch if-Anweisungen, ineinander verschachtelt werden. Sie benötigen immer dann verschachtelte Schleifen, wenn Sie mehrdimensionale Arrays verwenden:

```
int[,] chess = new int[8,8];
//für jede Zeile
for (int i = 0; i < 8; i++) {
    //für jede Spalte
    for (int j = 0; j < 8; j++) {
        //das konkrete Feld an der Stelle (i,j)
        int figure = chess[i, j];
    }
}
```

Listing 2.57 Verschachteln von Schleifen

Es ist wichtig, dass sich die Laufvariablen bei for-Schleifen unterscheiden. Der Name der Variablen der äußeren Schleife muss ungleich dem Variablennamen der inneren Schleife sein!

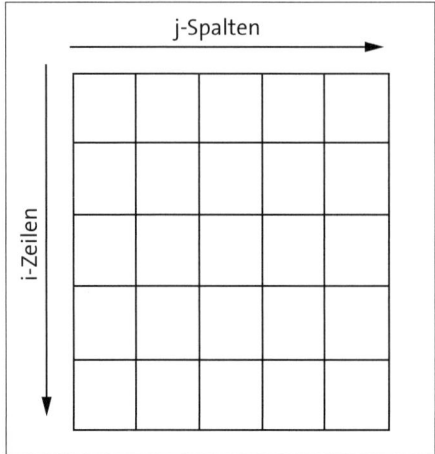

Abbildung 2.7 Darstellung eines zweidimensionalen Arrays. Der Durchlauf ist mit zwei verschachtelten Schleifen möglich.

Oftmals reicht es nicht aus, eine einzige Schleife zu verwenden. Mehrdimensionale Arrays sind nur ein Anwendungsfall für verschachtelte Schleifen. Der folgende Programmcode ist ein weiterer. Hier werden zwei Arrays verwendet, wobei das erste Array die benötigten Zutaten für ein Rezept beinhaltet und das zweite Array die vorhandenen Zutaten enthält. Es wird geprüft, ob jede benötigte Zutat in der Liste der vorhandenen Zutaten enthalten ist.

```
string[] needed = new string[] { "Eier", "Butter", "Zucker" };
string[] available = new string[] { "Eier", "Butter,", "Vanillezucker" };
foreach (string need in needed) { //für jede benötigte Zutat
    bool found = false;
    //Versuche diese Zutat in den verfügbaren Zutaten zu finden!
    //Prüfe dazu jede vorhandene Zutat!
    foreach (string avail in available) {
        //Sind die beiden gleich, so ist die Zutat vorhanden.
        if (avail == need) {
            found = true;
            break;
        }
    }
}
```

```
    if (!found) {
        //Etwas fehlt noch!
        string missing = need;
    }
}
```

Listing 2.58 Beispiel zum Verschachteln von Schleifen und Abgleichen von zwei Arrays

Funktionen

Funktionen sind eine tolle Sache! Wie Sie bereits festgestellt haben, bedeutet Programmieren, dass Sie unter Umständen relativ viel tippen müssen. Wie Sie sich vorstellen können, bestehen große Programme wie *Microsoft Word* oder *Microsoft Windows* aus Millionen von Programmzeilen. Um nicht die Übersicht im Programmiercode zu verlieren, ist eine entsprechende Strukturierung des Programmcodes notwendig. Eine grundlegende Art der Strukturierung wird durch Funktionen erreicht.

Eine Funktion kapselt den Programmcode, der eine bestimmte Aufgabe erfüllt. Eine Funktion besteht aus einem *Funktionsnamen* und einer *Implementierung* (d. h. dem Programmcode in der Funktion). Oftmals besitzen Funktionen zusätzlich auch *Funktionsparameter* und einen *Rückgabewert*.

```
int AddCalculation(int a, int b){
    int sum = a + b; //Berechne Ergebnis
    return sum; //Ergebnis zurückgeben.
}
```

Listing 2.59 Definition und Implementierung einer Funktion

Abbildung 2.8 zeigt, aus welchen Teilen eine Funktion bestehen kann.

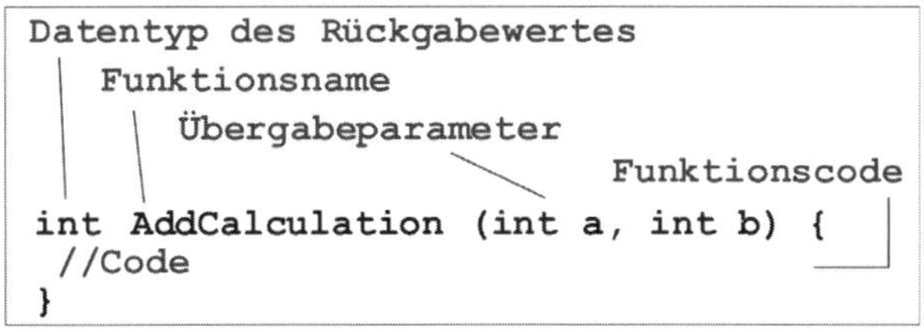

```
Datentyp des Rückgabewertes
    Funktionsname
        Übergabeparameter
                            Funktionscode
int AddCalculation (int a, int b) {
    //Code
}
```

Abbildung 2.8 Aufbau einer Funktion

Der Datentyp des Rückgabewertes kann beliebig gewählt werden. Sie können also eine Zahl (int, long, float, double), einen Text (string), einen booleschen Datentyp oder auch andere Datentypen wählen. Es ist auch möglich, dass eine Funktion etwas macht, ohne dass Sie einen Wert retournieren. Derartige Funktionen werden *Prozeduren* genannt. Ein Beispiel einer derartigen Funktion ist eine Funktion, die die Protokollierung (engl. *logging*) übernimmt, indem ein Text in eine Datei gespeichert wird. Wenn Ihre Funktion keinen Rückgabewert hat, so wird statt des Datentyps das Schlüsselwort void verwendet.

Dies wäre ein Beispiel für eine Funktionssignatur für eine Protokollierung:

```
void DoLog(string textToLog)
```

Listing 2.60 Signatur einer Funktion, auch Funktionskopf genannt

Definition »Funktionssignatur«

Eine Funktionssignatur beschreibt lediglich, wie die Funktion heißt, welche Parameter diese verwendet und welchen Datentyp der Rückgabewert der Funktion und damit die Funktion selbst hat. Die Programmierung der Funktion wird bei einer Funktionssignatur nicht angegeben.

Wie Sie an diesem Beispiel sehen, kann eine Funktion einen oder mehrere Parameter benötigen. Auch kein Parameter ist möglich.

Definition »Prozedur«

Als Prozedur wird eine Funktion bezeichnet, die keinen Rückgabewert besitzt.

Kehren wir zurück zum Beispiel mit der Funktion AddCalculation von Seite 85. Durch den Befehl return wird das Ergebnis (die Summe der beiden Zahlen) zurückgegeben. Wenn also nun die Funktion aufgerufen wird, so werden die zwei Zahlenwerte der Variablen a und b addiert und das Ergebnis der Addition in der Variablen sum gespeichert. Anschließend wird die Variable sum als Rückgabewert der Funktion verwendet. Mit diesem Rückgabewert können Sie nun weiterrechnen. Wie Sie sehen, werden in der Funktion die Variablen a und b verwendet. Diese Variablen stehen Ihnen also innerhalb der Funktion zur Verfügung. Natürlich können Sie auch neue Variablen wie in diesem Beispiel die Variable sum definieren.

Doch wie verwenden Sie die definierte Funktion nun? Der folgende Programmcode definiert drei Variablen. In diesen Variablen werden die Ergebnisse der Funktionsaufrufe gespeichert. Des Weiteren werden verschiedene Aufrufmöglichkeiten dargestellt. Die erste Variante verwendet lediglich zwei konstante Werte, die addiert werden sollen. Die zweite Variante verwendet eine Integer-Variable (int-Variable) und eine Konstante. Die dritte Variante benutzt zwei Variablen, deren Werte addiert werden sollen.

```
int result1 = 0;
int result2 = 0;
int result3 = 0;
result1 = AddCalculation(2, 3);
result2 = AddCalculation(result1, 5);
result3 = AddCalculation(result1, result2);
```

Listing 2.61 Verwenden einer Funktion – Funktionsaufruf

In der Funktionssignatur sehen Sie, dass die zwei Parameter der Funktion a und b heißen. Diese Variablennamen sind lediglich für die Verwendung innerhalb der Funktion wichtig. Wenn Sie nun die Funktion verwenden, sind diese Namen irrelevant. Wichtig sind die Datentypen, nicht die Namen der Variablen. Am besten sehen Sie, dass die Namen der Variablen irrelevant sind, wenn Sie den ersten Aufruf mit den Zahlen 2 und 3 ansehen. Dies sind konstante Werte, und dennoch kann die Funktion verwendet werden. Wichtig ist, dass es Zahlen sind.

Natürlich können Sie auch Variablen statt konstanter Werte verwenden. Dies wird auch der häufigste Fall sein.

Immer wenn Sie eine Funktion aufrufen, springt der Computer zur entsprechenden Stelle, an der die Funktion programmiert wurde, und führt den Code in der Funktion aus. Wenn die Funktion einen Rückgabewert besitzt, wird dieser Rückgabewert (wie im Beispiel bei result1 ersichtlich) der entsprechenden Variablen zugewiesen. Das heißt, wenn die Funktion fertig ausgeführt wurde, springt der Computer wieder an die Stelle zurück, an der er zuvor war, und führt den Programmcode weiter aus. Sie können sich Funktionen als Querverweise vorstellen, denen der Computer bei der Programmausführung folgt.

Wie Sie aus dem Beispielcode sehen, wird für einen Funktionsaufruf lediglich der Name der Funktion verwendet, und in Klammern werden die Übergabeparameter angegeben, falls welche notwendig sind. Beim Aufruf einer Funktion müssen Sie die Klammern angeben, denn an diesen Klammern erkennt der Compiler, dass es sich um einen Funktionsaufruf handelt.

Regeln für Funktionen

Sie werden sich nun wohl die Frage stellen, warum und wann Sie Funktionen erstellen und verwenden sollen. Natürlich gibt es ein paar Faustregeln, nach denen Sie sich richten können und sollen. Eines jedoch bereits vorweg: Sie sollten nicht mit Funktionen sparen! Es ist besser, Sie haben eine Funktion zu viel geschrieben als eine zu wenig. Durch mehr Funktionen wird der Programmcode innerhalb einer Funktion kürzer, und bei der Fehlersuche werden Sie die Funktion, die den Fehler verursacht, schnell finden. Wenn diese Funktion nun zum Beispiel aus 20 Zeilen besteht und nicht mehr aus 150 Zeilen, so werden Sie den Fehler auch schneller finden.

Hier nun die Regeln, wann Sie eine Funktion erstellen und was für eine Funktion gegeben sein sollte:

▶ *Vermeiden Sie doppelten Programmcode:* Doppelter Programmcode bedeutet nicht nur mehr Schreibaufwand, das Problem ist viel gravierender. Wenn ein Fehler in einem Programmteil vorhanden ist, der doppelt vorkommt, so steckt der Fehler mit sehr hoher Wahrscheinlichkeit auch im zweiten Teil des Programms. Wenn Sie den Fehler suchen und beheben, werden Sie ihn mit an Sicherheit grenzender Wahrscheinlichkeit lediglich an einer Stelle ausbessern, und im zweiten Programmteil bleibt der Fehler erhalten. Wäre dieser Code nicht doppelt, sondern in eine Funktion ausgelagert, so würde er lediglich einmal existieren. Wenn Sie also bestimmte ähnliche Teile mehrfach in Ihrem Programm haben, versuchen Sie, diese in Funktionen auszulagern!

▶ *Eine Funktion sollte ausschließlich von ihren Parametern abhängig sein:* Alle Informationen, die eine Funktion benötigt, sollen über Parameter übergeben werden. Eine Funktion sollte lediglich von diesen Parametern abhängen und nicht von Variablen, die außerhalb der Funktion definiert sind, da sonst die Funktion dazu neigt, unerwünschte Seiteneffekte zu erzeugen. (Es gibt eine Ausnahme bei Methoden in der objektorientierten Programmierung – dazu folgt später im entsprechenden Kapitel mehr.)

▶ *Eine Funktion bedeutet genau eine Aufgabe:* Eine Funktion soll genau eine Aufgabe durchführen. Wenn eine Funktion mehrere Aufgaben durchführt, so teilen Sie diese Funktion in zwei oder mehrere Funktionen, die jeweils genau eine Aufgabe übernehmen. Wenn Sie zum Beispiel eine Funktion schreiben, die aus einem Array lediglich gerade Zahlen und diese in sortierter Reihenfolge liefert (`int[] FilterAndSort(int[] items)`), so werden Sie möglicherweise auch eine Funktion benötigen, die lediglich sortiert oder nur filtert – und schon müssen Sie wieder doppelten Code tippen. Schreiben Sie daher zwei Funktionen, und rufen Sie diese nacheinander auf.

► *Programmcode sollte nicht aus zu vielen Zeilen bestehen:* Sollte Ihr Programmcode oder eine Funktion aus vielen Zeilen bestehen (zum Beispiel aus mehr als 30 oder mehr als 50), so sollten Sie Teile aus der Funktion in neue sogenannte *Unterfunktionen* (engl. *sub functions*) auslagern.

Parameterübergabe

Die Übergabe von Parametern ist zu Beginn eine etwas trickreiche Angelegenheit. Am besten kann dies mit einem Beispiel illustriert werden:

Sie schreiben eine Funktion, die die Werte von zwei Variablen tauscht. Das Tauschen von Werten aus zwei Variablen werden Sie oft benötigen, zum Beispiel bei einem Sortieralgorithmus, und daher entschließen Sie sich, diesen Programmcode in eine Funktion auszulagern. Der Programmcode soll also ungefähr wie folgt aussehen:

```
int x = 10;
int y = 5;
Swap(x, y); //Nach diesem Aufruf sollte x den Wert 5 und y den
           //Wert 10 besitzen.
```

Listing 2.62 Parameterübergabe einer Funktion

Nun ist die Implementierung der Swap-Funktion erforderlich. Sie werden sich vermutlich fragen, wie ein Algorithmus aussehen soll, der die Werte von zwei Zahlen tauscht. Sie können beim Programmieren immer wieder auf Ihre Erfahrungen aus dem Alltag zurückgreifen. Überlegen Sie kurz, welches Beispiel aus Ihrem Leben diesem Algorithmus entsprechen würde und wie Sie dieses Problem lösen würden. Ein Tipp: Denken Sie daran, dass eine Variable nichts anderes ist als ein Behälter, der einen Wert eines bestimmten Datentyps enthalten kann.

Angenommen, Sie haben zwei Gläser (x und y) vor sich, die gleich groß sind (zwei Variablen vom gleichen Datentyp). In einem Glas befindet sich Wasser (10). Im anderen Glas befindet sich Milch (5). Wie würden Sie vorgehen, und was würden Sie benötigen, um die Inhalte der beiden Gläser zu tauschen?

Das, was Sie benötigen, ist ein drittes Glas, und der Algorithmus würde wie folgt lauten:

1. Inhalt von Glas Nummer eins in Glas Nummer drei geben.

2. Inhalt von Glas Nummer zwei in Glas Nummer eins geben.

3. Inhalt von Glas Nummer drei in Glas Nummer zwei geben.

Sie können dies natürlich gern versuchen und prüfen. Es funktioniert genau so, und wenn Sie es mit entsprechenden Gläsern versucht haben, werden Sie immer wissen, wie Sie die Werte von zwei Variablen vertauschen.

Formulieren Sie nun die Funktion, indem Sie sich folgende Fragen stellen:

▶ Wie viele und welche Übergabeparameter benötigt die Funktion?
   Sehen Sie sich dazu den Funktionsaufruf an und die Datentypen der Variablen.

▶ Welchen Rückgabetyp hat Ihre Funktion?
   Diese Funktion hat keinen Rückgabewert – somit void.

▶ Wie soll die Funktion heißen?
   Überlegen Sie sich dazu, was die Funktion macht und was für ein sprechender Name daher günstig wäre – in diesem Fall Swap.

```
void Swap(int a, int b) {
}
```

Listing 2.63 Definition des Funktionskopfs

Der Funktionskopf ist somit fertiggestellt.

Erinnern Sie sich an den Tauschalgorithmus mit den Gläsern. Verwenden Sie ein drittes Glas – oder im Sinne der Programmierung eine dritte (temporäre) Variable.

```
void Swap(int a, int b) {
    int t = a; //temporäre Speicherung des Wertes der Variable a
    a = b; //Die Variable b wird der Variable a zugewiesen. Diese
           //erhält den Wert von b.
    b = t; //b bekommt nun den Wert der temporären Variable t.
    //kein return erforderlich, da kein Wert zurückgegeben wird
}
```

Listing 2.64 Implementierung der Swap-Funktion mit Wertübergabe

Das Problem ist nun, dass dieser Programmcode nicht funktioniert, obgleich der Algorithmus korrekt ist. Der Grund hierfür ist, dass die Werte beim Funktionsaufruf kopiert werden. Dies nennt sich *call-by-value*. Sie können die Variablen a und b innerhalb der Methode ändern und mit den Änderungen rechnen. Sobald Sie jedoch die Funktion verlassen, werden Ihre Änderungen wieder verworfen, da mit den Originalwerten weitergerechnet wird.

Was Sie benötigen, ist ein *call-by-reference*. In diesem Fall wird keine Kopie erstellt, sondern mit den Werten der Originalvariablen gerechnet. In den meisten Fällen wird call-by-reference bei Standarddatentypen nicht benötigt. Nun müssen Sie dem Compiler auch klarmachen, dass Sie call-by-reference verwenden wollen. Dazu ist das Schlüsselwort *ref* bei jedem Parameter nötig, der per Referenz übergeben werden soll:

```
void Swap(ref int a, ref int b) {
    int t = a; //temporäre Speicherung des Wertes der Variable a
    a = b; //Die Variable b wird der Variable a zugewiesen. Diese
           //erhält den Wert von b.
    b = t; //b bekommt nun den Wert der temporären Variable t.
}
```

Listing 2.65 Implementierung der Swap-Funktion mit Verweisübergabe

C# ist eine Sprache, die versucht, Programmierfehler so gut wie möglich zu vermeiden. Es soll Ihnen explizit bewusst gemacht werden, dass eine bestimmte Funktion, die Sie verwenden, Ihre Parameter möglicherweise verändert. Aus diesem Grund, müssen Sie auch beim Funktionsaufruf das Schlüsselwort `ref` angeben.

```
int x = 10;
int y = 5;
Swap(ref x, ref y); //Nach diesem Aufruf sollte x den Wert 5 und y
                    //den Wert 10 besitzen.
```

Listing 2.66 Verwenden der Swap-Funktion mit Verweisübergabe

Wie ich bereits erwähnt habe, werden Sie `ref` nicht oft verwenden, da es in den meisten Fällen aufgrund der Aufgaben nicht nötig ist. Um also Parameter innerhalb einer Funktion ändern zu können (und diese Änderung soll bei den Parametervariablen am Ende der Funktion noch verfügbar sein), sind *Referenzvariablen* notwendig, die Sie erhalten, indem Sie das `ref`-Schlüsselwort bei der Funktion und beim Funktionsaufruf mitgeben, oder indem Sie einen komplexen Referenzdatentyp verwenden.

Eine Eigenschaft von Funktionen wurde bisher noch nicht behandelt: Sie haben lediglich die Entscheidungsmöglichkeit zwischen keinem oder genau einem Rückgabewert. Was tun Sie jedoch, wenn Sie mehrere Werte zurückgeben wollen? Natürlich können Sie ein Array zurückgeben, jedoch setzt dies voraus, dass alle Elemente im Array den gleichen Datentyp besitzen.

Stellen Sie sich folgende Situation vor: Sie schreiben eine Funktion, die zwei Zahlen dividiert und das Ergebnis der Division zurückgibt. Jedoch wollen Sie auch prüfen und eine

Meldung zurückgeben, ob die Division möglich ist. Denn für den Fall, dass der Divisor den Wert null hat, kann die Division nicht durchgeführt werden. Diese Prüfung möchten Sie ebenfalls zurückgeben. Dieses simple Beispiel erfordert bereits zwei Rückgabewerte (von verschiedenen Datentypen). Ein Rückgabewert wäre der Quotient (das Ergebnis der Division), und der zweite Rückgabewert wäre ein boolescher Wert, der beschreibt, ob die Division gültig ist. C# stellt hierzu die Möglichkeit von sogenannten Out-Parametern zur Verfügung. Das folgende Beispiel zeigt dies:

```csharp
bool Divide(double dividend, double divisor, out double quotient) {
    quotient = 0.0; //Die Ausgangsvariable. Diese muss in dieser
                    //Funktion einen Wert zugewiesen bekommen!
    if (divisor == 0.0) //Prüfe auf gültige Division.
    return false; //Ungültig -> gib false zurück. Die Funktion
                  //wird beendet.

    //Wenn die Prüfung erfolgreich war, wird dividiert.
    quotient = dividend / divisor; //Wert wird zugewiesen.
    return true;
}

double a = 20.0;
double b = 6.25;
double result;
bool wasSuccessful = Divide(a, b, out result);
if (wasSuccessful) {
    //Die Division war erfolgreich.
}
else {
    //Die Division konnte nicht durchgeführt werden -> Division
    //durch 0 nicht möglich.
}
```

Listing 2.67 Implementierung und Verwendung einer Funktion mit Ausgangsparameter

Out-Parameter müssen innerhalb der Funktion einen Wert zugewiesen bekommen. Ansonsten können diese Variablen wie herkömmliche Variablen verwendet werden. Für den Fall, dass Sie vergessen, einen Wert zuzuweisen, werden Sie vom Compiler daran gehindert, das Programm auszuführen.

Wenn Sie eine Funktion mit einem out-Parameter aufrufen, müssen Sie wie bei ref-Parametern das Schlüsselwort out beim Aufruf angeben. Wie Sie sehen, ist es beim Aufruf nicht notwendig, der Variablen (result) einen Wert zuzuweisen, da dies durch die Funktion gemacht wird. Durch das out-Schlüsselwort ist dies dem Compiler bewusst.

Parameter	Schlüsselwort	Beschreibung
Eingangsparameter		Es wird eine Kopie der Variablen beim Funktionsaufruf erstellt und die Kopie innerhalb der Funktion verwendet. Dadurch bleibt die Originalvariable, die beim Aufruf verwendet wird, unberührt und behält ihren Wert.
Übergangsparameter	ref	Übergangsparameter können innerhalb der Funktion ihren Wert ändern, und diese Änderung betrifft die Originalvariable. Übergangsparameter können auch verwendet werden, um mehrere Rückgabewerte zu realisieren.
Ausgangsparameter	out	Out-Parameter müssen innerhalb der Funktion angelegt werden und einen entsprechenden Wert zugewiesen bekommen. Durch out-Parameter kann eine Funktion mehrere Rückgabewerte besitzen.

Tabelle 2.4 Typen von Funktionsparametern

Nachdem die Datentypen von Parametern bisher wohl sehr klar waren, muss ich nun möglicherweise für etwas Verwirrung sorgen. Standardmäßig handelt es sich um Eingangsparameter, und es wird eine Kopie der entsprechenden Variable angelegt. Dies ist aus folgendem Grund jedoch lediglich die halbe Wahrheit:

Die Aussage stimmt für sehr einfache Datentypen wie zum Beispiel: int, double, float, long, byte, char usw. Wenn Sie sich vorstellen, dass eine Variable vom Typ string nicht nur ein paar Wörter, sondern ganze Seiten von Büchern beinhalten kann, wird Ihnen schnell klar, dass es viel unnötigen Speicher- und Kopieraufwand bedeuten würde, wenn der Computer bei jedem Funktionsaufruf den gesamten Inhalt der string-Variable kopieren würde. Aus diesem Grund wird zwischen *Value-Types* und *Reference-Types* unterschieden. Value-Types werden standardmäßig kopiert (wie int, long, float, double usw.), wogegen Reference-Types standardmäßig per Referenz übergeben werden, auch wenn das Schlüsselwort ref nicht angegeben wird. Reference-Types sind komplexe Datentypen (Objekte), die Sie später in Abschnitt 7.1, »Objektorientierte Programmierung«, noch kennenlernen werden.

Variablen von Value-Types

Variablen von Value-Types werden beim Funktionsaufruf kopiert.

Variablen von Reference-Types

Variablen von Reference-Types werden beim Funktionsaufruf nicht kopiert, sondern es wird lediglich die Referenz (Verweis auf die Variable) der Funktion übergeben, und somit wird die Originalvariable für Operationen verwendet.

Folgendes können Sie als Faustregel anwenden: Alles, was komplizierter ist als ein string-Datentyp (inklusive des string-Datentyps), wird als Referenz übergeben.

Die entsprechenden Value-Types können Sie auf der Webseite der Firma Microsoft nachschlagen (*http://msdn.microsoft.com/en-us/library/bfft1t3c.aspx*). Sie finden diesen Link auch jederzeit bequem im Literaturverzeichnis des Buches.

Parameter können aber seit C# 4 optional gekennzeichnet und mit einem Standardwert belegt werden. Das heißt, dass der Parameter beim Aufruf auch weggelassen werden kann und in diesem Fall der Standardwert verwendet wird:

```
double radius = 2.5;
//Pi ist optional und muss nicht angegeben werden.
double area = CalcCircleArea(radius);

//Es kann aber angegeben werden:
area = CalcCircleArea(radius, Math.PI);

//Die Parameter können auch benannt werden:
double x = 2.5;
double y = 3.0;
area = CalcRectArea(length: x, height: y);

//Bei benannten Parametern kann auch die Reihenfolge geändert werden
area = CalcRectArea(height: y, length: x);

double CalcCircleArea(double rad, double pi = 3.14159265) {
    return rad * rad * pi;
}
double CalcRectArea(double length, double height) {
    return length * height;
}
```

Listing 2.68 Verwendung von optionalen Parametern in Funktionen

Indem Sie in der Funktionssignatur dem Parameter einen Wert zuweisen, definieren Sie diesen Parameter als optional.

Wenn Sie beim Funktionsaufruf den Parameternamen mit Doppelpunkt vor dem Wert angeben, so können Sie die Parameter in beliebiger Reihenfolge angeben. Vor allem optionale Parameter können Tipparbeit sparen.

Bestimmt wollen Sie all das, was Sie hier bisher gelesen haben, endlich ausprobieren, in Ihren Computer tippen und sehen, was passiert! Dies kann ich sehr gut nachvollziehen, und aus diesem Grund schiebe ich das nächste Kapitel ein, sodass Sie endlich starten können. Das Kapitel beschäftigt sich mit den verschiedenen Programmiersprachen und der Wahl einer Programmiersprache, und es bietet eine entsprechende Einführung in eine Entwicklungsumgebung.

Obwohl mir klar ist, dass Sie dieses Buch in dem Wissen gekauft haben, dass es sich primär mit der Programmiersprache C# beschäftigt, möchte ich Ihnen einen kleinen Überblick über die Alternativen geben, die aktuell verbreitet sind, und ich möchte Ihnen mit diesen Vergleichen auch zeigen, dass C# eine sehr gute Wahl ist.

2.5   Zusammenfassung

Computer sind dumm, und daher liegt es beim Schreiben eines Computerprogramms in Ihrer Verantwortung, auf jede Kleinigkeit zu achten. Betrachten Sie einen Sachverhalt aus verschiedenen Blickwinkeln, beleuchten Sie alle Bedingungen, die erfüllt sein müssen, und stellen Sie sich dabei dumm. Bei der Formulierung eines Algorithmus verwenden Sie Pseudocode, der zwar vom Compiler noch nicht ausgeführt werden kann, Ihnen jedoch erlaubt, einen Algorithmus bereits zu formulieren, ohne dass Sie sich mit syntaktischen Spitzfindigkeiten der Programmiersprache herumärgern müssen. Bei der Formulierung des Algorithmus gehen Sie schrittweise vor, indem Sie jede einzelne zu erledigende Tätigkeit formulieren. Anschließend entfernen Sie die im natürlichen Sprachgebrauch gängigen Füllwörter. Durch das Entfernen dieser Wörter entnehmen Sie den Satz der natürlichen Sprache und entbinden ihn von deren Grammatik. Es bleiben lediglich solche Wörter übrig, die relevante Informationen beinhalten. Durch diese Vereinfachung, die Sie auch über mehrere Iterationen durchführen können, erreichen Sie den gewünschten Pseudocode.

Nun können Sie diesen Pseudocode mithilfe der verschiedenen Sprachelemente im Programmiercode umsetzen. Sie benötigen *Variablen*, um mit Werten rechnen oder Ähnliches durchführen zu können. Welche Werte für diese Variablen gültig sind, wird durch den Datentyp der Variablen bestimmt. Wenn Sie Werte verwenden, die sich (voraussichtlich) nie ändern, wie zum Beispiel die Konstante p, so können Sie mit dem Schlüsselwort const eine *Konstante* definieren. Es ist erforderlich, dass Sie Ihren Programmcode (auch *Quellcode* genannt) kommentieren. Sie haben zwei Arten von *Kommentaren* kennengelernt: eine Art, die einen einzeiligen Kommentar (//) erzeugt, und eine Art, die einen mehrzeiligen Kommentar (/* */) ermöglicht. Der Compiler ignoriert Ihre Kommentare, und es bleibt Ihnen überlassen, ob, wie viel und in welcher Sprache Sie Kommentare verfassen.

Ein Programm kommt ohne *Bedingungen* nicht aus. Daher haben Sie *Verzweigungen* (if/switch) kennengelernt, die es Ihnen ermöglichen, Bedingungen zu prüfen und bestimmte Programmteile nur dann auszuführen, wenn eine bestimmte Bedingung erfüllt ist.

Mithilfe von *Arrays* können Sie mehrere gleichartige Werte speichern, wobei ein- oder mehrdimensionale Arrays existieren. Sie definieren Arrays durch die Angabe von eckigen Klammern ([]), und bei der Erzeugung des Arrays muss der Compiler bereits feststellen können, wie viele Elemente dieses Array maximal beinhalten kann. Sie können auf die einzelnen Elemente im Array durch den nullbasierten Index zugreifen. Für den Fall, dass Sie mehrdimensionale Arrays verwenden, müssen Sie zwischen *rechteckigen Arrays* ([,]) und *Jagged-Arrays* ([][]) unterscheiden. Ein Jagged-Array ist ein *Array von Arrays*.

Mithilfe von *Schleifen* können Sie elegant ganze Arrays durchlaufen und zum Beispiel Operationen auf jedes Element im Array ausführen. Dabei stehen Ihnen verschiedene Typen von Schleifen zur Verfügung: for, foreach, while und do.

Um doppelten Code zu vermeiden und Ihren Code strukturieren zu können, verwenden Sie *Funktionen*, die Sie beliebig oft von verschiedenen Programmteilen aus aufrufen können. Dabei haben Sie Regeln kennengelernt, wann Sie Funktionen schreiben sollen. Des Weiteren bin ich auf die *Typen von Parametern* eingegangen (Eingabeparameter, Übergangsparameter, Ausgabeparameter) und auf Unterschiede zwischen *Value-Types* und *Reference-Types* sowie auf die Möglichkeit, optionale Parameter zu definieren.

2.6 Aufgabe

Formulieren Sie erst in Pseudocode und anschließend in der entsprechenden Syntax einen Algorithmus, der aus einem Array mit ganzen Zahlen den Durchschnitt, den Maximalwert und den Minimalwert des Arrays ermittelt. Verwenden Sie dazu jeweils eine Funktion zur Ermittlung eines Wertes. Überlegen Sie dabei, welche Datentypen Sie benötigen, und verwenden Sie adäquate Datentypen.

2.7 Kontrollfragen

1. Wie nennt sich die Art von Code, die oftmals zur Formulierung eines Algorithmus verwendet wird, jedoch vom Compiler nicht akzeptiert wird?

2. Welche Arten von Schleifen sind in C# möglich?

3. Welche Arten von Verzweigungen sind in C# möglich?

4. Welche Typen von Arrays existieren?

5. Eine Variable besteht aus zwei Komponenten. Welche sind das?

6. Funktionen sollen:

   ☐ genau eine Aufgabe übernehmen

   ☐ möglichst viele Aufgaben übernehmen

   ☐ genau zwei Aufgaben übernehmen

   ☐ keine Aufgabe übernehmen

   ☐ nicht von den Funktionsparametern abhängig sein

   ☐ nur von den Funktionsparametern abhängig sein

7. Welcher Ausdruck/welche Ausdrücke ist/sind mit folgendem äquivalent: $x = x + 1$?

   ☐ x--

   ☐ x /= 1

   ☐ x += 1

   ☐ x = x − 1

   ☐ x++

   ☐ x = x + 2

8. Mit welchem Index greifen Sie auf das erste Element in einem Array zu?

9. Wie viele Indizes benötigen Sie für den Zugriff auf einen einzelnen Wert in einem dreidimensionalen Array?

10. Warum ist es wichtig, doppelten Code zu vermeiden, und wie können Sie dies erreichen?

Kapitel 3
Die Wahl der Programmiersprache

Der Unterschied zwischen dem richtigen Wort und dem beinahe
richtigen ist derselbe Unterschied wie zwischen dem Blitz und einem
Glühwürmchen.
– Mark Twain

Dieses Kapitel gibt Ihnen einen Überblick über die verschiedenen Programmiersprachen und zeigt Ihnen, unter welchen Bedingungen Sie am besten welche Sprachen einsetzen. Seien Sie bei der Wahl der Programmiersprache etwas vorsichtig. Es spiegeln sich in diesem Kapitel natürlich auch meine persönlichen Erfahrungen wider. Ich bin jedoch der Überzeugung, dass die meisten Entwickler, die die Erfahrungen in den entsprechenden Bereichen gemacht haben, die Kategorisierung, die ich hier vornehme, bestätigen werden.

Nach einem Überblick über die Programmiersprachen, deren Vor- und Nachteile sowie deren Einsatzgebiete und Besonderheiten beschäftigen wir uns mit einer Entwicklungsumgebung. Sie erhalten eine kurze Einführung in die Entwicklungsumgebung mit den für einen Entwickler(einsteiger) wichtigsten Elementen.

3.1 Kriterien zur Auswahl einer Programmiersprache

Da sehr viele verschiedene Programmiersprachen und dazugehörige Frameworks existieren, ist es nicht wirklich möglich, alle Sprachen entsprechend zu beleuchten oder zu kennen, und das ist auch nicht erforderlich. Ich will mich auf die wohl populärsten Programmiersprachen beschränken. Dabei sei nicht vergessen, dass eine Programmiersprache allein heutzutage nur einen Teil Ihrer Arbeitsmittel darstellt. Viele Sprachen wie alle .NET-Sprachen (wie VB.NET, C# etc.) oder Java besitzen ein entsprechendes Framework, also eine Sammlung von Grundfunktionalitäten, die Sie benutzen können. Dieses Framework bietet Hunderte und Tausende von Programmbausteinen, die Sie bei der Entwicklung Ihrer eigenen Programme benutzen können. In diesem Kapitel werden Sie die Unterschiede und Einsatzgebiete von C#, Java, C++ und C kennenlernen. Der Schwerpunkt liegt auf Vergleichen der Programmiersprachen. Daran schließt sich eine kleine, aber notwendige Einführung in *Microsoft Visual Studio Express für Windows Desktop* an.

Möglicherweise fragen Sie sich, was dieses Kapitel soll und warum es wichtig sein soll, welche Programmiersprache man verwendet. Sollten Sie diese Zweifel hegen, so will ich diese jetzt beseitigen, indem ich erläutere, warum die Wahl der Programmiersprache durchaus eine wichtige Sache ist.

Angenommen, Sie wollen in Ägypten Urlaub machen. In Ihrem Gepäck haben Sie lediglich eine Skijacke und was man sonst noch so für einen Winterurlaub benötigt. Sie werden mir bestätigen, dass das nicht passt. Gleichzeitig wollen Sie auch nicht in der Badehose im Winter im Hochgebirge stehen. Genauso wichtig wie die richtige Kleidung für Ihr jeweiliges Urlaubsgebiet ist die Wahl der richtigen Programmiersprache für Ihr jeweiliges Projekt. Keine Programmiersprache ist für alle Arten von Anwendungen optimiert. Allein aus der Historie der Programmiersprache ergibt sich, wofür sie geschaffen wurde und warum sie so ist, wie sie ist. Keine Angst, ich werde Sie nicht mit Entstehungsgeschichten von Programmiersprachen langweilen – immerhin wollen Sie ja in praktischer Art und Weise Programmieren lernen. Nichtsdestotrotz haben verschiedene Programmiersprachen auch verschiedene Möglichkeiten. Allein von ihrem Konzept her sind bestimmte Features oder Anwendungsgebiete möglich oder auch nicht.

Von den vier hier vorgestellten Programmiersprachen sollten Sie also dennoch wissen, welche früher und welche später entstanden sind, um somit möglicherweise auch manchmal Nachsicht mit einer Sprache zu haben, wenn das Programm wieder einmal nicht so arbeitet, wie es arbeiten würde, wenn es denn täte, was Sie wollen.

Abbildung 3.1 Entstehungsreihenfolge der Programmiersprache

Möglicherweise werden Sie jetzt glauben, dass die Entwicklung von Programmiersprachen einem Prozess unterliegt, sodass neuere Programmiersprachen immer mehr Features besitzen und einfacher und besser sind als ältere. In gewisser Weise haben Sie natürlich Recht, und dennoch irren Sie in diesem Fall.

Die Sprache C++ erweitert die Sprache C und ist auch aus C entstanden. Die Erweiterung bestand vor allem darin, dass C++ eine objektorientierte Programmierung ermöglicht, wogegen C lediglich eine prozedurale Programmierung erlaubt. Was Objektorientierung ist, werden Sie später noch lernen. Beide Sprachen folgen jedoch dem Paradigma »Vertraue dem Programmierer« (engl. »*Trust the programmer*«). Dies – und das hat die

Vergangenheit gezeigt – bringt massive Probleme mit sich. Dem Programmierer zu vertrauen, ist eine schöne Sache, jedoch sind, und das haben Sie bereits bei der Definition eines Algorithmus gesehen, unzählig viele Aspekte zu berücksichtigen, und dadurch können sehr viele Fehler entstehen. Natürlich dürfen Sie diese Aspekte bei keiner Programmiersprache ganz außer Acht lassen, allerdings nehmen Ihnen andere Programmiersprachen einfach Arbeit und manche dieser Aspekte ab. Es ist nicht mehr nötig, dass Sie sich um alles selbst kümmern. »Trust the programmer« heißt also auch, dass sich die Programmiersprache und der Compiler darauf verlassen, dass der Programmierer weiß, was er tut, und nichts vergisst. Somit müssen Sie in C und C++ immer, wenn Sie dynamisch Speicher reservieren, diese Reservierung wieder aufheben, wenn Sie den Speicher nicht mehr benötigen. Wenn Sie über die Elemente in einem Array iterieren, kann es Ihnen passieren, dass Sie durch einen kleinen Indexfehler nach dem Ende des Arrays noch versuchen, Daten zu lesen. Während dadurch in Java oder C# ein Fehler ausgelöst würde, wird in C und C++ der entsprechende Speicher abgefragt, und Sie werden auf den Fehler nicht aufmerksam gemacht, sondern Sie schreiben auf den entsprechenden Speicherbereich (wenn es sich um einen Schreibvorgang handelt). Dadurch überschreiben Sie möglicherweise Werte von anderen Variablen, was zu einem undefinierten Verhalten des Programms führt, und diesen Fehler finden Sie nur schwer!

Trotz dieser (und vieler anderer) Nachteile von C und C++ haben diese beiden Programmiersprachen ihre Vorzüge und nach wie vor ihre Daseinsberechtigung. Programme, die in C geschrieben sind, sind sehr effizient bei der Ausführung. Sie sind speichersparend und sehr schnell. Die Sprache C ist relativ einfach, und für alle möglichen Computerchips und Plattformen existieren Compiler, die das Ausführen des C-Programms ermöglichen. In diesem Zusammenhang ist eine Plattform zum Beispiel eine Spielekonsole, ein Windows-PC, ein Handy etc. C-Programme werden heutzutage hauptsächlich bei sehr hardwarenahen Programmierungen verwendet, also bei der Embedded-Entwicklung. Sie können davon ausgehen, dass all die Software, die in Ihrem Auto existiert, in C (oder möglicherweise sogar in C++) geschrieben ist.

Wenn die Hardware über etwas mehr Speicher etc. verfügt, so können Sie auch C++ verwenden. Der Vorteil von C++ ist primär die Objektorientierung – wie ich bereits erwähnt habe, kommt dieses Kapitel später. C++ verfügt des Weiteren auch über *Templates* und dergleichen, womit Sie einen Algorithmus generisch für verschiedene Datentypen programmieren können. Beispielsweise können Sie mit Templates einen Algorithmus programmieren, unabhängig davon, ob dieser auf ein Array von Zahlen oder Text angewendet wird. Dazu folgt jedoch ebenfalls später mehr. C++ ist, aus meiner Sicht, die universellste Sprache von allen. Sie können beinahe alles mit C++ programmieren. Das Problem ist nur, dass C++ nicht sehr programmiererfreundlich ist. Wie auch in C müssen Sie sich in C++ um alles selbst kümmern: Speicher reservieren, Speicher freigeben und so weiter. Sie können auch bei C++ davon ausgehen, dass für jede Plattform, für die Sie programmieren wollen, ein Compiler existiert. Millionen von Programmen sind in dieser Sprache geschrieben. Ich empfehle Ihnen, diese Sprache zu verwenden, wenn Sie ebenfalls relativ hardwarenah programmieren möchten.

Java ist eine Programmiersprache, die 1993 eine Revolution auslöste. Obgleich diese Sprache eigentlich das Ergebnis einer Fehlentwicklung war (sie sollte eine Programmiersprache für Hardware mit sehr, sehr eingeschränkten Ressourcen wie Staubsauger, einfache Telefone usw. werden), hat Java die Softwareentwicklung einen weiteren Schritt in die richtige Richtung gebracht. Java (wie auch C#) hat das Paradigma geändert. Aus »Trust the programmer« wurde »Don't trust the programmer«. Es wurde eine Sprache geschaffen, die viel einfacher ist als C++. Sie müssen sich nicht mehr darum kümmern, dass nicht mehr benötigter Speicher wieder freigegeben und somit für andere Programme oder auch für das eigene Programm wieder verfügbar gemacht wird. Diverse Möglichkeiten (wie Mehrfachvererbung oder auch der direkte Zugriff auf und die direkte Manipulation von Arbeitsspeicheradressen), die C++ bietet, die jedoch die Sprache sehr komplex machen und einen schier unendlichen Nährboden für Fehler bieten, wurden aus der Sprache verbannt. Dafür ist die Sprache einfacher, und die Syntax ist teilweise an C++ angelehnt, um den Aufwand beim Umstieg auf Java möglichst gering zu halten. Die Definition von Variablen, die Verwendung von Schleifen oder Bedingungen ist identisch. Wenn Sie ein Java-Programm kompilieren, wird im Gegensatz zu C oder C++ kein Maschinencode erstellt – also kein Code, der vom Computer ausgeführt werden kann. Es wird eine Art Zwischencode erstellt, der später interpretiert und schließlich auf Maschinencode kompiliert wird. Dadurch wird folgender Nachteil von C und C++ aufgehoben: Wenn Sie ein C- oder ein C++-Programm unter Windows und Mac OS ausführen wollen, so müssen Sie das Programm mit zwei verschiedenen Compilern kompilieren (da Windows und Mac OS zwei verschiedene Plattformen sind). Wenn Sie Java verwenden, ist der Code auf beiden Plattformen gleich, und somit müssen Sie ihn lediglich einmal kompilieren. Allerdings benötigen Sie auf beiden Plattformen eine sogenannte *virtuelle Maschine*, die den Zwischencode versteht und ausführt, was Java-Programme langsam macht. Der Slogan dazu heißt »Compile once, run everywhere« (und zumindest in der Theorie funktioniert das prima).

Programmiersprachen selbst sind bei Weitem nicht so mächtig, wie Sie möglicherweise glauben. Sie definieren eben lediglich die Grammatik einer Sprache. Einer der größten Vorteile bei der Entwicklung mit Java und C# ist, dass Sie nicht nur eine Programmiersprache, sondern auch ein sehr großes Framework mit sehr vielen nützlichen, ständig notwendigen Funktionalitäten geliefert bekommen. Natürlich haben Sie auch in C++ Derartiges, allerdings ist diese Bibliothek kleiner und bei Weitem nicht so gut strukturiert. Inzwischen hat Java eine große Verbreitung auf sehr vielen Plattformen und liegt in verschiedenen Versionen vor. Sie können mittels Java sowohl verteilte große Anwendungen programmieren als auch Programme für Ihr Handy (da die Leistung bei Handys stetig steigt). Sie können Programme programmieren, die im Internet per Webbrowser erreichbar sind, oder auch Programme für Ihren Computer. Java hat sich allerdings bei der Spieleentwicklung aufgrund von mangelnder Performance nicht durchgesetzt.

Während C und C++ in den letzten Jahren scheinbar auf einem absteigenden Ast waren, wurde vor Kurzem ein neuer C++ Standard (dieser heißt C++ 11) verabschiedet, und C++ erfährt neuen Aufschwung. Java (aktuell ist die Version 7) wird von einer Community weiterentwickelt, die Sun Microsystems nahesteht. C# hingegen gehört vollständig Microsoft (die aktuelle Version von C# ist 5.0 mit dem .NET Framework 4.5).

Im Jahr 2001 stellte Microsoft die Version 1.0 des .NET Frameworks vor. Auch wenn viele Entwickler und Microsoft-Gegner es nicht wahrhaben wollen, ist das .NET Framework durchaus revolutionär. Während Java und das Framework von Java genau eine Programmiersprache erlauben, steht das .NET Framework für beliebige Programmiersprachen zur Verfügung. Microsoft hat versucht, für so viele Entwickler wie möglich ein einheitliches Framework zu entwickeln. Dies hat dazu geführt, dass Sie mit .NET sowohl Delphi, C++, Visual Basic, C#, IronPython, Ruby, F# usw. entwickeln können. In Java steht Ihnen eine Sprache zur Verfügung, die auf möglichst vielen Plattformen laufen soll. Mit .NET stehen Ihnen viele Programmiersprachen zur Verfügung, die auf allen möglichen Microsoft-Plattformen laufen sollen. Dies ist natürlich eine Einschränkung im Anwendungsbereich. Es existiert die Bestrebung (das Mono–Projekt), .NET auch für andere Plattformen (Linux) zur Verfügung zu stellen, diese Entwicklung hinkt jedoch immer etwas hinterher. Das Flaggschiff von .NET ist die Programmiersprache C#, die Java relativ ähnlich ist. Aus meiner Sicht wurden jedoch sehr viele Mankos von Java ausgemerzt und Anforderungen viel besser umgesetzt (Stichworte hierfür sind *Generics* oder *Properties*).

Wie in Java wird auch in .NET entsprechender Zwischencode vom Compiler erzeugt. Dieser Zwischencode ist jedoch bei allen Programmiersprachen identisch, und somit können (auch innerhalb eines Projekts) Programmiersprachen gemischt werden, um das Beste aus allen Sprachen herauszuholen. Falls Sie sich nun fragen, was die Tatsache, dass man verschiedene Programmiersprachen einsetzen kann, für einen praktischen Nutzen haben soll, hier ein Beispiel, das aus meinem Erfahrungsschatz stammt:

Ich hatte einmal die Aufgabe, einen Algorithmus zu entwickeln, der die einzelnen Kerne der CPU zu einer aufwendigen Berechnung ausnutzt. Genauer gesagt, ging es um einen Algorithmus zur Berechnung »Mandelbrotmenge«. Dies ist ein Fraktal, was bedeutet, dass Sie dieses Bild immer weiter vergrößern können und immer wieder ähnliche Formen entdecken, egal in welchem Detailgrad Sie sich befinden.

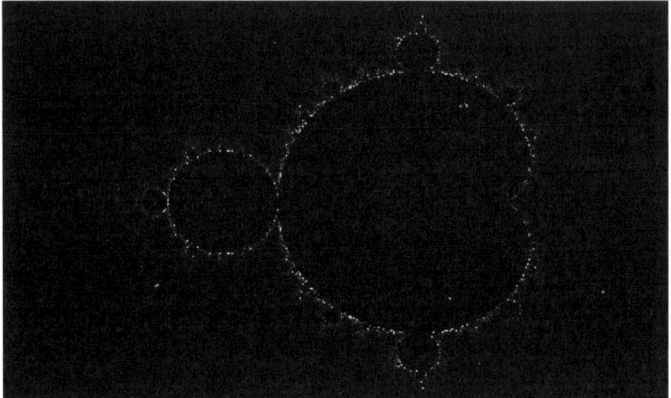

Abbildung 3.2 Mandelbrotmenge

Abbildung 3.3 Ein detaillierter Ausschnitt der Mandelbrotmenge

Dieser Algorithmus lässt sich sehr gut parallelisieren, sodass auch Dual-Core, Quad-Core und ähnliche Technologien optimal ausgenutzt werden können. Allerdings hatte ich die Auflage, ein bestimmtes Framework zum Parallelisieren zu verwenden. Dieses Framework existierte allerdings nur für die Programmiersprachen C++ und (sofern ich mich recht erinnere) Eiffel. Daher habe ich die Generierung des Bildes in C++ programmiert und anschließend die Ergebnisse an ein C#-Projekt zur Visualisierung übergeben. All dies geschah innerhalb eines Programms.

Derartige Anforderungen – mögen sie Ihnen auch noch so unverständlich erscheinen – können Ihnen in Zukunft bevorstehen, sofern Sie beabsichtigen, Software für entsprechende Kunden zu programmieren.

Im Gegensatz zu Java wird bei .NET dieser Zwischencode jedoch sofort beim ersten Aufruf in Maschinencode übersetzt, und somit kommt es lediglich beim ersten Aufruf zu Geschwindigkeitseinbußen. Wenn Sie auch diesen Effekt vermeiden wollen, können Sie das Programm bereits für die entsprechende Plattform vorkompilieren.

Sowohl .NET als auch Java und C++ kennen das Konzept von sogenannten *Generics*. »Generisch« bedeutet »allgemeingültig«. Generics werden Ihnen noch viel Arbeit abnehmen, da sie es ermöglichen, eine bestimmte Funktionalität unabhängig vom Datentyp zu programmieren. Dazu jedoch später mehr.

In C++ heißen Generics zwar nicht *Generics*, sondern *Templates*, allerdings können Sie sich das Gleiche darunter vorstellen. In diesem Fall hat C++ entsprechende Nachteile, da durch den massiven Einsatz von Templates beim Kompilieren des Programms sehr viel Programmcode erzeugt wird, der zu entsprechend großem Speicherbedarf führt. In Java ist dies nicht der Fall, allerdings wird hier ein Trick angewendet, indem Generics im Wesentlichen lediglich simuliert werden, was zwar zur Typsicherheit, allerdings zu Geschwindigkeitseinbußen beim Programm führt, da interne Umwandlungen durchgeführt werden. Typsicherheit bedeutet, dass der Compiler prüft, ob auch tatsächlich nur der angegebene Datentyp verwendet wird. Am effizientesten ist dieses Konzept in C# verfügbar. Hier hat man sozusagen aus den vergangenen Fehlern gelernt und beide Probleme aus der Welt geschafft. Sie werden später noch mit Generics arbeiten.

Während C# das Konzept von Eigenschaften kennt, ist dies in Java lediglich durch Funktionen abgedeckt, die einen bestimmten Namen besitzen müssen. Besitzen sie diesen Namen nicht, so handelt es sich um etwas anderes, was bei Tippfehlern zu unerwünschten Seiteneffekten führt. Auch das Konzept der *Eigenschaften* von Klassen (*Properties* genannt), das durchaus sehr angenehm ist, lernen Sie noch genau kennen.

Mit C# in der Version 3.0 hat Microsoft einen weiteren Schritt getan, um sich von anderen Programmiersprachen abzuheben. Die Entwicklung von LINQ (*Language Integrated Query*) vereinfacht sehr viele Dinge, wenn es um das Sortieren und Filtern von Daten und Abfragen von verschiedenen Datenquellen (Datenbank, Datei, Active Directory, RSS usw.) geht. Sie werden LINQ, *Lambda-Expressions, Automatic Properties* und die Features von C# 3.0 in den späteren Kapiteln lieben lernen. Durch diese Features werden viele Anwendungen viel einfacher. Auf die konkreten Features und Änderungen werde ich beizeiten eingehen, dazu müssen wir uns jedoch zuvor noch mit der Objektorientierung als Grundlage befassen. Version 4 von C# hat wieder weitere Neuerungen mit sich gebracht, die ein paar Sachen ermöglichen, die vorher, oft unverständlicherweise, nicht funktionierten. Mit der Version 5 wurde vor allem die Arbeit mit parallelen Threds wesentlich vereinfacht, wie Sie in Kapitel 13 sehen werden.

Die folgende Tabelle fasst die verschiedenen Eigenschaften der einzelnen Sprachen noch einmal zusammen. Natürlich sind in dieser Liste nicht alle Unterschiede aufgelistet, sie enthält jedoch viele relevante.

	C	C++	Java	C#
existiert seit	1970er-Jahre	1980er-Jahre	1993	2001
entwickelt von	Dennies Richie & Bjarne Stroustrup		Sun Microsystems	Microsoft
Framework (eine Sammlung mitgelieferter Funktionen)	nicht vorhanden		J2SE, J2EE, J2ME	.NET Framework .NET Compact Framework .NET Micro Framework
Slogan	»Trust the programmer«		»Don't trust the programmer«	
Kompilierungsergebnis	Maschinencode (plattformabhängig)		Bytecode (plattformunabhängig)	
Stärken	sehr effiziente Programme, geringer Speicherbedarf, Compiler für viele Plattformen verfügbar	Sehr effiziente Programme. Es ist möglich, »alles« zu entwickeln.	einfache Sprache, plattformunabhängig	einfache Sprache, sehr gute Unterstützung für Entwickler, sehr gute Dokumentation
größte Nachteile	sehr fehleranfällig, keine Objektorientierung	sehr fehleranfällig, komplexe Sprache	teilweise langsam, schlechte Umsetzung von (u. a.) Events und Properties	Großteils auf die Microsoft-Plattform beschränkt. Es existiert jedoch Mono für Linux.

Tabelle 3.1 Eigenschaften verschiedener Programmiersprachen

	C	C++	Java	C#
Haupteinsatzge-biete (Anwen-dungstypen)	Embedded, Mobile, High Perfor-mance	Embedded, Mobile, Spiele, High Perfor-mance	Server, Mobile, Web	Client, Mobile, Server, Web
Hauptentwick-lungsumgebung	Visual Studio (und andere)	Visual Studio (und andere)	Eclipse (und andere)	Visual Studio (und andere)

Tabelle 3.1 Eigenschaften verschiedener Programmiersprachen

C# liefert, wie ich bereits angeführt habe, viele tolle neue Compiler-Features, die Ihnen das Entwickeln noch einfacher erscheinen lassen, die hier nicht angeführt wurden.

Die Sprache C# und Visual Studio (unabhängig, ob es sich um eine kostenlose oder große kostenpflichtige Version handelt) als Entwicklungsumgebung unterstützen Sie als Programmierer sehr gut sowohl in der Erlernbarkeit als auch beim Suchen und Finden von Fehlern, Verhindern von Tippfehlern. Das .NET Framework bietet eine Vielzahl von fertigen Funktionen, die Sie für Ihre Programme verwenden können und ermöglicht gleichzeitig, mit wenig Code viel zu machen.

Sie finden für jede Programmiersprache Entwicklungsumgebungen, die kostenlos und solche, die kostenpflichtig sind. Zu Beginn können Sie natürlich mit den kostenlosen Varianten (die auch hier vorgestellt werden) arbeiten. Wenn Sie in Teams entwickeln und große Projekte abwickeln wollen, empfiehlt sich ein Blick auf Features verschiedener Entwicklungsumgebungen. Kostenpflichtige Umgebungen besitzen meist einen größeren Funktionsumfang. Beachten Sie, dass eine kostenlose Entwicklungsumgebung nicht unbedingt bedeutet, dass die Entwicklung günstiger ist. Wenn die Entwicklungsumgebung etwas kostet, Sie aber für ein Projekt mit dem einfacheren und besseren Tools nicht ein Jahr, sondern lediglich acht Monate benötigen, so haben Sie 30 % der Zeit eingespart, und Zeit ist kein unwesentlicher Kostenfaktor!

Wenn Sie sich also für eine Programmiersprache entscheiden (müssen/dürfen), so können Sie folgende Kriterien auf die oben angeführten Eigenschaften anwenden:

Frage	Antwort
Soll die Sprache leicht erlernbar sein? (spricht sehr für C# und durchaus auch für Java)	

Tabelle 3.2 Checkliste zur Auswahl einer Programmiersprache

Frage	Antwort
Wünscht der Auftraggeber eine bestimmte Sprache? (Dann verwenden Sie diese.)	
In welcher Sprache haben Sie (oder Ihr Team) die meiste Erfahrung?	
Für welche Zielplattform(en) soll das Programm geschrieben werden? **Windows** – C#; C; C++, Java **Linux** – Java; C; C++ **MAC OS** – Java; C; C++ **Webanwendungen** – C#; Java **Android App** – Java **iOS App** – Objective-C (eine Erweiterung der Sprache C) **Windows Phone App** – C#	
Handelt es sich um eine hochverteilte Anwendung? (spricht für C#, Java, C++)	
Ist eine schnelle Entwicklung erforderlich? (spricht für C# und etwas für Java)	
Steht lediglich sehr geringer Speicher zur Verfügung? (spricht für C und C++)	
Ist eine sehr hohe Performance notwendig? (spricht für C, C++ und unter Umständen für C#)	
Ist eine sehr interaktive, multimediale Benutzeroberfläche gewünscht? (spricht für C# – Windows Presentation Foundation)	
Ist das direkte Ansprechen von Hardware erforderlich? (spricht für C++ und C)	
Ist eine sehr sichere (wenig fehleranfällige) Implementierung notwendig? (spricht für C# und Java)	
Handelt es sich um ein Computerspiel? (spricht für C++ und C#)	
Handelt es sich um ein Computerspiel für die XBOX? (spricht für C#)	

Tabelle 3.2 Checkliste zur Auswahl einer Programmiersprache

3.2 Syntaxvergleich

Ich will Ihnen nun auch nicht vorenthalten, wie diese Programmiersprachen aussehen. Natürlich ist das nur ausschnittsweise möglich, aber anhand von ein paar Beispielen habe ich Code-Teile in den vier Sprachen angeführt. Sie werden sehen, dass die Syntax der Sprachen sehr ähnlich ist. Vor allem bei C und C++ werden Sie keinen Unterschied erkennen, da die C++-Syntax die gesamte C-Syntax beinhaltet.

Hier sehen Sie, wie in den verschiedenen Sprachen eine Funktion ohne Übergabeparameter und ohne Rückgabewert geschrieben wird:

► C, C++

```
void DoLog(void); //Die verfügbaren Methoden müssen separat
                  //aufgelistet werden.
void DoLog(void) {
    //Hier wird ein Logging durchgeführt.
}
```

► Java

```
void DoLog() {
    //Hier wird ein Logging durchgeführt.
}
```

► C#

```
void DoLog() {
    //Hier wird ein Logging durchgeführt.
}
```

Dieser Methodenaufruf zeigt, dass die Sprachen sehr ähnliche Syntaxelemente verwenden. Alle Sprachen verwenden geschwungene Klammern, um entsprechende Bereiche aufzuspannen. Die Syntax für Kommentare ist identisch, und viele weitere Sprachelemente sind es auch. Dennoch existieren natürlich Unterschiede, und diese Unterschiede führen in der Summe dazu, dass C++ die komplexeste und wohl schwierigste Sprache ist, gefolgt von C, da der Programmierer in C am einfachsten Fehler machen kann. Java bietet leider viel weniger Komfort und Komfort-Funktionen für den Programmierer als C#. Dadurch wird der Code in Java, C und C++, obgleich dieser semantisch identisch sein mag, viel länger und oftmals auch komplexer und schwerer verständlich.

C# ist aus meiner persönlichen Sicht – und ich habe in all diesen Sprachen Programme geschrieben – aus folgenden Gründen die beste Wahl, sofern die oben angeführte Checkliste nicht dagegen spricht:

1. Der Code ist oftmals kürzer.

2. Der Code ist oftmals einfacher und verständlicher.

3. Der Code ist weniger fehleranfällig.

4. Die Sprache ist oftmals intuitiver in der Benutzung.

5. Der Programmierer ist mit dieser Sprache oftmals effizienter und benötigt weniger Zeit.

6. Die Sprache wird sehr engagiert weiterentwickelt.

7. Visual Studio ist eine der besten Entwicklungsumgebungen.

Ich möchte Sie noch einmal daran erinnern, dass, wenn Sie eine der vier Sprachen beherrschen, der Umstieg auf eine der anderen verhältnismäßig einfach ist, da viele Elemente identisch sind. Sollten Sie also nicht mit der gewünschten Sprache programmieren können, ist der Lernaufwand zumindest gering.

Dieser Überblick sollte Ihnen lediglich einen kleinen Einblick bieten. Da Sie jetzt ein vages Gefühl dafür entwickelt haben, welche Programmiersprachen Sie für welches Einsatzgebiet am besten verwenden können und welche Programmiersprachen welche Möglichkeiten bieten, wird es Zeit, sich lediglich um eine Programmiersprache zu kümmern – und zwar um C#.

Sie können mit dieser Sprache fast alles programmieren. Egal ob Computerspiele (obgleich die meisten Spiele aufgrund der Historie in C++ geschrieben sind), große, verteilte Anwendungen, Web-Anwendungen oder auch Windows Phone-Anwendungen. Lediglich für Android und iOS Anwendungen müssen Sie auf Objective-C wechseln, was eine Erweiterung der Sprache C ist. Selbst im Bereich von Microcontrollern und hardwarenaher Programmierung schreitet C# weiter vor – obwohl in diesem Bereich C und C++ den Ton angeben.

Die Programmiersprache an sich ist jedoch nur einer von drei wesentlichen Teilen. Ein ebenso wichtiger Teil ist, dass Sie ein Framework zur Verfügung haben, das Ihnen möglichst viel Funktionalität zur Verfügung stellt, sodass Sie nicht alles selbst programmieren müssen. Das Framework, das für C# zur Verfügung steht, ist das *.NET Framework*, das selbst in C# entwickelt ist. Das Framework ist sehr wichtig, da Sie, wenn Sie zum Beispiel eine Liste von Namen verwalten müssen, die gesamte Listenfunktionalität nicht selbst implementieren wollen, sondern lediglich eine bestehende Liste verwenden möchten. Wenn Sie eine Verbindung zwischen zwei PCs per TCP/IP-Verbindung ermöglichen müssen, so wollen Sie lediglich Zieladresse, Port und die zu sendenden Daten angeben und nicht das gesamte TCP-Protokoll implementieren, oder? Aus diesem Grund ist das Framework so wichtig! Sie benötigen das Framework, damit Sie sich bei

der Implementierung auf die wesentlichen Dinge Ihres Programms konzentrieren können. Der dritte wichtige Punkt ist die Entwicklungsumgebung. Eine Entwicklungsumgebung ist ein Programm, mit dem Sie programmieren. Die Entwicklungsumgebung hat
die Aufgabe, Sie bei der Erstellung eines Computerprogramms so gut wie möglich zu
unterstützen: durch automatisches Kompilieren, Debuggen, IntelliSense, Verwaltung
und Darstellung Ihrer Programmdateien etc.

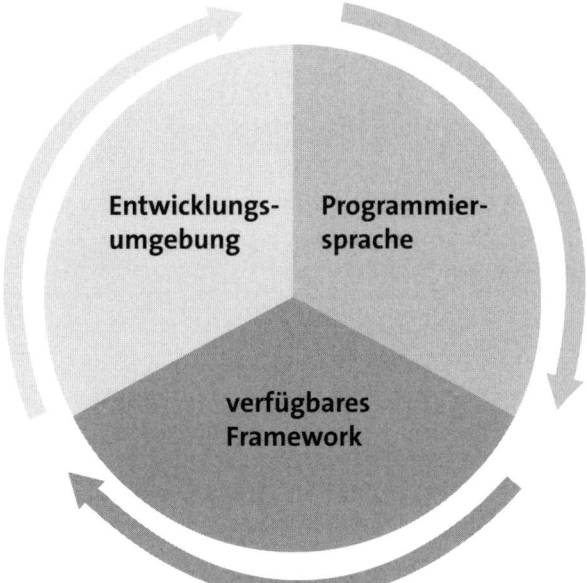

Abbildung 3.4 Die drei Werkzeuge der effizienten Softwareentwicklung

Natürlich gibt es viele verschiedene Entwicklungswerkzeuge mit unterschiedlichem
Funktionsumfang, Komfort für den Programmierer und so weiter. Es ist so, als würden
Sie einen Text, ein Buch oder einen Artikel schreiben. Sie können dies in Notepad, in
Microsoft Word oder auch in einem beliebigen anderen Textverarbeitungsprogramm
tun. Das eine Programm liefert mehr Komfort, das andere Programm weniger. Wenn Sie
in C# programmieren, werden Sie als Entwicklungsumgebung wahrscheinlich eine Version von Microsoft Visual Studio verwenden, da diese nicht nur gängig, sondern auch in
einer kostenlosen Version verfügbar ist.

Damit Sie auch wirklich Spaß haben, wenn Sie mit der Entwicklung anfangen, erhalten
Sie nun eine kleine Einführung in Microsoft Visual Studio, sodass Sie alle nötigen
Schritte beherrschen, um erfolgreich mit der Entwicklung von Programmen beginnen
zu können.

3.3 Einführung in Microsoft Visual Studio Express für Windows Desktop

Visual Studio ist die Anwendung zur Entwicklung in C# oder auch in anderen .NET-Sprachen wie Managed C++ oder Visual Basic. Aber auch klassische Sprachen wie C oder C++ lassen sich sehr gut mit Visual Studio von Microsoft entwickeln. Wie Abbildung 3.5 schematisch zeigt, bietet Visual Studio die Möglichkeit, mit verschiedenen Programmiersprachen für alle möglichen Arten von Anwendungen in einer Entwicklungsumgebung zu arbeiten.

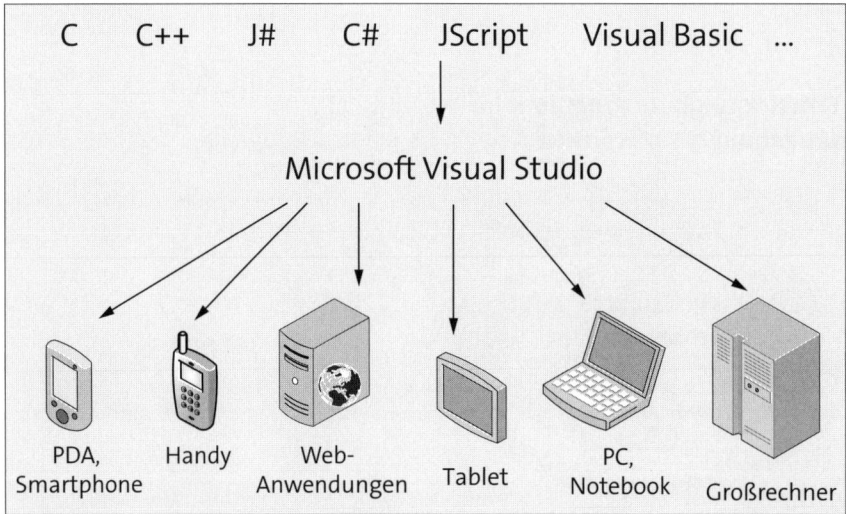

Abbildung 3.5 Visual Studio als zentrale Entwicklungsumgebung

Microsoft bietet verschiedene Versionen von *Microsoft Visual Studio* an. Die kostenlosen Versionen heißen *Microsoft Visual Studio Express*. Diese Express-Editionen sind für Einsteiger eine tolle Sache! Sie verfügen zwar nicht über den vollständigen Funktionsumfang, dieser ist jedoch gerade zu Beginn absolut nicht nötig.

Der größte Unterschied (abgesehen vom Preis) zwischen den Express-Editionen und den kostenpflichtigen Versionen ist, dass Sie bei den Express-Editionen für jede Art von Entwicklung eine eigene Express-Edition installieren müssen. Wenn Sie zum Beispiel Desktop-Anwendungen programmieren wollen, so benötigen Sie *Microsoft Visual Studio Express für Windows Desktop*. Wenn Sie Webanwendungen entwickeln wollen, so benötigen Sie *Microsoft Visual Studio für Web*, und wenn Sie Windows Store Apps (auch Windows 8-Apps genannt) entwickeln wollen, verwenden Sie die entsprechende Edition *Microsoft Visual Studio Express für Windows 8*. Sie können natürlich die entsprechenden

Versionen alle parallel installieren. Wenn Sie über eine kostenpflichtige Version von Visual Studio verfügen, so können Sie all dies mit einer einzigen Installation von Visual Studio durchführen.

Sollten Sie noch kein Visual Studio besitzen, können Sie unter folgender URL die verschiedenen Express-Versionen kostenlos von der Microsoft-Homepage herunterladen:

http://www.microsoft.com/visualstudio/deu/downloads#d-2012-express

Da Visual Studio (in welcher Edition auch immer) die wohl wichtigste Anwendung für einen Entwickler ist, werden Sie auf den nächsten Seiten eine Kurzeinführung in Visual Studio erhalten.

3.4   Arbeiten mit Visual Studio

Nachdem Sie die *Microsoft Visual Studio Express für Windows Desktop* heruntergeladen und installiert haben, starten Sie sie, und Microsoft Visual Studio präsentiert sich mit der Startseite, die Ihnen aktuelle Neuigkeiten präsentiert und Ihnen auch gleich die letzten Projekte, die Sie erstellt haben, unter ZULETZT GEÖFFNETE PROJEKTE zeigt. Da Sie noch kein Projekt erstellt haben, ist dieser Bereich wohl noch leer.

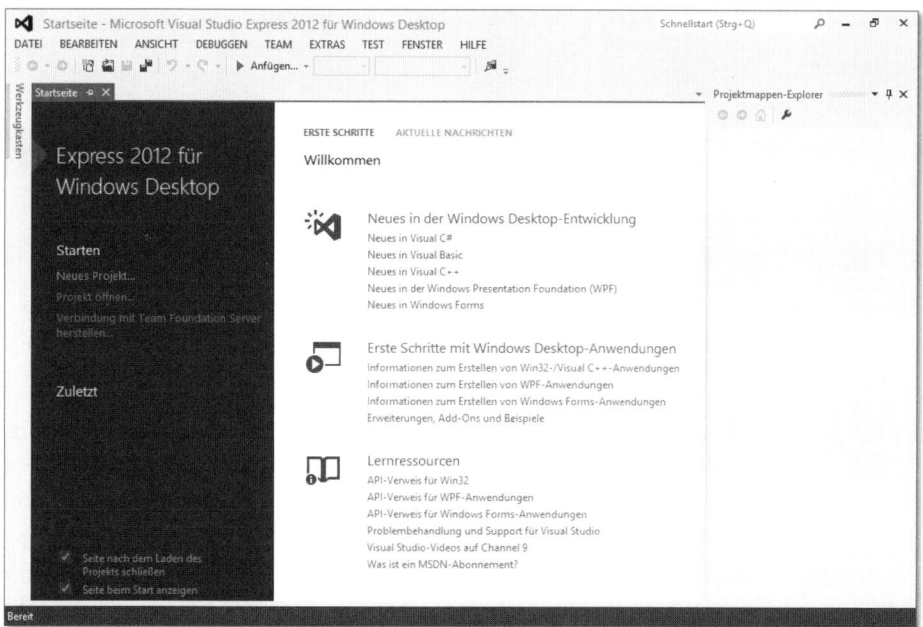

Abbildung 3.6 Startbildschirm der Microsoft Visual Studio Express für Windows Desktop

Wählen Sie im Menü DATEI • NEUES PROJEKT, oder klicken Sie auf das erste Symbol. Dadurch öffnet sich der in Abbildung 3.7 dargestellte Dialog, in dem Sie einen Namen für Ihr Projekt vergeben können und den Projekttyp wählen müssen.

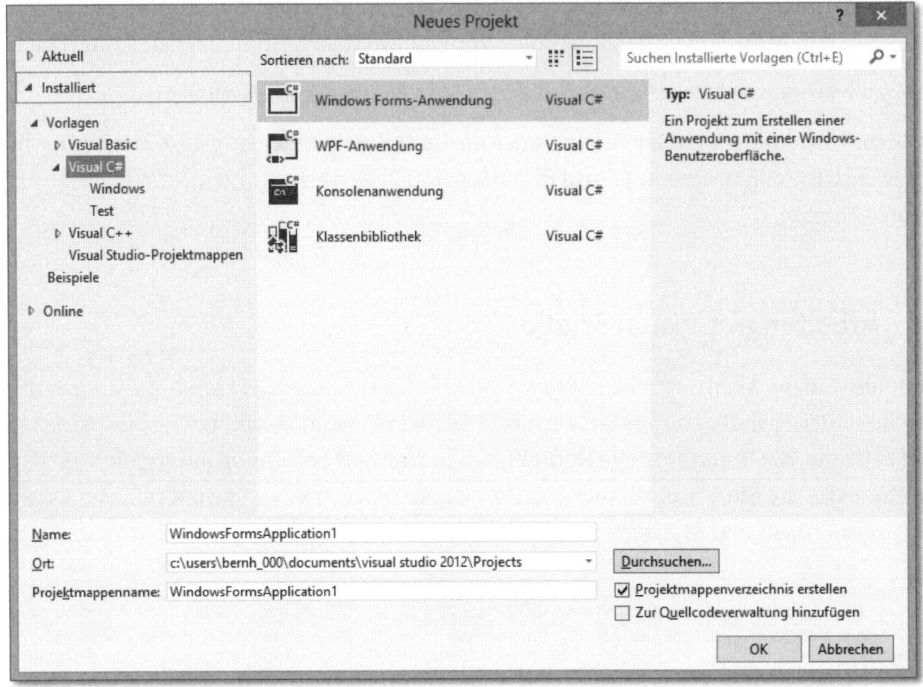

Abbildung 3.7 Der Dialog »Neues Projekt« in der Microsoft Visual Studio Express für Windows Desktop

Es stehen Ihnen hier folgende Projekttypen zur Verfügung:

▶ *Windows Forms-Anwendung:* Dieser Typ dient zum Erstellen einer Windows-Desktop-Anwendung mit entsprechenden Fenstern, Grafiken, Buttons usw. Sie verwenden ihn also für ein typisches Programm, womit Sie vermutlich zu Beginn gleich starten möchten.

▶ *Klassenbibliothek:* Eine Klassenbibliothek wird zu einer DLL-Datei kompiliert. Hierbei handelt es sich nicht um ein Programm, das Sie ausführen können, sondern um eine Bibliothek, die bestimmte Funktionalitäten beinhaltet und von verschiedenen Programmen benutzt werden kann. In einer Klassenbibliothek werden also Programmteile programmiert, die immer wieder, auch für andere Programme, verwendet werden.

▶ *WPF-Anwendung:* WPF steht für *Windows Presentation Foundation*. Dieser Name bezeichnet eine Technologie, die *Windows Forms-Anwendungen* (Projekttyp 1) in Zukunft ablösen sollen. Mit WPF haben Sie prinzipiell sehr viel mehr Möglichkeiten und Gestaltungsfreiheiten als bei Windows Forms-Anwendungen. Des Weiteren wird die Benutzeroberfläche direkt von der Grafikkarte (mittels *DirectX*) gerendert und nicht mehr vom Betriebssystem. Der Nachteil ist jedoch, dass es auch schwieriger ist, mit WPF zu programmieren, und die Unterstützung zur Erstellung einer grafischen Benutzeroberfläche ist noch nicht so ausgereift wie bei Windows Forms-Anwendungen.

▶ *Konsolenanwendung:* Mit diesem Typ erstellen Sie eine Anwendung für die Konsole, und wie das Icon schon verspricht, handelt es sich um das schwarze Fenster (Command-Line) ohne grafische Benutzeroberfläche – die Konsole eben.

▶ *Der Bereich Test:* Hier finden Sie ein Projekt für automatisierte Softwaretests. Auch das werden Sie in einem späteren Kapitel kennenlernen.

▶ *Die anderen Bereiche:* Diese ermöglichen, derartige Projekte in anderen Programmiersprachen zu erstellen. Zusätzlich können weitere Projektvorlagen heruntergeladen werden. Dies wird für uns aktuell nicht interessant sein.

Wenn Sie zum Beispiel eine Konsolenanwendung erstellen (Name: *HelloWorld*), so generiert Microsoft Visual Studio automatisch ein entsprechendes Programmierprojekt, das bereits richtig (für eine Konsolenanwendung) konfiguriert ist. Es zeigt Ihnen daher gleich die Codedatei mit der `Main`-Methode (Sie können sie auch `Main`-Funktion nennen), die beim Programmstart gestartet wird.

Die Entwicklungsumgebung stellt Ihnen automatisch das Codegerüst zur Verfügung, das Sie lediglich vervollständigen müssen. Der automatisch generierte Programmcode beinhaltet einen Namespace, eine Klasse `Program` und eine (statische) Methode namens `Main`. Sie werden diese Teile und deren Bedeutung später noch detailliert kennenlernen. Diese `Main`-Methode wird automatisch aufgerufen, wenn das Programm gestartet wird und ist Teil der Klasse `Program`. Sie werden später noch erfahren, was es mit Klassen auf sich hat und wozu genau Sie diese verwenden. Der Namespace vermeidet Namenskonflikte. Das .NET Framework beinhaltet selbst bereits viele Tausende Klassen, und um Namenskonflikte so gut wie möglich zu vermeiden, werden einzelne Programmbereiche in entsprechenden Namespaces untergebracht. Dazu folgt jedoch später mehr. Die `Main`-Funktion ist also wie erwähnt der Einstiegspunkt für Ihr Programm. In ihr befindet sich später Ihr Programmcode, der ausgeführt werden soll.

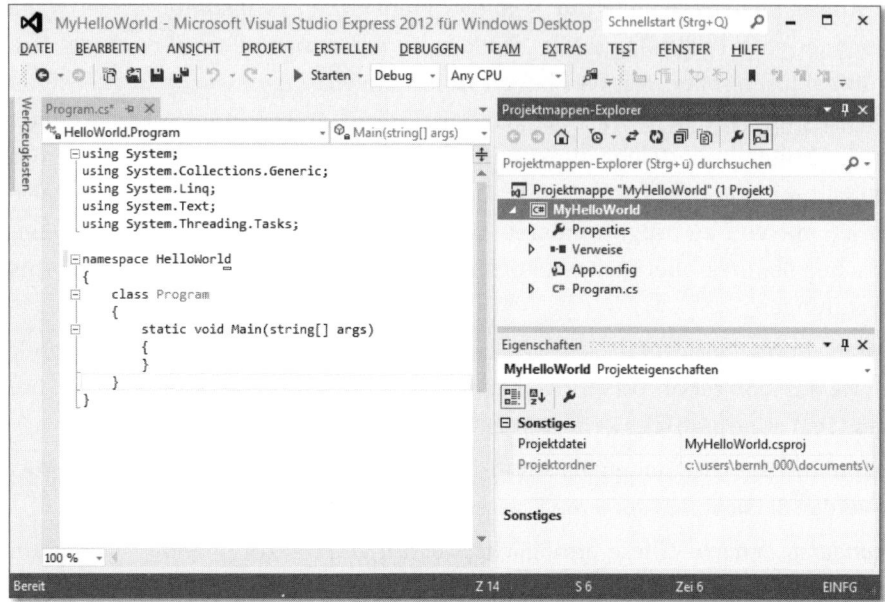

Abbildung 3.8 Die Code-Ansicht in der Microsoft Visual Studio Express für Windows Desktop

In Abbildung 3.9 sehen Sie den PROJEKTMAPPEN-EXPLORER, der Ihnen die Projektstruktur und die darin vorhandenen Dateien anzeigt.

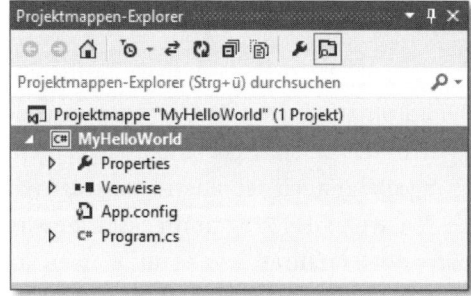

Abbildung 3.9 Der Projektmappen-Explorer

Es wird automatisch eine Projektmappen-Datei angelegt, die das erste Element ist. In einer Projektmappe (engl. *Solution*) können sich mehrere Projekte befinden und in einem Projekt viele verschiedene Dateien. Sie können sich ein Projekt als eine EXE- oder DLL-Datei vorstellen, die aus dem Projekt beim Kompilierungsvorgang erstellt wird. Da ein Programm meist aus mehreren DLL-Dateien besteht, ist die Aufteilung in Projekt und Projektmappe sehr sinnvoll.

Abbildung 3.10 zeigt den Bereich, in dem Sie Ihren Programmcode platzieren. Öffnen Sie mehrere Programmdateien, werden diese auf einzelnen Karteikarten dargestellt.

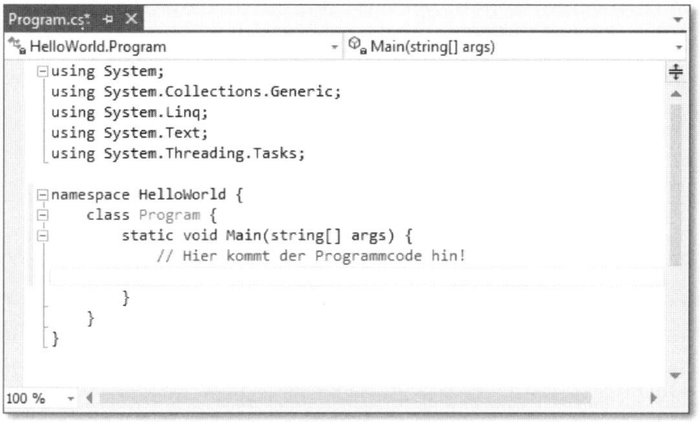

Abbildung 3.10 Der Programmcode-Bereich

Alle Versionen von Microsoft Visual Studio zeigen den Programmcode farbig an. Dieses *Syntax-Highlighting* erleichtert das Lesen des Programmcodes. *Schlüsselwörter werden* (standardmäßig) in der Farbe Blau, Kommentare in Grün, Klassen und Typen in Türkis und Strings in Braun dargestellt. Ein Schlüsselwort ist ein Wort, das Sie nicht als Variablennamen verwenden dürfen, da es für die Programmiersprache selbst reserviert ist.

> **Definition »Schlüsselwörter«**
>
> Schlüsselwörter sind für die Sprache reservierte Wörter und können daher nicht als Variablennamen verwendet werden. Bei Schlüsselwörtern handelt es sich um Befehlswörter für den Compiler.

Verändern Sie nun den Programmcode innerhalb des Main-Bereiches wie folgt:

```
static void Main(string[] args) {
    //Der Computer soll "Hallo Welt" am Bildschirm ausgeben.
    Console.WriteLine("Hallo Welt");

    //Der Computer soll warten, bis eine Taste gedrückt wird,
    //bevor das Programm beendet wird.
    Console.Read();
}
```

Listing 3.1 Beispiel Hallo Welt

Der Programmcode nach den Schrägstrichen (//) ist ein Kommentar und dient lediglich dem Programmierer zur Information.

Wenn Sie das Programm ausführen wollen, drücken Sie auf die PLAY-Schaltfläche ▶ Start ▾ oder auf die Taste F5. Dadurch wird das Programm kompiliert, und wenn dies erfolgreich war, wird es automatisch ausgeführt. Genau genommen wird der *Debug*-Modus gestartet, der Ihnen beim Finden von Fehlern noch sehr behilflich sein wird.

3.4.1   Debuggen

Der Vorgang des Debuggens wird dann durchgeführt, wenn Sie sehen wollen, wie der Computer Ihr Programm ausführt – also welche Zweige das Programm bei einer Bedingung (if-Abfrage) durchläuft, welche Variablen welche Werte besitzen und welche Funktionen aufgerufen werden. Meist suchen Sie einen Programmfehler, wenn Sie debuggen.

Beim Debuggen können Sie *Breakpoints* setzen. Dies sind Stellen, an denen das Programm angehalten wird. Sie setzen einen Breakpoint, indem Sie links in den grauen Bereich einer Zeile klicken. Anschließend wird die Zeile rot markiert, und Sie sehen dort, wo Sie geklickt haben, einen roten Punkt (siehe Abbildung 3.11).

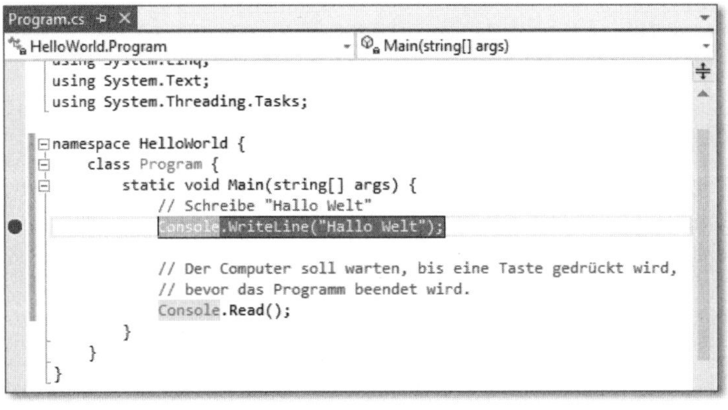

Abbildung 3.11 Programmcode-Bereich – Breakpoint setzen

Wenn Sie nun das Programm mittels der PLAY-Schaltfläche ▶ Start ▾ oder mittels der F5-Taste ausführen, bleibt das Programm in genau dieser Zeile stehen, in der Sie den Breakpoint gesetzt haben (siehe Abbildung 3.12). Das Programm wird angehalten, und mit einem weiteren Klick auf die PLAY-Schaltfläche wird es weiter bis zum nächsten Breakpoint ausgeführt.

Sie sehen nun links unten einen weiteren Bereich, LOKAL. Dieser zeigt die aktuellen Variablen und deren Werte. Sollte dieses Fenster nicht dargestellt werden, können Sie es während des Debug-Vorgangs mit dem Menü DEBUGGEN • FENSTER • LOKAL einblenden.

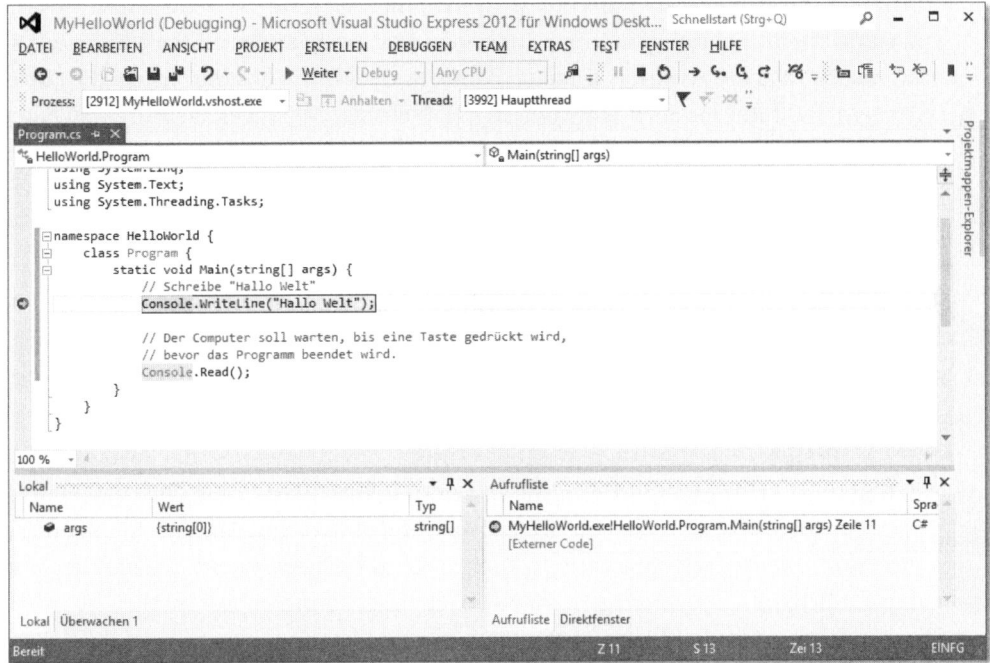

Abbildung 3.12 Programmcode-Bereich – Breakpoint ausgelöst

Des Weiteren sehen Sie bei diesem Fenster einen Tab mit dem Namen ÜBERWACHEN. Hier sehen Sie nicht die aktuell vorhandenen Variablen, sondern hier können Sie selbst Variablennamen angeben, die Sie beobachten oder deren Werte Sie wissen möchten. Immerhin kann es durchaus sein, dass im LOKAL-Tab eine unübersichtliche Liste von Variablen dargestellt wird, wobei Sie sich lediglich für ein oder zwei bestimmte Variablen interessieren. Wenn Sie nun den Wert einer bestimmten Variablen im Debug-Modus wissen wollen, können Sie diese Variable markieren und mit der rechten Maustaste ÜBERWACHUNG HINZUFÜGEN wählen. Anschließend ist diese Variable im ÜBERWACHEN-Tab zu sehen.

Vergessen Sie nicht: Wenn Sie einen Breakpoint setzen, wird das Programm an genau dieser Stelle gestoppt. Alle Variablen und Programmteile, die nach dem Breakpoint kommen, sind noch nicht belegt bzw. die Programmteile noch nicht ausgeführt. Wenn Sie auf den Breakpoint klicken, wird dieser wieder entfernt.

Der Breakpoint ist immer der Einstiegspunkt beim Debuggen. Sie können nun das Programm auch schrittweise ausführen. Sie lassen also den Computer die Zeile, in der der Breakpoint steht, ausführen und bei der nächsten Anweisung wieder stoppen. Hierzu gibt es folgende Symbole mit folgendem Verhalten:

▶ EINZELSCHRITT ⤵ : Diese Funktion wird auch mit der Taste F11 ausgeführt. Wenn der Breakpoint beim Aufruf einer Funktion steht und Sie diese Schaltfläche anklicken, so wird in die Funktion »hinein« debuggt. Der Compiler steigt also in die Funktion ein und führt sie auch schrittweise aus. Steht der Debugger allerdings bei einer Anweisung und nicht bei einem Funktionsaufruf, so wird das Programm in der nächsten Zeile fortgesetzt. Sie können sich dies einfach mit »Zeig mir Details« merken.

▶ PROZEDURSCHRITT ⤴ : Diese Funktion wird auch mit der Taste F10 ausgeführt. Wenn der Breakpoint bzw. die aktuelle Ausführung beim Aufruf einer Funktion steht, so wird diese ausgeführt, ohne dass der Debugger in dieser Funktion stoppt. Nachdem die Zeile ausgeführt wurde, stoppt der Debugger bei der nächsten Zeile. Sie können sich dies einfach mit »Gehe zur nächsten Zeile« merken.

▶ AUSFÜHREN BIS RÜCKSPRUNG ⤺ : Diese Funktion wird auch mit der Tastenkombination ⇧+F11 ausgeführt. Sind Sie also mittels STEP INTO in den Code einer Funktion geraten und wollen, dass diese fertig ausgeführt wird und dass anschließend das Programm wieder gestoppt wird, so klicken Sie auf dieses Symbol. Sie können sich dies einfach mit »Gehe dorthin zurück, wo ich hergekommen bin« merken.

Wenn Sie Ihre ersten Programme und Algorithmen programmieren, werden Sie immer wieder vom Debugger Gebrauch machen und alle möglichen Funktionalitäten, die dieser bietet, verwenden. Die wichtigsten haben Sie nun bereits kennengelernt. Mit diesem Wissen gewappnet, werden Sie den Fehlern zu Leibe rücken!

3.4.2   IntelliSense

IntelliSense ist (neben dem Syntax-Highlighting) eines der wunderbarsten Elemente, die einem Programmierer das Leben erleichtern! Wenn Sie in Microsoft Visual Studio ein paar Buchstaben tippen, so öffnet sich sofort eine Liste mit Möglichkeiten, die gerade verfügbar sind. Wenn Sie einen Punkt machen, weil Sie etwa die Funktion `Console.WriteLine` aufrufen wollen, wird Ihnen nach dem Punkt sofort alles angezeigt, was bei `Console` verfügbar ist. Dieses tolle Feature versucht Sie soweit wie möglich zu unterstützen, indem es Ihnen die aktuell verfügbaren Befehle oder Klassennamen aufzeigt. Dadurch müssen Sie sich nicht jeden Funktionsnamen genau merken, denn IntelliSense zeigt Ihnen, welche verfügbar sind.

Wenn Sie eine Funktion oder Eigenschaft aus IntelliSense markieren, so wird Ihnen zusätzlich eine Beschreibung (gelb hinterlegt) dazu angezeigt.

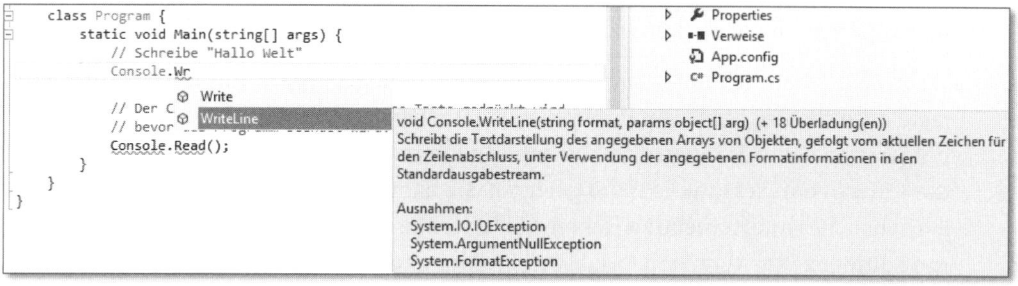

```
class Program {
    static void Main(string[] args) {
        // Schreibe "Hallo Welt"
        Console.Wr
            ⊕ Write
            ⊕ WriteLine
        // Der C
        // bevor
        Console.Read();
    }
}
```

```
▷  🔧 Properties
▷  ■-■ Verweise
        🗗 App.config
▷  C# Program.cs
```

void Console.WriteLine(string format, params object[] arg) (+ 18 Überladung(en))
Schreibt die Textdarstellung des angegebenen Arrays von Objekten, gefolgt vom aktuellen Zeichen für den Zeilenabschluss, unter Verwendung der angegebenen Formatinformationen in den Standardausgabestream.

Ausnahmen:
System.IO.IOException
System.ArgumentNullException
System.FormatException

Abbildung 3.13 IntelliSense

Mithilfe des Symbols in der Liste der Möglichkeiten wird dargestellt, worum es sich handelt.

- *Eigenschaften*: 🔧 Eigenschaften können Sie einfach setzen. Zum Beispiel: Console.Title = "Mein Titel";

- *Funktionen*: ⊕ Hierbei handelt es sich um eine Funktion (genauer Methode), die unter Umständen auch Übergabeparameter benötigt.

- *Ereignisse*: ⚡ Dies sind Ereignisse, für die Sie Ihren Programmcode registrieren können. Tritt das Ereignis ein, wird dieser Programmcode automatisch ausgeführt (z.B. wird beim Klick auf eine Schaltfläche das Click-Ereignis ausgeführt).

All diese Elemente erkläre ich noch in späteren Kapiteln. Dazu muss Ihnen erst einmal das Konzept der Objekte bekannt sein. Sie sollten jedoch wissen, dass Ihnen diese Symbole anzeigen, dass es sich um einen bestimmten Typ handelt.

Mit diesem Wissen können Sie nun Ihre ersten Algorithmen schreiben. Sie werden in späteren Kapiteln noch ein paar Features der Entwicklungsumgebung kennenlernen, wie Sie zum Beispiel Benutzeroberflächen gestalten und tolle Desktop-Anwendungen erstellen können. Dazu folgt jedoch mehr, wenn Sie soweit sind.

3.5 Zusammenfassung

Sie haben in diesem Kapitel gelernt, welche Kriterien bei der *Wahl der Programmiersprache* angewendet werden können, und auch Unterschiede zwischen C, C++, Java und C# kennengelernt. Anschließend habe ich Ihnen gezeigt, welche Vorteile entsprechende *Frameworks* – insbesondere das .NET Framework – mit sich bringen (sehr viel vorgefertigte Funktionalität), und dass mittels .NET eine gemeinsame Basis für viele verschiedene Programmiersprachen verfügbar ist. Sie haben gesehen, dass neben der Programmiersprache und dem Framework auch die *Entwicklungsumgebung* einen sehr wichtigen Faktor bei der Softwareentwicklung darstellt.

Insbesondere bin ich auf *Microsoft Visual Studio* eingegangen, mit dem Softwareprojekte auch in verschiedenen Programmiersprachen und für verschiedene Plattformen umgesetzt werden können. Die kostenlosen Express-Editionen sind für den Einstieg in die Softwareentwicklung sehr gut geeignet. Sie haben den Download-Link gesehen, und Sie haben die Unterschiede zwischen den kostenlosen Express-Editionen und den anderen Editionen von Microsoft Visual Studio kennengelernt.

In der Einführung in *Microsoft Visual Studio Express für Windows Desktop* bin ich zunächst auf das Debugging eingegangen, das Sie bei der Fehlersuche sehr gut unterstützt, da Sie die Programmausführung und die Variablenbelegungen beobachten können. Danach habe ich Ihnen IntelliSense vorgestellt, das Ihnen bei der Entwicklung abhängig von Ihrem Code Vorschläge und vorhandene Möglichkeiten aufzeigt.

3.6   Aufgabe

Installieren Sie sich *Microsoft Visual Studio Express für Windows Desktop*. Führen Sie es aus, und tippen Sie den »Hello World«-Programmcode, den Sie gesehen haben, um im Debug-Modus die Ausführung schrittweise abzuhandeln. Verwenden Sie dazu einen Breakpoint in der ersten Zeile der `Main`-Methode.

3.7   Kontrollfragen

1. Sie sollen ein Computerspiel programmieren, das sowohl unter Linux als auch unter Windows verfügbar sein soll. Für welche Programmiersprache würden Sie sich entscheiden?

2. Richtig oder falsch? Ein C#-Programm wird beim Kompilieren direkt in Maschinencode übersetzt.

3. Richtig oder falsch? Es existieren viele Programmiersprachen, die das .NET Framework benutzen.

4. Richtig oder falsch? Ein Framework bietet viele Funktionen, die Sie benutzen können.

5. Richtig oder falsch? Die Programmiersprache C wird primär für sehr hardwarenahe Programmierung eingesetzt.

6. Richtig oder falsch? Beim Debuggen können Sie zwar den Programmfluss sehen, jedoch keine Variablenwerte.

7. Richtig oder falsch? Das Paradigma von Java und C# lautet »Don't trust the programmer«.

8. Richtig oder falsch? C++ beinhaltet die Sprachelemente, die auch C besitzt und noch mehr.

9. Welche der beiden Programmiersprachen ist komplexer: Java oder C++?

10. Warum prüfen C# und Java bei der Ausführung des Codes und beim Kompilieren mehr als C oder C++?

Kapitel 4
Vom Text zum Algorithmus

*Es ist besser, unvollkommene Entscheidungen durchzuführen, als
beständig nach vollkommenen Entscheidungen zu suchen, die es
niemals geben wird.*
– Charles de Gaulle

Nachdem Sie nun die wichtigsten Syntaxelemente kennen, ist es an der Zeit, mit der
Formulierung von Algorithmen fortzufahren und schlussendlich auch das erste Beispielprogramm zu erstellen. Da das Formulieren von Algorithmen beim Erlernen des
Programmierens der schwierigste Teil ist, werden wir das Vorgehen weiter verfeinern.
Sie erhalten nun Tipps, wie Sie aufgrund einer textuellen (oder gedanklichen) Beschreibung einen Algorithmus formulieren können. Im Folgenden lernen Sie eine empfoh-
lene Vorgehensweise zur Algorithmenformulierung kennen. Anschließend sind Sie in
der Lage, erste Programme zu schreiben und sich, nach etwas Übung, mit fortgeschrittenen Konzepten auseinanderzusetzen.

4.1   Vom Text zum Algorithmus

Wenn Sie einen Sachverhalt beschreiben, achten Sie auf Ihre Worte! Denn mit diesen
Worten beschreiben Sie bereits den Algorithmus. Sparen Sie bei der Formulierung an
Füllwörtern, jedoch nicht an Details.

Sie haben eine Idee im Kopf? Sie wissen, was Sie programmieren wollen? Nun geht es
darum, Ihre Idee in Worte zu fassen. Versuchen Sie dabei, nicht in Syntaxelementen zu
denken. Stellen Sie sich immer zwei Fragen:

1. Was will ich genau machen?

2. Was benötige ich dazu?

Die Frage nach dem »Wie« wird sich noch von ganz allein beantworten, indem Sie den
Ablauf in Worten beschreiben.

Hier sind einige Schlagworte, auf die Sie bei der Formulierung des Algorithmus reagieren müssen:

▶ *Wenn*

Sobald Sie in Ihrer Formulierung das Wort »wenn« verwenden, legen Sie eine Bedingung fest, die Sie im Programm als if-Anweisung formulieren.

Zum Beispiel: Wenn das Wetter schön ist, dann ...

```
if (IsWeatherFine()) {
    //…
}
```

Listing 4.1 Abbildung des Wortes »wenn« durch eine if-Anweisung

▶ *Je nachdem*

Bei »je nachdem« gibt es verschiedene Möglichkeiten. Je nachdem, wie viele verschiedene Wahlmöglichkeiten es bei der Aussage »je nachdem« gibt, verwenden Sie entweder ein if mit einem else-Zweig oder auch mehrere sogenannte if/else-Kaskaden oder eine switch-Anweisung.

Zum Beispiel: Je nachdem, wie viele Tage der Monat hat...

```
switch (month) {
case 1:
    //…
    break;
case 2:
    //
    break;
}
```

Listing 4.2 Abbildung der Formulierung »je nachdem« durch eine switch-Anweisung

Oder: Je nachdem, ob das Wetter schön ist, machen wir dies oder jenes.

```
if (IsWeatherFine()) {
    //…
}
else {
    //…
}
```

Listing 4.3 Abbildung der Formulierung »je nachdem« durch eine if-else-Anweisung

► *Solange*

Das Wort »solange« wird in ein while-Statement übersetzt. Natürlich können Sie auch do/while verwenden.

Beispiel: Solange nicht jeder Wochentag geprüft wurde, erfolgt eine Aktion.

```
int i = 1;
while (i <= 7) {
    CheckActionForDay(i);
    i++;
}
```

Listing 4.4 Abbildung der Formulierung »solange« durch eine while-Schleife

► *Bis*

Auch das Wort »bis« wird in ein while-Statement oder in ein do/while-Statement übersetzt.

Eine Aktion wird ausgeführt, bis eine bestimmte Grenze erreicht wurde.

Zum Beispiel: Errechne alle Primzahlen bis 1000.

```
int prim = 1;
while (prim < 1000) {
    prim = GetNextPrim(prim);
}
```

Listing 4.5 Abbildung der Formulierung »bis« durch eine while-Schleife

Wie Sie sehen, können Sie auch in einem Programm die Worte »solange« und »bis« sehr leicht gegeneinander austauschen. Gleiches gilt für die Wörter und Wortkombinationen »von/bis« bzw. »x-mal«.

► *Von/Bis*

Bei Formulierungen mit den Wörtern »von« und »bis« beschreiben Sie genau die Untergrenze bzw. den Startwert und die Obergrenze bzw. den Endwert. Hierzu bietet sich also eine for-Schleife an.

Zum Beispiel: Führen Sie Schritt eins bis vier aus.

```
for (int i = 1; i <= 4; i++) {
    ExecuteStep(i);
}
```

Listing 4.6 Abbildung der »von/bis«-Formulierung als for-Schleife

▶ *x-mal*

Auch bei »x-mal« können Sie verschiedene Arten von Schleifen verwenden. Wichtig ist, *dass* Sie eine Schleife verwenden. Ist die Zahl, die Sie für x verwenden, sehr klein (2 oder 3), so sind Sie möglicherweise versucht, diese Anweisung durch eine if/else-Kaskade zu realisieren oder einen Code einfach mehrfach anzuführen. Jedoch ist die Wahrscheinlichkeit sehr hoch, dass sich die Zahl im Laufe der Zeit ändert, und somit ist der Aufwand für Sie bei einer Änderung höher.

Zum Beispiel: Verschicken Sie eine Nachricht dreimal (d.h. an drei Empfänger).

```
string[] addr = new string[] {
      "max@mustermann.com", "max@muster.at", "muster@muster.at" };
for (int i = 0; i < addr.Length; i++) {
      SendMessage(addr[i]);
}
```

Listing 4.7 Abbildung einer »x-Mal«-Formulierung durch eine for-Schleife

▶ *jedes Element von/jedes in*

Jedes Element von einer Liste oder für jedes Element in einer Liste formuliert ebenfalls eine Schleife. Entweder eine for-Schleife oder eine foreach-Schleife. Da jede Schleife gegen eine andere austauschbar ist, obliegt die Schleifenwahl Ihrer Vorliebe.

Wenn Sie also Ihren Sachverhalten in natürlicher Sprache verfasst haben und verfassen können, ist die Umsetzung in die Programmiersprache mit den oben angeführten Wörtern, die Sie eins zu eins in einen Algorithmus übersetzen können, sehr einfach.

Es kann natürlich auch sein, dass Ihnen bereits die Formulierung des Problems oder der Idee in einem Algorithmus Schwierigkeiten macht. Abgesehen davon, dass dies mit mehr und mehr Routine immer seltener der Fall sein wird, gibt es auch hierfür ein paar Ansätze, die Ihnen die Formulierung des Sachverhalts erleichtern, sodass Sie den Sachverhalt so klar definieren können, dass die Umsetzung kein Problem mehr für Sie darstellt.

Folgende Fragen unterstützen Sie bei der Formulierung des Sachverhalts:

▶ *Was ist das Ergebnis?* Fragen Sie sich immer, was das Ergebnis sein soll. Es ist nicht immer einfach, das Ergebnis zu definieren. Denn ein Ergebnis zu definieren heißt auch, zu wissen, wann das Ziel – das zufriedenstellende Ergebnis – erreicht ist. Fragen Sie sich immer wieder, was das Ziel sein soll. Das Ergebnis ist zum Beispiel der Rückgabewert einer Funktion.

Zum Beispiel: Wenn Sie Primzahlen berechnen wollen, so ist das Ergebnis eine Primzahl.

Oder ein weiteres Beispiel: Wenn Sie eine Liste sortieren wollen, so ist das Ergebnis die sortierte Liste.

Wenn Sie ein größeres Programm schreiben, so haben Sie nicht ein einziges Ziel, sondern viele Funktionen, die vorhanden sein sollen. Notieren Sie sich diese in einer Art Aufgabenliste. Sobald diese Liste abgearbeitet ist, ist Ihr Programm abgeschlossen.

▶ *Wovon hängt das Ergebnis ab?* Nachdem Sie nun das Ergebnis definiert haben, fragen Sie sich, wovon das Ergebnis beeinflusst wird bzw. wie das Ergebnis zustande kommt. Das Ergebnis beschreibt das Ziel. Das Ergebnis hängt von verschiedenen Faktoren ab. Diese sind meist als Funktionsparameter im Algorithmus wiederzufinden.

Zum Beispiel: Wenn Sie die nächste Primzahl berechnen wollen, so ist der Parameter die vorhergehende Primzahl.

Oder ein weiteres Beispiel: Wenn Sie eine Liste sortieren wollen, so sind die Parameter die unsortierte Liste und ein Kennzeichen für die Entscheidung, ob diese auf- oder absteigend sortiert werden soll.

Folgende Vorgehensweise unterstützt Sie bei der Ausformulierung des Sachverhalts:

▶ *Vereinfachen Sie!* Die meisten Probleme sind zu komplex, um aus dem Stegreif einen Algorithmus entwickeln zu können. Viele sind sogar zu komplex, um den Sachverhalt einfach in Worte fassen zu können. In diesem Fall ist eines nötig: Vereinfachen Sie! Versuchen Sie, Sonderfälle auszuschließen. Versuchen Sie, das Problem in Teilprobleme zu zerlegen, die einfacher lösbar sind. Sobald Sie die vereinfachte Lösung definiert haben, können Sie versuchen, die noch ausstehende Komplexität zu formulieren.

▶ *Gehen Sie von der groben Beschreibung zum detaillierten Algorithmus.* Es gibt eine sehr bewährte Vorgehensweise, das *schrittweise Verfeinern*, die ich Ihnen sehr empfehlen kann. Diese Vorgehensweise ermöglicht es Ihnen, einen Sachverhalt sehr gut strukturiert zu formulieren.

▶ *Teile und Herrsche.* Jeder Berg wird mit dem ersten Schritt bezwungen. Wichtig ist hier, dass der Berg nicht nur mit dem ersten Schritt, sondern mit vielen kleinen aufeinanderfolgenden Schritten bezwungen wird. Teilen Sie auch hier große Probleme in kleine auf, große Funktionen in viele kleine Funktionen. Lösen Sie ein kleines Problem nach dem anderen, und ehe Sie sich versehen, haben Sie ein großes Problem mithilfe vieler kleiner Teilschritte gelöst.

4.2   Schrittweise verfeinern

Das schrittweise Verfeinern ermöglicht Ihnen eine strukturierte Vorgehensweise bei der Formulierung eines Algorithmus. Ich kann Ihnen dieses Vorgehen sehr empfehlen, und obwohl es Ihnen zu Beginn dieses Buchs noch nicht bewusst war, wurde sie bereits im Kochbeispiel ansatzweise verwendet. Durch folgendes Beispiel wird Ihnen ganz schnell klar, dass die Vorgehensweise des schrittweisen Verfeinerns sehr sinnvoll ist: Wenn Sie ein Haus bauen wollen, beginnen Sie dann eher mit der Auflistung, welche Räume Sie im Haus haben wollen, oder beginnen Sie damit, festzulegen, welche Farbe der Bezug Ihres Sofas haben wird? Natürlich werden Sie erst mit der groben Raumplanung beginnen. Erst später beginnen Sie, einzelne Räume auszugestalten: Wo steht das Bett? Wo steht der Tisch? Und erst, wenn das erledigt ist, machen Sie sich Gedanken darüber, welche Farben die Sitzbezüge, die Vorhänge usw. bekommen sollen.

Dieses Beispiel führt Ihnen wahrscheinlich vor Augen, wie selbstverständlich ein derartiges Vorgehen ist. Dennoch verlieren sich sehr viele Programmierer in Details, die sie noch nicht behandeln müssen (und auch noch nicht behandeln sollen). Viele Programmierer beginnen ein Projekt damit, einzelne winzige Teile vollständig zu implementieren und zu perfektionieren, ohne dass sie den geringsten Überblick über das Gesamtprojekt besitzen. Natürlich müssen Teile akribisch fertiggestellt werden, allerdings erst dann, wenn der Überblick über das Gesamtprojekt vorhanden ist und nicht vorher.

4.2.1   Die Idee

Die Idee des schrittweisen Verfeinerns ist, dass Sie zu Beginn lediglich ganz grob den Ablauf definieren und nach der groben Definition den gleichen Ablauf noch besser und detaillierter definieren. Sie verwenden bei der Definition ganze Bausteine, die Sie noch nicht weiter beschreiben und von denen Sie möglicherweise auch noch nicht wissen, wie diese aussehen werden. Wenn Sie sich erinnern, habe ich beim Formulieren eines Algorithmus beim Backbeispiel (Kapitel 2, »Algorithmisches Denken«) Funktionen wie »OpenDoor()« oder auch »IsEmpty()« verwendet, die nicht implementiert wurden. Das Einzige, was definiert wurde, ist das Vorgehen. Es wurde der grobe Algorithmus definiert, mit allen wichtigen Schritten. Die detaillierten Schritte, zum Beispiel für die Prüfung, ob das Backrohr leer ist oder nicht (was zur Implementierung der Funktion IsEmpty() notwendig ist), habe ich zu Beginn außer Acht gelassen. Durch diese bewusste Ignoranz war es mir möglich, den Algorithmus sehr einfach und nachvollziehbar zu definieren.

> **Seien Sie ein bewusster Ignorant**
>
> Gute Entwickler verlieren sich erst spät in Details. Zu Beginn sind der Überblick und die grobe Struktur wichtig. Dazu ist es von Vorteil, Details bewusst zu ignorieren, um sich um die Struktur kümmern zu können.

In einem weiteren Schritt kann ich nun die einzelnen Funktionen, die bereits verwendet wurden, weiter ausformulieren. Je nach Komplexität des Algorithmus sind mehr oder weniger viele Schritte bei der Verfeinerung notwendig.

4.2.2 Ein Beispiel

Das folgende Beispiel wird nun mit Ihnen gemeinsam in den einzelnen Schritten von der Aufgabe oder Idee, über die Formulierung, den Pseudocode bis hin zum implementierungsfähigen Algorithmus durchgespielt. Dies ist die Vorgehensweise, die Sie zu Beginn bei Ihren ersten Programmen verwenden sollten, bis Sie genügend Routine erreicht haben, um einzelne (wenige) Schritte daraus entfernen zu können. Bei komplexeren Aufgaben oder Schwierigkeiten können Sie jederzeit wieder zu diesem Ablauf zurückkommen. Es wird Ihnen helfen.

Der Benutzer hat die Möglichkeit, acht Zahlen einzugeben. Diese Zahlen stehen in beliebiger Reihenfolge. Ihr Algorithmus soll nach der Eingabe dieser acht Zahlen die Zahlen in sortierter Reihenfolge wieder ausgeben.

1. Was wird benötigt?
   Zur Verwaltung einer entsprechenden Anzahl von Zahlen bietet sich natürlich ein Array mit der entsprechenden Größe an.

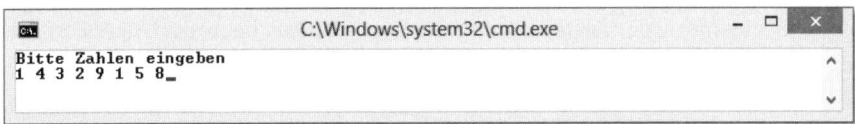

Abbildung 4.1 Vom Benutzer beliebig eingegebene, unsortierte Zahlen

2. Was ist das Ziel?
   Die eingegebenen Zahlen sollen in sortierter Reihenfolge wieder ausgegeben werden.

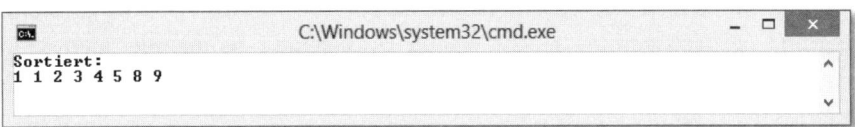

Abbildung 4.2 Das Ergebnis des Algorithmus sind die sortierten Zahlen.

3. Durch welche Schritte kann dieses Ziel erreicht werden?
   Hier sind natürlich verschiedene Ansätze möglich. Sie können alle Werte einlesen, anschließend sortieren und wieder ausgeben. Eine effizientere Lösung ist jedoch, sofort nach der Eingabe die Zahl direkt an die entsprechende Stelle im Array sortiert

einzufügen, dadurch sparen Sie sich die anschließende Sortierung. Dieser effizientere Weg wird nun mittels der schrittweisen Verfeinerung erarbeitet:

Das Verhalten dieses Algorithmus ist in Abbildung 4.3 dargestellt, wobei die grau hinterlegte Zahl die Zahl ist, die eingegeben wurde, und schwarz hinterlegte Zahlen diejenigen, die nach hinten verschoben werden mussten, damit die Zahl an der richtigen Stelle eingefügt werden konnte.

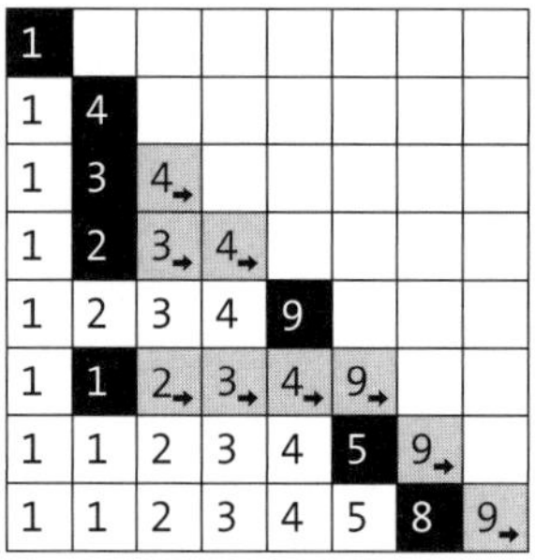

Abbildung 4.3 Entwicklung des sortierten Einfügens

Wie Sie der Darstellung entnehmen können, werden die Zahlen sortiert eingefügt. Dieser Algorithmus hat daher den Namen *Einfügesortieren* (engl. *Insertsort*) oder *sortiertes Einfügen*.

Lassen Sie uns also mit der Formulierung des Algorithmus beginnen, bevor wir gleich versuchen, diesen in C# zu schreiben und womöglich daran scheitern. Außerdem sehen Sie dabei auch gleich, wie die schrittweise Verfeinerung bereits bei der groben Formulierung helfen kann:

Sie definieren also zu Beginn sehr grob, wie der Algorithmus funktionieren soll. Dieser einfache Algorithmus lässt sich in drei Schritte gliedern: Daten vom Benutzer lesen, Daten in Array speichern, Ausgabe der Daten.

Da der Algorithmus nun sehr grob definiert ist, können Sie sich nun mit der weiteren Verfeinerung beschäftigen. Es macht keinen Unterschied, womit Sie beginnen. Ich wähle als Nächstes das sortierte Einfügen in das Array, da dies der kritischste Teil des Algorithmus ist.

Am besten gehen Sie das sortierte Einfügen noch einmal durch, indem Sie diesen Sachverhalt mit Münzen nachbilden. Nehmen Sie einige Münzen, und legen Sie diese auf den Tisch. Wählen Sie zufällig eine Münze, und legen Sie sie an den »Beginn« des Arrays, das Sie auf ein Blatt Papier skizzieren. Anschließend nehmen Sie wieder eine Münze und legen diese ebenfalls in das gezeichnete Array. Ist die neue Münze kleiner als die bereits vorhandene, müssen Sie die vorhandene Münze um eine Position nach hinten verschieben. Wenn Sie nun erneut eine kleinere Münze einfügen, müssen Sie beide nach hinten verschieben, wobei Sie beim Verschieben mit der größten Münze beginnen und so weiter. Machen Sie dies nun mit allen Münzen (siehe Abbildung 4.4). Anschließend lesen Sie weiter.

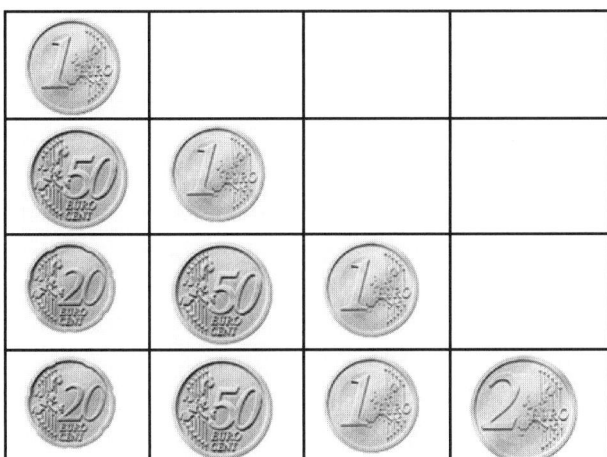

Abbildung 4.4 Einfügesortieren mit Münzen

Um zu dem korrekten Algorithmus zu gelangen, lassen Sie mich noch einmal aufzeigen, wie Sie vorgegangen sind. Sie haben eine neue Münze genommen und entschieden, auf welche Stelle (welchen Index) diese platziert werden muss, also ins erste Feld oder ins zweite oder auch in das dritte Feld.

Nachdem Sie nun wussten, in welches Feld Sie die Münze einfügen wollen, mussten Sie in diesem Feld Platz schaffen. Sie haben Platz geschaffen, indem Sie alle folgenden Münzen um ein Feld nach rechts geschoben haben.

Beim Verschieben haben Sie rechts begonnen. Anschließend war der Platz frei, und Sie haben die Münze auf diesen Platz gesetzt. So sind Sie intuitiv vorgegangen, und genau das ist der Algorithmus. Also: Index suchen, Platz machen, die Münze an die gewünschte Position setzen.

Sie sollten nun die Vorgehensweise des Algorithmus verstanden haben. Falls dieser für Sie noch nicht glasklar ist, so beginnen Sie mit diesem Beispiel bitte noch einmal, und versuchen Sie es nachzuvollziehen, bevor Sie fortfahren.

Da wir jetzt bereits wissen, wie der Algorithmus funktioniert, wird es Ihnen auch leicht fallen, nochmal von Beginn an mittels Formulierung und Pseudocode den Algorithmus zu formulieren, bevor wir gleich in die Implementierung gehen.

1. Einlesen einer Zahl vom Benutzer.

2. Die Zahl in das Array einfügen.

3. Ausgeben der neuen Zahlen.

4. Wieder bei 1 beginnen, damit viele Zahlen eingefügt werden können.

Nun können wir uns Gedanken über einzelne Schritte machen:

1. Das Einlesen einer Zahl braucht nicht weiter verfeinert werden. Das kann direkt in den Algorithmus übernommen werden. Wichtig ist hier lediglich, dass es wohl zu einer Umwandlung von Text zu Zahl kommen muss.

2. Wenn Sie sortiert einfügen, müssen Sie von vorne beginnend das Array durchlaufen und die Zahl so weit nach hinten verschieben, bis die vorangegangene Zahl nicht mehr kleiner ist als die Zahl, die Sie einfügen wollen. Für den Fall, dass an dieser Stelle bereits eine Zahl steht, müssen alle nachfolgenden Zahlen, inklusive der Zahl an der Stelle, an der Sie einfügen wollen, nach hinten verschoben werden.

3. Bei der Ausgabe der Zahlen wird jede Zahl im Array durchgegangen und ausgegeben.

So, der Algorithmus ist nun in drei große Schritte aufgeteilt, wobei einer davon genauer definiert werden musste. Das Array, das die Zahlen beinhaltet, muss natürlich vorhanden sein. Lassen wir nun ein paar Wörter weg und nehmen die Wortersetzungen oben, um den Pseudocode zu erhalten. Möglicherweise werden nun noch weitere kleinere Teilschritte auftreten, die es zu formulieren gilt.

Unsere ersten drei Schritte im Algorithmus lauten also wie folgt:

```
Zahlen[] // Größe 8
8-Mal: // weil der Benutzer 8 Zahlen eingeben kann
    neueZahl = ZahlVonBenutzer()
    ZahlEinfügen(neueZahl)
    ZahlenAusgeben()
```

Listing 4.8 Darstellung der ersten allgemeinen Schritte im Algorithmus als Pseudocode

Funktionen wie ZahlVonBenutzer, ZahlenEinfügen und ZahlenAusgeben werden jetzt, sofern notwendig, noch weiter definiert:

```
ZahlVonBenutzer() {
    zahlAlsText = ReadFromConsole()
    return UmwandelnAufZahl(zahlAlsText)
}
ZahlEinfügen(zahl) {
```

```
    index = EinfügePositionErmitteln(zahl)
    VerschiebeZahlenAbIndex(index)
    zahlen[index] = zahl     // Zahl einfüge
}
```

Listing 4.9 Darstellung einzelner, etwas detaillierterer Funktionen als Pseudocode

Die Funktion ZahlEinfügen wird also wieder weiter in kleine Teilschritte zerlegt. Und zwar in genau diese groben Teilschritte, die bereits erwähnt wurden:

1. EinfügePositionErmitteln – liefert die Stelle, an der die Zahl eingefügt werden soll.
2. VerschiebeZahlenAbIndex – soll alle Zahlen ab diesem Index um eine Position nach rechts verschieben.
3. Das Einfügen der Zahl an der Stelle (index) ist nun einfach, indem dem Array an dieser Stelle der Wert zugewiesen wird.

Das Problem des Einfügens wurde somit wieder in kleinere Teilprobleme zerlegt, die selbst einfacher zu lösen sind.

Wie lautet also der Algorithmus für die Funktion EinfügePositionErmitteln? Erinnern Sie sich dabei daran, wie Sie selbst gewählt haben, an welche Stelle Sie eine bestimmte Münze eingefügt haben. Sie sind die Münzen von vorne nach hinten durchgegangen, und wenn die Münze, die eingefügt werden sollte, kleiner war als die Münze an der aktuellen Stelle, so hatten Sie die Stelle gefunden. Sie haben die Stelle auch dann gefunden, wenn noch keine Münze an der Stelle vorhanden war (also im Array der Wert 0 stand).

```
int EinfügePositionErmitteln(int zahl) {

    Prüfe jede Zahl ‚z' in Zahlen

    wenn z > zahl oder z = 0

    return aktuellerIndex

}
```

Wie Sie sehen, verwendet die Funktion ZahlEinfügen die Funktion VerschiebeZahlen-AbIndex, die dafür sorgen soll, dass alle Zahlen ab diesem Index um eins nach hinten verschoben werden. Auch diese Funktion gilt es noch zu formulieren.

Wie können Sie alle Zahlen in einem Array um eine Stelle nach hinten verschieben? Gehen Sie aktuell davon aus, dass das Array groß genug ist, und erinnern Sie sich wieder an Ihr eigenes Vorgehen bei den Münzen. Wie haben Sie diese verschoben? Mit welcher Münze haben Sie begonnen, wie haben Sie diese verändert, und was haben Sie anschließend gemacht? Beantworten Sie diese Fragen für sich, und Sie haben wieder den Algorithmus formuliert!

Sie haben die Münze genommen, die am weitesten rechts lag, und haben diese um eins nach hinten verschoben. Anschließend habe Sie die vorletzte genommen, dann die vorvorletzte etc., bis Sie zu der gewünschten Stelle gekommen sind. Dort haben Sie aufgehört.

Sie haben also vom Ende bis zum Index etwas gemacht – das ist eine for-Schleife. »Nach hinten verschieben« bedeutet, dass die Zahl, die an der Stelle i gestanden hat, nun an der Stelle i+1 steht, wobei i die Laufvariable ist, die Sie verwenden. Und schon ist der Algorithmus praktisch komplett:

```
void VerschiebeZahlenAbIndex(einfügeIndex) {
Vom Ende bis zum einfügeIndex gehe jeden Index ‚i' der Zahlen von Hinten durch
        zahlen[i] = zahlen[i-1]
}
```

Listing 4.10 Pseudocode zum Verschieben von Zahlen in einem Array

Wie Sie hier sehen, kann der Pseudocode wieder aus Wörtern/Sätzen bestehen, oder auch bereits einem Programmcode sehr ähneln. Der Pseudocode soll so formuliert sein, dass Sie den Ablauf verstehen und diesen nun weiter in C# schreiben können. Wie detailliert oder in welcher Form genau das geschieht, obliegt Ihnen. Wichtig ist, dass Sie den Umweg über die detaillierte Formulierung bis zum Pseudocode nehmen, wenn Sie irgendwo Schwierigkeiten haben, einen Algorithmus zu formulieren.

Nun kann der Algorithmus nach C# übersetzt werden. Da im Allgemeinen in englischer Sprache programmiert wird, habe ich auch hier den Variablen und Funktionen englische Namen gegeben:

```
int[] numbers = new int[8]; //Definiere Array, das die Daten
for (int i = 0; i < 8; i++) {
                      //beinhalten soll.
  int number = GetNumberFromUser(); //Diese Methode liefert eine Zahl
                      //vom Benutzer.
  AddNumberToArray(number); //Zahl wird sortiert in das Array
                      //eingefügt.
  PrintNumbers(); //Zeige die sortierten Zahlen.
}
```

```
void AddNumberToArray(int number) {
    int index = GetIndexToInsert(number); //Index ermitteln und in
                                          //die Variable index
                                          //schreiben.
    MoveNumbers(index);      //Alle folgenden Zahlen nach rechts
                             //verschieben.
    //Die einzufügende Zahl an die Stelle (index) schreiben.
    numbers[index] = number;
}
int GetIndexToInsert(int number) {
    //Suche die Stelle, an der eingefügt werden soll.
    for (int i = 0; i < numbers.Length; i++) {
        if (numbers[i] == 0) //Noch keine Münze vorhanden.
            return i; //Gib den Index zurück.
        if (numbers[i] >= number) //Münze ist kleiner als die an
                                  //der aktuellen Stelle.
            return i; //Gib den Index zurück.
    }
    return numbers.Length -1; //Falls bereits alles voll ist, gib
                             //die letzte Stelle zurück.
}
void MoveNumbers(int fromIndex) {
    //Die Elemente werden von hinten (Länge-1) um eine Position
    //nach rechts verschoben.
    for (int i = numbers.Length - 1; i > fromIndex; i--) {
        //Das vorletzte Element an die letzte Stelle,
        //das drittletzte an die vorletzte Stelle…
        numbers[i] = numbers[i-1];
    }
    numbers[fromIndex] = 0;
    //Das Element an der Stelle wird nun frei -> 0 setzen
}
```

Listing 4.11 Der gesamte Algorithmus zum sortierten Einfügen

Falls Sie sich fragen, warum ich so viele einzelne Funktionen für diesen Algorithmus verwendet habe, ist die Antwort ganz einfach: Das Problem des sortierten Einfügens lässt sich auch mit einer Funktion lösen, allerdings ist dies komplexer. Durch die Zerlegung des Problems in einzelne kleine Teilprobleme, die Sie einzeln für sich lösen können, reduziert sich die Komplexität sehr stark.

So vereinfachen Sie Schwieriges

Versuchen Sie, komplexe Probleme immer in kleine Teilprobleme zu zerlegen, und zwar so lange, bis die Lösung trivial erscheint. Dadurch entstehen viele kleine Funktionen, die Sie für sich einfach algorithmisch formulieren können. Viele kleine Teilprobleme lassen sich immer einfacher lösen als ein großes Problem!

Nun fehlen lediglich zwei Funktionen: `GetNumberFromUser()` und `PrintNumbers()`.

```
int GetNumberFromUser() {
    int num = int.Parse(Console.ReadLine()); //ReadLine returniert
    //string. Dieser wird in eine Zahl umgewandelt.
    return num; //Gib die Zahl zurück.
}
void PrintNumbers() {
    foreach(int num in numbers) //Für jedes Element im Array
      //Schreibe die Zahl, ein Komma und ein Leerzeichen
      Console.Write(num + ", ");
    //Identisch mit…
    //for (int i = 0; i < numbers.Length; i++)
    //  Console.Write(numbers[i] + ", ");
}
```

Listing 4.12 Einlesen und Ausgeben von Zahlen

Wie Sie sehen, ist aus dem Algorithmus mit drei Aufrufen und einer Variablendeklaration eine Reihe von Funktionen geworden. Sie sehen jedoch bereits an der Hauptfunktion, was der Algorithmus macht. Alle anderen Funktionen sind Hilfsfunktionen, die dem Algorithmus helfen, die Arbeit zu erledigen, indem sich diese Funktionen mit entsprechenden Detailproblemen beschäftigen.

Wie Sie auch sehen, ist ein Algorithmus nicht zwingend genau eine einzelne Funktion. Dieser Algorithmus besteht aus einer Hauptfunktion und einigen Hilfsfunktionen. Je komplexer Ihr Algorithmus ist, desto mehr Hilfsfunktionen werden entstehen. Natürlich können auch Hilfsfunktionen weitere Hilfsfunktionen aufrufen (siehe `MoveNumbers()`).

4.2.3   Vorteile des Vorgehens

Die Vorteile dieses Vorgehens sind einfach und nachvollziehbar. Sie sind jedoch auch sehr wichtig, da sie den Kriterien eines guten Algorithmus entsprechen, wie die folgende Auflistung darstellt.

Wenn Sie das Vorgehen verwenden,

1. wird der Algorithmus automatisch gut strukturiert,
2. werden große Funktionen automatisch in kleine Teilfunktionen aufgeteilt,
3. ist durch die Hauptfunktion der eigentliche Algorithmus leicht zu erkennen und nachvollziehbar,
4. werden große Probleme automatisch durch viele kleine Probleme ersetzt, die einfacher zu lösen sind.

4.2.4   Nachteile des Vorgehens

Der Nachteil und die Schwierigkeit dieses Vorgehens liegen darin, zu entscheiden, wann die Verfeinerung abgeschlossen ist. Das Verfahren ermöglicht es Ihnen, direkt nach dem ersten sehr groben Entwurf abzubrechen und dann alle Funktionen sofort zu programmieren. Es hindert Sie jedoch auch nicht daran, so weit zu formulieren, bis Sie jede Anweisung vor sich haben.

Der Detaillierungsgrad hängt von der Komplexität Ihres Problems und von Ihrer Erfahrung ab. Dies bedeutet, dass er von sehr subjektiven Kriterien abhängig ist. Oftmals werden mehrere Personen an einem Projekt arbeiten, und durch einen subjektiven bzw. erfahrungsabhängigen Detaillierungsgrad können einzelne Team-Mitglieder schnell überfordert sein.

4.2.5   Conclusio beim schrittweisen Vorgehen

Wahrscheinlich haben Sie bereits beim Haus-Beispiel eine Idee vom schrittweisen Verfeinern bekommen und glauben nun, dass dies ohnehin die Vorgehensweise ist, die Sie verfolgen werden. Wenn Sie, ohne weiter daran einen Gedanken verschwenden zu müssen, nach dieser Methode vorgehen können, ist das eine feine Sache. Seien Sie jedoch gewarnt: Die meisten Programmierer müssen sich selbst immer wieder am Riemen reißen, um sich nicht in Details zu verlieren. Dieses Vorgehen hindert Sie daran, sich frühzeitig mit möglicherweise unwichtigen Dingen zu beschäftigen. Ich kann Ihnen diese Vorgehensweise der schrittweisen Verfeinerung sehr empfehlen. Zu Beginn eines Projektes ist diese Vorgehensweise beinahe unabdingbar. Dennoch kann es vorkommen, dass Sie bestimmte Bereiche bereits relativ früh detailliert programmieren müssen. Hierbei handelt es sich meist um Teile, die sehr kritisch sind und von denen Sie möglicherweise noch nicht wissen, ob Sie sie überhaupt programmieren können. Hier ist es natürlich sinnvoll, diesen kleinen Teilbereich möglichst gewissenhaft und detailliert zu programmieren. Ist dieser Bereich erst abgeschlossen, sollten Sie wieder versuchen, sich einen Überblick zu verschaffen und die restlichen Projektteile in kleine Arbeitspakete zu packen.

Immer wenn Sie noch keine Idee haben, wie Sie einen bestimmten Algorithmus oder Teil eines Algorithmus programmieren sollen, so teilen Sie diesen durch die Verfeinerung in kleinere Teile auf. Zerlegen Sie ein großes Problem immer so lange, bis Sie die einzelnen kleineren Herausforderungen meistern können. Durch die Teillösungen entsteht automatisch eine Gesamtlösung.

Also: Verwenden Sie die Methode der schrittweisen Verfeinerung, um Ihre Anforderungen in einen Algorithmus zu gießen!

Es ist nun Zeit, dies zu üben: die schrittweise Verfeinerung von einer einfachen Idee hin zu einem Algorithmus in Pseudocode. Später können Sie versuchen, diesen in kleine Anwendungen zu gießen. Bis es so weit ist, sollten Sie aber Ihr Denkmuster immer wieder üben.

Sollten Sie in späteren Beispielen Probleme mit der Formulierung des Algorithmus oder mit dem Ansatz haben, lesen Sie dieses Kapitel erneut und suchen Sie hier nach den Hinweisen, die Ihnen bei der Lösung Ihres Problems helfen können.

4.3   Zusammenfassung

Wenn Sie einen Sachverhalt beschreiben, der in einen Algorithmus gegossen werden soll, so benutzen Sie (meist unbewusst) *Wörter*, die Ihnen bei der *Erstellung des Algorithmus* sehr helfen können. Achten Sie bei der Formulierung eines Algorithmus auf Ihre Wörter, und Sie können diese direkt in den Programmcode übernehmen. Ihre Wörter sind es, die Ihnen beispielsweise intuitiv sagen, ob und wann Sie eine Schleife verwenden sollen. Des Weiteren haben Sie gelernt, dass Sie mittels *Vereinfachung des Sachverhalts* die Komplexität entsprechend verringern und damit den Sachverhalt leichter formulieren können.

Sie haben in diesem Kapitel die Vorgehensweise des *schrittweisen Verfeinerns* kennengelernt. Bei diesem Vorgehen arbeiten Sie sich von einer groben Algorithmus-Beschreibung zur detaillierten Ausarbeitung vor. Idealerweise unter Verwendung von Pseudocode, der nach der Detaillierung in den entsprechenden Programmcode übersetzt wird. Das Gesamtproblem wird in Teilprobleme zerlegt. Dieses Vorgehen sorgt dafür, dass der Algorithmus gut strukturiert wird und Sie sich nicht von Beginn an in Details verlieren. Bei der schrittweisen Verfeinerung werden einzelne Algorithmen-Teile lediglich mit einem Funktionsaufruf »simuliert«. Die Funktion wird jedoch noch nicht hier, sondern erst später in einem weiteren Verfeinerungsschritt weiter ausformuliert bzw. programmiert.

4.4 Aufgabe

Aufgabe 1

Programmieren Sie das Beispiel des Einfügesortierens. Nachdem der Benutzer eine Zahl eingegeben hat, soll dieser weitere 7-mal aufgefordert werden, eine Zahl einzugeben. Nach jeder Eingabe wird die sortierte Ausgabe angezeigt.

Idealerweise versuchen Sie nun, ohne nachzusehen und nochmals durch Anwenden der hier durchgegangenen Schritte, den Algorithmus zu erarbeiten und zu programmieren.

Aufgabe 2

Diese Aufgabe befasst sich mit der Zerlegung einer Zahl in ihre Primfaktoren. Die Primzahlenfaktorzerlegung einer Zahl ist (nebem dem größten gemeinsamen Teiler zweier Zahlen) ein gutes Beispiel für die schrittweise Verfeinerung. Bei der Primfaktorzerlegung wird eine Zahl mehrmals in ihre möglichst kleinen Primfaktoren zerlegt. Betrachten Sie hierzu folgende Beispiele:

Eingabe	Ausgabe
10	2*5
256	2*2*2*2*2*2*2*2
6534	2*3*3*3*11*11
13332	2*2*3*11*101

Tabelle 4.1 Beispiele für die Primfaktorzerlegung

Die Berechnung der Primfaktorzerlegung funktioniert wie folgt: Versuchen Sie, die Zahl durch eine möglichst kleine Primzahl ohne Rest zu teilen. Gelingt dies, so ist diese Primzahl der erste Primfaktor. Gelingt es nicht, probieren Sie es mit der nächst größeren Primzahl. Das Ergebnis der Division der Zahl durch den Primfaktor ist nun Ihre neue Zahl, mit der Sie dieses Spiel erneut durchführen. Versuchen Sie, das Ergebnis erneut durch die Zahl zu teilen, die bereits ein erfolgreicher Teiler ist. Führen Sie dies so lange durch, bis die Zahl das Ergebnis nicht mehr teilt. Anschließend verwenden Sie die nächstgrößere Primzahl. Dieser gesamte Vorgang wird so lange wiederholt, bis das Ergebnis der Division die Zahl eins ist.

Zum Beispiel:

6534 / 2 =3267	Primfaktor 2
3267 / 3 = 1089	Primfaktor 3
1089 / 3 = 363	Primfaktor 3
363 / 3 = 121	Primfaktor 3
121 / 11 = 11	Primfaktor 11
11 / 11 / 1	Primfaktor 11

Zur Erinnerung: »Primzahl«

Eine Primzahl ist eine Zahl, die lediglich durch eins und sich selbst teilbar ist.

Versuchen Sie, diesen Sachverhalt nun mit der schrittweisen Verfeinerung zu formulieren. Gehen Sie sämtliche notwendigen Schritte bei der Formulierung Ihres Algorithmus durch. Sie haben Ihr Ziel erreicht, wenn Sie einen Algorithmus zur Primfaktorenzerlegung entwickelt haben.

Bonus

Anschließend können Sie noch Verbesserungspotenziale ausfindig machen und versuchen, diese in den Algorithmus einzubauen. Hierzu folgender Hinweis: Die Primzahlenfaktoren sind wachsend, das bedeutet: Wenn einmal ein Primfaktor 3 aufgetreten ist, kann der Primfaktor 2 nicht mehr auftreten.

4.5   Kontrollfragen

1. Nennen Sie die Vorteile des schrittweisen Verfeinerns.
2. Nennen Sie die Nachteile des schrittweisen Verfeinerns.
3. Nennen Sie drei Wörter, die Sie beim Programmieren auf eine Schleife hinweisen.
4. Nennen Sie zwei Wörter bzw. Wortgruppen, die Sie beim Programmieren auf eine `if`-Abfrage hinweisen.
5. Nennen Sie ein Wort oder eine Wortgruppe, die Sie beim Programmieren auf ein `switch`-Statement hinweist.

Kapitel 5
Implementierung

Probleme kann man niemals mit derselben Denkweise lösen,
durch die sie entstanden sind.
— Albert Einstein

In diesem Kapitel werden Sie das bisher Gelernte vertiefen und üben. Mithilfe einzelner Beispiele werden die Formulierung von Algorithmen und die Implementierung im Visual Studio noch weiter geübt. Die Algorithmen werden in diesem Kapitel Schritt für Schritt entwickelt, sodass Sie sie leicht selbst nachvollziehen können.

Es wird Zeit, dass Sie Ihre ersten Algorithmen und kleinen Programme schreiben. Dieses Kapitel sollten Sie vor Ihrem PC sitzend durcharbeiten. Sie werden Ihre ersten Algorithmen selbstständig programmieren. Dazu werden Sie die *Microsoft Visual Studio Express für Windows Desktop* verwenden. Nutzen Sie die Kurzeinführung dazu als Nachschlagewerk, sofern dies erforderlich sein sollte. Diese ersten Algorithmen sind noch keine tollen oder bunten Programme. Sie werden sich zu Beginn mit einer schwarzen, lieblosen Konsole zufriedengeben müssen, die Sie jedoch sicher im Laufe der Zeit noch lieben lernen werden, wenn Sie Prototypen erstellen. Nach dem Kapitel zur Objektorientierung werden Sie Ihre erste Windows-Anwendung mit grafischer Benutzeroberfläche programmieren. Zuvor sollte sich jedoch das algorithmische Denken verfestigt haben, und Sie sollten bereits ein Gespür für die Programmierung und die Entwicklungsumgebung Microsoft Visual Studio Express für Windows Desktop bekommen haben. Seien Sie also noch ein wenig geduldig mit sich, und gehen Sie einen Schritt nach dem anderen! Sie müssen erst algorithmisch etwas sattelfest werden, anschließend können Sie die Konzepte der Objektorientierung, Events und ähnliche tolle Konzepte erlernen und damit wirklich tolle Programme schreiben.

5.1 Wörter Umdrehen

Lassen Sie uns ein kleines Programm schreiben, dass eingegebene Wörter umgedreht ausgibt. Das Schöne daran ist, dass ein String – also ein Text – als Array von einzelnen Zeichen (Characters) gesehen werden kann.

Lassen Sie uns also den Algorithmus wieder einfach wie folgt definieren:

1. Text vom Benutzer abfragen.
2. Text umdrehen.
3. Text ausgeben.

Text einlesen und Text ausgeben ist mittels `Console.ReadLine` und `Console.WriteLine` trivial und braucht nicht weiter überlegt zu werden. Doch wie drehen Sie einen Text (Array von Character) um?

Ein Tipp: Sie müssen den Text nicht umdrehen, sondern Sie können einen neuen Text generieren, der umgedreht ist.

Lassen Sie uns diesen Ansatz verfolgen:

1. Eine neue Variable für den umgedrehten Text.
2. Den alten Text Zeichen für Zeichen von hinten durchgehen und das Zeichen in die neue Variable hinzufügen.

Die Formulierung ist soweit abgeschlossen. Nun lassen Sie uns aus der Formulierung Pseudocode ableiten:

```
textNeu = ""
für jedes Zeichen c im Text (von hinten)
    textNeu = textNeu + c;
```

Listing 5.1 Pseudocode zum Umdrehen eines Wortes

Alles zusammen ergibt folgendes Hauptprogramm:

```
static void Main(string[] args) {
    Console.WriteLine("Bitte Wort eingeben:");
    string word = Console.ReadLine();
    string invertedWord = Invert(word);
    Console.WriteLine(invertedWord);
}
```

Listing 5.2 Hauptprogramm zum Invertieren eines Wortes

Und folgende Funktion, die den Text umdreht:

```
static string Invert(string text) {
    string result = "";
    // Den text von hinten nach vorne durchgehen
```

```
    // und in eine Variable speichern
    for (int i = text.Length - 1; i >= 0; i--)
        result += text[i];
    return result;
}
```

Listing 5.3 Funktion zum Invertieren eines Wortes

Versuchen Sie es! Das nächste Beispiel wird auf dieses hier aufbauen. Denn häufig ist es auch bei der Entwicklung von Software so, dass Sie Teile schon einmal irgendwo anders programmiert haben. Und so können wir auch hier den Teil der Invertierung übernehmen.

5.2   Wortquadrat

Versuchen Sie nun selbst, den Algorithmus zu formulieren, anschließend den Pseudocode zu generieren und schlussendlich diesen zu implementieren, sobald Sie die Aufgabenstellung gesehen haben.

Aufgabenstellung: Der Benutzer soll ein Wort eingeben können. Dieses wird dann als Wortquadrat dargestellt. Das heißt, das Wort wird normal geschrieben. Das Wort wird außerdem senkrecht geschrieben, wobei der erste Buchstabe verwendet wird, rückwärts, wobei der letzte Buchstabe des senkrechten Wortes verwendet wird, und noch einmal rückwärts am Ende des Wortes senkrecht nach oben:

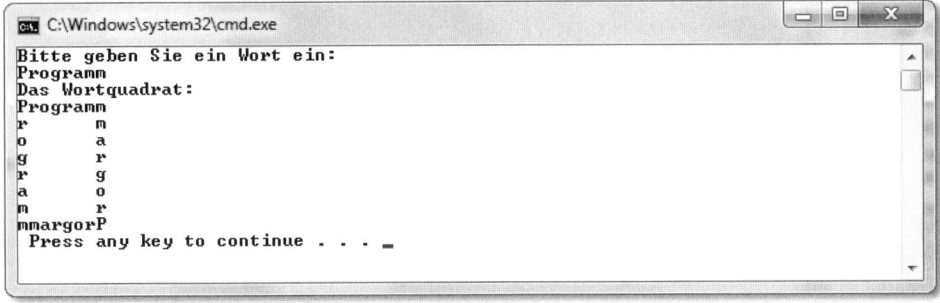

Abbildung 5.1 Darstellung des Programms für das Wortquadrat mit Ausgabe

Nun versuchen Sie, den Algorithmus zu formulieren, der dieses Programm ermöglicht. Sollten Sie Schwierigkeiten haben, können Sie die folgenden Schritte zur Hilfe nehmen.

Wichtiger Hinweis: Die Ausgabe erfolgt immer nur zeilenweise.

Algorithmenformulierung

Der Benutzer gibt ein Wort ein. Dieses wird dann anschließend normal ausgegeben und entsprechend verdreht, sodass ein Quadrat am Ende entsteht. Die Quadratgröße entspricht also der Anzahl der Zeichen im Wort.

Nachdem das Wort normal ausgegeben wurde, wird unter dem ersten Zeichen das zweite Zeichen und unter dem letzten Zeichen das vorletzte angezeigt. Anschließend unter dem ersten das dritte Zeichen und unter dem letzten das drittletzte Zeichen und so weiter. Am Ende wird das Wort noch rückwärts dargestellt. Zwischen dem ersten und dem letzten Zeichen wird nichts dargestellt (also mit Leerzeichen ausgefüllt).

Pseudocode

```
Wort = EingabeVomBenutzerSchreibe(Wort);
zeilen = GeneriereQuadrat(Wort);
Für Jede Zeile z in den Zeilen
    Schreibe(z)
```

Listing 5.4 Pseudocode des allgemeinen Algorithmus

Weiter verfeinert: GeneriereQuadrat(Wort)

```
String[] zeilen[Wort.Länge]
zeilen[0] = Wort
für die mittleren Buchstaben b im Wort (1 bis Länge-1)
  zeilen[i] = b // Buchstabe zuweisen
  // Auffüllen mit Leerzeichen (1 bis Länge-1)
  Von 1 bis Wort.Länge-1
    zeilen[i] += , ,
  zeilen[Länge-1] += Wort[Länge-i]
zeilen[Wort.Länge-1] = Invertiert(Wort)
```

Listing 5.5 Verfeinerung des Pseudocodes. Definition der Funktion »GeneriereQuadrat«

Nun können wir das Ganze noch etwas verfeinert in C# übersetzen. Formulierungen wie »für die mittleren Buchstaben« oder »von 1 bis Wort.Länge« deuten jeweils auf eine Schleife mit entsprechenden Indexgrenzen hin.

Versuchen Sie die Übersetzung nach C# selbst, indem Sie spätestens jetzt das Programm in Ihrem Visual Studio implementieren, und verwenden Sie die Invert-Funktion vom vorigen Beispiel.

Hier habe ich Ihnen noch den Code abgedruckt. Sollte Ihrer etwas anders aussehen, ist das in Ordnung. Es zählt beim Programmieren zu Beginn das Ergebnis.

```csharp
static void Main(string[] args) {
    Console.WriteLine("Bitte geben Sie ein Wort ein:");
    string text = Console.ReadLine();
    // 2) Erzeugen des Ergebnisses
    string[] lines = CreateLines(text);
    // 3) Ausgabe
    Console.WriteLine("Das Wortquadrat:");
    foreach (string line in lines)
      Console.WriteLine(line);
    // Verhindern dass die Anwendung schließt
    Console.ReadKey();

}

static string[] CreateLines(string text) {
    // Anzahl der Zeilen ermitteln = Textlänge
    int number = text.Length;
    // Variable, die das Ergebnis beinhaltet
    string[] result = new string[number];
    // Erste Zeile = Text
    result[0] = text;
    // Letzte Zeile = Text umgedreht
    string invertedText = Invert(text);
    result[number - 1] = invertedText;

    // Zeichen dazwischen generieren. Erste und letzte
    // Zeile sind bereits vorhanden: Schleifenindex anpassen.
    for (int i = 1; i < number - 1; i++) {
        // Erstes Zeichen übernehmen. Dieses ist das aktuelle Zeichen
        result[i] = text[i].ToString(); //Auffüllen mit Leerzeichen
        for (int j = 1; j < number - 1; j++)
            result[i] += " ";
        // Das letzte Zeichen übernehmen.
        // Hier wird der Text von hinten gelesen, also Länge - Index!
        result[i] += text[number - i - 1];
    }
    return result;
}
```

Listing 5.6 Nach C# übersetzter, funktionsfähiger Algorithmus

5.3 Balkendiagramm

Haben Sie schon einmal ein Balkendiagramm in der Konsole gesehen? Nein? Dann wollen wir eines programmieren!

Hier ist die Anforderung an den Algorithmus (auch *Spezifikation* genannt):

Aufgabe: Balkendiagramm erstellen

Programmieren Sie einen Algorithmus, der als Eingabe ein Symbol für die Darstellung und die einzelnen Zahlenwerte verwendet und die eingegebenen Werte als Diagramm darstellt.

Die folgende Beschreibung der Benutzeraktion wird als *Use-Case* bezeichnet.

Der Benutzer wird zu Beginn aufgefordert, das Symbol für die Darstellung einzugeben. Nachdem der Benutzer das Symbol mit der Eingabetaste bestätigt hat, wird er aufgefordert, die einzelnen Werte durch Leerzeichen getrennt anzugeben, die als Balken im Diagramm dargestellt werden sollen. Nach erneuter Bestätigung durch die Eingabetaste wird das Diagramm am Bildschirm ausgegeben.

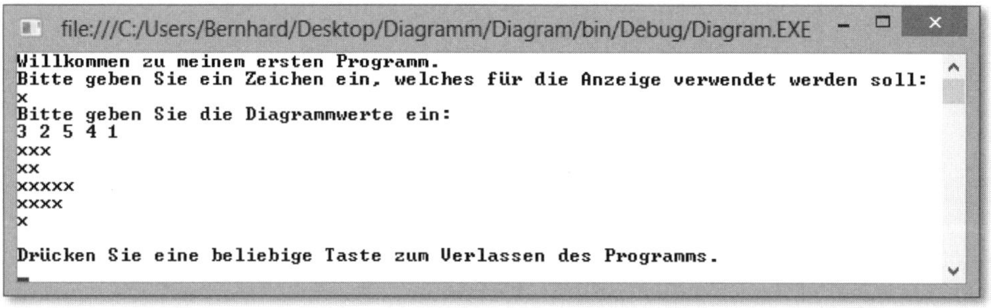

Abbildung 5.2 Beispielergebnis des Diagramm-Algorithmus – liegendes Diagramm

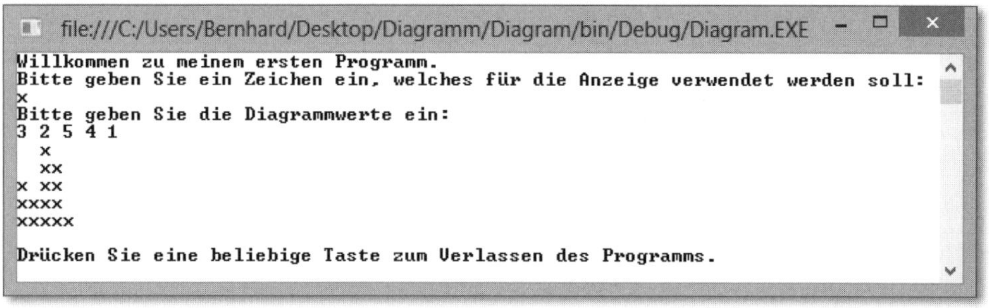

Abbildung 5.3 Beispielergebnis des Diagramm-Algorithmus – stehendes Diagramm

Es liegt nun an Ihnen, sofort loszulegen und mit der Entwicklung des Algorithmus anzufangen oder sich an den folgenden Hinweisen zu orientieren. Der Algorithmus bzw. ein möglicher Algorithmus wird in den folgenden Schritten entwickelt. Des Weiteren erhalten Sie diverse Hinweise, die Sie bei der Entwicklung unterstützen sollen. Ich empfehle Ihnen, dass Sie die schrittweise Verfeinerung als Vorgehensmethode wählen. Damit gewöhnen Sie sich von Beginn an an eine saubere Entwicklung. Stellen Sie sich auch beim schrittweisen Verfeinern die Frage »Was will ich machen und in welcher Reihenfolge?«. Die hier angeführten Schritte werden im Programmcode dargestellt. Sie können natürlich die schrittweise Verfeinerung mithilfe von Pseudocode entwickeln und anschließend durch die Wortersetzung einen entsprechenden Algorithmus formulieren. Die Vorgehensweise kann auch so aussehen, dass Sie bei jedem Verfeinerungsschritt die entsprechende Übersetzung zur Syntax durchführen.

Jedes Computerprogramm beginnt mit der Main-Methode. Also wird die Grobstruktur des Programms in diese Methode geschrieben:

```
static void Main(string[] args) {
    Console.WriteLine("Willkommen zu meinem ersten Programm.");

    //Lies das Zeichen, das der Benutzer eingegeben hat.
    char myCharacter = GetCharacter();

    //Lies die Zahlen, die der Benutzer eingegeben hat.
    int[] myNumbers = GetNumbers();

    //Zeichne das Diagramm mit den eingegebenen Werten.
    PrintDiagram (myCharacter, myNumbers);

    Console.WriteLine("Drücken Sie eine beliebige Taste zum
    Verlassen des Programms.");
    Console.Read();
}
```

Listing 5.7 Allgemeiner Algorithmus des Balkendiagramms. Erste Stufe der schrittweisen Verfeinerung

Der erste Schritt der schrittweisen Verfeinerung ist somit vollbracht. GetCharacter ist dafür zuständig, den Benutzer aufzufordern, ein entsprechendes Zeichen einzugeben. Es liest das eingegebene Zeichen und gibt es zurück.

GetNumbers macht etwas Ähnliches: Es fordert den Benutzer auf, die Zahlen einzugeben, die im Diagramm dargestellt werden sollen. Anschließend liest die Funktion die Zahlen und gibt diese als Array zurück.

PrintDiagram erstellt aus einem Zeichen und einem Array aus Zahlen ein entsprechendes Diagramm und gibt dieses am Bildschirm aus.

Der bisherige Grundalgorithmus ist identisch, egal ob das Diagramm stehend oder liegend gezeichnet wird. Aufgrund der einfacheren Implementierung eines liegenden Diagramms empfehle ich Ihnen, ein liegendes Diagramm zu erstellen und erst später eine Version mit dem stehenden Diagramm!

Soweit die Idee. Ich empfehle Ihnen, nun die Funktion GetCharacter selbstständig zu entwickeln. Fragen Sie sich, welchen Rückgabewert die Funktion besitzen soll, und schon haben Sie einen Teil der Funktion geschrieben. Fordern Sie den Benutzer mittels Console.WriteLine auf, etwas einzugeben. Lesen Sie das Eingegebene mit Console.ReadLine. Diese Funktion gibt jedoch einen string zurück und keinen char. Ein Character ist lediglich ein einzelnes Zeichen, wogegen ein string aus vielen Zeichen besteht. Sie können einen string jedoch als Character-Array ansehen, und daher können Sie das erste eingegebene Zeichen einfach ermitteln und anschließend zurückgeben.

Und schon sind Sie mit dieser Funktion fertig. Im Folgenden ist der Code der Funktion noch abgedruckt:

```
static char GetCharacter() {
    Console.WriteLine("Bitte geben Sie ein Zeichen ein, das für die
    Anzeige verwendet werden soll:");
    //Die ganze Zeile wird gelesen (sollte nur ein Zeichen sein).
    string line = Console.ReadLine();
    //Das erste eingegebene Zeichen wird zurückgegeben. Ein String
    //kann als Array von Zeichen betrachtet werden.
    char c = line[0];
    return c;
}
```

Listing 5.8 Erste Detailfunktionen des Algorithmus

Die nächste Funktion ist GetNumbers, die die einzelnen eingegebenen Zahlen liefert. Diesmal wird also ein ganzes Feld von Zahlen (Integer-Array) zurückgegeben.

Die Aufforderung ist genauso zu programmieren wie bei GetCharacter. Auch das Einlesen der Werte. Allerdings muss nun die Zeile, die als string – und somit als Text – vorliegt, in die einzelnen Zahlen aufgeteilt werden. Hierzu existiert für string-Variablen eine Funktion mit dem Namen Split. Wie der Name bereits vermuten lässt, teilt diese Funktion einen (langen) Text in kleinere Teile auf. Sie können darauf zugreifen, indem Sie bei Ihrer string-Variablen einfach einen Punkt setzen. Somit sehen Sie, was die Variable selbst an Funktionen bietet. Da es sich um einen Funktionsaufruf handelt, wird eine Klammer benötigt, und Sie sehen, dass die Funktion mindestens einen Parameter erwartet, und zwar einen, der angibt, nach welchen Zeichen geteilt werden soll. In diesem Fall wäre dies natürlich das Leerzeichen. Da die Funktion allerdings ein ganzes Array von Zeichen (Characters) verlangt, können Sie auch das Komma und den Strichpunkt als Trennzeichen hinzufügen. Die Anwendung der Split-Funktion sieht wie folgt aus:

```
string[] aufgeteilteElemente = meineStringVariable.Split(new char[] { ' ' });
```

Mithilfe dieser äußerst nützlichen Split-Funktion bekommen Sie ein ganzes Array von string. Das ist gut, da nun jedes Element in diesem Array eine der eingegebenen Zahlen beinhaltet. Allerdings sind diese Zahlen für den Computer noch immer keine Zahlen, sondern Text. Sie benötigen jedoch Zahlen. Dadurch ergibt sich bereits der nächste Schritt. Es ist notwendig, ein int-Array anzulegen und die »Textzahlen« in dieses Array zu schreiben. Sie legen also ein Array an, das die gleiche Länge wie das string-Array besitzt. Die Länge des string-Arrays lässt sich (ähnlich des Aufrufes der Split-Funktion) mit .Length ermitteln:

```
ArrayName.Length
```

Diese Eigenschaft gibt die Länge des Arrays an. Dadurch können Sie die Länge jedes Arrays ermitteln, und somit können Sie auch ein int-Array erstellen, das die gleiche Länge besitzt.

Nun gut, das Array ist erstellt. Kopieren Sie jetzt die Werte von einem Array in das andere, indem Sie das Array von vorn nach hinten durchlaufen und jede »Textzahl« in eine Zahl umwandeln. Dazu bietet der Datentyp int die Funktion Parse an: int.Parse("1").

Geschafft: Sie haben nun das int-Array, das Sie zurückgeben können. Zugegeben, dieser Code wirkt etwas mühselig, vor allem die Umwandlung von Text in Zahlen. Es ist jedoch ein notwendiges Übel. Der Compiler ist in diesem Fall Ihr strenger Kontrolleur, der Sie darauf hinweist, dass ein Text nicht einfach als Zahl verwendet werden kann.

Sollte Ihr Programmcode auch nach dieser Anleitung nicht auf Anhieb funktionieren, werfen Sie nicht gleich die Flinte ins Korn. Immerhin ist diese Aufgabe durchaus herausfordernd! Code lesen und Code schreiben unterscheidet sich doch wesentlich voneinander, wie Sie merken werden.

Für den Fall, dass der Compiler einfach nicht so will wie Sie, ist hier der Programmcode. Tippen Sie ihn auf jeden Fall ab oder – was besser wäre – versuchen Sie, mithilfe dieser Musterlösung die Fehler zu korrigieren, die Sie gemacht haben!

```csharp
static int[] GetNumbers() {
    Console.WriteLine("Bitte geben Sie die Diagrammwerte ein:");
    string line = Console.ReadLine();     //Lies die ganze Zeile.

    //Die eingegebenen Zahlen können durch Leerzeichen,
    //Strichpunkt oder Komma getrennt sein.
    char[] splitSymbols = new char[] { ' ', ';', ',' };
    //Die Zeile wird nach den Trennzeichen-Symbolen geteilt.
    //Dennoch handelt es sich noch immer um einen Text, also um
    //ein String-Array.
    string[] singleNumbers = line.Split(splitSymbols,
    StringSplitOptions.RemoveEmptyEntries);

    //Die "Text-Zahlen" müssen noch in echte Zahlen umgewandelt
    //werden.
    //Es wird ein Zahlen-Array angelegt. Dieses hat die gleiche
    //Länge wie das Text-Array.
    //Es soll die tatsächlichen Zahlen beinhalten.
    int[] myNumbers = new int[singleNumbers.Length];
    //Jede Zahl im Array wird nun umgewandelt und in das
    //Zahlenarray geschrieben.
    for (int i = 0; i < myNumbers.Length; i++)
        //Zahl parsen = umwandeln.
        myNumbers[i] = int.Parse(singleNumbers[i]);

    return myNumbers;
}
```

Listing 5.9 Einlesen der Zahlen und Aufteilen in ein Zahlen-Array

Das Kniffeligste am Algorithmus kommt erst jetzt. Es ist der Bereich, in dem Sie nun entscheiden müssen, wie Sie den Algorithmus aufbauen. Sie müssen sich überlegen, wie Sie zu dem angeführten Ergebnis kommen. Dabei empfehle ich Ihnen, wieder schrittweise vorzugehen. Versuchen Sie erst, das Diagramm liegend darzustellen. Sie werden sehen, dass das liegende Diagramm durchaus einfacher ist als das Einlesen der Werte, um das Diagramm stehend darzustellen.

Die Funktion `PrintDiagram` hat einerseits als Übergabeparameter das Symbol, das gedruckt werden soll, und andererseits ein Array mit den darzustellenden Zahlen. Das liegende Diagramm hat die schöne Eigenschaft, dass jede Zahl im Array genau einer Diagrammzeile entspricht. Der Algorithmus geht also Element für Element im Array durch. Der Wert im Array entspricht der Anzahl, wie oft das Symbol am Bildschirm angezeigt werden muss. Entspricht das Element der Zahl vier, muss also viermal das Symbol dargestellt werden. Die Formulierung »viermal« entspricht einer Schleife, die Sie für jedes Element im Array ausführen müssen. Sie benötigen also eine Schleife für jedes Element im Array und innerhalb von dieser Schleife eine weitere, deren Anzahl der Durchläufe durch den Wert des Elementes bestimmt wird.

Sie können sich auch eine tabellenähnliche Struktur vorstellen, in der Sie jedes Element in dieser Tabelle durchlaufen müssen. Dazu benötigen Sie eine Schleife zum Durchlaufen der Zeilen und eine verschachtelte (innere) Schleife zum Durchlaufen der Spalten einer Zeile.

Um ein Symbol oder einen Text ohne einen Zeilenumbruch auszugeben, können Sie die Funktion `Console.Write` verwenden.

Versuchen Sie nun selbst, den entsprechenden Programmcode zu schreiben. Eine Musterlösung wäre:

```
static void PrintDiagram (char character, int[] numbers) {
    //Die Anzahl der eingegebenen Nummern
    int rowsCount = numbers.Length;

    //"Zeichne" jede einzelne Zeile.
    for (int row = 0; row < rowsCount; row++) {
        int columnsCount = numbers[row];
        //Wie oft soll das Zeichen geschrieben werden?
        for (int column = 0; column < columnsCount; column++) {
            //Schreibe das Zeichen.
            Console.Write(character);
        }
        //Zeile Fertig -> Schreibe einen Zeilenumbruch.
        Console.WriteLine();
    }
}
```

Listing 5.10 Ausgabe des Diagramms in liegender Form

Ich gratuliere Ihnen: Sie haben ein tolles Programm geschrieben. In der Aufgabenstellung war nicht spezifiziert, ob das Diagramm stehend oder liegend programmiert werden sollte. Daher ist die Lösung bisher natürlich ausreichend.

Der nächste Schritt ist jedoch, das Programm auch stehend darzustellen. Eine Grundstruktur für das Darstellen des Diagramms haben Sie bereits gemeistert. Nun wird diese wieder abgeändert, um den neuen Anforderungen zu genügen.

Ein weiterer Zwischenschritt, der Ihnen das Leben vereinfachen soll, besteht darin, das Diagramm auf dem Kopf stehend darzustellen. Sobald dies funktioniert, versuchen Sie, das Diagramm umzudrehen.

Ich stelle Ihnen ein paar Denkhilfen zur Verfügung, und je mehr Denkhilfen Sie in Anspruch nehmen, desto mehr werden Teile vom Algorithmus erklärt. Je weniger Denkhilfen Sie in Anspruch nehmen, desto mehr müssen Sie sich selbst den Kopf zerbrechen.

▶ Ein Diagramm ist zweidimensional – eine rechteckige Fläche.

▶ Eine Dimension im Diagramm bestimmt sich durch die Anzahl der eingegebenen Zahlen.

▶ Die zweite Dimension bestimmt sich durch die Zahlen selbst.

▶ Jede Zahl im Array entspricht einem Balken im Diagramm.

▶ Die Anzahl der Balken ist die Länge des Arrays.

▶ Sie können in der Konsole lediglich zeilenweise ausgeben.

▶ Um eine Dimension zeichnen zu können, müssen Sie das Zahlenarray durchlaufen.

▶ Für jede Zeile im Diagramm müssen Sie das Zahlenarray durchlaufen.

▶ Die Anzahl der Zeilen ergibt sich durch die Zahlen im Array.

▶ Sie können ein einziges Zeichen in der Konsole mittels `Console.Write('x');` ausgeben. Dabei wird kein Zeilenumbruch durchgeführt.

▶ Mittels `Console.WriteLine()` wird ein Zeilenumbruch durchgeführt.

▶ Die Anzahl der Zeilen ergibt sich durch die größte Zahl im Array.

▶ Da das Diagramm zweidimensional ist, benötigen Sie zwei Schleifen.

▶ Da das Diagramm zweidimensional ist, benötigen Sie zwei ineinander verschachtelte Schleifen.

▶ Eine Schleife läuft von eins bis zur Anzahl der Zeilen (die maximale Balkenhöhe).

▶ Die zweite (innere) Schleife läuft von null bis zum Ende des Arrays.

▶ Ist die Zahl im Array größer als die aktuelle Zeilennummer, so ist der Balken zu zeichnen, ansonsten ein Leerzeichen, sodass der nächste Balken kontrolliert werden kann.

Versuchen Sie selbst auch aufgrund der Hinweise die Funktion zu programmieren. Nehmen Sie sich Zeit! Versuchen Sie, auf einem Blatt Papier selbstständig zeilenweise ein Diagramm zu zeichnen. Beobachten Sie sich selbst dabei und die Schritte, die Sie dazu durchführen. Es ist bestimmt ungewohnt, da Sie, während Sie sich eine Lösung überlegen und die Lösung prüfen, Ihre Gedanken beobachten müssen. Denn die Prüfung der Lösung, also die Prüfung des Versuchs, den Sie auf einem Blatt Papier durchführen, ist genau der Algorithmus, den Sie schreiben. Sie können dieses beobachtete Vorgehen natürlich als Pseudocode festhalten. Dies erleichtert die Programmierung der Funktion!

Hier folgt eine Musterlösung des Algorithmus, der das Diagramm allerdings auf den Kopf gestellt zeichnet:

```
static void PrintDiagram(char character, int[] numbers) {
    //Die Anzahl der Spalten entspricht der Anzahl
    //der eingegebenen Zahlen.
    int columnsCount = numbers.Length;
    //Die Anzahl der Zeilen entspricht dem größten
    //eingegebenen Wert.
    //Der größte eingegebene Wert wird mit einer
    //Hilfsfunktion ermittelt.
    int rowsCount = GetMaxNumber(numbers);

    //Für jede Zeile (1 bis zur größten eingegebenen Zahl)
    for (int row = 1; row <= rowCount; row++) {
        //Für jede Spalte (1 bis zur Anzahl der eingegebenen Zahlen)
        for (int column = 0; column < columnsCount; column++) {
            //Ist die aktuelle Zahl groß genug zum Zeichnen oder
            //wenn der Balken bereits fertig ist
            if (numbers[column] >= row)
                //Die Zahl ist größer oder gleich -> Schreibe Symbol
                Console.Write(character);
            else
                //Die Zahl ist nicht größer oder gleich -> Schreibe
                //lediglich ein Leerzeichen
                Console.Write(' ');
        }
        Console.WriteLine();    //Zeile Fertig -> Schreibe Zeilenumbruch
    }
}
```

Listing 5.11 Ausgabe des Diagramms in stehender Form

Zu Beginn wird die Anzahl der zu zeichnenden Spalten ermittelt, was der Anzahl der Zahlen im Array entspricht. Anschließend wird die Anzahl der zu zeichnenden Zeilen ermittelt, was der größten Zahl im Array entspricht.

Da sie auf der Konsole lediglich zeilenweise geschrieben wird, wird eine Schleife für jede Zeile benötigt. Die Anzahl der Zeilen ist bereits ermittelt worden.

Für jede Zeile wird das Array mit den Zahlen durchgegangen, und je nachdem, ob die Zahl im Array größer oder gleich der aktuellen Zeilennummer ist, wird das Symbol oder ein Leerzeichen auf der Konsole ausgegeben oder auch nicht.

Nachdem alle Spalten durchlaufen worden sind, wird eine neue Zeile begonnen.

Wie Sie sehen, wurde mittels `GetMaxNumber()` auch hier das Vorgehen der schrittweisen Verfeinerung gewählt. Und damit Sie Ihr Programm bereits testen können, implementieren Sie die Funktion `GetMaxNumber` zum Beispiel einfach wie folgt:

```
static int GetMaxNumber(int[] numbers) {
        return 10;
}
```

Listing 5.12 Pseudoimplementierung der Funktion GetMaxNumber

Dies funktioniert nur, wenn Sie keine Zahlen größer als zehn eingeben. Es ist jedoch auch nur zum Testen gedacht. Diese Funktion werden wir später richtig programmieren.

Zuvor muss das Diagramm noch richtig gedreht werden! Haben Sie dazu eine Idee? Hier wieder ein paar Tipps:

▶ Das Diagramm ist rechteckig.

▶ Das Diagramm wird in der Konsole von oben nach unten gezeichnet.

▶ Die Zahlen werden jedoch von unten nach oben aufgefüllt (es wird nach größer oder gleich abgefragt).

▶ Kann das Diagramm nicht auch von oben nach unten gezeichnet werden?

Natürlich kann es das. Die Anzahl der Zeilen ist bereits ermittelt worden. Anstatt die Schleife von der ersten Zeile zur letzten Zeile durchzulaufen, ist es auch möglich, die Schleife von der letzten zur ersten Zeile durchlaufen zu lassen. Dadurch wird der gewünschte Effekt erreicht. Die Änderung ist **fett** hervorgehoben.

```
static void PrintDiagram(char character, int[] numbers) {
    //Die Anzahl der Spalten entspricht der Anzahl der
    //eingegebenen Zahlen.
    int columnsCount = numbers.Length;
    //Die Anzahl der Zeilen entspricht dem größten
    //eingegebenen Wert.
    //Der größte eingegebene Wert wird mit einer Hilfsfunktion
    //ermittelt.
    int rowsCount = GetMaxNumber(numbers);

    //Für jede Zeile (von der größten eingegebenen Zahl
    //reduzieren bis 1)
    for (int row = rowsCount; row > 0; row--) {
        //Für jede Spalte (1 bis zur Anzahl der eingegebenen Zahlen)
        for (int column = 0; column < columnsCount; column++) {
            //Ist die aktuelle Zahl groß genug zum Zeichnen oder
            //wenn der Balken bereits fertig ist
            if (numbers[column] >= row)
                //Die Zahl ist größer oder gleich -> Schreibe Symbol
                Console.Write(character);
            else
                //Die Zahl ist nicht größer oder gleich -> Schreibe
                //lediglich ein Leerzeichen
                Console.Write(' ');
        }
        Console.WriteLine();    //Zeile fertig -> Schreibe
                                //Zeilenumbruch
    }
}
```

Listing 5.13 Korrekte, vollständige Ausgabe des Diagramms in stehender Form

Versuchen Sie es! Nun wird das Diagramm richtig gezeichnet. Uns fehlt nur noch die Ermittlung der maximalen Zahl aus dem Zahlenarray.

Wie gehen Sie vor, wenn Sie aus einer Reihe von Zahlen die größte herausfinden wollen? Genau, Sie fangen vorne an und gehen die Reihe bis nach hinten durch. Sie merken sich die aktuell größte Zahl, und wenn die nächste größer ist als die aktuelle Zahl, so ist dies Ihre neue größte Zahl.

Genau dieses Vorgehen gilt es nun in einen Algorithmus zu fassen:

```
static int GetMaxNumber(int[] numbers) {
    int maxNumber = 0; //Die bisher größte Zahl wird mit 0
                       //initialisiert.

    //Suche die größte Zahl von allen Zahlen im Array.
    for (int i = 0; i < numbers.Length; i++) {
        //Ist die aktuelle Zahl im Array größer als die
        //bisher gefundene?
        if (numbers[i] > maxNumber) {
            //Sie ist größer -> Das ist die neue größte Zahl.
            maxNumber = numbers[i];
        } //Sonst ist nichts zu tun.
    }
    //Die größte gefundene Zahl wird zurück gegeben.
    return maxNumber;
}
```

Listing 5.14 Implementierung der Funktion GetMaxNumbers

Gratulation! Sie haben ein tolles Programm geschrieben!

Dieses Programm beinhaltet bereits viele wichtige Punkte, die ich noch einmal für Sie zusammenfassen möchte:

1. Der Compiler ist sehr genau, was die Prüfung der Datentypen anbelangt. Sie müssen die Datentypen entsprechend umwandeln.

2. Die schrittweise Verfeinerung ermöglicht Ihnen, Funktionen zum Testen bereits aufzurufen, obgleich diese lediglich einen Standardwert zurückliefern. Andere Teile des Algorithmus können jedoch bereits fertig programmiert werden.

3. Die schrittweise Verfeinerung ermöglicht es, dass Algorithmen kurz und übersichtlich werden.

4. Versuchen Sie nicht, immer gleich das beste Ergebnis zu erzielen. Versuchen Sie, ein ähnliches Ergebnis zu erzielen, und passen Sie dieses an, sodass das beste Ergebnis daraus wird. Oftmals ist ein ähnliches Ergebnis viel schneller und einfacher zu erreichen und die notwendige Änderung zur Perfektion gering. Der kleine Umweg bringt Sie meist schneller ans Ziel!

5. Immer, wenn Sie ein zweidimensionales Problem haben, benötigen Sie zwei ineinander verschachtelte Schleifen. (Das heißt: beinahe immer.)

5.4   Zusammenfassung

In diesem Kapitel haben Sie das erste Mal einen entsprechenden Algorithmus mit mehr oder weniger Hilfestellung selbst programmiert. Ich hoffe, Sie sind mit dem Ergebnis zufrieden!

Sie hatten bestimmt einige Compilerfehler und haben bereits gemerkt, dass es nicht immer einfach ist, zu verstehen, was der Compiler gerade »sagen will«. Seien Sie unbesorgt! Je häufiger Compilerfehler auftreten, desto schneller werden Sie mit diesen und deren Behebung vertraut.

Um den Beispielalgorithmus des Balkendiagramms zu erstellen, benutzten wir als Vorgehensweise die schrittweise Verfeinerung. Es wurde im Buch lediglich der Code abgedruckt. Wenn Sie Schwierigkeiten mit der Formulierung des Algorithmus hatten, versuchen Sie, die Aufgaben zu lösen, indem Sie erst versuchen, den Algorithmus in natürlicher Sprache zu formulieren. Anschließend erfolgt die Übertragung in Pseudocode, und mit der Wortersetzung sollten Sie sehr nahe am Programmcode angelangt sein. Vergessen Sie nicht, auch bei der Formulierung in natürlicher Sprache und in Pseudocode die schrittweise Verfeinerung anzuwenden.

Sie haben in diesem Kapitel auch gesehen, dass es manchmal viel einfacher ist, sich dem Ergebnis langsam zu nähern. Je größer die Aufgabe oder das Problem ist, desto wichtiger ist diese Herangehensweise und das schrittweise Herantasten. Das bedeutet, dass der erste Prototyp möglicherweise lediglich durchläuft und der zweite Prototyp eine Ausgabe macht, die nur die Werte des Diagramms enthält. Eine weitere Änderung im Programm gibt dann das Diagramm auf den Kopf gestellt aus, und erst die vierte Änderung des Algorithmus gibt endlich das Diagramm aus. Wie gesagt: Je größer das Problem ist, desto mehr Zwischenschritte können erforderlich sein, um (ohne durch Frustration schlaflose Nächte erlitten zu haben) an das gewünschte Ziel zu kommen. Dies mag Ihnen komisch erscheinen. Es trifft jedoch auch hier das chinesische Sprichwort »*Hast du es eilig, so gehe einen Umweg*« zu, da Sie sich weniger in Details verlieren, die Sie möglicherweise nur aufhalten, ohne am Ende tatsächlich für den Algorithmus relevant zu sein!

Natürlich sind Sie noch kein perfekter Softwareentwickler. Sie sind jedoch auf dem besten Wege! Da auch in diesem Buch die Seitenanzahl begrenzt ist, empfehle ich Ihnen dringend, die angeführten Aufgaben durchzuführen. Eine Beispiellösung ist, wie bei allen Aufgaben, am Ende des Buches zu finden. Auch hier handelt es sich lediglich um Musterlösungen, da bei Algorithmen unzählige Lösungen existieren – was das Ganze ja auch so interessant macht.

5.5   Aufgaben

Diesmal habe ich gleich mehrere Aufgaben für Sie, die Ihnen helfen sollen, etwas mehr Routine zu entwickeln. Dabei ist es wichtig, dass Sie sich wieder einmal in Geduld üben. Eine Aufgabe kann durchaus mehrere Stunden in Anspruch nehmen.

Aufgabe 1

Erweitern Sie den Algorithmus mit der Diagrammerstellung. Nachdem das Diagramm gezeichnet worden ist, soll der Benutzer gefragt werden, ob er erneut ein Diagramm erstellen will. Drückt der Benutzer daraufhin die J-Taste für »Ja«, so wird die Prozedur von Neuem gestartet. Drückt der Benutzer auf die N-Taste für »Nein«, so wird das Programm beendet. Bei jeder anderen Taste wird der Benutzer erneut gefragt.

Aufgabe 2

Der Algorithmus dieser Aufgabe soll den Benutzer auffordern, ein Wort einzugeben. Anschließend ermittelt das Programm, ob es sich um ein Anagramm handelt, und gibt diese Informationen aus. Des Weiteren wird der Text in umgedrehter Reihenfolge ausgegeben.

Zum Beispiel:
Eingabe: Otto
Ausgabe: otto ist ein Anagramm

Eingabe: Auto
Ausgabe: auto ist kein Anagramm

Aufgabe 3

Der Benutzer wird aufgefordert, einen Text einzugeben und diesen mit der Eingabetaste zu bestätigen. Entwickeln Sie einen Algorithmus, der die Wörter in diesem Text zählt. Als Trennzeichen werden Punkt, Komma, Strichpunkt, Fragezeichen, Ausrufezeichen und Leerzeichen gewertet. Die Ausgabe soll das Wort und die Häufigkeit des Wortes wiedergeben.

Achten Sie darauf, dass die Groß-/Kleinschreibung ignoriert wird und dass Wörter, die mehrfach vorkommen, lediglich einfach ausgegeben werden. Doch bevor Sie darauf achten, versuchen Sie den Algorithmus ohne diese beiden Spezialitäten zu programmieren. Wenn dieser funktioniert, versuchen Sie, auch diese Anforderungen einzubauen.

Zum Beispiel:

Eingabe: Heute gehen meine Schwester und ich ins Kino. Meine Schwester und ich fahren mit dem Auto.

Ausgabe	
Heute	(1x)
gehen	(1x)
meine	(2x)
Schwester	(2x)
und	(2x)
ich	(2x)
ins	(1x)
Kino	(1x)
fahren	(1x)
mit	(1x)
dem	(1x)
Auto	(1x)

Kapitel 6
Erweiterte Konzepte

Du siehst Dinge und fragst: »Warum?«
Aber ich träume von Dingen, die es nie gegeben hat, und sage:
»Warum nicht?«
– George Bernhard Shaw

Sie haben bereits die schwierigste Hürde in Angriff genommen, und Sie sind auf dem besten Wege, diese zu meistern! Die Formulierung von Algorithmen bzw. der Weg von einer Idee zum Algorithmus ist zu Beginn Ihrer Programmierlaufbahn am schwierigsten. Sie können bereits Algorithmen formulieren und haben bereits Algorithmen selbst geschrieben, und obwohl ich weiß, dass es Sie in den Fingern juckt, da Sie Programme schreiben wollen, muss ich Sie noch etwas bremsen. Bevor die nächsten Programme geschrieben werden, möchte ich Sie noch in einige weitere wichtige und großartige Konzepte einweihen. Bei diesen Konzepten handelt es sich um Aufzählungen (sogenannte Enumerationen), um Datenstrukturen (immerhin wollen Sie nicht nur einzelne Variablen, sondern ganze Strukturen beschreiben) und um Fehlerbehandlungen – also die Frage, wie Sie zum Beispiel im Programm darauf reagieren können, wenn der Benutzer nicht, wie vom Programm gefordert, eine Zahl, sondern den Buchstaben »A« eingibt.

Nachdem Sie auch diese wichtigen Konzepte kennen, werden Sie mit Klassen bekannt gemacht, und somit werden Sie in die Welt der objektorientierten Programmierung eintauchen. Anschließend befinden Sie sich, mit Ausnahme der noch fehlenden Erfahrung, auf dem neuesten Stand der Technik (oder zumindest dort, wo sich die meisten Entwickler befinden). In späteren Kapiteln erläutere ich noch einige Konzepte, die vor allem seit C# 3.0 mit in die Sprache aufgenommen wurden und Ihnen das Leben sehr vereinfachen können.

Ich will Sie nicht länger auf die Folter spannen, doch seien Sie (wieder einmal) geduldig, denn die objektorientierte Programmierung ist nicht gerade einfach zu verstehen – aber es zahlt sich aus, sie zu beherrschen.

Die folgenden Sprachkonzepte sollen es Ihnen ermöglichen, Ihre Programme auf eine bessere Qualitätsstufe zu heben. Mittels Aufzählungen (künftig *Enumerationen* genannt) können Sie vermeiden, dass Variablen mit Werten belegt werden, die Sie nicht erwartet haben. Mit Strukturen können Sie nicht nur einzelne Werte wie zum Beispiel die »Größe« eines Menschen speichern, sondern ganze Gruppen von Werten, wie zum Beispiel »Größe, Gewicht, Geburtsdatum, Haarfarbe«. Sollte es dennoch vorkommen, dass ein Benutzer zum Beispiel versucht, die Größe eines Menschen mit einem ungültigen Wert (z. B. »A«) zu belegen, können Sie mit entsprechender Fehlerbehandlung (engl. *Exception-Handling*) richtig darauf reagieren. Da ein Mensch nicht nur Eigenschaften hat, sondern auch Aktionen durchführen kann (z. B. *gehen*) ist es notwendig, Klassen einzuführen. Mit diesen Konzepten wird es Ihnen möglich sein, Ihre Software besser zu strukturieren. Denn auch kleine Programme können ansonsten schnell unübersichtlich werden.

6.1   Enumerationen

Enumerationen sind einfach! Sie können Enumerationen immer dann einsetzen, wenn Sie eine fixe Anzahl von möglichen Werten verwenden. Also zum Beispiel: »Small«, »Medium«, »Large«, »XLarge« für Kleidungsstücke oder »Rot«, »Gelb« und »Grün« für die Farben einer Ampel. »Röhrenbildschirm«, »TFT«, »LED« oder »Plasma« für einen Typ von Fernsehapparat oder auch »Digital« oder »Analog« für Fotografie wären weitere Beispiele. Sie können diese Liste bestimmt endlos fortsetzen!

Ich will beim Ampelbeispiel bleiben und darstellen, wie Sie einen entsprechenden Algorithmus bisher programmiert hätten:

```
static void Main(String[] args) {
    int color = 1; //Oder 2 oder 3
    switch(color) {
        case 1:
            Console.WriteLine("Das Licht ist grün. ");
            break;
        case 2:
            Console.WriteLine("Das Licht ist orange.");
            break;
        case 3:
            Console.WriteLine("Das Licht ist rot.");
            break;
        default:
```

```
            Console.WriteLine("Falsche Farbe!");
            break;
    }
}
```

Listing 6.1 Codebeispiel ohne Enumerationen

Das heißt, jedes Mal, wenn die Variable color einen Wert hat, der ungleich 1, 2 oder 3 ist, ist die Farbe ungültig und die fehlerhafte Eingabe muss entsprechend behandelt werden. Möglicherweise wird in diesem Fall auch ein Standardwert vergeben. Sie können dies jedoch auch mittels einer Enumeration lösen:

```
//Die Enum wird mit den Werten definiert, die sie annehmen kann.
enum LightColor {
    Red,
    Orange,
    Green
}
static void Main(String[] args) {
    LightColor color = LightColor.Orange;
    //oder LightColor.Green, oder LightColor.Red
    switch(color) {
        case LightColor.Green:
            Console.WriteLine("Das Licht ist grün.");
            break;
        case LightColor.Orange:
            Console.WriteLine("Das Licht ist orange.");
            break;
        case LightColor.Red:
            Console.WriteLine("Das Licht ist rot.");
            break;
    }
}
```

Listing 6.2 Codebeispiel mit Enumerationen für die Farbauswahl

Somit kann die Variable color nur mehr die Werte Red, Green und Orange annehmen. Des Weiteren ist der Programmcode auch lesbarer, da Sie bei case 0 wahrscheinlich die Zahl null nicht immer mit Grün assoziieren. Somit kann es auch zu Programmierfehlern kommen, wenn Sie eine Zahl einmal als Rot festlegen und dann fälschlicherweise die Zahl als Grün interpretieren. Mit Enumerationen kann Ihnen das nicht passieren!

Ich empfehle Ihnen immer, wenn Sie eine fixe Anzahl von möglichen Werten haben, eine entsprechende Enumeration zu verwenden.

Definieren Sie einfach einen Enumerationstyp mit dem Schlüsselwort enum, und vergeben Sie den Namen des Typs sowie die möglichen Werte, und schon können Sie selbst Variablen dieses Typs angeben.

Es gibt noch einige weitere Möglichkeiten, was Sie mit Enumerationen anstellen können (z.B. einer Funktion mehrere Werte auf einmal übergeben), diese Anwendungsfälle sind jedoch die Ausnahme und sorgen zu Beginn eher für Verwirrung als für Klarheit. Für weitere Informationen und Möglichkeiten sei auf folgende Online-Quelle verwiesen: *http://msdn.microsoft.com/de-de/library/sbbt4032(VS.80).aspx.*

6.2   Strukturen

Strukturen sind der erste Weg in Richtung objektorientierter Programmierung. Wenn Sie eine Person beschreiben möchten, so können Sie für jede Eigenschaft eine Variable anlegen. Wenn Sie mehrere Personen verwalten möchten, sind mehrere Arrays dieser Variablen nötig. Sie denken nun »Das muss doch einfacher gehen!«? Natürlich geht es einfacher. Mithilfe von Strukturen können Sie den Datentyp Person definieren. Der Code hierzu sieht wie folgt aus:

```
struct Person {
    public string Firstname;
    public string Lastname;
    public string Email;
    public DateTime BirthDate;
}
```

Listing 6.3 Beispiel einer Struktur zur Abbildung von Personendaten

Damit haben Sie selbst eine Struktur definiert. Setzen Sie diese Definition vor die Main-Funktion, sodass Ihre Struktur entsprechend verfügbar ist. Sie können damit nun einzelne Variablen von dem Typ Person anlegen. Sie können also wie folgt eine entsprechende Variable anlegen und darauf zugreifen:

```
static void Main(String[] args) {
    //Neue Person erzeugen.
    Person myPerson = new Person();
    //Vor- und Nachname zuweisen.
    myPerson.Firstname = "Bernhard";
```

```
    myPerson.Lastname = "Wurm";
    //Vorname wieder auslesen.
    string firstname = myPerson.Firstname;
    Console.WriteLine(firstname); //Vorname in der Konsole ausgeben.
}
```

Listing 6.4 Verwenden eines Struktur-Datentyps

Wie beim Array ist auch hier beim Anlegen das Schlüsselwort new erforderlich. Da Sie eine Variable vom Typ einer Struktur anlegen, sind die runden Klammern am Ende notwendig. Es wird hier der sogenannte *Konstruktor* verwendet. Dazu sage ich später bei den Klassen mehr. Wie Sie sehen, können Sie mit einem Punkt auf die Eigenschaften der Struktur zugreifen und die Variablen entsprechend setzen bzw. die Werte der Variablen lesen.

Sie können natürlich auch ganz einfach Arrays anlegen:

```
Person[] myPersonArray = new Person[2];
myPersonArray[0] = new Person();
myPersonArray[1] = new Person();
myPersonArray[0].Firstname = "Vorname der ersten Person";
myPersonArray[1].Firstname = "Vorname der zweiten Person";
```

Listing 6.5 Strukturen als Array

Sie definieren also eine Struktur und deren Eigenschaften. Anschließend können Sie diesen Typ entsprechend verwenden.

Natürlich können Sie derartige Strukturen auch als Übergabeparameter für Funktionen verwenden:

```
string GetFullName(Person p) {
    if (p.Firstname != "")
        return p.Firstname + " " + p.Lastname;
    else
        return p.Lastname;
}
```

Listing 6.6 Strukturen als Übergabeparameter von Funktionen

Sie sollten Strukturen immer verwenden, wenn Sie zusammengehörige Daten repräsentieren wollen. (Diese Empfehlung gilt nur, solange Sie noch keine Objekte kennen.

Die kommen später an die Reihe.) Strukturen können auch noch einiges mehr, als ich hier angeführt habe. Prinzipiell gibt es nicht sehr viele Unterscheidungen zwischen Strukturen und Objekten. Daher sollten Sie für den Anwendungsfall zur Repräsentation von zusammengehörigen Daten Strukturen verwenden. Alles, was darüber hinausgeht (wie Sie noch sehen werden) – Methoden, Konstruktoren, Events, Vererbung usw. –, sollten Sie mittels Objekten lösen.

Das .NET Framework verwendet natürlich auch Strukturen. Der Datentyp `DateTime` ist zum Beispiel als Struktur implementiert!

Wenn Sie sich überlegen, ein Programm zu schreiben, welches beispielsweise die Geburtstage Ihrer Freunde und Ihrer Familie verwaltet, so könnten Sie theoretisch ein Array mit den Namen und ein Array mit den Geburtsdaten verwenden. Dies ist, jetzt da Sie Strukturen kennen, kein guter Programmierstil, da dies schlecht wartbar ist und kein erkennbarer Zusammenhang zwischen den beiden Variablen besteht. In diesem Fall ist es viel besser, eine Struktur einzuführen, welche diese Informationen zusammenführt, und ein Array von dieser Struktur anzulegen:

```
struct PersonInfo {
    public string Name;
    public DateTime BirthDate;
}
PersonInfo[] friends = new PersonInfo[100];
PersonInfo[] family = new PersonInfo[10];
```

Listing 6.7 Verwendung von Strukturen als Datentyp

Wie Sie sehen, sind Strukturen auch von Vorteil, wenn Sie mehrere Variablen von einem Typ benötigen, da Sie diese einfach anlegen können. Würden Sie verschiedene einzelne Arrays verwenden, liefen Sie Gefahr, schnell die Übersicht zu verlieren und Fehler zu machen.

6.3   Exceptions

Sie kennen wahrscheinlich die Situation, dass der Computer einfach nicht das macht, was Sie wollen? Als Entwickler haben Sie auch noch das Problem, dass die Benutzer das Programm nicht so verwenden, wie Sie glauben, dass es richtig ist. Wenn Sie erwarten, dass ein Benutzer eine Zahl eingibt, sollten Sie damit rechnen, dass er dies nicht tut. Auch wenn Sie wollen, dass der Benutzer ein Dokument öffnet, bevor er auf eine Formatierungsleiste drückt, rechnen Sie damit, dass der Benutzer dies nicht tut! Wahrscheinlich steckt nicht einmal Absicht dahinter; die Benutzer wissen es oft einfach nicht besser. Erinnern Sie sich noch an die Zeit von Windows 98? Möglicherweise sind Ihnen die berühmten Blue Screens noch gut in Erinnerung. Jedes Mal, wenn ein Programm einen groben Fehler verursacht hat, hat dieser sogar das Betriebssystem zum Absturz gebracht. Heute sind die Blue Screens so gut wie ausgestorben. Und das nicht, weil die Programme besser wurden, sondern weil das Betriebssystem robuster ist und nicht mehr gleich mit abstürzt. Jedes Mal, wenn sich ein Programm einfach schließt oder nicht mehr reagiert, ist dies auf einen unerwarteten Fehlerfall zurückzuführen.

Doch was ist ein unerwarteter Fehlerfall? Das ist ein Fehler, mit dem der Programmierer nicht gerechnet hat und der daher auch nicht richtig behandelt wurde. Der Fehler tritt auf, und das Programm wird daraufhin unerwartet geschlossen. Man sagt dann, »es stürzt ab«. Es liegt an Ihnen als Programmierer, Eingaben auf ihre Gültigkeit zu prüfen und dem Benutzer eine entsprechende Meldung anzuzeigen. Es liegt an Ihnen, zu prüfen, ob eine Datei vorhanden ist, wenn Sie auf diese zugreifen wollen, und Sie müssen damit rechnen, dass der Benutzer keinen Zugriff auf diese Datei hat, dass die Datei nicht vorhanden ist oder dass sie gerade von einem anderen Programm verwendet wird. In jedem dieser Fälle ist eine Fehlerbehandlung notwendig.

Bei der Fehlerbehandlung versuchen Sie zum Beispiel, eine Datei zu lesen, und wenn dies nicht möglich sein sollte, dann wird ein bestimmter Code-Bereich ausgeführt. Hat der Zugriff funktioniert, so wird dieser Bereich nicht ausgeführt. Wie gesagt, der Computer soll versuchen, etwas zu tun. Gelingt dies nicht, so soll der Computer den Fehler »fangen«, damit wir ihn behandeln können. Wenn Sie nun die Wörter »versuchen« und »fangen« ins Englische übersetzen, sind Sie mit der Fehlerbehandlung schon beinahe fertig. Hier ein Beispielcode:

```
static void Main(String[] args) {
    try {
        int x = 0;
        int y = 10 / x;
    }
    catch(Exception ex) {
        Console.WriteLine("Es ist ein Fehler aufgetreten: " +
                    ex.Message);
    }
}
```

Listing 6.8 Codebeispiel für das Auftreten und die Behandlung von Ausnahmen

Alles innerhalb der geschwungenen Klammern bei `try` versucht der Computer zu tun. Wenn ein Fehler auftritt, wie in diesem Fall, da eine Division durch null versucht wird, springt der Computer automatisch zum `catch`-Bereich und führt den Code aus, der in den geschwungenen Klammern im `catch`-Block steht. In diesem Fall würde auf der Konsole `"Es ist ein Fehler aufgetreten: "` und die entsprechende Fehlermeldung ausgegeben werden. Der Fehlerfall wird also als Ausnahme (engl. *Exception*) bezeichnet. Man spricht immer davon, eine »Exception zu fangen«. `Exception` ist in diesem Fall eine Klasse (so wie auch `Console`). Die Variable `ex` ist somit eine Variable vom Typ `Exception`, und mit `ex.` können Sie auf Eigenschaften dieser Variablen zugreifen. Dies kennen Sie bereits von den Strukturen. Darunter finden Sie auch `Message`, was eine Fehlermeldung ist, die dem Programmierer helfen soll, den Fehler zu finden. Für den Benutzer ist diese Fehlermeldung normalerweise nicht geeignet.

Es existieren Erweiterungen von diesem Konstrukt. Bisher kennen Sie die Minimalvariante. Sie können optional noch einen `finally`-Block definieren. Dieser wird immer ausgeführt, egal ob der Computer den `try`-Block erfolgreich ausführt oder in den `catch`-Block springen muss. Nach einem dieser beiden Blöcke wird immer der `finally`-Block ausgeführt. Dieser wird zum Beispiel benutzt, um aktuell geöffnete Dateien oder offene Datenbankverbindungen sicher zu schließen. Sie wollen ja nicht, dass eine Datei aufgrund eines Programmfehlers bis zum nächsten Neustart des Computers gesperrt ist und nicht mehr darauf zugegriffen werden kann!

```
static void Main(String[] args) {
    try {
        //Versuche etwas.
    }
    catch(Exception ex) {
        /*Dieser Programmcode (im catch-Bereich) wird nur im
          Fehlerfall ausgeführt, also wenn der Versuch im Try-Block
          nicht erfolgreich war.*/
    }
    finally {
    //Dieser Bereich wird immer ausgeführt!
    }
}
```

Listing 6.9 Beispielcode für Ausnahmebehandlung mit finally

Des Weiteren existieren natürlich verschiedene Arten von Fehlern. Sie wollen zum Beispiel etwas in eine Datei auf der Festplatte schreiben. Hierbei gibt es verschiedene Fehlerquellen. Sie können die Daten nicht auf die Festplatte schreiben, weil

▶ die Festplatte voll ist,

▶ der Benutzer keine Berechtigung zum Schreiben dieses Verzeichnisses hat,

▶ das Verzeichnis, in das Sie schreiben wollen, nicht existiert,

▶ die Datei gerade von einem anderen Programm geöffnet und somit gesperrt ist,

▶ das Verzeichnis ein Netzlaufwerk ist, das aktuell nicht verfügbar ist.

Sie können nun auf all diese Fehlerquellen mit einem einzigen catch-Block reagieren und dies relativ generisch handhaben – also dem Benutzer sagen: »*Es ist ein Fehler beim Schreiben der Daten aufgetreten.*«

Oder Sie können jeden Fehlertyp explizit behandeln und dem Benutzer sagen: »*Es ist ein Fehler beim Schreiben der Daten aufgetreten. Die Daten konnten nicht gespeichert werden, da das Verzeichnis C:\Temp nicht gefunden werden konnte.*«

Welche dieser beiden Varianten würden Sie sich als Benutzer wünschen? Diese Variante sollten Sie auch programmieren. Das Problem ist nur, dass diese Variante auch mehr Arbeit macht, da Sie jeden Typ entsprechend implementieren müssen:

```
using System.IO;
using System.Security;

static void Main(String[] args) {
    try {
        //Versuche, etwas in eine Datei zu schreiben.
        File.WriteAllText("C:\\Temp\\test.txt", "Das ist ein Text");
        Console.WriteLine("Datei wurde gespeichert.");
    }
    catch(FileNotFoundException ex) {
        //Datei konnte nicht gefunden werden -> Fehler behandeln.
        Console.WriteLine("Fehler: Datei wurde nicht gefunden.");
    }
    catch(DirectoryNotFoundException ex) {
        //Verzeichnis konnte nicht gefunden werden -> Fehler
        //behandeln.
        Console.WriteLine("Fehler: Verzeichnis konnte nicht
                          gefunden werden.");
    }
    catch(SecurityException sEx) {
        //Berechtigungsproblem (z.  B. Zugriff verweigert) ->
        //Fehler behandeln.
        Console.WriteLine("Fehler: Die Datei kann aus
```

```
                Sicherheitsgründen nicht gespeichert werden.");
    }
    catch(IOException ioEx) {
            //Generelle Fehlermeldung bei Problemen mit dem Schreiben
            //auf das Dateisystem.
            Console.WriteLine("Fehler: Es ist ein unbekannter
                    Ein-/Ausgabefehler aufgetreten.");
    }
    catch(Exception ex) {
            //Alle bisher nicht behandelten Fehlertypen. Exception ist
            //die "Mutter aller Fehler", also der allgemeinste Fehlertyp.
            Console.WriteLine("Es ist ein unbekannter Fehler
                            aufgetreten: " + ex.Message);
    }
}
```

Listing 6.10 Behandeln von verschiedenenartigen Ausnahmen anhand eines Dateizugriffs

Wie Sie sehen, können Sie verschiedene Arten von Exceptions fangen, und die Fehlervariable muss auch nicht unbedingt ex heißen. Wichtig ist, dass die Fehlertypen von oben nach unten hin immer allgemeiner werden. Gehen Sie also vom speziellen Fehler zum allgemeinen. Wenn Sie versuchen, gleich zu Beginn Exception zu fangen, wird der Compiler einen Fehler melden, dass die anderen Exception-Typen nicht behandelt werden können, da Exception bereits alles abdeckt. Jede Art von Exception ist ein Typ bzw. eine Klasse, und die ex-Variable ist ein Objekt. Dazu erfahren Sie in Abschnitt 6.4, »Klassen«, mehr.

Oftmals macht es auch Sinn, selbst Exceptions im Programm auszulösen, um zu signalisieren, dass es sich hierbei um einen Fehler handelt. Folgendes Beispiel:

```
string CombineText(string welcomeText, string username) {
    if (username == "")
        throw new Exception("Fehlender Benutzername!");
    return welcomeText + " " + username;
}
```

Listing 6.11 Auslösen einer Exception

Dieser Beispielcode kombiniert einen Text und einen Benutzernamen. Als Programmierer können Sie für sich entscheiden, dass in Ihrem Programm immer ein Benutzername vorhanden sein muss. Sollte ein Benutzername nicht vorhanden sein, so kann es sich lediglich um einen Fehler handeln. Daher lösen Sie mittels `throw` eine `Exception` aus. Da Sie keine bestehende `Exception` auslösen wollen, sondern eine neue, benötigen Sie auch das `new`-Schlüsselwort. Auch wenn Sie selbst entsprechende Fehler auslösen, müssen diese an geeigneter Stelle wieder behandelt werden. Wenn Sie dies vergessen, führt dies zu einem unbehandelten Fehler und dadurch zu einem Programmabsturz. Die geeignete Stelle ist im Normalfall dort, wo die Methode, die den Fehler auslöst, aufgerufen wird.

Möglicherweise fragen Sie sich, warum Sie `Exceptions` auslösen sollen, wenn Sie diese woanders wieder behandeln müssen. Es ist richtig, dass Sie sich damit Arbeit aufhalsen. Allerdings ist diese nicht unnötig, denn die `Exception` soll ja dann ausgelöst werden, wenn Bedingungen nicht erfüllt sind, die erfüllt sein müssen. Somit kann es sich ohnehin nur um einen Fehler handeln, wenn diese `Exception` ausgelöst wird. Wird sie nicht ausgelöst, ist das auch in Ordnung. Wird sie allerdings ausgelöst, gibt Ihnen das Hinweise, wo Sie nach dem Fehler suchen müssen.

Einen weiteren häufigen Anwendungsfall möchte ich Ihnen auch zeigen, bei dem Sie nicht eine neue, sondern eine bestehende `Exception` einfach wieder auslösen. Der Programmcode ist wohl relativ selbsterklärend:

```
try {
    int x = 0;
    int y = 10 / x;
}
catch(Exception ex) {
    Console.WriteLine("Es ist ein Fehler aufgetreten: " + ex.Message);
    throw ex;
}
```

Listing 6.12 Erneutes Auslösen einer bereits behandelten Exception

In diesem Fall wird die `Exception` gefangen, und die Behandlung besteht lediglich darin, dass die Fehlermeldung in ein Log geschrieben wird (wie auch immer dieser Protokollierungsvorgang implementiert ist). Da dies keine tatsächliche Behandlung ist, wird der Fehler einfach wieder ausgelöst. Ein derartiges Vorgehen wird manchmal verwendet, wenn Sie einen hartnäckigen Fehler suchen, um genau zu sehen, welche `Exceptions` in welcher Reihenfolge ausgelöst werden und wo diese ihren Ursprung haben. Bei der Fehlersuche hilft im Normalfall auch der *Stack Trace*, der – ähnlich wie die *Aufrufliste* (siehe Abbildung 3.12 oder auch Abbildung 6.1, im rechten unteren Teil der Grafik) – anzeigt, in welcher Reihenfolge welche Methoden aufgerufen wurden, bis dieser Fehler aufgetreten ist. Wenn eine `Exception` während des Debuggens auftritt, so stoppt der Debugger bei dieser `Exception` und zeigt Ihnen, welche `Exception` genau aufgetreten ist (siehe Abbildung 6.1).

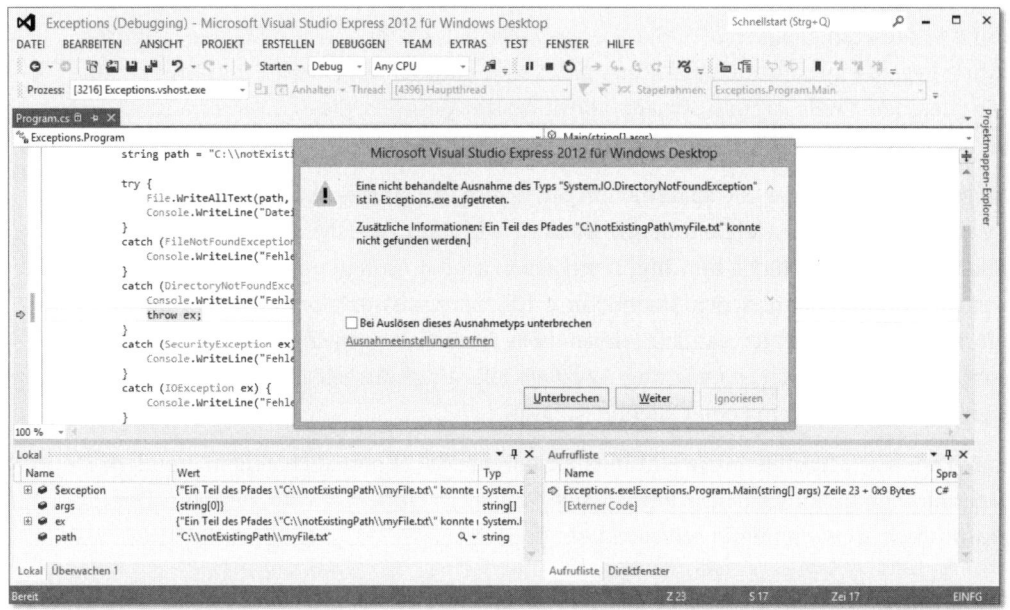

Abbildung 6.1 Auftreten eines Fehlers. Durch einen Klick auf »Details anzeigen« werden weitere Eigenschaften zum aufgetretenen Fehler angezeigt.

Versuchen Sie, in Ihrem Code auf alle möglichen Fälle zu prüfen, und bauen Sie `Exception`-Handling ein. Sparen Sie nicht mit derartigem Code! Sie werden ohnehin bestimmte Fälle übersehen. Sie sind ein Mensch und können nicht an alle möglichen und unmöglichen Kombinationen denken. Vor allem, wenn Programme groß und komplex sind, ist ein derartiges Handling oft sehr schwierig. Auch wenn es also Arbeit bedeutet, sollten Sie gleich während der Entwicklung ein entsprechendes Handling einbauen und überlegen, welche Fehlerquellen in bestimmten Programmabschnitten auf Sie lauern. Wenn Sie glauben, dass Sie erst das Programm schreiben können und später die Fehlerbehandlung einbauen, so seien Sie gewarnt. Sie werden nach der Erstellung des Programms wohl kaum noch das Interesse verspüren, diese verhältnismäßig langweilige Tätigkeit durchzuführen! Dies hat jedoch in den meisten Fällen den Effekt, dass das Programm sehr fehleranfällig ist und ständig abstürzt. Dies frustriert Benutzer sehr, und sie verlieren das Vertrauen in das Programm und möglicherweise in Sie. Die schlimmste logische Konsequenz ist, dass Ihr Programm nicht mehr benutzt wird und Sie es umsonst geschrieben haben. Also reißen Sie sich am Riemen, und versuchen Sie, immer sofort mögliche Fehlerquellen zu eruieren und diese zu beheben. Lassen Sie das Programm von verschiedenen Personen testen, und Sie werden sehen, dass diese oftmals Dinge anders machen, als Sie gedacht hätten.

Der beste Lehrmeister ist ein Benutzer, der das Programm noch nie gesehen hat. Sitzen Sie während dieses Tests hinter diesem Benutzer, und beobachten Sie diesen, ohne ein einziges Wort zu verlieren! Dies ist nicht einfach, denn wenn dieser mit der Maus oder Tastatur nicht das macht, was Sie eigentlich erwarten, oder sich der Benutzer einfach nicht auf der Benutzeroberfläche zurechtfindet, so werden Sie den unwiderstehlichen Drang verspüren, etwas zu sagen oder dem Benutzer zu Hilfe zu eilen. Tun Sie dies nicht! Beißen Sie sich auf die Lippen oder was auch immer Ihnen dabei hilft, den Benutzer lediglich zu beobachten. Sie müssen aus seinem Verhalten lernen und das Programm möglicherweise so anpassen, dass dieser sich zurechtfindet, der Benutzer schöne Fehlermeldungen bekommt, die ihm weiterhelfen und die Dialoge so gestalten, dass dieser geführt wird.

Eine Zahl, die Sie möglicherweise etwas abschrecken mag, aber Ihnen vor Augen führen soll, wie wichtig vernünftige Fehlerbehandlungen sind, hat den Wert 40. In wirklich stabilen Programmen, dienen ca. 40 % des Programmcodes zur Fehlerbehandlung – also zum Validieren, ob Eingaben richtig sind, zum Prüfen, ob Dateien vorhanden sind und richtig auf Ereignisse reagieren usw.

Fehlerbehandlung ist zeitintensiv

Wenn Sie ein Programm entwickelt haben, das noch keine Fehlerbehandlung enthält, werden Sie beinahe noch einmal die gleiche Zeit benötigen, um das Programm stabil und robust zu machen.

6.4   Klassen

Sie haben bereits einiges an neuen Informationen und Konzepten in diesem Kapitel gelesen. Und es geht weiter! Ich habe Ihnen versprochen, dass Sie in diesem Kapitel auch etwas über Objektorientierung hören werden. Mit diesem Abschnitt fängt es an.

Sie erinnern sich natürlich an Strukturen, die in diesem Kapitel erklärt wurden. Strukturen sind Klassen sehr ähnlich. Auch mit Klassen definieren Sie neue Datentypen. Allerdings werden sie im Speicher etwas anders verwaltet. Wollen Sie mehr Informationen oder Funktionalität verpacken, als ich oben bei den Strukturen angeführt habe, so empfehle ich Ihnen, Klassen zu verwenden.

Ich habe bei den Strukturen die Funktion GetFullName dargestellt, die je nachdem, ob der Vorname der Person leer ist oder nicht, entweder *Vorname + Leerzeichen + Nachname* ausgibt oder lediglich den *Nachnamen*. Nehmen wir dieses Beispiel, und implementieren wir es in drei verschiedenen Varianten:

1. Ohne Struktur und ohne Klasse, lediglich mit Variablen:

```
static void Main(string[] args) {
    //Benutze 2 Variablen, um Werte zu speichern.
    string firstname = "Max";
    string lastname = "Mustermann";
    //Vollständigen Namen ermitteln.
    string full = GetFullName(firstname, lastname);
    //Text soll auf der Konsole ausgegeben werden.
    Console.WriteLine(full);
}
static string GetFullName(string firstname, string lastname) {
    if (firstname != "")
        return firstname + " " + lastname;
    else
        return lastname;
}
```

Listing 6.13 Verwendung von Variablen für die Verwaltung von strukturierten Daten

Diese Variante funktioniert natürlich gut. Wenn Sie jedoch mehrere Personendaten verwalten wollen, wird es ganz schnell langweilig und unübersichtlich.

2. Mit einer Struktur:

```
struct Person {
    public string Firstname;
    public string Lastname;
}
static void Main(string[] args) {
    Person max = new Person();
    //Werte werden der Struktur zugewiesen.
    max.Firstname = "Max";
    max.Lastname = "Mustermann";
    //Der vollständige Name wird ermittelt.
    string full = GetFullName(max);
    //Der Name wird in der Konsole ausgegeben.
    Console.WriteLine(full);
}
//Es ist nurmehr eine Variable mit einem Parameter
```

```
    //(vom Typ der Struktur) notwendig.
    static string GetFullName(Person p) {
        if (p.Firstname != "")
            return p.Firstname + " " + p.Lastname;
        else
            return p.Lastname;
    }
```

Listing 6.14 Verwendung einer Struktur für die Verwaltung von strukturierten Daten

Die Frage, die man sich nun stellen kann und die mit Klassen beantwortet wird, ist: Warum weiß in diesem Beispiel die Variable max nicht selbst, wie ihr vollständiger Name lautet? Wieso kann ich nicht einfach max.GetFullName(); schreiben? In Klassen können Sie auch Funktionen (oftmals auch *Klassenmethoden* oder *Methoden* genannt) programmieren, und somit wird dieser Aufruf möglich.

3. Mit einer Klasse:

```
    class Person {
        public string Firstname;
        public string Lastname;
        public string GetFullName() {
            if (Firstname != "")
                return Firstname + " " + Lastname;
            else
                return Lastname;
        }
    }
    static void Main(string[] args) {
        Person max = new Person();
        max.Firstname = "Max";
        max.Lastname = "Mustermann";
        string full = max.GetFullName();
        Console.WriteLine(full);

        //Dies kann auch mit anderen Personen-Objekten
        //aufgerufen werden.
        Person bernhard = new Person();
        bernhard.Lastname = "Wurm";
        full = bernhard.GetFullName();
        Console.WriteLine(full);
    }
```

Listing 6.15 Definition und Verwendung einer Klasse zum Verwalten
von strukturierten Daten

Die Grundidee hinter Klassen ist, dass die Eigenschaften von Objekten und Funktionen im Objekt vereint sind. Die Klasse `Person` hat somit selbst eine Funktion implementiert, nämlich `GetFullName`, und weiß, wie diese zu berechnen ist. Alle Daten, die dazu notwendig sind, sind in der Klasse selbst enthalten, und somit sind keine weiteren Parameter (in diesem Fall) notwendig. Dadurch entsteht der Vorteil, dass Programmcode, der zusammengehört, auch beisammen ist.

Klassen beinhalten Eigenschaften und Methoden

Eine Klasse beinhaltet sowohl Eigenschaften wie Vorname, Nachname, Alter, Position, ... einer Person als auch Methoden wie Essen, Aufstehen, Gehen, ..., die die Eigenschaften verändern oder lediglich auf Basis der Eigenschaften neue Informationen generieren (wie z. B.: den vollständigen Namen zurückgeben).

Es wird dabei zwischen *Klasse* und *Objekt* unterschieden. In der aktuell bekannten Begrifflichkeit wäre die Klasse ein Datentyp (so wie z.B. `int`, `string`, `bool`), und ein Objekt wäre eine Variable, die Sie von diesem Datentyp anlegen und verwenden.

Also: Die Klasse heißt `Person`. Einige Objekte davon sind nun `max`, `bernhard`, `myPerson`, `person1` usw. Die Klasse bestimmt, welche Eigenschaften (Vorname, Nachname, E-Mail usw.) und welche Methoden für die Objekte dieser Klasse verfügbar sind (Gehen, Sitzen, Schlafen, Essen usw.).

Die konkreten Objekte davon belegen die Eigenschaften dann mit konkreten Werten. Das Objekt bekommt also den Vornamen, Nachnamen usw. zugewiesen und speichert diese Informationen intern. Es ist einem Datentyp sehr ähnlich, denn auch hier bestimmt der Datentyp `int`, dass lediglich Zahlen gespeichert werden können. Die Variable an sich bekommt nun einen Wert zugewiesen (`int x = 5;` `int z = 3;`).

Unterschied zwischen »Klassen« und »Objekten«

In vielen Büchern und Schulen wird der Unterschied zwischen Klassen und Objekten auch wie folgt erklärt:

»Sie können sich eine Klasse wie einen Keksausstecher vorstellen. Dieser bestimmt die Form des Kekses. Das Objekt ist dann der Keks selbst, den Sie mit dem Keksausstecher ausstechen.«

Eine Erklärung, die Ihnen vielleicht inzwischen besser im Gedächtnis bleibt, auch wenn diese nicht 100 % korrekt ist, ist folgende: Klassen sind die Datentypen. Objekte die konkreten Variablen des Typs. Wie auch Integer ein Datentyp ist.

Das .NET Framework ist natürlich voll von Klassen, die Sie benutzen können. Selbstverständlich können Sie selbst Klassen definieren oder auch Klassen von anderen Entwicklern verwenden. Die Vorgehensweise funktioniert wie folgt:

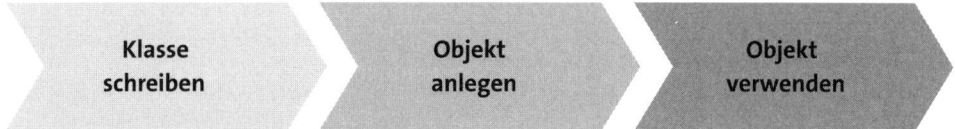

Abbildung 6.2 Vorgehensweise bei Klassen

Wenn Sie ein neues Projekt mit *Microsoft Visual Studio für Windows Desktop* beginnen, sehen Sie ungefähr folgenden Code:

```
using System;

namespace HelloWorld {
    class Program {//<- Hier sehen Sie die Klassendefinition!
        static void Main(string[] args) {
        //Hier wird der Programmcode geschrieben.
        }
    }
}
```

Listing 6.16 Aufzeigen der Klasse im Hauptprogramm in einer Konsolenanwendung

Wie Sie sehen, haben Sie auch jetzt bereits in Klassen programmiert. Das Program ist die Klasse, die die Main-Methode beinhaltet, die beim Programmstart ausgeführt wird.

Sie erinnern sich bestimmt an Console.WriteLine und Ähnliches. Auch Console ist eine Klasse.

6.4.1 Namespaces

Allein im .NET Framework existieren Tausende von Klassen, die Sie alle benutzen können. Diese große Anzahl von Klassen muss natürlich strukturiert werden. Zu dieser Strukturierung dienen *Namespaces*.

Wenn Sie eine Klasse verwenden wollen, müssen Sie angeben, in welchem Namespace diese Klasse verfügbar ist. Zum Beispiel ermöglicht es die Klasse FileInfo, Informationen über Dateien auszulesen. Sie befindet sich im Namespace System.IO (wobei IO für Input/Output steht). Demnach können Sie die Klasse wie folgt verwenden:

```
using System;

namespace GetFileInformation {
    class Program {
        static void Main(string[] args) {
            //FileInfo-Objekt wird erstellt.
            //Beim Erstellen dieses Objektes ist der Dateipfad als
            //Parameter notwendig.
            System.IO.FileInfo myFile = new System.IO.FileInfo
            ("C:\\Temp\\Information.txt");

            //Diverse Informationen über die Datei werden ausgelesen.
            Console.WriteLine("Datei: " + myFile.Name);
            Console.WriteLine("Größe: " + myFile.Length + " Byte");
            Console.WriteLine("Erstellt am: " + myFile.CreationTime);
            Console.WriteLine("Letzter Zugriff: " +
            myFile.LastAccessTime);
            Console.Read();
        }
    }
}
```

Listing 6.17 Verwendung von Namespaces, um eine bestimmte Klasse verwenden zu können

Dieser Code zeigt Ihnen, wie Sie zum Beispiel Informationen der Datei `Information.txt` auslesen können, die im Verzeichnis `C:\Temp\` liegt. Die Klasse `FileInfo` liegt im Namespace `System.IO`. Demnach müssen Sie, wenn Sie ein neues Objekt vom Typ `FileInfo` anlegen, `System.IO.FileInfo [NAME DES OBJEKTES] = new System.IO.FileInfo ("[PFAD ZUR DATEI]");` angeben. Schreiben Sie den Namen Ihres Objektes und anschließend einen Punkt, und Sie werden sehen, was Ihnen dieses Objekt alles zur Verfügung stellt. `FileInfo` stellt zum Beispiel Informationen darüber zur Verfügung, wann die Datei zum letzten Mal geändert wurde, wie groß die Datei ist usw. Es ist nicht notwendig, dass Sie Derartiges selbst programmieren. Bestehende Klassen wie `FileInfo` und viele Tausend andere wurden bereits programmiert und stellen diese Funktionalitäten zur Verfügung. Sie müssen diese lediglich verwenden. Das ist auch das Schöne an Klassen! Sie können diese einfach verwenden und müssen nicht einmal wissen, wie die Dinge programmiert sind.

Alle Klassen, die mit dem Lesen oder Schreiben von Dateien, Verzeichnissen oder Ähnlichem zu tun haben, finden Sie in `System.IO`. Nochmals zur Erinnerung: IO steht für *Input/Output*.

Wenn Sie nun oftmals Klassen vom Namespace System.IO verwenden wollen oder müssen, ist das ständige Tippen des Namespaces lästig. Hier können Sie ganz zu Beginn der Datei eine sogenannte using-Anweisung schreiben. Dabei wird der Namespace eingebunden, was bewirkt, dass Sie direkt den Klassennamen schreiben können und nicht ständig den Namespace hinschreiben müssen:

```
using System;
using System.IO; //Einbinden des Namespace, damit FileInfo ohne
                 //explizite Angabe des Namespaces verfügbar ist.


namespace GetFileInformation {
    class Program {
        static void Main(string[] args) {
            //FileInfo-Objekt wird erstellt.
            //Beim Erstellen dieses Objektes ist der Dateipfad als
            //Parameter notwendig.
            FileInfo myFile = new FileInfo
            ("C:\\Temp\\Information.txt");
            //…
        }
    }
}
```

Listing 6.18 Verwendung von using, um den Klassennamen nicht inkl. Namespace angeben zu müssen

Der Namespace System ist der Standard-Namespace des .NET Frameworks, in dem sich alle wichtigen Grundelemente wie die Konsole, die gesamten Datentypen usw. befinden.

Namespaces sind hierarchisch organisiert. Somit können Namespaces auch andere Namespaces beinhalten. Wenn Sie mit der Programmierung beginnen, ist es oft schwierig, zu erraten, wo Sie beginnen sollen, nach Klassen zu suchen. Aus diesem Grund ist hier ein kleiner Überblick über die wichtigsten Namespaces:

Namespace	Zuständig für:
System.Drawing	das Zeichnen von Elementen, Farben, geometrischen Formen …
System.IO	den Zugriff auf Festplatte, Dateien, Ordner

Tabelle 6.1 Die wichtigsten Namespaces

Namespace	Zuständig für:
System.Net	den Zugriff auf Netzwerkdaten, das Herunterladen von Dateien
System.Net.Mail	das Versenden von E-Mails
System.Globalization	die Internationalisierung; Unterstützung bei verschiedensprachigen Systemen
System.Web	alles, was mit der Webentwicklung zu tun hat
System.Configuration	den Zugriff auf Einstellungen für Ihre Anwendung
System.Windows.Forms	alles, was Sie brauchen, um eine grafische Windows Forms-Anwendung zu programmieren
System.Threading	Parallelisierung, also die Ausnutzung von Prozessoren mit mehreren Kernen
System.Text	alles, was mit Texten zu tun hat

Tabelle 6.1 Die wichtigsten Namespaces

Möglicherweise stehen Ihnen nicht sofort alle Namespaces zur Verfügung. Dies liegt auch am Projekttyp, denn eine Konsolenanwendung benötigt keine Windows Forms, und wenn es sich nicht um eine Webanwendung handelt, steht Ihnen auch System.Web nur sehr eingeschränkt zur Verfügung. Sie können jedoch im Projektmappen-Explorer mit der rechten Maustaste auf VERWEIS HINZUFÜGEN (engl. ADD REFERENCE) klicken und anschließend neue Assemblys (.NET-DLL-Dateien) referenzieren, damit auch diese Namespaces zur Verfügung stehen. Auf diese Art und Weise können Sie auch Assemblys von anderen Entwicklern einbinden und deren Klassen in Ihrem Programm verwenden!

Hinweis zu Klassen in Namenspaces

Eine Klasse muss natürlich innerhalb eines Namespaces einen eindeutigen Namen besitzen.

Namenspaces des .NET Frameworks

Alle Namespaces, die mit System beginnen, sind vom .NET Framework. Wenn Sie selbst Klassen schreiben und mit Namespaces strukturieren, so empfiehlt Microsoft folgende Struktur:

Firmenname.Produktname.Modulname

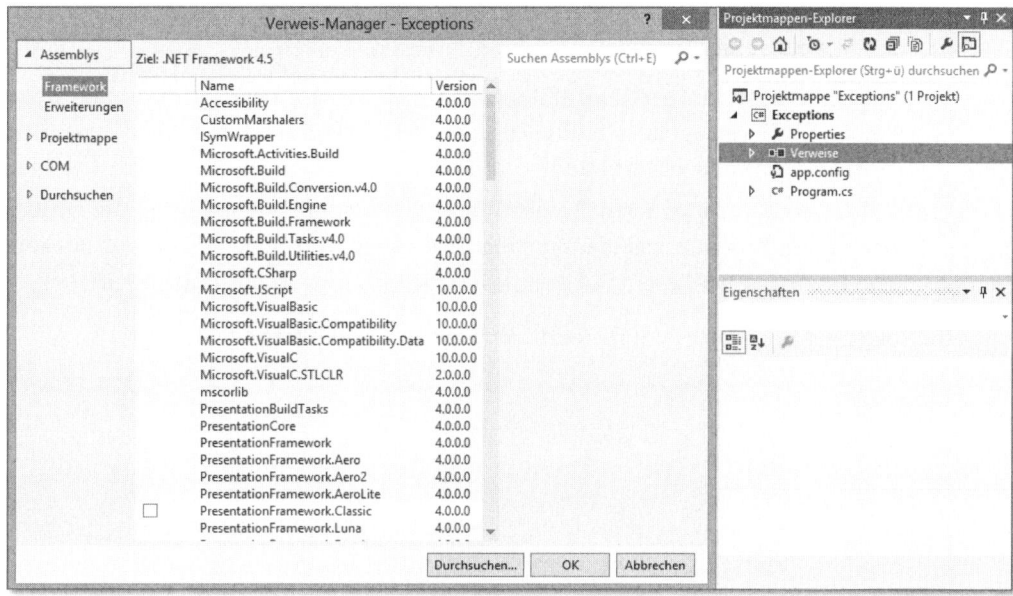

Abbildung 6.3 Hinzufügen einer Referenz. Dadurch können die Programmteile des hinzugefügten Assemblies in Ihrem Programm verwendet werden.

6.4.2   Klassenmethoden vs. Objektmethoden

Wenn Sie einen Text auf der Konsole ausgeben, schreiben Sie lediglich `Console.WriteLine`. Möglicherweise haben Sie sich bereits gefragt, warum Sie kein `Console`-Objekt anlegen müssen, also warum Sie nicht

```
Console myConsole = new Console();
```

schreiben. Wenn Sie jedoch über `FileInfo` auf Dateieigenschaften zugreifen wollen, ist es erforderlich, ein Objekt anzulegen.

Der Grund hierfür liegt an der Art der Methode (Funktion). Das Zauberwort ist hier `static`.

`Console.WriteLine` ist eine sogenannte *statische Methode* oder *Klassenmethode*. Dagegen handelt es sich bei `myFile.CopyTo("Info1.txt")` um eine Objektmethode. Klassenmethoden benötigen im Gegensatz zu Objektmethoden kein Objekt, sondern sind direkt mit der Angabe des Datentyps verfügbar. Wenn Sie eine Methode schreiben, müssen Sie selbst entscheiden, ob es sich um eine Klassen- oder Objektmethode handeln soll. Folgende zwei Faustregeln helfen Ihnen bei der Entscheidung, ob Sie eine Klassenmethode oder eine Objektmethode programmieren sollen:

1. Die Klasse ermöglicht den Zugriff auf etwas, was nur sehr begrenzt (normalerweise genau 1 Stück) verfügbar ist, zum Beispiel die Konsole, Tastatur, Maus usw. Dies spricht für eine Klassenmethode.

2. Die Methode ist nicht von den Eigenschaften- oder der Variablenbelegung des Objekts abhängig. Das bedeutet, dass das Ergebnis unabhängig von der Konfiguration des konkreten Objekts ist. In diesem Fall sollten Sie eine Klassenmethode implementieren.

Mit folgender bekannter Syntax definieren Sie eine Objektmethode:

```
class Person {
        public string GetFullName() {
                //Implementiere an dieser Stelle
    }
}
//Verwendung: Vollständiger Name ist abhängig von den
//Eigenschaften Vor- und Nachname des Objekts
Person myPerson = new Person();
myPerson.GetFullName();
```

Listing 6.19 Definition und Verwendung einer Objektmethode

Mit folgender Syntax definieren Sie eine Klassenmethode:

```
class Validator {
    public static bool IsEmailAddressValid(string email) {
        //Implementiere an dieser Stelle
    }
}
/*Verwendung: Die Methode ist nur zur Validierung gedacht.
Die Methode ist von keinen Eigenschaften/Variablen der Klasse
abhängig, sondern lediglich vom Übergabeparameter.*/
Validator.IsEmailAddressValid("max@mustermann.com");
```

Listing 6.20 Definition und Verwendung einer statischen Methode, auch Klassenmethode genannt

Wie Sie sehen, unterscheidet sich die Definition der Methode lediglich durch das kleine Wort static, und bei der Verwendung ist der Unterschied wie beschrieben, dass Sie kein Objekt anlegen müssen, sondern dass es reicht, wenn Sie den Klassennamen, anschließend einen Punkt und danach den Methodennamen schreiben. Sie können hier auch einfach die Faustregel prüfen: `GetFullName` ist natürlich von Vor- und Nachname einer konkreten Person abhängig und somit von Variablen des Objekts. Die Validierung einer E-Mail-Adresse ist lediglich von der E-Mail-Adresse selbst abhängig, die als Übergabeparameter der Methode übergeben wird. Somit kann diese Methode statisch programmiert werden.

Arbeitsspeicherbedarf

Stellen Sie sich vor, Sie schreiben ein Buchhaltungssystem (Sie können auch an ein beliebiges anderes System denken), bei dem viele Tausend Artikel existieren. Ein Artikel besteht aus einer Artikelnummer, -bezeichnung, einem Preis und vielem mehr. Somit ist eine Klasse für einen Artikel angebracht. Wenn das Programm nun die Artikel lädt (von der Festplatte aus einer Datei oder Datenbank), so wird für jeden Artikel ein Objekt dieser Klasse angelegt. Somit existieren mehrere Tausend Objekte dieser Klasse. Sie können sich vorstellen, dass je weniger Eigenschaften und Methoden diese Klasse besitzt, umso weniger Arbeitsspeicher benötigt wird. Aus praktischer Sicht tritt zwar kaum das Problem auf, dass zu wenig Speicher verfügbar ist (zumindest bei normalen Clientanwendungen), Sie sollten dies jedoch bedenken. Statische Methoden helfen Ihnen, hier Speicher zu sparen, da diese lediglich einmalig existieren und nicht für jedes Objekt.

6.4.3   Das Geheimnisprinzip

Ehrlichkeit ist eine tolle Sache, und Geheimnisse, so wird uns bereits als Kindern beigebracht, sind nicht immer von Vorteil. Wenn Sie Software entwickeln, so empfehle ich Ihnen, diese moralischen Werte abzulegen – zumindest wenn es um Eigenschaften von Klassen geht. Nachdem ich Ihnen die verschiedenen Arten von Sichtbarkeit erläutert habe, will ich Ihnen anhand eines kleinen Beispiels erklären, warum diese Geheimnisse wichtig sind, und warum Sie nicht immer alles preisgeben sollten.

Die Sichtbarkeitsstufen (oder auch *Sichtbarkeit* genannt) sind absteigend sortiert nach dem Grad an Geheimniskrämerei:

▶ Private
  Ist eine Methode `private`, so kann sie lediglich von Methoden der Klasse aufgerufen werden, in der die Methode definiert ist. Eine Methode, die `private` ist, darf also nur intern verwendet werden. Es handelt sich hierbei meist um Hilfsfunktionen, die sich bei der schrittweisen Verfeinerung herauskristallisiert haben.

▶ Protected
  Ist eine Methode `protected`, so kann sie lediglich von der eigenen Klasse aufgerufen werden oder auch von Klassen, die von dieser Klasse abgeleitet sind. Zu *abgeleiteten* Klassen sage ich später noch mehr.

▶ Internal

Ist eine Methode `internal`, so kann sie lediglich von Klassen und Programmteilen aufgerufen werden, die sich in der gleichen *Assembly* befinden. (Eine Assembly ist meist mit einem Visual Studio-Projekt bzw. einer DLL-Datei gleichzusetzen.)

▶ `protected internal`

Hierbei handelt es sich um eine Kombination von `internal` und `protected`. Also kann eine Methode, die `protected internal` ist, von der eigenen Klasse, von abgeleiteten Klassen und von Klassen in der gleichen Assembly aufgerufen werden.

▶ Public

Ist eine Methode `public`, so kann sie von der eigenen Klasse und von allen anderen Klassen oder Programmteilen aufgerufen werden.

Nun, da Sie die Auswahl kennen, die Sie bei der Erstellung von Methoden treffen müssen (ja, noch etwas, worüber Sie sich Gedanken machen müssen), will ich Ihnen anhand eines Beispiels näherbringen, wie und warum Sie manchmal `public` und manchmal `private` oder Ähnliches verwenden.

Das folgende Beispiel implementiert einen sogenannten *Stack* (auch First-In-Last-Out oder kurz FILO genannt). Sie können sich diesen Stack wie einen Papierkorb vorstellen. Der Papierkorb wird von oben gefüllt, und was Sie als Letztes in dem Papierkorb geworfen haben, kommt als Erstes wieder heraus. Dieser FILO soll als Klasse implementiert werden und diese Funktionen bieten: `Push(int number)` fügt eine Zahl in den Stack ein, und `Pop()` gibt die letzte eingefügte Zahl zurück. Des Weiteren wird eine Methode `Init(int size)` programmiert, die den Papierkorb mit einer bestimmten Größe initialisiert.

Mit folgendem Code wird getestet, ob der FILO auch tatsächlich funktioniert:

```
using System;

namespace FILO {
    class Program {
        static void Main(string[] args) {
            //FILO wird benutzt und mit zufälligen Werten befüllt.
            Random rnd = new Random(); //Die Random-Klasse kann
                                       //Zufallswerte erzeugen.
            int numOfItems = 5; //Die Anzahl der zu erzeugenden
                                //Werte.
            FILO myFilo1 = new FILO(); //FILO-Objekt wird erzeugt.
```

```
        myFilo1.Init(numOfItems); //FILO initialisieren (Größe).
        //5 zufällige Zahlen zwischen 1 und 100 einfügen.
        for (int i = 0; i < numOfItems; i++) {
            myFilo1.Push(rnd.Next(1, 100));
        }

        //Die Daten der FILOs werden ausgegeben.
        Console.WriteLine("Der Inhalt des ersten FILO:");
        for (int i = 0; i < numOfItems; i++) {
            Console.WriteLine(myFilo1.Pop());
        }
    }
  }
}
```

Listing 6.21 Verwendung des FILO-Objekts. Das Hauptprogramm verwendet die Klasse und ist dadurch auch ein Testprogramm während der Entwicklung.

Die Klasse FILO selbst muss einige Zahlen speichern. Hierzu bietet sich natürlich ein Array an. Wenn bei jedem Aufruf von Push die Zahl in das Array (an die nächste Stelle) geschrieben wird, müssen Sie sich merken, an welche Stelle die letzte Zahl geschrieben worden ist. Bei der Methode Pop wird die Zahl zurückgegeben, die als Letzte eingefügt wurde, was über den Index einfach eruierbar ist. Die Methode Init erzeugt lediglich das Array mit der entsprechenden Größe. Später wird mithilfe von Konstruktoren eine elegantere Variante vorgestellt, die die Methode Init überflüssig macht. Ich empfehle Ihnen, nun einen Zettel und einen Bleistift zur Hand zu nehmen und dieses Verhalten zu skizzieren. Anschließend sollten Sie die Klasse selbst implementieren und folgenden Code als Nachschlagewerk verwenden. Schreiben Sie vor jede Methode public! Der abgedruckte Code zeigt die Klasse, und anschließend werde ich genau darauf eingehen, was public und was private gemacht werden soll und warum.

```
using System;

namespace FILO {
    class FILO {
        private int[] data; //Dieses Array wird die Daten beinhalten.
        private int currIndex; //Der aktuelle Index im Array.
        private bool isInitialized = false; //Wurde der FILO
                                    //bereits initialisiert?
```

```csharp
//Der FILO wird mit einer bestimmten Größe (size)
//initialisiert.
public void Init(int size) {
    isInitialized = true;
    data = new int[size];
}


//Diese Methode fügt eine Zahl in den FILO ein, sofern
//dieser noch nicht voll ist. Ist der FILO bereits voll,
//so wird eine Exception ausgelöst.
public void Push(int number) {
    CheckInitialized();   //Prüfe, ob der FILO initialisiert
                          //wurde. Dies ist erforderlich!

    //Prüfe, ob der FILO noch nicht voll ist.
    if (currIndex < data.Length) {
        //Setze die Zahl an die aktuelle freie Stelle,
        //und erhöhe den Index.
        data[currIndex] = number;
        currIndex++; //Setze den Index auf die nächste freie
                     //Stelle.
    }
    else
        throw new IndexOutOfRangeException("FILO ist voll!");
}


//Es wird geprüft, ob der FILO bereits voll ist. Falls ja,
//wird ein Fehler ausgelöst.
private void CheckInitialized() {
    if (!isInitialized)
        throw new NotSupportedException("FILO nicht
        initialisiert! Bitte rufen Sie die Init-Methode
        auf!");
}


//Diese Funktion nimmt die zuletzt eingefügte Zahl wieder
//aus dem FILO. Ist der FILO bereits leer, so wird eine
//Exception ausgelöst.
public int Pop() {
```

```
        CheckInitialized();    //Prüfe, ob eine Initialisierung
                               //durchgeführt wurde.

        //Prüfe, ob bereits leer -> falls ja Fehler.
        if (currIndex > 0) {
            //Index wird verringert -> Das Element wird
            //nächstes Mal wieder überschrieben.
            currIndex--;
            return data[currIndex]; //Das zuletzt Eingefügte
                                    //zurückgeben.
        }
        else
            throw new IndexOutOfRangeException("Es sind keine
            Daten im FILO vorhanden.");
    }
  }
}
```

Listing 6.22 Implementierung der Klasse FILO

Da Sie wissen müssen, wie groß das Array sein muss, ist es erforderlich, dass die Methode Init aufgerufen worden ist, bevor eine andere Methode aufgerufen wird. Ist dies nicht der Fall, so wird eine Exception ausgelöst. Ich habe mich entschlossen, dies in die Methode CheckInitialized auszulagern, da dies sowohl bei Pop als auch bei Push überprüft werden muss. Diese Methode ist lediglich eine Hilfsmethode, um etwas sicherzustellen. Sie soll von außerhalb der Klasse nicht aufgerufen werden und daher auch nicht aufrufbar sein! Aus diesem Grund wurde diese Methode als private deklariert.

Da die Methoden Init, Push und Pop von außen aufrufbar sein sollen, müssen diese public sein. Sind sie nicht public, so können Sie sie aus der Main-Methode nicht aufrufen. Auf die Variablen data, currIndex und isInitialized soll von außerhalb der Klasse nicht zugegriffen werden können. Immerhin wollen Sie ja nicht, dass jemand den Index von außen verändert und damit Ihre Klasse funktionsunfähig macht. Und Sie wollen auch nicht, dass jemand isInitialized auf true setzt, ohne dass die Methode Init aufgerufen wurde. Aus diesen Gründen sind all diese Variablen als private deklariert worden und somit nur von innerhalb der Klasse verfügbar. Diese Variablen werden lediglich zur internen Verwaltung gehalten. Wären die Variablen public, so könnte von außen unkontrolliert darauf zugegriffen werden und sämtliche internen Strukturen übergangen werden.

Es ist nicht erforderlich, das Wort `private` hinzuschreiben. Wenn Sie keine Sichtbarkeit angeben, so ist bei den meisten Sprachelementen (Variablen, Eigenschaften, Methoden, Events usw.) die Standardsichtbarkeit `private`. (Wie es bei den Firewalls heutzutage »Security by default« ist, dass nichts erlaubt wird.) Sie können Sichtbarkeiten auch für Klassen angeben. Wird nichts angegeben, ist die Standardsichtbarkeit bei Klassen `internal`.

Faustregel zur Sichtbarkeit

Wenn Sie die Vorgehensweise des schrittweisen Verfeinerns berücksichtigen, können Sie in den meisten Fällen folgende Faustregel anwenden: Alle »Unterschritte« sind `private`. Der »Hauptschritt« – also der Algorithmus bzw. die Funktion, die Sie definieren wollen – ist `public`. Die Sichtbarkeiten können natürlich je nach Granularität, also wie fein oder abstrakt Sie die schrittweise Verfeinerung durchführen, variieren. Aber zu Beginn werden Ihre Programme nicht zu komplex sein, und bis Ihnen die Sichtbarkeiten und ihre Anwendung in Fleisch und Blut übergegangen sind, kann Ihnen diese Faustregel als Hilfe dienen.

6.4.4   Eigenschaften

Eigenschaften sind eine tolle Sache. Je länger Sie mit C# arbeiten, desto mehr werden Sie Eigenschaften lieben lernen – vor allem, wenn Sie einmal die Java-Variante von Eigenschaften programmieren müssen. (Gleiches gilt übrigens für Events.)

Stellen Sie sich vor, Sie wollen, dass Ihr programmierter FILO zusätzlich die Möglichkeit bietet, dass bei der Verwendung der aktuelle Index abgefragt wird. In diesem Fall müssten Sie die Variable `currIndex` `public` machen. Dadurch entsteht jedoch das Problem, dass die Variable auch von außen gesetzt und daher verfälscht werden kann. Natürlich können Sie nun folgende Methode hinzufügen:

```
public int GetCurrentIndex() {
    return currIndex;
}
```

Listing 6.23 Implementierung einer Methode, die jedoch eine Eigenschaft sein sollte

Allerdings handelt es sich naturgemäß um eine Eigenschaft des FILOs. Daher ist eine Eigenschaft (die meist *Property* genannt wird) hier viel besser. Die Syntax ist etwas anders als bei der Methode:

```
public int CurrentIndex {
    get {
        return currIndex;
    }
}
```

Listing 6.24 Implementierung einer Eigenschaft

Dadurch, dass keine runden Klammern nach dem Namen der Eigenschaft vorhanden sind, erkennt der Compiler, dass es sich hierbei um eine Eigenschaft handelt. Des Weiteren ergibt sich daraus die Konsequenz, dass Eigenschaften keine Übergabeparameter benötigen oder besitzen können. Sie könnten nun auch Folgendes zu Ihrem Main-Programm hinzufügen:

```
int index = myFilo1.CurrentIndex;
```

Listing 6.25 Auslesen einer Eigenschaft

Wie Sie sehen, ist es auch beim Aufruf nicht erforderlich, Klammern anzugeben. Und Sie sehen auch (vgl. Abbildung 6.4), dass das Symbol der Eigenschaft in IntelliSense anders aussieht als bei Methoden.

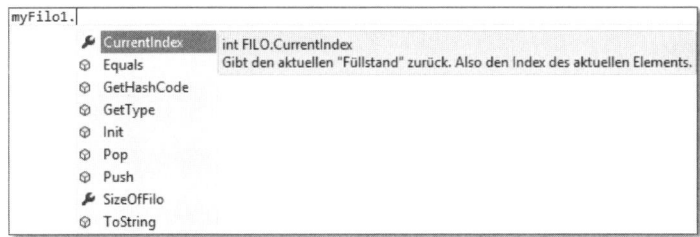

Abbildung 6.4 IntelliSense – Darstellung von Eigenschaften und Methoden

Die Eigenschaft hat auch ein Schlüsselwort, get, und anschließend wird in den geschwungenen Klammern der Code geschrieben, der ausgeführt wird, wenn auf die Eigenschaft lesend zugegriffen wird. So wie das get existiert auch ein set, das Sie verwenden, wenn Sie eine Eigenschaft setzen. Zum Beispiel:

```
class Person {
    string firstName;
    string lastName;
```

```
public string FirstName {
    get {
        return firstName;
    }
    set {
        firstName = value;
    }
}

public string LastName {
    get {
        return lastName;
    }
    set {
        lastName = value;
    }
}
}
```

Listing 6.26 Implementierung einer Klasse mit Eigenschaften

Die Verwendung der Klasse Person sähe nun wie folgt aus:

```
Person myPerson = new Person();
myPerson.FirstName = "Bernhard"; //Vorname zuweisen -> set-Teil
                                 //wird benutzt.
myPerson.LastName = "Wurm"; //Nachname zuweisen -> set-Teil
                            //wird benutzt.
string getFirstName = myPerson.FirstName; //Vorname lesen -> get-
                                          //Teil wird benutzt.
string getLastName = myPerson.LastName; //Nachname lesen -> get-
                                        //Teil wird benutzt.
```

Listing 6.27 Verwendung von Eigenschaften einer Klasse

Auf Eigenschaften können Sie also einfach zugreifen und dabei Werte lesen oder auch schreiben bzw. setzen. Wenn Sie sich fragen, was Sie als Eigenschaft und was als Methode definieren sollen, merken Sie sich folgende Information:

Alles das, was die Eigenschaften einer Klasse ausmacht, also die Konfiguration, sollten Sie als *Eigenschaften* definieren, und alles das, was komplexere Informationen sind, die unter Umständen berechnet werden müssen, definieren Sie als *Methoden*. Wenn Sie einen Übergabeparameter benötigen, handelt es sich immer um eine Methode.

Das heißt, bei einer Person wären der Vor- und Nachname, die E-Mail-Adresse usw. typische Eigenschaften. Alles, was eine Person tut oder tun kann (gehen, essen, schlafen, ...), sind typische Methoden.

Sie können Eigenschaften zum Setzen oder lediglich zum Lesen (*Readonly*) deklarieren. Wollen Sie, dass eine Eigenschaft von außen nur gelesen, aber nicht gesetzt werden kann, so verzichten Sie einfach auf den set-Block.

Ich möchte Ihnen wieder eine Regel für einen guten Programmierstil mitgeben:

Regel für guten Programmierstil

Machen Sie Variablen niemals public! Wenn Sie wollen, dass eine Variable von außen zugreifbar wird, so machen Sie die Variable private und setzen Sie eine Property, die das Lesen und Setzen dieser Variablen ermöglicht. Die Fehlersuche wird dadurch sehr erleichtert, da auf die Variable von außen nur über die Property zugegriffen wird. Des Weiteren empfehle ich Ihnen, auch innerhalb der Klasse nur über die Property auf die Variable zuzugreifen! Auch hier wird die Fehlersuche vereinfacht. Der Compiler optimiert den Code ohnehin, und es ist dadurch keine Performance-Einbuße vorhanden! Dies können Sie auch machen, wenn auf die Eigenschaft von außen nur lesend zugegriffen werden soll:

```
int id;
public int ID {
  get {
    return id;
  }
  private set {
    id = value;
  }
}
```

Wie Sie sehen, können Sie nicht nur für die gesamte Eigenschaft eine Sichtbarkeit angeben, sondern auch für einen einzelnen Block die Sichtbarkeit zusätzlich einschränken. Dadurch können Sie auch bei Readonly-Eigenschaften innerhalb der Klasse die Werte setzen.

Oftmals werden im sogenannten *Setter* (dem set-Block einer Eigenschaft) Gültigkeitsprüfungen durchgeführt. So prüfen Sie zum Beispiel, ob die Syntax einer E-Mail-Adresse korrekt ist, ob sich ein Wert innerhalb eines gültigen Bereichs bewegt oder was auch immer. Dies ist nur möglich, wenn Sie eine Eigenschaft definieren – nicht hingegen, wenn Sie eine Variable öffentlich zugreifbar machen würden. Wenn jedoch keine Validierung notwendig ist und die Eigenschaft nichts anderes macht, als einen Zugriff auf die Variable zu ermöglichen (wie bei den angeführten Beispielen), so können Sie das seit C# 3.0 noch kürzer und einfacher schreiben:

```
public int ID { get; private set; }
```

Listing 6.28 Kurzformschreibweise einer Eigenschaft mit Sichtbarkeitsangabe im Setter

Nun bleibt Ihnen nichts anderes mehr übrig, als die Variable per Eigenschaft zu lesen und zu setzen, da Sie keine Variable mehr benötigen. Diese wird vom Compiler selbst angelegt, und get- und set-Block werden ebenfalls vom Compiler erstellt. Sie brauchen nichts mehr zu tun. Im oben angeführten Beispiel mit dem Vor- und Nachnamen einer Person wäre die Klasse sehr viel kürzer:

```
class Person {
    public string FirstName { get; set; }
    public string LastName { get; set; }
}
```

Listing 6.29 Klasse mit Eigenschaften in Kurzschreibweise

Dadurch haben Sie den Vorteil, dass Sie die Implementierung der Eigenschaft jederzeit ändern können, wenn Sie eine Überprüfung benötigen. Die Klassen und Programmteile, die darauf zugreifen, müssen jedoch nicht geändert werden. Die Schreibweise ist sehr kurz, und Sie ermöglichen keinen direkten Zugriff auf eine dahinter verborgene Variable.

6.4.5   Das Schlüsselwort »this«

Das this Schlüsselwort ist ein kleiner Helfer, der immer auf das aktuelle Objekt verweist. Das heißt, dass Ihnen IntelliSense auch zeigt, auf welche Eigenschaften, Variablen oder Methoden Sie für dieses Objekt gerade zugreifen können. Genauso als hätten Sie einen Variablennamen geschrieben.

Da this zur Laufzeit – also während Ihr Programm ausgeführt wird – ein Verweis auf das aktuelle Objekt der Klasse ist, in welchem sich der Programmcode befindet, finden Sie hier natürlich keine statischen Methoden.

6.4.6 Der Konstruktor

Der Kreislauf der Natur lässt sich etwas überspitzt auf drei Phasen zurückführen: Geburt – Leben – Tod. Genauso ist es mit Objekten bei der Softwareentwicklung. Diese werden: erzeugt – verwendet – verworfen. Bei der Erzeugung des Objekts wird der sogenannte *Konstruktor* aufgerufen. Dieser ähnelt einer Methode und ist das Erste, was vom Computer aufgerufen wird, wenn ein neues Objekt einer Klasse erstellt wird. Wenn Sie das Objekt nicht mehr benötigen, wird es vom sogenannten *Garbage Collector* der .NET-Runtime wieder aus dem Speicher geworfen. Der Garbage Collector läuft im Hintergrund und macht dies, wenn er es für richtig hält (z.B. bei Speicherknappheit). So wie der Konstruktor die erste »Methode« ist, die aufgerufen wird, existiert auch ein *Destruktor*, der quasi die letzte »Methode« ist, die aufgerufen wird. Widmen wir uns der wichtigen Seite: dem Konstruktor.

Der Konstruktor selbst hat keinen Rückgabewert, und der Name der »Methode« ist mit dem Klassennamen identisch. Der Standardkonstruktor für unseren FILO sieht also wie folgt aus:

```
class FILO {
    public FILO() {
        //Konstruktor-Code hier
    }
}
```

Listing 6.30 Definition eines Konstruktors

Dieser Konstruktor wird automatisch generiert, wenn Sie keinen Konstruktor selbst programmieren. Sie können ihn jedoch auch selbst jederzeit entsprechend schreiben.

Sie können im Konstruktor Ihre Variablen mit Standardwerten belegen oder auch einen Konstruktor definieren, der einen oder mehrere Übergabeparameter besitzt.

Bei unserem FILO bietet sich ein Konstruktor an, bei dem die Größe des FILOs angegeben wird. Dadurch können Sie auf die Init-Methode und auf die Überprüfung, ob der FILO korrekt initialisiert wurde, verzichten, da dies bereits durch den Konstruktor festgelegt wurde:

```
using System;

namespace FILO {
    class FILO {
        private int[] data; //Dieses Array wird die
```

```
                               //Daten beinhalten.
    private int currIndex; //Der Index des aktuellen Elements.

    public FILO(int size) {
        data = new int[size];
    }


    //Diese Methode fügt eine Zahl in den FILO ein, sofern
    //dieser noch nicht voll ist.
    //Ist der FILO bereits voll, so wird eine Exception
    //ausgelöst.
    public void Push(int number) {
        //Prüfe, ob der FILO noch nicht voll ist.
        if (currIndex < data.Length) {
            //Setze die Zahl an die aktuelle freie Stelle, und
            //erhöhe den Index.
            data[currIndex] = number;
            currIndex++; //Setze den Index auf die nächste
                         //freie Stelle.
        }
        else
            throw new IndexOutOfRangeException("FILO ist voll!");
    }


    //Diese Funktion nimmt die zuletzt eingefügte Zahl wieder
    //aus dem FILO.
    //Ist der FILO bereits leer, so wird eine Exception
    //ausgelöst.
    public int Pop() {
        //Prüfe, ob der FILO bereits leer ist -> falls ja,
        //Fehler auslösen.
        if (currIndex > 0) {
            //Index wird verringert -> Der Eintrag wird
            //nächstes Mal wieder überschrieben.
            currIndex--;
            return data[currIndex]; //Das zuletzt Eingefügte
                                    //zurückgeben.
        }
        else
```

```
        throw new IndexOutOfRangeException("Es sind keine
        Daten im FILO vorhanden.");
      }
    }
}
```

Listing 6.31 Implementierung der FILO-Klasse mithilfe eines Konstruktors
anstelle einer Init-Methode

Da nun nur ein Konstruktor existiert, der einen Übergabeparameter benötigt, ist auch
die Erstellung eines FILO-Objekts etwas anders:

```
FILO myFilo = new FILO(5); //Konstruktor wird mit Parametern
                           //aufgerufen.
```

Listing 6.32 Objekterzeugung mittels parametrisiertem Konstruktor

Wie Sie sehen, wird bereits beim Erzeugen des Objekts der Konstruktor verwendet.
Somit muss hier auch bei Bedarf der Parameter angegeben werden.

Eine Methode kann mehrmals mit verschiedenen Parametern definiert werden (man
spricht davon, dass die Funktion *überladen* wird). Sie können auch mehrere Konstruktoren definieren, sofern sich diese entsprechend durch ihre Parameterliste unterscheiden.

Es wird nun Zeit, die einzelnen Konzepte zu üben. Vergessen Sie nicht: Programmieren
lernen Sie nur durch Programmieren und nicht durch das reine Lesen von Code. Implementieren Sie die Aufgaben, bevor Sie mit dem nächsten Kapitel fortfahren, welches auf
diesem hier aufbaut.

6.5   Zusammenfassung

Sie haben in diesem Kapitel von sehr vielen Dingen gelesen – angefangen von *Enumerationen*, über *Strukturen* und *Fehlerbehandlung* bis hin zu den *Klassen*, die mittels *Namespaces* organisiert sind und eine Erweiterung von *Strukturen* darstellen. Sie haben den
Konstruktor von Klassen kennengelernt, und neben den *Eigenschaften*, die verwendet
werden, um auf Variablen in der Klasse zuzugreifen, haben Sie auch den Unterschied
zwischen *Klassenmethoden* und *Objektmethoden* kennengelernt. Bei Klassenmethoden
(statischen Methoden) wird lediglich der Klassenname angegeben, und es ist kein kon-
kretes Objekt erforderlich. Bei Objektmethoden hingegen ist ein Objekt nötig, und eine

Objektmethode kann auf alle Eigenschaften des Objekts zugreifen. Klassenmethoden werden verwendet, wenn die Funktionalität unabhängig von einem konkreten Objekt ist (z.B.: Validieren einer E-Mail-Adresse) oder auch, wenn das Objekt selbst nicht mehrfach vorkommt (z.B.: zum Verarbeiten von Maus- oder Druckerbefehlen).

Mit diesem Kapitel haben Sie die grundlegenden Werkzeuge der objektorientierten Programmierung kennengelernt: Klassen mit deren Eigenschaften, Methoden und Konstruktoren. Sie haben auch gelernt, dass das this-Schlüsselwort ein Verweis auf das jeweils aktuelle Objekt ist und Sie dieses jederzeit in einer Klasse verwenden können, um sich zum Beispiel anzeigen zu lassen, welche Methoden, Variablen oder Eigenschaften für dieses Objekt verfügbar sind.

Das nächste Kapitel wird darauf basierend mit den objektorientierten Konzepten wie *Vererbung*, dem *Überschreiben* von Methoden oder auch *Polymorphismus* und Methoden zur Verallgemeinerung (*Abstraktion*) fortfahren.

6.6   Aufgaben

Sie haben ein großes Kapitel gelesen und viel Neues kennengelernt. Es ist erforderlich, dieses Wissen zu verinnerlichen, indem Sie folgende Aufgaben programmieren.

6.6.1   Aufgabe 1: Exception-Handling

Verwenden Sie dazu das Programm zum Erstellen von Balkendiagrammen. Dieses Programm hat noch folgende Schwäche: Wenn der Benutzer keine Zahlen, sondern Buchstaben eingibt, dann stürzt das Programm einfach ab. Machen Sie das Programm stabiler, indem Sie auf die Fehleingaben entsprechend reagieren.

6.6.2   Aufgabe 2: Exception-Handling

Schreiben Sie ein kleines Programm, in dem der Benutzer aufgefordert wird, einen Pfad einzugeben. Das Programm gibt dann die Anzahl der Dateien, die Anzahl der *.exe*-Dateien sowie die Dateigröße aller *.exe*-Dateien aus. Das Programm soll des Weiteren die prozentuale Anzahl der *.exe*-Dateien ausgeben. Kann auf den Pfad nicht zugegriffen werden, so soll das Programm eine entsprechende Fehlermeldung ausgeben. Verwenden Sie dazu die Klassen DirectoryInfo und FileInfo aus dem Namespace System.IO. Bewegen Sie den Cursor über den Konstruktor von DirectoryInfo, und im Tooltip werden Sie sehen, welche Fehler beim Erzeugen dieses Objekts auftreten können.

6.6.3   Aufgabe 3: Klasse implementieren

In diesem Kapitel wurde eine FILO-(First-In-Last-Out)-Klasse implementiert, was dem Papierkorbprinzip entspricht. Sie sollen nun eine FIFO-(First-In-First-Out)-Klasse implementieren, was wiederum einer Warteschlange entspricht. Der erste Wert, der mit Push() in die Klasse aufgenommen wird, wird als Erster mittels Pop() wieder ausgelesen und entfernt. Die FIFO-Klasse soll die gleichen Eigenschaften und Methoden besitzen wie die FILO-Klasse. Die Initialisierung soll ebenfalls über den Konstruktor erfolgen. Die Warteschlange soll Namen von Personen verwalten. Versuchen Sie, das Verhalten mit Papier und Bleistift durchzugehen. Wie würden Sie als Mensch vorgehen, um ein entsprechendes Verhalten in einem Array zu erreichen? Anschließend versuchen Sie, dieses Verhalten festzuhalten, um es programmieren zu können.

6.6.4   Aufgabe 4: Klasse implementieren

Sie haben bereits eine Warteschlange implementiert. Nun programmieren Sie zusätzlich eine Klasse PriorityQueue, die eine Prioritätswarteschlange darstellt. Bei dieser Warteschlange wird neben dem Namen der Person auch noch eine Priorität angegeben. Personen mit der höchsten Priorität kommen früher dran als andere. Haben zwei Personen die gleiche Priorität, so gilt wieder das normale Warteschlangenprinzip (»First Come First Serve« oder »First In First Out«).

6.7   Kontrollfragen

1. Wozu dienen Enumerationen?
2. Wie heißt die Basisklasse aller Fehlerklassen?
3. Wie heißt das Sprachelement (Schlüsselwort), das beim Erstellen eines Objekts aufgerufen wird?
4. Können Eigenschaften von Klassen mit mehreren Parametern aufgerufen werden?
5. Wie wird eine Klasse voll (eindeutig) qualifiziert?
6. Worauf verweist das Schlüsselwort this?
7. Was können Sie mit this nicht ansprechen?

Kapitel 7

Fortgeschrittene und ereignisbasierte Konzepte

Es ist schwer zu sagen, was unmöglich ist, denn der Traum von gestern
ist die Hoffnung von heute und die Wirklichkeit von morgen.
– Robert Goddard

Sie haben im letzten Kapitel unter anderem die Grundzüge der Strukturierung mithilfe von Klassen kennengelernt. Klassen können aber noch mehr, als Eigenschaften und Funktionen in ein Objekt zusammenzufassen. Es gibt Mechanismen wie *Vererbung* und das *Überschreiben von Funktionen*, die mithilfe von *Verallgemeinerung* zu wirklich mächtigen Bausteinen der Software Entwicklung werden.

Außerdem werden wir uns in diesem Kapitel mit *Ereignissen* (engl. *Events*) beschäftigen. Mithilfe dieser wird es Ihnen möglich sein, auf Maus-Klicks, Tastatureingaben oder Ähnliches zu registrieren und darauf in Ihrem Programm zu reagieren.

7.1 Objektorientierte Programmierung

Nun kennen Sie Klassen. Objektorientierung ist aber noch etwas mehr als »nur« das Erstellen und Verwenden von Klassen. Objektorientierung ist mehr und leider auch etwas komplizierter. Die meisten modernen Sprachen wie C#, C++, Java, F# aber auch sogar JavaScript usw. unterstützen objektorientierte Konzepte. Das klassische C unterstützt keine Klassen und somit auch keine Objektorientierung. Objektorientierung ist Stand der Technik, und auch wenn viele Menschen, die Software schreiben, die Objektorientierung nicht wirklich verstanden haben, gehört diese doch dazu.

Da Sie noch Programmieranfänger sind, kann es durchaus sein, dass Ihnen das Folgende etwas zu komplex erscheint. Arbeiten Sie es durch, und gehen Sie anschließend weiter. Programmieren Sie Ihre Anwendungen, und später, wenn Sie etwas mehr Erfahrung in Algorithmen und etwas mehr Routine gesammelt haben, gehen Sie diesen Bereich des Kapitels erneut durch, um Ihr Wissen aufzufrischen und zu erneuern. Die folgenden Seiten nachzuvollziehen ist eine Sache, eine andere ist deren Umsetzung.

Ich werde dieses Kapitel anhand von Personen und mathematischen bzw. geometrischen Elementen erläutern. Dies sind greifbare und vor allem verhältnismäßig einfach nachvollziehbare Anwendungsbereiche der verschiedenen, nun folgenden Konzepte.

7.1.1 Vererbung

Auch in der Softwareentwicklung gibt es Vererbung. Hierbei wird zwar weder ein Haus, Auto noch Geld, jedoch Funktionalität vererbt. Dies ist auch eine schöne Sache, denn immerhin bekommen Sie dadurch bestimmte Teile, ohne dass Sie diese selbst – oder erneut – programmieren müssen.

Bei der Vererbung handelt es sich immer um eine Spezialisierung von etwas Generellerem. Nun gut, dies hilft noch nicht viel weiter und hört sich etwas theoretisch an. Bevor ich zu den geometrischen Elementen komme, lassen Sie mich die Spezialisierung mit folgendem Beispiel erläutern:

Ein Mensch ist entweder männlich oder weiblich, besitzt einen Namen, hat eine Körpergröße und ein Gewicht. Ein Student ist ein Mensch. Somit besitzt der Student ebenfalls diese Eigenschaften. Allerdings hat der Student zusätzlich eine Matrikelnummer und besucht eine bestimmte Fachhochschule oder Universität. Das heißt, dass ein Student alle Eigenschaften eines Menschen besitzt und ein paar Eigenschaften oder auch Methoden mehr. Wenn Sie nun eine Klasse Mensch (im Folgenden verwende ich in Listings den englischen Begriff Human) programmieren und eine Klasse Student, so könnten Sie dies wie folgt tun:

```
public enum Sex {
    Male,
    Female
}

class Human {
    public string Name { get; set; }
    public DateTime BirthDate { get; set; }
    public int Size { get; set; }
    public float Weight { get; set; }
    public Sex Sex { get; set; }
}
class Student {
    //Allgemeine Eigenschaften eines Menschen
    public string Name { get; set; }
    public DateTime BirthDate { get; set; }
    public int Size { get; set; }
```

```
    public float Weight { get; set; }
    public Sex Sex { get; set; }

    //Zusätzliche Eigenschaften für Studenten
    public string College { get; set; }
    public int Number { get; set; }
}
```

Listing 7.1 Unabhängige Implementierung zweier Klassen ohne Vererbung

Dies ist jedoch viel Schreibarbeit, finden Sie nicht? Stellen Sie sich nun weiter vor, Sie wollen für Menschen nun den Vor- und den Nachnamen in eigene Properties schreiben. Dazu müssen Sie dies in beiden Klassen ändern. Das ist neben viel Arbeit auch sehr fehleranfällig. Die Lösung hierzu bietet die Vererbung. Achten Sie auch hier auf Ihre Worte: »Auch ein Student ist ein Mensch.« Somit wird die Student-Klasse von der Mensch-Klasse *abgeleitet*. Oder anders gesagt, der Student *erbt* vom Menschen dessen Funktionalität:

```
class Student : Human {
    //Zusätzliche Eigenschaften für Studenten
    public string College { get; set; }
    public int Number { get; set; }
}
```

Listing 7.2 Vererbung von zwei Klassen

Neben dem Klassennamen wird mittels Doppelpunkt die sogenannte *Basisklasse* geschrieben. Die Basisklasse ist die Klasse, von der geerbt bzw. abgeleitet wird. Vererben und ableiten sind in der Softwareentwicklung Synonyme. Der Student »ist« dadurch auch ein Mensch und hat alle Eigenschaften, die auch der Mensch hat. Die Klasse enthält lediglich Implementierungen (Eigenschaften, Methoden usw.), die der Student *zusätzlich* zum Menschen hat. In unserem Fall sind das der Name der Universität oder Fachhochschule und eine Matrikelnummer.

Wenn Sie nun die Klasse Mensch ändern, werden alle Änderungen automatisch auch in der Klasse Student vorgenommen. Dadurch ersparen Sie es sich nicht nur, Änderungen in mehreren Klassen durchzuführen, sondern sorgen auch dafür, dass ein Fehler, den Sie in der Klasse Mensch beheben, auch in Student und eventuell weiteren abgeleiteten Klassen behoben wird.

Vererbung bringt jedoch noch einen weiteren Vorteil. Sie können überall dort, wo Ihr Programm ein Objekt der Klasse Mensch erwartet (z.B. als Übergabeparameter einer Methode), auch ein Objekt der Klasse Student übergeben. Erinnern Sie sich, dass auch ein Student ein Mensch ist, und durch diese *Ist-ein-Beziehung* hat der Student alle Rechte und Möglichkeiten, die auch bei einem Menschen vorhanden sind. Daher kann auch ein Student bei entsprechenden Methoden übergeben werden.

```
static void Main(string[] args) {
    //Erstelle Mensch-Objekt
    Human myHuman = new Human();
    //Erstelle Student-Objekt
    Student myStudent = new Student();

    //Gib Information auf der Konsole aus.
    PrintHumanInformation(myHuman);
    PrintHumanInformation(myStudent);

}
static void PrintHumanInformation(Human person) {
    string info = "Name: " + person.Name + Environment.NewLine +
            "Geburtsdatum: "+ person.BirthDate + Environment.
            NewLine + "Geschlecht: " + person.Sex;
    Console.WriteLine(info);
}
```

Listing 7.3 Verwendung von Klasse und vererbter Klasse

Der Code funktioniert, obwohl die Methode `PrintHumanInformation` ein Objekt der Klasse `Human` erwartet. Da `Student` von `Mensch` abgeleitet ist (ein Student ist ja auch ein Mensch), ist es auch möglich, ein Objekt der Klasse `Student` dieser Methode zu übergeben. Der Typ des Übergabeparameters beschreibt also, dass es *mindestens* ein Objekt vom Typ `Mensch` sein muss, es kann aber auch ein spezielleres Objekt sein.

Da Objekte viel komplexer sind als triviale Datentypen wie zum Beispiel `int` oder `bool`, werden sie bei der Übergabe an eine Methode nicht kopiert (siehe Seite 91). Objekte werden automatisch immer als Referenz übergeben. So kann das Objekt innerhalb einer Methode beliebig verändert werden, und diese Änderungen sind auch nach dem Methodenaufruf noch erhalten.

Überschreiben von Methoden

Ich möchte nun von Menschen zu geometrischen Formeln wechseln. Nehmen Sie folgendes Szenario an: Sie sind im Besitz einer Klasse `Square`, die ein Quadrat darstellt. Des Weiteren besitzen Sie eine Klasse `Rectangle`, die ein Rechteck darstellt.

```
class Square {
    public int Length { get; set; }
    public int GetSurface() {
        return Length * Length;
    }
    public int GetSize() {
        return 4 * Length;
    }
}
```

Listing 7.4 Implementierung einer Klasse zum Verwalten von Quadraten

Die Klasse Square besitzt die Seitenlänge des Quadrats als Eigenschaft. Ganz im Sinne der Objektorientierung weiß natürlich das Quadrat selbst am besten, wie man die Fläche des Quadrats (GetSurface()) und den Umfang des Quadrats (GetSize()) berechnet. Daher besitzt die Klasse Square auch zwei Objektmethoden, die die entsprechende Berechnung ermöglichen.

Ein Rechteck ist einem Quadrat sehr ähnlich. Es hat aber eine zusätzliche Eigenschaft: eine Breite. Der Umfang und die Fläche eines Rechtecks berechnen sich ebenfalls ein klein wenig anders als bei einem Quadrat. Dennoch können Sie hier wunderbar Vererbung anwenden. Der Grund ist, dass die Klasse Rectangle im Endeffekt nur eine Erweiterung des Quadrates ist (es wäre zwar wohl korrekter, ein Quadrat als Sonderform eines Rechtecks zu betrachten; für dieses Beispiel ist jedoch die andere Annahme besser). Ein Rechteck kann alles, was auch ein Quadrat kann, denn es besitzt ebenfalls eine Fläche und ebenfalls einen Umfang. Die Methoden zur Berechnung müssen jedoch für das Rechteck spezifisch programmiert werden. Diese spezielle Programmierung bzw. Neu-Programmierung der Methode nennt man »die Methode *überschreiben*«. Obwohl die Methode bereits in der Basisklasse (also im Quadrat) existiert, wird die Originalimplementierung für das Rechteck überschrieben. Um eine bereits bestehende Methode zu überschreiben und um zu verhindern, dass dies versehentlich passiert, ist es erforderlich, dass Sie dem Compiler explizit aufzeigen, dass Sie das tun wollen. Dies machen Sie mit dem Schlüsselwort override.

```
class Rectangle : Square {
    public int Width { get; set; }
    public override int GetSurface() {
        return Width * Length;
    }
}
```

```
    public override int GetSize() {
        return 2 * Length + 2 * Width;
    }
}
```

Listing 7.5 Klassenvererbung und Überschreiben einer Methode

Wie Sie sehen, wurde beim Rechteck eine weitere Eigenschaft für die Breite eingefügt und mithilfe des Schlüsselwortes override die Originalimplementierung der beiden Methoden geändert. Dieser Programmcode wird sich nun jedoch noch nicht kompilieren lassen, da die Basisklasse (also das Quadrat) erlauben muss, dass die beiden Methoden überschrieben werden. Das bedeutet, dass auch in der Basisklasse (Square) die beiden Methoden gekennzeichnet werden müssen. Für die Kennzeichnung wird das Schlüsselwort virtual hinzugefügt:

```
class Square {
    public int Length { get; set; }
    public virtual int GetSurface() {
        return Length * Length;
    }
    public virtual int GetSize() {
        return 4 * Length;
    }
}
```

Listing 7.6 Definition einer Methode als virtual, damit diese überschrieben werden kann

Zusammengefasst: Um eine Methode neu zu definieren, müssen Sie die Basisklasse in der Methode zum Überschreiben freigeben. Dies machen Sie mit dem Schlüsselwort virtual. Bei der abgeleiteten Klasse, die die Methode überschreiben soll, verwenden Sie das Schlüsselwort override.

»Überschreiben« ist nicht »Überladen«

Verwechseln Sie das *Überschreiben* einer Methode nicht mit dem *Überladen* einer Methode! Bei der Überladung existiert eine Methode innerhalb einer Klasse mehrmals – allerdings mit unterschiedlicher Parameterliste. Beim Überschreiben einer Methode wird die Implementierung der Methode bei der abgeleiteten Klasse ausgetauscht.

7.1.2   Polymorphismus

Polymorphismus (auf Deutsch *Vielgestaltigkeit* – keine Angst, es ist nicht notwendig, dass Sie sich diesen Begriff merken) bedeutet, dass gleichnamige Methoden unterschiedlich reagieren, je nachdem, von welcher Klasse das Objekt stammt, mit dem sie aufgerufen werden. Ein Polymorphismus existiert erst dann, wenn Objekte voneinander abgeleitet sind, also wenn ein Objekt vom anderen erbt. Denn dann können Sie Methoden der Basisklasse überschreiben und überall dort, wo ein Objekt der Basisklasse erwartet wird, auch ein abgeleitetes Objekt übergeben. Ist die Methode jedoch überschrieben, kann die Methode etwas anderes machen als in der Basisklasse.

Wenn Sie sich nun an das vorangegangene Beispiel mit dem Quadrat und Rechteck erinnern, heißt das einerseits, dass überall dort, wo Ihr Programm ein Quadrat erwartet, auch ein Rechteck übergeben werden kann, und gleichzeitig bedeutet es, dass – wenn Sie zum Beispiel die Methode GetSurface aufrufen – die Implementierung je nach übergebenem Objekt anders aussehen kann.

```
static void Main(string[] args) {
    //Erzeuge Quadrat
    Square mySquare1 = new Square();
    mySquare1.Length = 5;

    //Erzeuge Rechteck
    Rectangle myRectangle1 = new Rectangle();
    myRectangle1.Width = 5;
    myRectangle1.Length = 3;

    PrintInformation(mySquare1);

    //Hier kann auch ein Rechteck übergeben werden, da dieses
    //vom Quadrat abgeleitet ist.
    //Durch die Ist-ein-Beziehung der beiden Klassen ist dies
    //möglich.
    PrintInformation(myRectangle1);

    Console.Read();
}
static void PrintInformation(Square myObject) {
    //Hier muss mindestens ein Quadrat vorhanden sein.
    //Es könnte aber auch ein Objekt sein, das von Quadrat erbt.
```

```
//Je nach übergebenem Objekt wird die Implementierung
//GetSize() bzw. GetSurface() der entsprechenden Klasse
//aufgerufen.

//Zeige den Typ des übergebenen Objekts. Mit GetType() kann
//dieser ausgelesen werden.
Console.WriteLine("Ich bin vom Typ: " + myObject.GetType().Name);
Console.WriteLine("Größe: " + myObject.GetSize());
Console.WriteLine("Oberfläche: " + myObject.GetSurface());
}
```

Listing 7.7 Verwendung der Basisklasse und der abgeleiteten Klasse mit überschriebenen Methoden

Wie Sie hier sehen, kann – obwohl die Methode `PrintInformation` definitiv ein Quadrat verlangt – auch ein Rechteck übergeben werden, da dieses von `Square` abgeleitet ist. Wird hier nun ein Rechteck übergeben, so wird, wenn die Methode `PrintInformation` die Methode `GetSize` oder `GetSurface` aufruft, die Implementierung der Rechteck-Klasse verwendet, da diese überschrieben wurde. Wäre sie nicht überschrieben worden, so wird die Methode der Basisklasse, also vom Quadrat, aufgerufen. Sie können in Ihrem Programm auch ermitteln, um welche Klasse es sich nun tatsächlich (wie im oben angeführten Beispiel dargestellt) handelt. Hierzu dient die Methode `GetType`. Diese liefert die tatsächliche Klasse, die sich hinter dem Objekt verbirgt. Man spricht hierbei vom sogenannten *Laufzeittyp*.

Die Methode `PrintInformation` erwartet (zumindest) ein Quadrat, daher stehen auch lediglich Eigenschaften und Methoden zur Verfügung, die in der Klasse `Square` definiert sind bzw. in Basisklassen des Quadrates, falls dieses selbst von anderen Klassen erbt.

Sie können Vererbung in den verschiedensten Varianten einsetzen. Zum Beispiel ist ein Button ein Steuerelement (engl. *Control*). Durch die Beziehung »ist ein« (engl. *is-a*) besitzt ein Button alle Eigenschaften, die ein Steuerelement besitzt. Darunter fallen unter anderem eine Breite (`Width`), eine Höhe (`Height`) und Positionierungsinformationen (`Left`, `Top`). Die Basisklasse ist in diesem Fall die Klasse `Control`. Prinzipiell ist jedes Steuerelement von der Klasse `Control` abgeleitet und besitzt somit (unter anderem) deren Eigenschaften.

Bei der Vererbung dreht sich alles um *Generalisierung* (Abstraktion) und *Konkretisierung* (Ableitung). Versuchen Sie, so generell wie möglich zu bleiben, um Flexibilität zu gewinnen.

7.1.3   Abstraktion

Der Vorteil von Abstraktion ist, dass Sie Flexibilität gewinnen.

Ich möchte Ihnen nun mittels geometrischen Formen die Vorteile von Abstraktion und die Motivation von *abstrakten Basisklassen* und anschließend von *Schnittstellen* (engl. *Interfaces*) aufzeigen. Wie im gesamten Kapitel zur Objektorientierung gilt auch hier: Seien Sie nicht erschrocken, wenn Sie es nicht gleich auf Anhieb verstehen und die Vorteile nicht sofort offensichtlich sind. In diesem Fall fehlt es Ihnen noch an Routine und Erfahrung. Seien Sie geduldig, und wenn der Wissensdurst Sie erneut packt, so scheuen Sie sich nicht, dieses Kapitel noch einmal durchzuarbeiten.

Stellen Sie sich vor, Sie wollen ein Grafikprogramm erstellen. Dieses Grafikprogramm soll dazu dienen, dass Sie verschiedene geometrische Formen zeichnen können. Nehmen wir an, Ihr Programm soll es ermöglichen, eine Ellipse, ein Rechteck und eine Linie zu zeichnen.

Abbildung 7.1 zeigt diese drei Elemente und deren Gemeinsamkeiten. Jedes Element hat einen Abstand von links (Eigenschaft Left) und einen Abstand von oben (Eigenschaft Top). Jedes der Elemente hat zusätzlich eine Breite und eine Länge. Bei der Ellipse ist dies die Ausdehnung der Ellipse, beim Rechteck sind dies die Länge und die Breite. Bei der Linie ist es ebenfalls das umgebende Rechteck dieser Linie, in dem die Linie die Diagonale darstellen würde.

Somit sind bereits vier Eigenschaften vorhanden, die alle Objekte gemeinsam haben. Sie können auch eine Farbe BorderColor definieren, die die umgebende Farbe ist bzw. die Farbe der Linie.

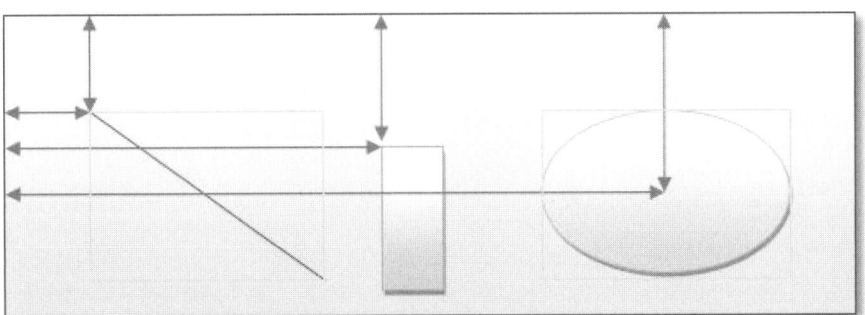

Abbildung 7.1 Schematische Darstellung des Grafikeditors

Immer wenn mehrere Objekte gemeinsame Eigenschaften haben, sollten Sie diese in einer Basisklasse definieren, und die einzelnen Klassen leiten Sie von dieser Basisklasse ab. Als Name für die Basisklasse wählen wir Shape.

Nun wollen Sie die einzelnen Elemente jedoch auch zeichnen. Natürlich unterscheidet sich die Art und Weise, wie ein Objekt gezeichnet wird, je nach Typ. Dennoch ist es eine Gemeinsamkeit, da jedes Objekt gezeichnet werden kann! Dies bedeutet, dass diese Methode in der Basisklasse zwar definiert ist, in den abgeleiteten Klassen jedoch überschrieben werden muss. Der Code sieht also bisher wie folgt aus:

```
using System.Drawing; //In diesem Namespace ist u.  a. Color
                      //definiert.

class Shape {
    public Color BorderColor { get; set; }
    public float Left { get; set; }
    public float Top { get; set; }
    public float Width { get; set; }
    public float Height { get; set; }

    public virtual void Paint(PictureBox box) {
        //Muss überschrieben werden.
    }
}
```

Listing 7.8 Allgemeine Definition eines grafischen Objekts

Ganz im Sinne von Objekten ist die Methode Paint dafür verantwortlich, dass das Objekt mit den entsprechenden Eigenschaften gezeichnet wird. Die PictureBox ist ein Steuerelement in der Anwendungsprogrammierung (bei Windows Forms-Anwendungen), das Bilder darstellen kann oder in das auch gezeichnet werden kann.

Wenn Sie nun in der Klasse Rectangle die Methode Paint überschreiben, sehen Sie folgenden Programmcode:

```
class Rectangle : Shape {
    public override void Paint(PictureBox box) {
        base.Paint(box);
    }
}
```

Listing 7.9 Definition eines Rechtecks mit überschriebener Paint-Methode

Mit der Anweisung base würde die Methode der Basisklasse aufgerufen werden. Mit base können Sie immer innerhalb einer Klasse auf die entsprechende Basisklasse zugreifen. Dies wollen wir jedoch in diesem Fall nicht, immerhin soll ein Rechteck gezeichnet werden!

Also wird die Implementierung der Methode entsprechend ersetzt:

```
using System.Windows.Forms; //PictureBox ist darin definiert.
class Rectangle : Shape {
    public override void Paint(PictureBox box) {
        //Graphics-Objekt für die PictureBox erstellen.
        //Graphics ist im Namespace System.Drawing definiert.
        Graphics g = box.CreateGraphics();
        //Einen "Zeichenstift" anlegen.
        Pen pen = new Pen(BorderColor);

        //Das Rechteck wird mit dem Stift und den entsprechenden
        //Parametern gezeichnet.
        g.DrawRectangle(pen, Left, Top, Width, Height);

        //Graphics belegt diverse Systemressourcen. Diese werden
        //hiermit wieder freigegeben.
        g.Dispose();
    }
}
```

Listing 7.10 Implementierung der Methode zur Ausgabe des Rechtecks am Bildschirm. Dabei kann auf Eigenschaften der Basisklasse zugegriffen werden.

Lassen Sie sich von den noch unbekannten Objekten nicht einschüchtern! Dies ist die Implementierung für das Rechteck. Genauso würde der Code auch für die Ellipse und die Linie aussehen:

```
class Ellipse : Shape {
    public override void Paint(PictureBox box) {
        //Graphics-Objekt für die PictureBox erstellen.
        Graphics g = box.CreateGraphics();
        //Einen "Zeichenstift" anlegen.
        Pen pen = new Pen(BorderColor);

        //Ellipse mit den entsprechenden Parametern zeichnen.
        g.DrawEllipse(pen, Left, Top, Width, Height);

        //Graphics belegt diverse Systemressourcen. Diese werden
        //hiermit wieder freigegeben.
        g.Dispose();
```

```
        }
    }
class Line : Shape {
    public override void Paint(PictureBox box) {
        //Graphics-Objekt für die PictureBox erstellen.
        Graphics g = box.CreateGraphics();
        //Einen "Zeichenstift" anlegen.
        Pen pen = new Pen(BorderColor);

        //Zeichne die Linie mit den entsprechenden Parametern.
        g.DrawLine(pen, Left, Top, Width, Height);

        //Graphics belegt diverse Systemressourcen. Diese werden
        //mit Dispose() wieder freigegeben.
        g.Dispose();
    }
}
```

Listing 7.11 Definition von zwei weiteren Klassen (Ellipse und Linie) inkl. der überschriebenen Paint Methoden, die für die Ausgabe am Bildschirm zuständig sind

Nachdem dies geschehen ist, stellt sich die Frage, was passiert, wenn jemand folgenden Code ausprobiert:

```
Shape s = new Shape();
s.Draw(myPicturebox);
```

Listing 7.12 Anlegen eines allgemeinen Objekts, welches jedoch keine sinnvolle Implementierung in der Methode besitzt

Immerhin hat Shape keine Implementierung für Paint. Shape ist lediglich eine Verallgemeinerung der einzelnen Klasse, die selbst nicht verwendet werden soll. Zumindest sollen keine Objekte davon erstellt werden.

Damit der Compiler nun den Programmierer daran hindert, ein Objekt vom Typ Shape anzulegen, muss die Klasse Shape als *abstrakt* markiert werden:

```
abstract class Shape {
    //...
}
```

Listing 7.13 Definieren der Klasse als abstrakt, um zu verhindern, dass ein Objekt der Klasse erzeugt werden kann

Dadurch ist es nun nicht mehr möglich, ein Objekt der Klasse Shape anzulegen. Wenn Sie dies versuchen, wird der Compiler Sie daran hindern, das Programm auszuführen.

Nun möchten Sie den Programmierer auch noch zwingen, in den entsprechenden Klassen die Methode Paint zu überschreiben, sodass diese auch wirklich implementiert wird. Dazu markieren Sie die Methode ebenfalls als abstrakt (anstatt als virtual). Das Schlüsselwort virtual ermöglicht es, dass eine abgeleitete Klasse die Methode überschreibt. Das Schlüsselwort abstract zwingt den Programmierer, die Methode mit einer abgeleiteten Klasse zu überschreiben. Da eine abstrakte Methode überschrieben werden muss, kann diese in der Basisklasse auch keine Implementierung besitzen. Die geschwungenen Klammern sind somit nicht notwendig und werden durch einen Strichpunkt ersetzt.

```
abstract class Shape {
    public Color BorderColor { get; set; }
    public float Left { get; set; }
    public float Top { get; set; }
    public float Width { get; set; }
    public float Height { get; set; }

    public abstract void Paint(PictureBox box);
}
```

Listing 7.14 Definition der abstrakten Klasse mit abstrakter Methode

Dadurch haben Sie nun eine Basisklasse erstellt, die diverse Eigenschaften bietet und eine Methode zwar noch nicht selbst implementiert, jedoch bei den konkreten Klassen garantiert vorhanden ist. Des Weiteren kann von dieser Klasse kein Objekt angelegt werden. Die Frage, was diese Klasse nun bringt, will ich Ihnen ebenfalls beantworten.

Was ist nun, wenn Sie nicht nur ein Objekt anlegen und zeichnen wollen, sondern mehrere? Sie verwenden ein Array. Ein Array beinhaltet jedoch nur gleichartige Objekte. Sie können demnach in einem Array von Ellipsen keine Rechtecke speichern und umgekehrt. Halten Sie sich also ein Array für jeden Typ? Natürlich nicht. Sie halten sich ein Array vom Typ Shape. Da Shape die Basisklasse ist und jedes abgeleitete Objekt davon ebenfalls ein Shape ist, können Sie die abgeleiteten Objekte in diesem Array speichern. Code in dieser Art würde also funktionieren, und Sie können alle Grafikobjekte entsprechend gleich behandeln – dank der Basisklasse Shape.

```
Shape[] shapes = new Shape[10];
shapes[0] = new Rectangle();
shapes[1] = new Rectangle();
```

```
shapes[2] = new Ellipse();
shapes[3] = new Line();
shapes[4] = ...
//...
//Hier sollten die einzelnen Objekte mit deren Größe etc.
//initialisiert werden.

    for (int i = 0; i < shapes.Length; i++)
        shapes[i].Paint(myPictureBox);
```

Listing 7.15 Verwendung der abstrakten Klasse zur allgemeineren Verwendung der spezifischen Objekte

Was an abstrakten Basisklassen toll ist, ist die Tatsache, dass diese nicht nur Methoden definieren können, die abgeleitete Klassen überschreiben müssen, sondern dass sie auch selbst vollständige Methoden implementieren können. Die folgende Methode zum Beispiel implementiert, ob zwei voneinander unabhängige Elemente sich gegenseitig überragen – genauer gesagt, ob sich die umgebenden Rechtecke der Elemente überragen. Der Code hierfür ist in jeder abgeleiteten Methode identisch. Daher macht es durchaus Sinn, diese Methode bereits in der Basisklasse zu implementieren.

```
abstract class Shape {
    public Color BorderColor { get; set; }
    public float Left { get; set; }
    public float Top { get; set; }
    public float Width { get; set; }
    public float Height { get; set; }

    public abstract void Paint(PictureBox box);

    /// <summary>
    /// Diese Methode überprüft, ob sich der umgebende Rahmen
    /// dieses Elements mit dem Rahmen des übergebenen Objekts
    /// überlappt.
    /// </summary>
    /// <param name="shape">Das zweite Objekt, das geprüft
    /// werden soll.</param>
    /// <returns>True, wenn sich die umgebenden Rechtecke der
    /// Objekte überlappen. Sonst false.</returns>
    public bool BorderConflictsWithOtherShape(Shape shape) {
```

```
    bool isConflict = false;

    if (Left > shape.Left && Top > shape.Top &&
        Left < shape.Left + shape.Width && Top < shape.Top +
        shape.Height)
        isConflict = true;
    else if (shape.Left > Left && shape.Top > Top &&
        shape.Left < Left + Width && shape.Top < Top + Height)
        isConflict = true;
    return isConflict;
}
}
```

Listing 7.16 Durch die allgemeine Methode in der Basisklasse kann die Funktionalität in jedem beliebigen Objekt einer erbenden Klasse verwendet werden.

Wäre der Code nicht absolut identisch, sondern für eine oder zwei abgeleiteten Klassen unterschiedlich, so könnte die Methode auch virtual definiert werden, um diese in den abgeleiteten Klassen überschreibbar zu machen.

Wenn Sie über eine Methode drei Schrägstriche setzen, wird die Struktur der sogenannten *XML-Kommentare* erstellt. In dieser Struktur können Sie Ihre Methoden beschreiben, und IntelliSense bietet Ihnen die dort angeführten Informationen bei der Verwendung als Tooltip-Hilfe an. Des Weiteren können Sie dadurch eine automatisierte Dokumentation Ihres Sourcecodes erstellen – dies sei jedoch nur nebenbei erwähnt.

Auch die Methode BorderConflictsWithOtherShape profitiert von der Vererbung. Da diese lediglich ein Objekt der Klasse Shape erwartet, können Sie hier auch Objekte von Ellipse, Rectangle oder Line übergeben und somit auch prüfen, ob ein Rechteck mit einer Ellipse in Konflikt steht.

Immer dann, wenn Sie doppelten Code sehen, soll dieser geändert und versucht werden, das Programm so abzuändern, dass der Code nicht doppelt ist! Das Problem daran ist, dass ein doppelter Code dazu führt, dass auch Fehler doppelt vorhanden sind und dass bei der Behebung eines Fehlers meist die anderen Stellen, an denen der gleiche Code existiert, nicht geändert werden und dort somit der Fehler nach wie vor vorhanden ist.

Wenn Sie sich nun die drei abgeleiteten Klassen ansehen, werden Sie feststellen, dass die Methode Paint bei allen drei Klassen beinahe absolut identisch ist. Dies können Sie wie folgt einfach abändern und den doppelten Code entfernen:

1. Die Methode Paint enthält sämtlichen Code, der bereits in der Basisklasse identisch ist.

2. Dadurch darf die Methode Paint in der Basisklasse nicht abstrakt, sondern maximal virtual sein.

3. Der Code, der je nach Klasse unterschiedlich ist (DrawLine, DrawEllipse, DrawRectangle), wird an einen Methodenaufruf in Paint delegiert.

4. Die Methode, die dies nun tatsächlich zeichnet, wird eine neue abstrakte Methode, die überschrieben werden muss.

```
abstract class Shape {
    public Color BorderColor { get; set; }
    public float Left { get; set; }
    public float Top { get; set; }
    public float Width { get; set; }
    public float Height { get; set; }

    protected abstract void DoPaint(Pen pen, Graphics g);

    /// <summary>
    /// Diese Methode zeichnet ein Element in eine PictureBox.
    /// </summary>
    /// <param name="box">Die PictureBox, in die das Element
    /// gezeichnet werden soll.</param>
    public virtual void Paint(PictureBox box) {
        //Graphics-Objekt für die PictureBox erstellen.
        Graphics g = box.CreateGraphics();
        //Erstelle einen "Zeichenstift" mit der entsprechenden
        //Farbe.
        Pen pen = new Pen(BorderColor);

        //Nun wird die Methode DoPaint aufgerufen, die von den
        //Objekten überschrieben wird und sich tatsächlich um das
        //Zeichnen kümmert!
        DoPaint(pen, g);

        //Benötigte Ressourcen wieder freigeben.
        g.Dispose();
    }
}

class Rectangle : Shape {
```

```
    protected override void DoPaint(Pen pen, Graphics g) {
        g.DrawRectangle(pen, Left, Top, Width, Height);
    }
}

class Ellipse : Shape {
    protected override void DoPaint(Pen pen, Graphics g) {
        g.DrawEllipse(pen, Left, Top, Width, Height);
    }
}

class Line : Shape {
    protected override void DoPaint(Pen pen, Graphics g) {
        g.DrawLine(pen, Left, Top, Width, Height);
    }
}
```

Listing 7.17 Implementierung einer allgemeinen abstrakten Klasse mit abgeleiteten Klassen, welche lediglich eine einzige spezifische Methode implementieren müssen

Dadurch, dass Sie nun keinen doppelten Programmcode mehr haben, ist der Gesamtcode entsprechend kürzer und auch übersichtlicher geworden.

Die Methode Paint beinhaltet also den Code, um die entsprechenden Objekte zu erzeugen und zu konfigurieren und ruft die Methode DoPaint auf, um den Zeichenvorgang durchzuführen. Die Methode DoPaint ist in der Klasse Shape als abstrakt definiert, da Shape selbst nicht zeichnen kann. Die abgeleiteten Klassen überschreiben nicht mehr die Paint-, sondern die DoPaint-Methode und implementieren den klassenspezifischen Teil. Wie Sie sehen, können innerhalb einer abstrakten Klasse Methoden implementiert werden, und es kann innerhalb einer abstrakten Klasse eine als abstrakt deklarierte Methode aufgerufen werden, obgleich diese keine Implementierung besitzt. Beim Aufruf der abstrakten Methode wird die Implementierung der konkreten Klasse vom Computer eingesetzt.

Sichtbarkeiten

Die Methode DoPaint wurde nicht als public, sondern als protected deklariert. Damit kann die Methode nicht von außerhalb der Klasse aufgerufen werden. Blättern Sie ein paar Seiten zurück zu Abschnitt 6.4.3, »Das Geheimnisprinzip«: Dort sind die verschiedenen Sichtbarkeiten von Methoden, Eigenschaften und Klassen bereits erläutert. Hier nochmals ein kurzer Überblick in Bezug auf den oben angeführten Code:

▶ public: Die Methode Paint ist als public definiert, da sie entsprechend von außerhalb des Objekts aufgerufen werden soll. »Von außerhalb« bedeutet, dass Sie, wenn Sie ein Objekt der Klasse Rectangle erzeugen, mit dem Methodenaufruf Paint erreichen wollen, dass das Rechteck gezeichnet wird.

```
Rectangle myRect = new Rectangle();
myRect.Paint(); //Methode ist public/öffentlich, damit sie wie
                //hier dargestellt aufgerufen werden kann!
```

▶ protected: Die Methode DoPaint soll nicht direkt aufgerufen werden können. Wenn der Verwender der Klasse will, dass ein Rechteck gezeichnet wird, so soll er Paint und nicht DoPaint aufrufen. Allerdings ist DoPaint notwendig, um doppelten Code zu vermeiden. Es handelt sich dabei also um eine Hilfsfunktion, die lediglich innerhalb der Klasse oder in abgeleiteten Klassen verfügbar sein soll. Protected bedeutet, dass die Methode nur innerhalb der eigenen Klasse oder in davon abgeleiteten Klassen verfügbar ist.

▶ private: private ist eine weitere Einschränkung gegenüber protected, da hier die Methode nur innerhalb der eigenen Klasse verfügbar ist und nicht in abgeleiteten Klassen. DoPaint ist in der abstrakten Basisklasse definiert und muss in abgeleiteten Klassen überschrieben werden. Daher ist die Sichtbarkeit vom Typ private hier nicht angebracht.

7.1.4 Interfaces

Interfaces könnte man als die konsequente Erweiterung von abstrakten Basisklassen bezeichnen. Interfaces (auf Deutsch *Schnittstellen*) bestehen ausschließlich aus Methoden und Eigenschaften, die in Klassen, die von diesem Interface abgeleitet sind, implementiert sein müssen. Interfaces können selbst keine Implementierungen beinhalten. Man spricht bei Schnittstellen auch nicht von »ableiten«, sondern davon, dass eine Klasse »eine Schnittstelle implementiert«.

Also: Ein Interface gibt Eigenschaften und Methoden vor, die die Klasse, die die Schnittstelle implementiert, zur Verfügung stellen – sprich: implementieren – muss.

Die berechtigte Frage ist nun: »Was bringt das?« Um Ihnen dies näherzubringen, werde ich kurz auf die Problematik der (in C# nicht möglichen) Mehrfachvererbung eingehen.

Mehrfachvererbung

Mehrfachvererbung ist in C# aus gutem Grund nicht möglich. Mehrfachvererbung bringt erstens eine erhöhte Komplexität mit sich, da es sich nicht um einen Vererbungsbaum handelt, sondern um einen Graphen, und führt zweitens auch zu anderen Problemen.

Nehmen Sie an, Sie wollen eine Klasse Hausboot programmieren. Da ein Hausboot ein Haus ist, leiten Sie Ihre Klasse Hausboot von der Klasse Haus ab. Ein Hausboot ist aber auch ein Boot und wird daher zusätzlich zu Haus auch von Boot abgeleitet. Da es wenige Situationen für sinnvolle Mehrfachvererbung gibt und dieses Beispiel sehr plakativ ist, muss es hier ausreichen.

Die Basisklasse Haus besitzt eine Variable mit dem Namen length. Gleiches gilt für die Klasse Boot. Angenommen, beide Variablen sind protected. Welche der Variablen würde verwendet, wenn Sie darauf in der abgeleiteten Klasse zugriffen?

Sehen Sie, das ist ein Problem. Selbst, wenn dies definiert ist, gibt es viele Probleme, die sich aufgrund der erhöhten Komplexität ergeben, und daher ist Mehrfachvererbung in C# nicht möglich. In C++ ist Mehrfachvererbung möglich. In Java hingegen ebenfalls nicht.

Die Reduktion der Komplexität aufgrund mehrfach vorhandener Variablen bieten *Interfaces*, da diese lediglich definieren, was vorhanden sein muss, jedoch selbst keine Implementierungen besitzen.

Wird das Hausboot mit Interfaces abgebildet (IHabitable steht für »bewohnbar« – also typisch für ein Haus; und IFloatable steht für »schwimmfähig« – also typisch Boot), so könnte dies wie folgt aussehen:

```
interface IFloatable {
    float Length { get; set; }  //Die Länge des schwimmenden
                                //Objekts.
    int MaxWeight { get; set; } //Maximalgewicht -> es soll ja
                                //nicht sinken.
}
interface IHabitable {
    float Length { get; set; }  //Die Länge des Hauses.
    void OpenDoor();     //Haustür öffnen.
}
class HouseBoat : IFloatable, IHabitable {
    public float Length { get; set; }
    public int MaxWeight { get; set; }

    public void OpenDoor() {
        //Hier Programmcode zum Türöffnen.
    }
}
```

Listing 7.18 Realisierung von »Mehrfachvererbung« mithilfe von Interfaces

Das Hausboot implementiert nun beide Interfaces und besitzt alle Eigenschaften, die IFloatable fordert, und gleichzeitig alle Eigenschaften und Methoden, die IHabitable fordert. Obwohl die Eigenschaft Length von beiden Interfaces gefordert wird, ist diese genau ein einziges Mal vorhanden und somit eindeutig. Dadurch existiert die Problematik mit mehrfach vorhandenen Variablen, wie dies bei der Mehrfachvererbung der Fall ist, bei Interfaces nicht.

Durch die Verwendung der Interfaces wird also beschrieben, welche Eigenschaften, Methoden etc. eine Klasse besitzen muss. Interfaces besitzen jedoch keine Implementierung. Sie können allerdings Interfaces als Typ bei Übergabeparametern für Methoden angeben. Dadurch können Sie jedes Objekt von jeder Klasse übergeben, die das gewählte Interface implementiert. Durch die Verwendung von Interfaces und die damit verbundene Abstrahierung ergeben sich noch weitere Vorteile, wie Sie im Folgenden sehen werden.

Kehren wir zu unserem Beispiel mit den grafischen Elementen zurück. Gehen Sie davon aus, dass Sie nicht nur grafische Elemente zeichnen wollen, sondern auch andere Dinge. Geben wir also noch eine Klasse hinzu, die einen Farbverlauf in den Hintergrund der PictureBox zeichnen kann. Diese Klasse ist kein Shape. Sie besitzt weder eine Breite noch eine Höhe noch sonstige Positionsangaben. Dennoch kann sich diese Klasse zeichnen.

Hierzu definieren wir ein Interface IPaintableObject, das eine Methode Paint vorschreibt. Die Angabe der Sichtbarkeit bei Interface-Methoden ist nicht möglich. Diese sind automatisch immer public. Die Klasse Shape kann nun dieses Interface implementieren. Die Syntax hierzu ist identisch mit der beim Ableiten von einer Klasse. Des Weiteren kann die neue Klasse ebenfalls dieses Interface implementieren.

```
interface IPaintableObject {
    void Paint(PictureBox box);
}

abstract class Shape : IPaintableObject {
        //…
}

class BackgroundPainter : IPaintableObject {
    public Color StartColor { get; set; }
    public Color EndColor { get; set; }

    public void Paint(System.Windows.Forms.PictureBox box) {
        Graphics g = box.CreateGraphics();
```

```
//LinearGradientBrush ist von Brush abgeleitet. Die
//Zuweisung ist daher möglich!
//Der Verlauf wird von der Ecke links oben zur Ecke rechts
//unten gezeichnet.
Brush myBrush = new LinearGradientBrush(
    new Point(0,0),
    new Point(box.Width, box.Height),
    StartColor,
    EndColor
);
Pen myPen = new Pen(myBrush);

g.DrawRectangle(myPen, 0, 0, box.Width, box.Height);
    }
}
```

Listing 7.19 Verwendung von Interfaces zur Verallgemeinerung ohne gemeinsamer Basisklasse

Wenn Sie in C# ein Interface programmieren, so soll dies immer mit einem großen »I« beginnen. Alle Interfaces im .NET Framework beginnen mit einem großen »I«.

Dadurch, dass die Basisklasse Shape das Interface implementiert, implementieren auch alle von Shape abgeleiteten Klassen dieses Interface. Die Methode Shape besitzt bereits eine entsprechende Paint–Methode; somit ist keine weitere Änderung nötig. Das Schöne ist nun, dass eine abgeleitete Klasse (oder auch die Shape-Klasse selbst) noch weitere Interfaces implementieren könnte!

Aber was bringt uns nun das Interface IPaintableObject? Und was bringt uns die Tatsache, dass sowohl Shape als auch die Klasse BackgroundPainter dieses Interface implementieren?

Sie erinnern sich bestimmt an das Shape-Array, das verschiedene Objektarten beinhaltet:

```
Shape[] shapes = new Shape[10];
shapes[0] = new Rectangle();
shapes[1] = new Rectangle();
shapes[2] = new Ellipse();
shapes[3] = new Line();
shapes[4] = ...
//...
```

```
//Eigenschaften hier initialisieren

for (int i = 0; i < shapes.Length; i++)
    shapes[i].Paint(myPictureBox);
```

Listing 7.20 Gemeinsame Verwendung von Objekten mithilfe einer gemeinsamen Basisklasse

Das Problem ist, dass Sie in das angelegte Array von Shape kein Objekt vom Typ BackgroundPainter geben können, da es sich hierbei ja nicht um ein Objekt vom Typ Shape handelt. Damit Sie auch diese Objekte zeichnen können, die sich vom Typ BackgroundPainter ableiten, müssten Sie wieder weiteren Code schreiben.

Es macht jedoch auch keinen Sinn, BackgroundPainter von Shape abzuleiten, da BackgroundPainter viele Eigenschaften von Shape nicht benötigt.

Da jedoch sowohl Shape als auch BackgroundPainter das Interface IPaintableObject implementieren und dieses Interface definiert, dass jedes Objekt, das dieses Interface implementiert, eine Methode Paint haben muss, können Sie anstelle eines Shape-Arrays ein Array von IPaintableObject verwenden:

```
IPaintableObject[] shapes = new IPaintableObject[10];
shapes[0] = new BackgroundPainter();
shapes[1] = new Rectangle();
shapes[2] = new Rectangle();
shapes[3] = new Ellipse();
shapes[4] = new Line();
shapes[5] = ...
//...
//Eigenschaften hier initialisieren

for (int i = 0; i < shapes.Length; i++)
    shapes[i].Paint(myPictureBox);
```

Listing 7.21 Gemeinsame Verwendung von Objekten mithilfe von Interfaces

Mit Interfaces können Sie also verschiedenartige Objekte, die dennoch gleiche Methoden besitzen, auch gleich behandeln, indem Sie die Gemeinsamkeiten in einem Interface zusammenfassen und die verschiedenartigen Klassen jeweils das Interface implementieren.

Eine Klasse kann lediglich von einer Klasse ableiten. Die Klasse kann jedoch viele Interfaces implementieren.

7.2   Ereignisse

Sie kennen genügend Szenarios, in denen Ereignisse eingesetzt werden. Sie schreiben eine E-Mail und klicken auf SENDEN. Wunderbarerweise weiß nun das Programm, dass Sie das E-Mail senden wollen, und so geschieht Ihr Wille. Doch wie funktioniert dies? Sie klicken also auf eine Schaltfläche und wollen, dass ein bestimmter (Ihr) Programmcode ausgeführt wird, um zum Beispiel ein Dokument zu speichern. Das Button-Steuerelement existiert bereits fix fertig und wird Ihnen zur Verfügung gestellt. Dieser Button ist nur eines von vielen Steuerelementen, die vom .NET Framework zur Verfügung gestellt werden. In Wahrheit ist auch ein Button lediglich eine Klasse mit Methoden und Eigenschaften. Da Sie diesen jedoch nicht ändern können, existieren zusätzliche Möglichkeiten, um den Button anzuweisen, dass Ihr gewünschter Programmcode ausgeführt wird, wenn jemand auf diesen Button klickt. Es werden hierzu *Ereignisse* (engl. *Events*) verwendet. Ereignisse werden in der Entwicklungsumgebung als Blitz ⚡ dargestellt. Es existieren folgende Begriffe oder Aktionen rund um Ereignisse:

1. *Registrieren:* Zu Beginn registrieren Sie sich für ein Ereignis. Sie registrieren sich also dafür, dass ein bestimmter Programmcode ausgeführt werden soll, wenn zum Beispiel der Button angeklickt wird.

2. *Auslösen:* Wenn das Ereignis auftritt, also auf den Button geklickt wird, »feuert der Button das Event«, das heißt, er löst es aus. Es können sich mehrere Programmteile auf ein einzelnes Event registrieren. Wird nun das Event ausgelöst, so werden nacheinander alle Programmcodes ausgeführt, die sich für dieses Ereignis registriert haben.

Die Laufzeitumgebung des .NET Frameworks, also der Computer selbst, kümmert sich darum, dass beim Eintreten eines Ereignisses alle Codeteile ausgeführt werden, die sich für das Ereignis registriert haben.

Sie können nicht nur auf bestehende Ereignisse reagieren, sondern auch selbst Ereignisse definieren. Wir werden uns nun ansehen, wie Sie sich auf Ereignisse registrieren und anschließend, wie Sie selbst Ereignisse definieren können.

7.2.1   Auf Ereignisse reagieren

Wenn ein Ereignis, wie zum Beispiel ein Mausklick oder ein Klick auf einen Button, ausgelöst wird, so wird eine Methode aufgerufen. Diese Methode wird *Event-Handler* genannt. Folgendes Beispiel zeigt, wie Sie sich für das in der Klasse `ConsoleCommunication` definierte Ereignis registrieren können:

```
//Objekt erzeugen
ConsoleCommunication myCom = new ConsoleCommunication();
//Für das Ereignis registrieren
myCom.WroteToConsole += new EventHandler(myCom_WroteToConsole);
```

Listing 7.22 Registrierung auf ein Ereignis

Mit += registrieren Sie sich für ein Ereignis. Nach dem += folgt ein ähnlicher Code wie beim Anlegen eines neuen Objekts. Sie benötigen new EventHandler, wobei EventHandler der Typ des Ereignisses (bzw. des sog. *Delegates*) ist. In den runden Klammern geben Sie den Namen der Funktion an, die aufgerufen werden soll. Netterweise können Sie in *Visual Studio* nach += zweimal auf die ⇆ -Taste drücken, und Visual Studio schreibt für Sie alles Nötige inklusive des Methodenrumpfes fertig. Der Methodenrumpf sieht wie folgt aus:

```
void myCom_WroteToConsole (object sender, EventArgs e) {
//Hier den Code zur Ereignisbehandlung einfügen
}
```

Listing 7.23 Darstellung einer Methode, die als EventHandler fungiert

Dieser Rumpf besitzt den Namen, der in den runden Klammern beim Eventhandler angegeben wurde. Die Parameter sind object sender und EventArgs e. Das Objekt sender ist ein Verweis auf das Objekt, das das Ereignis ausgelöst hat. Also zum Beispiel der konkrete Button, der gedrückt wurde. EventArgs ist eine Klasse, die weitere Informationen zum Ereignis beinhalten kann. Es existieren verschiedene EventArgs, und Sie können auch selbst weitere definieren. Beispielsweise MausEventArgs, welche natürlich von EventArgs erben und die konkrete Maustaste, die gedrückt wurde, als Eigenschaft beinhalten. Oder auch KeyEventArgs, welche Rückschlüsse auf die gedrückte Taste oder Tastenkombinationen bei Eingabefeldern zulassen.

Die angeführte Funktion wird auf jeden Fall aufgerufen, wenn

```
myCom.WriteToConsole("Hallo Welt");
```

aufgerufen wird.

Mit += registrieren Sie sich für ein Ereignis. Sie können sich mit -= von einem Ereignis deregistrieren. Dadurch wird die Methode nicht wieder aufgerufen.

7.2.2 Erstellen von Ereignissen

Um Ereignisse zu definieren, benötigen Sie wie erwähnt ein *Delegate*. Das Delegate definiert die Struktur des Ereignisses – also die Parameter, die mit dem Ereignis übergeben werden. Delegates haben noch weitere Einsatzgebiete, zum Beispiel als eine Art »Funktionszeiger«. Dies ist eine Variable, die keinen Wert, sondern eine Funktion beinhaltet, die aufgerufen werden kann. Wir wollen uns jedoch mit Ereignissen beschäftigen und verwenden Delegates nun ausschließlich hierzu.

Für Ereignisse existiert bereits ein Standard-Delegate mit dem Namen `EventHandler`. Dieses Delgate bestimmt, dass jedes Ereignis dieses Typs zwei Parameter, nämlich wie erwähnt `object sender` und `EventArgs e`, besitzen muss. `object sender`, zur Erinnerung, ist das Objekt, welches das Ereignis ausgelöst hat. Die `EventArgs e` können weitere Details zum Ereignis – also Ereignisdaten – beinhalten.

Um ein Delegate zu definieren, wird das Schlüsselwort `delegate` verwendet. Die bereits im .NET Framework vorhandene Definition des `EventHandler` würde wie folgt aussehen:

```
public delegate void EventHandler(object sender, EventArgs e);
```

Listing 7.24 Definition eines Delegates

Das Ereignis definieren Sie nun wie folgt:

```
public event EventHandler MyEvent;
```

Listing 7.25 Definition eines Events

Die Ereignisdefinition benötigt also das Schlüsselwort `event` und den Ereignistyp – also das Delegate `EventHandler` – sowie den frei wählbaren Ereignisnamen.

Wenn Sie nun andere `EventArgs` oder selbst definierte `EventArgs` übergeben wollen, existiert hierzu ein generisches Delegate, mit welchem Sie den Typ der `EventArgs` angeben können:

```
public event EventHandler<MouseEventArgs> MyMouseClickEvent;
```

Listing 7.26 Definition eines Events mit speziellen EventArgs

In den spitzen Klammern wird der Typ der Ereignisargumente angegeben. Dadurch ändern sich auch die Methodensignatur und die Registrierung des Events:

```
… += new EventHandler<MouseEventArgs>(myMethodName);
public void myMethodName(object sender, MouseEventArgs e);
```

Listing 7.27 Registrierung und Methodensignatur eines Events mit speziellen EventArgs

Sie können also jederzeit selbst Ereignisse mit den Delegates `EventHandler` und `EventHandler<T>` erzeugen. Wichtig ist, dass Ihre eigenen `EventArgs`, die viele verschiedene Daten, die zu Ihrem Ereignis wichtig sind, als Eigenschaften beinhalten, können von der Basisklasse `EventArgs` erben. So können sie mit dem allgemeinen `EventHandler<T>` verwendet werden.

Sie könnten auch selbst ein beliebiges Delegate mit beliebigen Parametern definieren und dieses als Event verwenden, sofern es den Rückgabewert `void` besitzt. Es wird aber nicht empfohlen.

Beim Definieren eines Ereignisses wird, wie bereits angeführt, die Sichtbarkeit (`public`, `private`, `protected`, `internal`) des Ereignisses angegeben, das Schlüsselwort `event` – damit ist es als Ereignis definiert –, sowie das Delegate, welches die Parameter des Ereignisses definiert.

```
public event EventHandler MyEvent;
public event EventHandler<MyEventArgs> MySecondEvent;
```

Listing 7.28 Definition mehrerer Events

Sie können Ereignisse als Eigenschaften von Klassen betrachten. Zum Beispiel besitzt ein `Button` das Ereignis `Click`, das ausgelöst wird, wenn Sie auf den Button klicken. Der Button löst also das Ereignis aus. Dies funktioniert wie im folgenden Programmcode:

```
//Prüfe, ob jemand für das Event registriert ist
if (MyEvent != null)
    //Wenn ja -> Event auslösen!
    MyEvent("Ereignis wurde ausgelöst");
```

Listing 7.29 Auslösen eines Events

Sie müssen immer abfragen, ob jemand für das Ereignis registriert ist. Sollten Sie dies vergessen, so bekommen Sie einen Fehler vom Typ `NullReferenceException`. Wenn sich jemand für das Ereignis registriert hat, so ist das Ereignis ungleich `null` und kann ähnlich wie eine Methode aufgerufen werden. Die Parameter, die Sie übergeben, sind durch das Delegate definiert.

7.2.3   Eigene Ereignisse im Einsatz

```
class ConsoleCommunication {
    //Das Ereignis definieren
    public event EventHandler WroteToConsole;

    public void WriteToConsole(string text) {
        Console.WriteLine(text);

        //Wichtig: Abfrage, ob jemand für das Ereignis
        //registriert ist
        if (WroteToConsole != null)
            //Wenn ja, Ereignis auslösen
            WroteToConsole(this, null);
    }
}
```

Listing 7.30 Beispiel einer Klasse mit Event

Diese Klasse besitzt lediglich das Ereignis WroteToConsole und eine Methode namens WriteToConsole. Die Methode WriteToConsole schreibt lediglich einen Text auf die Konsole und löst das Ereignis aus.

Es wurde hier kein Delegate definiert, da das Delegate EventHandler verwendet wurde, das bereits im Framework vorhanden ist. Da dieses Delegate genau zwei Parameter erwartet, wird das Ereignis mit zwei Parametern ausgelöst. Der this-Parameter stellt die Referenz zum aktuellen Objekt her, und da keine weiteren Informationen notwendig sind, wird als zweiter Parameter null übergeben, da keine speziellen EventArgs notwendig sind.

Ereignisse werden bei grafischen Anwendungen, wie Sie diese in den nächsten Kapiteln erstellen werden, ständig benutzt. Außerdem werden Ereignisse unter anderem auch dann eingesetzt, um Klassen extern erweiterbar zu machen – so wie ein Mausklick auf einen Button. Sie wissen nun, wie Ereignisse erstellt und verwendet werden können.

7.3   Zusammenfassung

Sie haben in diesem Kapitel die Mächtigkeit der objektorientierten Programmierung kennengelernt. Die *Vererbung*, das *Überschreiben* von *Methoden* und auch *Polymorphismus*. Mithilfe von *Verallgemeinerung – Abstraktion –* können Sie sich viel Programmcode sparen und können eben allgemeinere und somit vielseitigere Programme schreiben.

Sie haben *abstrakte Klassen* zum Zusammenfassen gemeinsamer Funktionalität kennengelernt und außerdem *Interfaces* zur generellen Behandlung von Klassen, in denen nur definiert wird, welche Funktionalitäten geboten werden müssen.

Mit *Interfaces* können Sie also verschiedenartige Objekte, die dennoch gleiche Methoden besitzen, auch gleich behandeln, indem Sie die Gemeinsamkeiten zu einem Interface zusammenfassen und die verschiedenen Klassen jeweils das Interface implementieren.

Eine Klasse kann lediglich von einer Klasse ableiten. Die Klasse kann jedoch viele Interfaces implementieren.

Objektorientierte Programmierung bedeutet also:

▶ *Abstraktion:* Abstrahieren Sie so gut wie möglich, um doppelte Implementierungen zu vermeiden und Generalisierungen zu ermöglichen.

▶ *Datenkapselung:* Die Klassen besitzen Eigenschaften und Methoden. Die Objekte wissen also selbst, wie etwas zu tun oder zu berechnen ist. Nicht alle Daten und Eigenschaften werden direkt nach außen gegeben. Manche werden geheim gehalten, um den Zugriff zu verhindern.

▶ *Vererbung:* Klassen können voneinander erben, und dadurch wird Funktionalität weitergegeben.

1. *Polymorphie:* Die *Vielgestaltigkeit* (deutsche Bezeichnung für »Polymorphie«) besagt, dass Sie sich nicht immer sicher sein können, welche Methode genau aufgerufen wird oder um welches Objekt es sich gerade handelt. Sie können sich jedoch sicher sein, dass die Methoden und Eigenschaften des Datentyps vorhanden sind.

Wie schon erwähnt, ist die Objektorientierung kein einfaches Thema – gerade wenn Sie mit dem Programmieren beginnen. Seien Sie also nicht verzweifelt, wenn Sie die Anwendung noch nicht sofort in jeder Feinheit verinnerlicht haben, denn das benötigt Zeit. Machen Sie die folgenden Aufgaben, und gehen Sie immer wieder einzelne Teile der Objektorientierung durch. Nehmen Sie sich Schritt für Schritt Elemente aus diesem Kapitel heraus (z. B.: Datenkapselung), und achten Sie beim Programmieren auf die Einhaltung dieser.

Wenn Sie eine Aufgabe abgeschlossen haben, sehen Sie sich Ihren Code noch einmal an, bevor Sie ihn mit der Lösung vergleichen und überlegen Sie, welche Elemente dieses Kapitels Sie bereits vollständig und welche Sie lediglich teilweise oder gar nicht eingesetzt haben. Adaptieren Sie Ihren Programmcode anschließend, bis Sie ihn für perfekt befinden.

Nicht zuletzt haben Sie auch noch *Ereignisse* kennengelernt, welche Sie in den folgenden Kapiteln bei der grafischen Oberfläche ständig benötigen werden. Sie haben erfahren, wie Sie sich für Ereignisse registrieren, wie Sie Ereignisse mithilfe von *Delegates* erstellen und wie Sie Ereignisse auslösen können.

7.4 Aufgaben

Diese Aufgabe veranschaulicht das Überschreiben von Methoden. Verwenden Sie den folgenden Programmcode, und programmieren Sie die Klasse Human und Student so, dass das Programm am Ende entweder VORNAME + NACHNAME ausgibt, falls es lediglich eine erwachsene Person ist, oder VORNAME + NACHNAME + (MATRIKELNUMMER studiert an der UNI-/FH-NAME) ausgibt.

Das Hauptprogramm ist hier bereits gegeben. Fügen Sie die beiden Klassen mit den Eigenschaften hinzu, und überschreiben Sie die Methode GetInfo().

```
static void Main(string[] args) {
    Human human;
    Console.WriteLine("Bitte 's' für Student oder 'e' für Erwachsener eingeben");
    char c = Console.ReadLine()[0];
    switch (c) {
        case 's':
            human = GetStudentInfos();
            break;
        case 'e':
            Console.WriteLine("Sie haben sich für eine erwachsene Person entschieden.");
            human = new Human();     // Allgemeines Human objekt erzeugen.
            break;
        default:
            Console.WriteLine("Ungütlige Auswahl! Abbruch.");
            return;
    }
    // Allgemeine Infos abfragen:
    Console.WriteLine("Bitte Vorname eingeben:");
    human.Firstname = Console.ReadLine();
    Console.WriteLine("Bitte Nachname eingeben:");
    human.Lastname = Console.ReadLine();

    Console.WriteLine("Danke.");
    Console.WriteLine("Die Daten sind:");
```

```
        Console.WriteLine(human.GetInfo());
    }

    // Abfragen der zusätzlichen Studenten Infos.
    private static Human GetStudentInfos() {
        Console.WriteLine("Sie haben sich für einen Studenten entschieden.");
        Console.WriteLine("Bitte Matrikelnummer eingeben:");
        Student s = new Student();
        s.Number = int.Parse(Console.ReadLine());
        Console.WriteLine("Bitte FH/Uni angeben:");
        s.College = Console.ReadLine();
        return s;
    }
}
```

7.5   Kontrollfragen

1. Was ist der Unterschied zwischen dem Überladen von Methoden und dem Überschreiben von Methoden?

2. Was sind die zwei wesentlichen Unterschiede zwischen Interfaces und abstrakten Basisklassen?

3. Welche Objekte können Sie einer Methode übergeben, die einen Parameter einer bestimmten Klasse verlangt?

4. Wie wird eine Klasse voll (eindeutig) qualifiziert?

5. Kann eine Klasse von mehreren anderen Klassen erben?

6. Wie ist die Sichtbarkeit bei Eigenschaften und Methoden von Interfaces?

7. Welchen Rückgabewert müssen Delegates besitzen, die für Ereignisse verwendet werden sollen?

8. Was definiert der Delegate-Typ bei Ereignissen?

9. Was muss beim Auslösen eines Ereignisses beachtet werden?

10. Kann sich nur eine Klasse oder können sich auch mehrere Klassen für ein Ereignis registrieren?

11. Mit welchem Operator registriert man sich für ein Ereignis?

12. Wodurch wird die Methodensignatur einer Ereignismethode (Event-Handler) definiert?

Kapitel 8
Notepad selbst gemacht

Aus kleinem Anfang entspringen alle Dinge.
— Marcus Tullius Cicero

In diesem Kapitel werden Sie Ihr erstes Programm mit grafischer Benutzeroberfläche erstellen. Mit einem kleinen, einfachen Programm erhalten Sie eine Einführung in die Entwicklung von Windows-Anwendungen. In den nächsten Kapiteln beschäftigen wir uns dann mit weiteren Themen zu grafischen Anwendungen.

Sie werden in diesem Kapitel lernen, wie Sie mit Steuerelementen umgehen, sogenannten Controls, wie beispielsweise einem Menü oder Eingabefelder. Außerdem werden Sie einen einfachen Dateizugriff kennenlernen, der Ihnen das Schreiben und Lesen von Dateien von der Festplatte und auf die Festplatte erlaubt, und Sie werden erfahren, wie Sie bei grafischen Anwendungen mit Ereignissen arbeiten.

Bestimmt kennen Sie »Notepad«. Es handelt sich um einen kleinen Editor für Textdateien, der bei jeder Windows-Installation verfügbar ist. In diesem Kapitel werden wir eine abgespeckte Variante von Notepad erstellen, die zumindest die Grundfunktionalitäten beinhaltet.

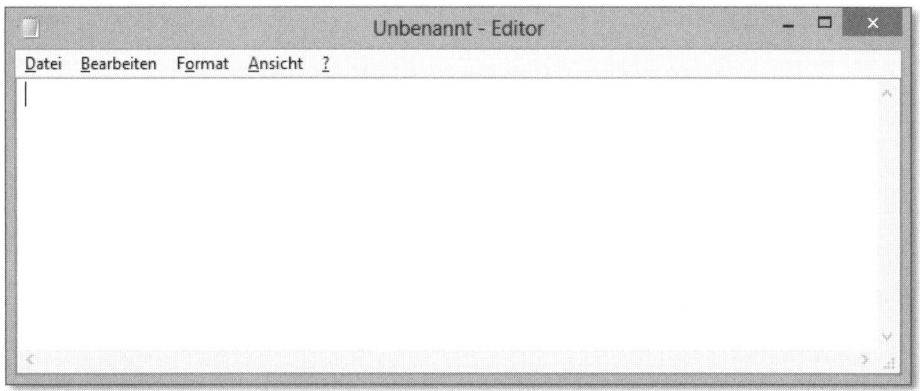

Abbildung 8.1 Screenshot von »Notepad«

Betrachten Sie die Benutzeroberfläche von Notepad. Sie besitzt oben ein Menü und zusätzlich einen Bereich, in den Sie Text eingeben können. In dieser Variante von Notepad wollen wir das Menü möglichst schlank halten. Das bedeutet, dass es auf folgende Einträge beschränkt wird:

▶ DATEI • NEU zum Erstellen einer neuen Textdatei

▶ DATEI • ÖFFNEN zum Laden einer bestehenden Datei

▶ DATEI • SPEICHERN zum Speichern der Datei

▶ DATEI • BEENDEN zum Beenden des Programms

Erstellen Sie ein neues Projekt in *Microsoft Visual Studio Express für Windows Desktop*. Diesmal wird unser Projekt jedoch keine Konsolenanwendung, sondern eine WINDOWS FORMS-ANWENDUNG (siehe Abbildung 8.2).

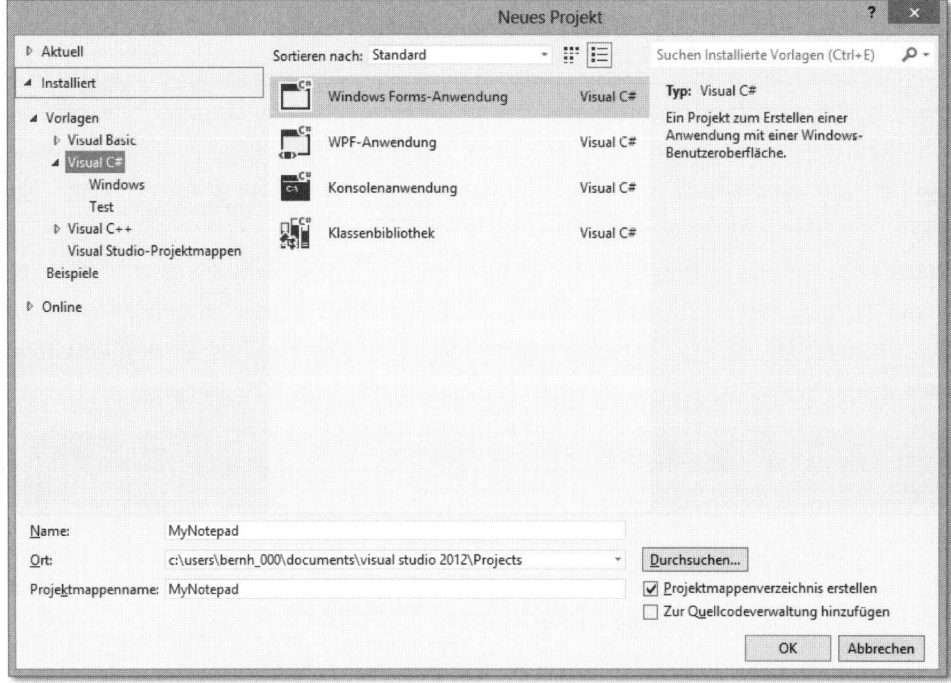

Abbildung 8.2 Projekt »MyNotepad« anlegen

Sobald Sie das Projekt erstellt haben, sehen Sie auch schon das Rohgerüst eines Fensters (siehe Abbildung 8.3). Dieses leere Fenster wird nun der Ausgangspunkt Ihres Windows-Programms werden.

Im Gegensatz zu einer Konsolenanwendung sehen Sie nicht den Programmcode, sondern das Fenster, das Sie gestalten werden. Ein Fenster wird *Formular* (engl. *Form*) genannt. Im Projektmappen-Explorer sehen Sie eine Datei namens *Program.cs*, die die `Main`-Methode beinhaltet und die Sie bei Windows-Anwendungen nur selten adaptieren müssen, sowie die Datei *Form1.cs*, die das Fenster darstellt, das Sie gerade sehen.

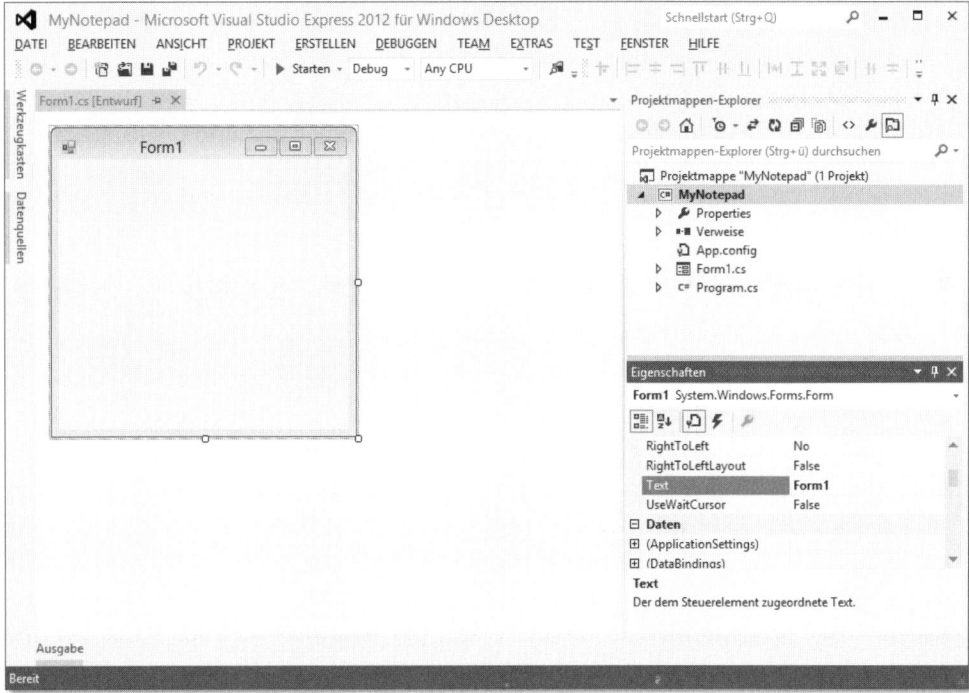

Abbildung 8.3 Beginn der Windows Forms-Anwendung

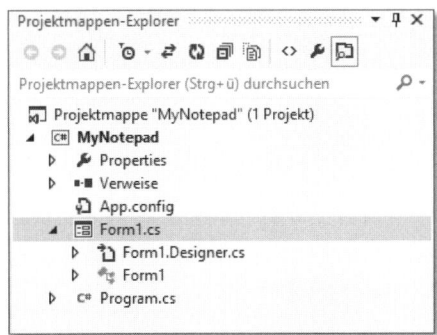

Abbildung 8.4 »Projektmappen-Explorer« – die Code-Behind-Datei

Klicken Sie im Projektmappen-Explorer auf das Plus-Symbol vor *Form1.cs*, und Sie sehen, dass sich dahinter eine Datei namens *Form1.Designer.cs* befindet (siehe Abbildung 8.4). Diese Datei ist eine sogenannte *Code-Behind-Datei*. Wenn Sie das Formular-Design festlegen, werden sämtliche Informationen darüber in dieser Datei gespeichert. Sie wird vom Designer, also von der Entwicklungsumgebung, verwaltet und geändert. Da diese Klasse von der Entwicklungsumgebung verwaltet und zu beliebigen Zeitpunkten neu generiert wird, ist es nicht empfehlenswert, Ihre Programmlogik in die Datei *Form1.Designer.cs* zu schreiben. Schreiben Sie Ihren Programmcode in die Datei *Form1.cs*! Da Design und Code eines Formulars zusammengehören, werden diese beiden Dateien als eine einzige Klasse interpretiert. Es handelt sich um eine sogenannte *partielle Klasse*.

8.1   Einschub: Partielle Klassen

Damit Sie nicht vom Programmcode belästigt werden, der für das Design notwendig ist, wird dieser in einer eigenen Datei gespeichert. Dieser Code gehört aber wie Ihr Code in eine gemeinsame Klasse, denn Sie wollen auf die Buttons oder Listen, die Sie im Designer hinzugefügt haben, per Programmcode zugreifen und diese verändern. Eine Klasse muss aber jeweils in einer einzigen Datei gespeichert sein. Um dieses Problem zu lösen, sind die partiellen Klassen erfunden worden. Diese ermöglichen es, dass eine Klasse in zwei Dateien aufgeteilt wird. Dadurch können Sie Methoden in der einen oder auch in der anderen Datei programmieren und diese so verwenden, als wären sie in einer normalen Klasse programmiert worden. Gleiches gilt natürlich auch für Variablen und Eigenschaften. Eine partielle Klasse ist nur mit dem Wort `partial` gekennzeichnet, und der Klassenname existiert in zwei Dateien – mehr steckt nicht dahinter.

In unserem Beispiel sieht der Inhalt von FORM.CS so aus:

```
public partial class Form {
    //…
}
Form.Designer.cs
partial class Form {
    //…
}
```

Listing 8.1 Aufteilung des Codes einer Klasse in zwei Dateien als partielle Klasse

Es gibt kaum einen Grund, selbst partielle Klassen zu schreiben. Es ist jedoch wichtig, dass Sie dieses Verfahren kennen, da es von der Entwicklungsumgebung oftmals für derartige Dinge verwendet wird.

8.2   Die Gestaltung der Benutzeroberfläche

Die Benutzeroberfläche für unser Notepad-Programm ist sehr spartanisch. Sie besteht lediglich aus einem Menü und einem Textfeld. Das Schöne an dieser einfachen Oberfläche ist, dass Sie sich im Moment nur wenige Gedanken über die Gestaltung an sich machen müssen und diese schnell erstellt ist.

Als Erstes kümmern wir uns um das Grundgerüst. Zu Beginn erstellen wir das Menü. In der Toolbox finden Sie unter Menüs & Symbolleisten das Steuerelement MenuStrip. Ziehen Sie dieses Steuerelement auf das Formular, und schon wird es im Formular angezeigt. Sie können nun die einzelnen Menüpunkte anlegen, indem Sie den entsprechenden Text schreiben. Um einen Trennstrich zwischen den Menüelementen zu erstellen (siehe Abbildung 8.5 zwischen Speichern unter und Beenden), schreiben Sie anstatt eines Textes einen Bindestrich. Wahrscheinlich kennen Sie auch die Tastenkürzel: Mit einer Kombination aus dem Buchstaben, der im Menü unterstrichen erscheint, und der Alt-Taste können Sie so das Menü bedienen. Um einen Buchstaben, der das Tastenkürzel ist, unterstreichen zu lassen, setzen Sie einfach das &-Symbol davor – zum Beispiel sorgen Sie mit &Datei dafür, dass das Menüelement Datei mittels Alt+D angesprochen werden kann. Mit beispielsweise B&eenden kann der Benutzer anschließend mittels Alt+E das Programm per Tastatureingabe beenden. Vor dem gewünschten Buchstaben geben Sie einfach das &-Symbol ein, um die Tastenkürzel zu ermöglichen.

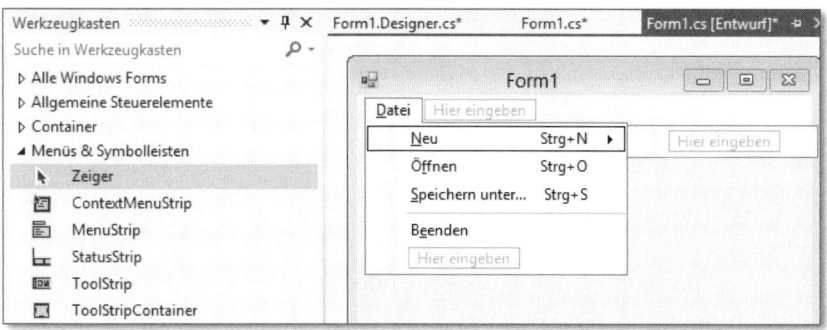

Abbildung 8.5 Die Grundstruktur der Anwendung – Menüerstellung

Sie können zusätzlich zum Menü Shortcuts anbieten, die Benutzer gewohnt sind, um ohne Maus, sondern nur mithilfe der Tastatur Ihr Programm zu bedienen. Auch Sie sind es sicher gewohnt, dass durch die Tastenkombination ⌜Strg⌟+⌜S⌟ gespeichert wird und mittels ⌜Strg⌟+⌜N⌟ ein neues Dokument angelegt wird. Um solche Shortcuts anzulegen, klicken Sie auf den entsprechenden Menüeintrag, und im EIGENSCHAFTEN-Fenster sehen Sie die Eigenschaften dieses Menü-Eintrags. Für den Fall, dass das EIGENSCHAFTEN-Fenster nicht eingeblendet ist, können Sie es über das Menü ANSICHT • EIGENSCHAFTENFENSTER anzeigen. Dieses Fenster zeigt immer die Eigenschaften des aktuell ausgewählten Steuerelements.

Abbildung 8.6 zeigt die Eigenschaften des einzelnen Menüeintrags. Im oberen Bereich dieses Fensters können Sie ebenfalls das gewünschte Steuerelement auswählen, dessen Eigenschaften Sie bearbeiten möchten. Sollten Sie also Probleme beim Erfassen eines Steuerelements mit der Maus haben, können Sie dieses Fenster oder die ⌜🔁⌟-Taste benutzen, sodass Sie auch tatsächlich die Eigenschaften des gewünschten Steuerelements komfortabel bearbeiten können.

Abbildung 8.6 Die Grundstruktur der Anwendung – das »Eigenschaften«-Fenster

8.2.1   Starten des Programms

Wenn Sie das Programm starten, um zum Beispiel die Benutzeroberfläche und Ihr Menü auszuprobieren, wird automatisch gespeichert und auch kompiliert. Dies können Sie mittels ⌜F5⌟ bzw. mit dem Button PLAY oder über das Menü mit DEBUG • START DEBUGGING durchführen.

Nachdem Sie die Menü-Einträge erstellt haben, fügen Sie die Textbox ein, die den Hauptarbeitsbereich für den Benutzer darstellt. Sie finden in der Toolbox unter ALLGE-MEINE STEUERELEMENTE den Eintrag TEXTBOX. Ziehen Sie dieses Steuerelement auf das Formular. Ihre Anwendung sollte ungefähr so wie in Abbildung 8.7 dargestellt aussehen.

8.2.2   Darstellung von Steuerelementen

Lassen Sie uns nun die Oberfläche etwas anpassen. Die Darstellung, Positionierung etc. der verschiedenen Steuerelemente können Sie über deren Eigenschaften ändern. Im Allgemeinen sind die Standardwerte bei den Steuerelementen hinterlegt, die meist benötigt werden. Meistens ist beispielsweise eine Textbox einzeilig. Daher sehen Sie auch eine einzeilige Textbox am Bildschirm. Wir werden nun einige Eigenschaften so verändern, dass die Textbox mehrzeilig ist, entsprechende Scrollbalken bei Bedarf aufweist und die verfügbare Fläche ausnutzt. Außerdem geben wir der Textbox einen Namen, mit welchem wir diese später im Programmcode ansprechen wollen.

Wählen Sie die Textbox, und setzen Sie folgende Eigenschaften im Eigenschaftenfenster:

▶ NAME: txtText. Mit diesem Namen kann die Textbox im Programmcode angesprochen werden. Alle Steuerelemente besitzen einen Namen. Dieser Name wird als Variablenname verwendet, wenn Sie auf das Steuerelement per Programmcode darauf zugreifen wollen.

▶ DOCK: Fill, sodass es die gesamte Fläche des Formulars ausfüllt. Wählen Sie das mittlere Element, wie in Abbildung 8.8 dargestellt.
Die Eigenschaft DOCK ermöglicht es, ein Steuerelement immer unten, oben, links oder rechts oder auch füllend zu platzieren. Dabei wird die Größe automatisch angepasst, falls sich die Fenstergröße ändert. Um das Element frei zu positionieren, ohne es an einen bestimmten Rand flächig anzuhängen, wählen Sie die Auswahl None, was auch dem Standardwert entspricht.

▶ MULTILINE: true, sodass ein mehrzeiliger Text eingegeben werden kann. Die Eigenschaft Multiline bei Textboxen ermöglicht die Konfiguration, ob es sich bei der Textbox um ein einzeiliges oder mehrzeiliges Eingabefeld handelt.

▶ SCROLLBARS: both, sodass bei langen Dokumenten automatisch Scrollbalken angezeigt werden. Die Eigenschaft SCROLLBARS ist bei mehrzeiligen Textboxen vorhanden und beschreibt das Verhalten des Feldes, ob lediglich eine vertikale, lediglich eine horizontale, keine oder beide Scrollbalken bei Bedarf angezeigt werden sollen.

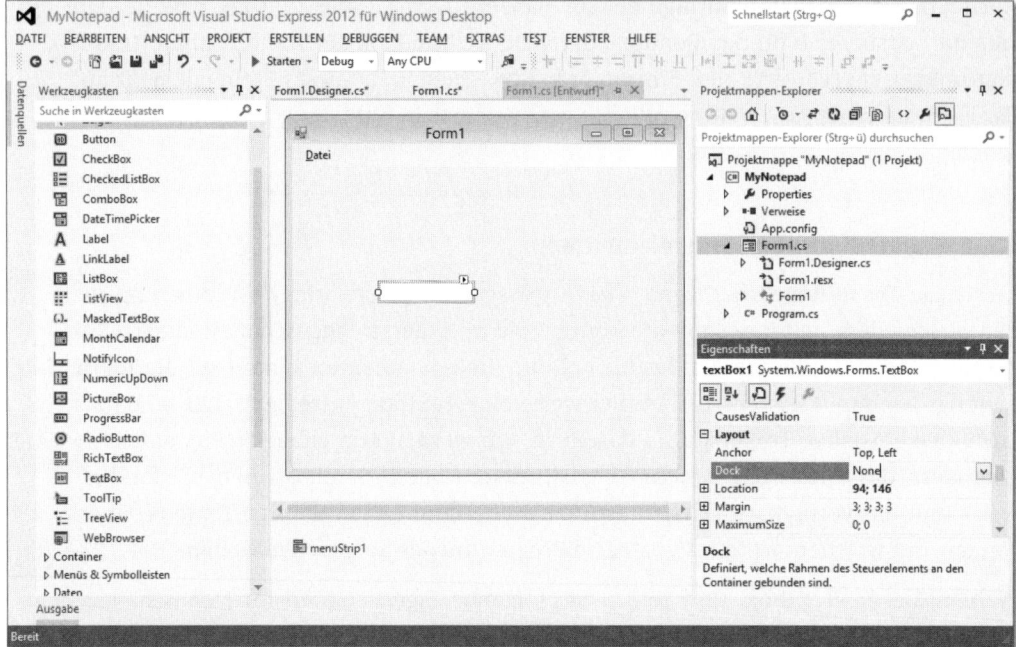

Abbildung 8.7 Grundstruktur der Anwendung – Textbox einfügen

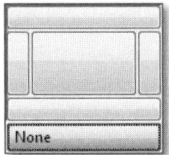

Abbildung 8.8 Werteinstellung für die Eigenschaft »Dock«. Wählen Sie hier aus, ob das Element an einer bestimmten Seite angehängt, vollflächig oder frei platziert werden soll.

Nun sieht die Anwendung schon fast so aus wie Notepad. Klicken Sie auf das Play-Symbol ▶ Start ▾ , oder drücken Sie die Taste ⌐F5⌐, und Sie können das Programm bereits testen. Sie sehen, dass Sie bereits das Fenster kleiner und größer machen können, in die Textbox schreiben und das Menü aufrufen können. Die einzelnen Menü-Einträge funktionieren noch nicht, da der Programmcode noch fehlt. Damit das Programm auf NEU, SPEICHERN etc. reagiert, müssen wir auf die Ereignisse reagieren, die vom Programm automatisch ausgelöst werden, wenn der Benutzer auf einen Menüeintrag klickt.

8.2.3   Verwenden von Ereignissen

Klicken Sie mit einem Doppelklick auf den Menü-Eintrag EXIT. Die Entwicklungsumgebung erstellt automatisch entsprechenden Code, der auf das Ereignis reagiert. Des Weiteren wird automatisch eine Methode für dieses Formular angelegt, die genau dann aufgerufen wird, wenn das Ereignis eintritt.

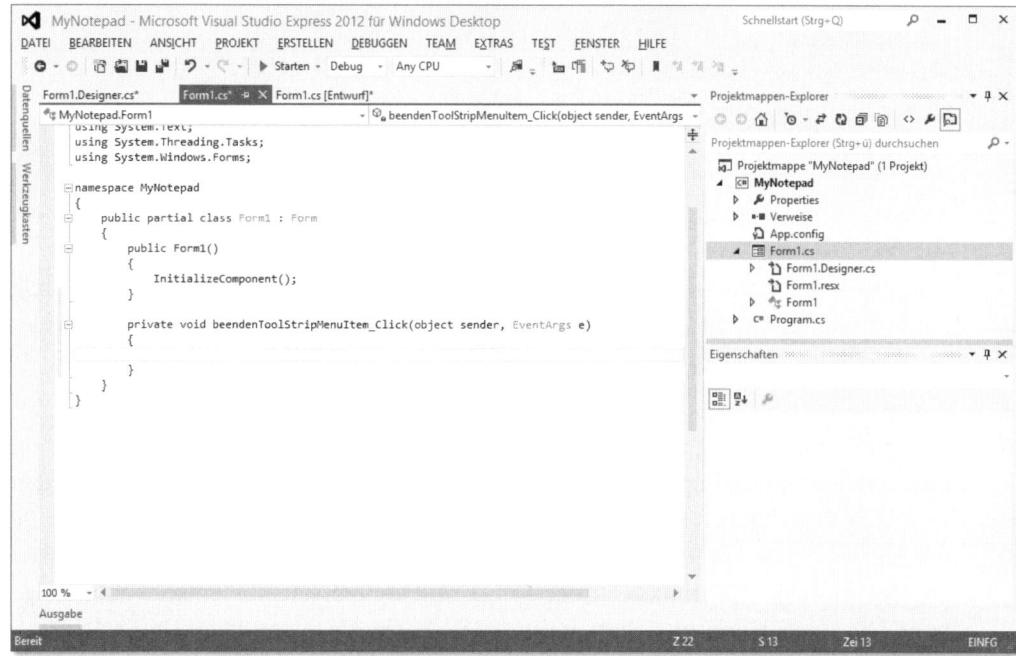

Abbildung 8.9 Automatisch hinzugefügtes Ereignis bei einem Klick auf einen Menü-Eintrag

Sie können auch einen Menü-Eintrag oder ein anderes Steuerelement wie die Textbox anklicken und im Eigenschaftenfenster auf das Icon mit dem Blitz klicken. *Microsoft Visual Studio* zeigt Ihnen die für dieses Steuerelement verfügbaren Ereignisse, auf die Sie reagieren können. Durch einen Doppelklick auf ein dort aufgelistetes Ereignis wird ebenfalls der entsprechende Code automatisch erstellt. Nach dem Doppelklick sehen Sie eine Methode, die genau dann ausgeführt wird, wenn das Ereignis eintritt. In diese Methoden schreiben Sie den Programmcode, der genau in diesem Fall ausgeführt werden soll.

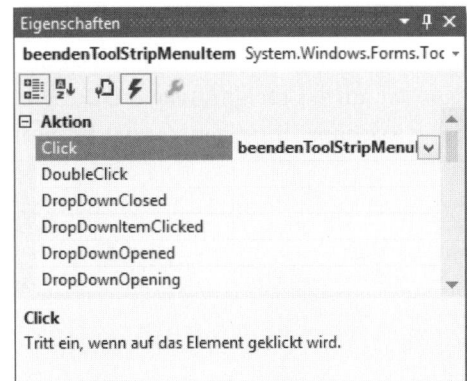

Abbildung 8.10 Ereignisregistrierung über das »Eigenschaften«-Fenster

Ereignisse sind wichtig, da grafische Benutzeroberflächen fast ausschließlich mit Ereignissen arbeiten. Der Programmcode reagiert auf die Eingaben des Benutzers oder auf den Klick auf eine Schaltfläche etc.

Ereignisse finden sich jedoch nicht nur bei grafischen Oberflächen wieder, sondern können auch anderweitig gut eingesetzt werden um beispielsweise Software besser erweiterbar zu gestalten, bei der klassischen asynchronen Programmierung usw. Sie haben bereits im vergangenen Kapitel selbst Ereignisse definiert und mit Ihnen gearbeitet. Bei der grafischen Oberfläche übernimmt die Hauptarbeit einerseits das bereits fertige Steuerelement, wie die Textbox oder das Menü, und andererseits die Entwicklungsumgebung. Die Entwicklungsumgebung nimmt dem Entwickler also entsprechend Arbeit ab.

8.3 Programmieren der Funktionalität

Nachdem nun die Benutzeroberfläche bereits fertig ist und Sie einen *Event-Handler* (also eine Methode, in der das Klick-Ereignis auf diesen speziellen Menüeintrag behandelt wird) angelegt haben, ist es Zeit, diesen auch zu programmieren. Bei einem Mausklick auf EXIT soll die Anwendung natürlich geschlossen werden. Dies ist einfach zu realisieren:

```
private void beendenToolStripMenuItem_Click
(object sender, EventArgs e) {
    Application.Exit();        //Programm beenden
}
```

Listing 8.2 EventHandler, der ausgelöst wird, wenn der Benutzer über das Menü auf den Eintrag »Beenden« klickt

Mittels `Application.Exit()` wird das Programm beendet.

Wenn Sie auf DATEI • NEU klicken, soll das Textfeld geleert werden, sodass der Benutzer einen neuen Text eingeben kann. Fügen Sie auch hier einen entsprechenden Event-Handler ein. Die Textbox wurde `txtText` benannt. Mit genau diesem Namen können Sie nun auf die Textbox zugreifen. Die Textbox besitzt verschiedene Methoden und Eigenschaften. Die Eigenschaft, die nun besonders interessant ist, heißt `Text` und beinhaltet den Text, der aktuell dargestellt wird.

```
private void neuToolStripMenuItem_Click
(object sender, EventArgs e) {
    txtText.Text = "";       //Den Text leeren
}
```

Listing 8.3 EventHandler, der ausgelöst wird, wenn der Benutzer über das Menü auf den Eintrag »Neu« klickt

8.3.1   Ereignisse bei Windows Forms-Anwendungen

Sie haben im letzten Kapitel gelernt, wie Sie selbst Ereignisse definieren können, wie diese ausgelöst werden und wie Sie sich für Ereignisse registrieren können. Wenn Sie sich jedoch an die Registrierung des Klick-Ereignisses beim Menü erinnern, werden Sie merken, dass Sie lediglich eine Methode gesehen haben und keinen Code, der sich für das Ereignis registriert. Der Grund hierfür ist, dass Visual Studio diesen Registrierungscode (neben der restlichen Benutzeroberfläche) in der Code-Behind-Datei mit dem Namen *FormName.Designer.cs* vor dem Entwickler versteckt. Sie sehen also nur den wichtigen Teil, in den Ihr Programmcode eingefügt wird.

8.3.2   Dateizugriff und Systemdialoge

Das Öffnen von bestehenden Dateien und das Speichern von Dateien benötigt Zugriff auf das Dateisystem. Zusätzlich soll der Benutzer natürlich auswählen können, wo auf der Festplatte sich die Datei zum Öffnen befindet bzw. in welchem Ordner und unter welchem Dateinamen er die Datei speichern will. Hierzu existieren entsprechende Standarddialoge, die diese Funktionalitäten beinhalten und einfach verwendet werden können.

In der Toolbox finden Sie in der Kategorie DIALOGFELDER sowohl einen `SaveFileDialog` als auch einen `OpenFileDialog`. Ziehen Sie diese Dialoge nacheinander auf das Formular. Sie werden die Dialoge nicht im Formular sehen, aber unterhalb vom Formular werden sie als Symbole angezeigt. Wählen Sie den `OpenFileDialog` (Name: `openFileDialog1`), und setzen Sie im Eigenschaften-Fenster folgende Eigenschaften:

▶ Filter: `Text|*.txt`; dadurch werden nur Dateien mit der Dateiendung *.txt* angezeigt. Andere Dateitypen sind für dieses Programm nicht interessant.

▶ Title: `Datei auswählen`; dies entspricht dem Titel des Dialogs.

▶ FileName: Setzen Sie diese Eigenschaft auf Leer.

Setzen Sie die gleichen Eigenschaften für den `SaveFileDialog` (nur mit etwas angepasstem Titel).

Wenn nun der Benutzer auf Datei • Öffnen klickt, soll der Dialog angezeigt werden. Fügen Sie einen Event-Handler für diesen Menü-Eintrag hinzu. Der Dialog besitzt den Namen `openFileDialog1`, sofern Sie diesen nicht geändert haben. Mit diesem Namen können Sie auf den Dialog zugreifen. Der Dialog wird mit der Methode `ShowDialog` geöffnet. Diese Methode liefert ein `DialogResult`, das beschreibt, wie der Dialog geschlossen wurde, also ob OK oder etwa Abbrechen gedrückt wurde. Sie wollen die Datei natürlich nur dann öffnen, wenn der Benutzer auf OK geklickt hat. Daher müssen Sie auf dieses Ergebnis abfragen. Mit der Eigenschaft `FileName` können Sie den gewählten Dateinamen inklusive des Pfads zur Datei, die der Benutzer im Dialog gewählt hat, auslesen.

```
private void öffnenToolStripMenuItem_Click
(object sender, EventArgs e) {
    //Öffnen-Dialog öffnen und auf OK abfragen.
    if (openFileDialog1.ShowDialog() == DialogResult.OK) {
        //Gewählten Dateinamen auslesen
        string filename = openFileDialog1.FileName;

        //Inhalt der Datei in das Textfeld schreiben
        this.txtText.Text = System.IO.File.ReadAllText(filename);
    }
}
```

Listing 8.4 EventHandler für das Menü zum Öffnen einer Datei

Das Lesen der Textdatei ist relativ einfach. Im Namespace `System.IO` existiert eine Klasse `File`, die den Dateizugriff auf verschiedene Arten ermöglicht. Nutzen Sie die einfachste Art mit der statischen Methode `RealAllText`. Diese Methode nimmt einen Dateinamen inklusive Pfad und gibt den Text in der Datei zurück. Dieser Text muss nur noch der Textbox zugewiesen werden, was Sie durch das Setzen der Eigenschaft `Text` der Textbox erreichen, und das Öffnen einer Textdatei ist programmiert.

Das Speichern einer Datei funktioniert sehr ähnlich:

```
private void speichernUnterToolStripMenuItem_Click
(object sender, EventArgs e) {
    //Speichern-Dialog öffnen und auf OK abfragen.
    //Nur dann wird gespeichert.
    if (saveFileDialog1.ShowDialog() == DialogResult.OK) {
        //Pfad zur selektierten Datei vom Dialog abfragen
        string filename = saveFileDialog1.FileName;

        //Text in die Datei schreiben
        System.IO.File.WriteAllText(filename, txtText.Text);
    }
}
```

Listing 8.5 EventHandler zum Speichern der aktuellen Datei

Gratulation! So schnell haben Sie ein einfaches Programm geschrieben. Selbstverständlich ist das Programm nicht perfekt, und es bildet wirklich nur die Grundzüge ab. Aber für den Anfang reicht das schon einmal.

Sie haben gesehen, wie Sie bei Windows-Anwendungen auf Ereignisse reagieren können und dass die Entwicklungsumgebung eine Methode erstellt, die automatisch aufgerufen wird, wenn das Ereignis eintritt.

8.4   Zusammenfassung

Sie haben in diesem Kapitel eine eigene kleine Version von Notepad realisiert. Sie haben Ihre erste *Benutzeroberfläche* erstellt und mit ein paar *Steuerelementen* gearbeitet. Sie haben ein *Menü* mit verschiedenen Einträgen inklusive einigen Komfort-Funktionen wie *Shortcuts* oder *Tastenkürzel* erstellt. Neben dem Menü und der Textbox haben Sie bereits mit *Standarddialogen* zum Öffnen und zum Speichern von Dateien gearbeitet.

In diesem Kapitel haben Sie selbst Dateien erstellt und Dateien ausgelesen. Dazu wurde die File-Klasse aus dem Namespace System.IO verwendet.

Sie haben des Weiteren noch das Sprachkonzept der *partiellen Klassen* kennengelernt und haben erfahren, dass Visual Studio partielle Klassen verwendet, um Teile des Programmcodes, die zwar notwendig, aber für den Programmierer meist nicht relevant sind, in partiellen Klassen zu verstecken.

8.5 Aufgabe

Sie erinnern sich bestimmt an die Fehlerbehandlung. In diesem Programm wurde zum Auslesen auf Dateien zugegriffen, ohne dass auf mögliche Fehler geachtet wurde, und zwar sowohl beim Laden der Datei als auch beim Speichern. Fügen Sie eine entsprechende Fehlerbehandlung ein, sodass das Programm nicht abstürzt, falls auf die Datei nicht zugegriffen werden kann. Nutzen Sie `MessageBox.Show`, um dem Benutzer eine entsprechende Fehlermeldung auszugeben.

Vielleicht fallen Ihnen noch diverse Erweiterungen für Ihr kleines Notepad ein. Scheuen Sie sich nicht, diese umzusetzen. Übung macht den Meister! Sie können dazu das originale Notepad verwenden, sich die eine oder andere Funktion ansehen und versuchen, diese nachzubilden.

Hier eine kleine Auswahl an möglichen Erweiterungen:

▶ Wenn das Programm über das Menü beendet wird, eine neue Datei geöffnet oder eine neue Datei begonnen wird, könnte das Programm nachfragen, ob Änderungen gespeichert werden sollen, falls welche vorhanden sind. Der Benutzer wird auch hier mittels `MessageBox.Show(…)` gefragt. `MessageBox.Show` liefert ähnlich zu `ShowDialog` ein entsprechendes Ergebnis, wie der Benutzer entschieden hat.

▶ Nachbilden von SPEICHERN bzw. SPEICHERN UNTER. Wurde die Datei geöffnet oder bereits einmal gespeichert, so erscheint der SPEICHERN-Dialog beim Menü-Eintrag SPEICHERN nicht mehr, da der Speicherort bereits bekannt ist. Bei SPEICHERN UNTER hingegen erscheint immer der SPEICHERN-Dialog.

8.6 Kontrollfragen

1. Was ist der Sinn von partiellen Klassen?

2. Wie wird die Navigation durch die Tastatur bei Menüs ermöglicht?

3. Wie können Navigationseinträge gruppiert bzw. optisch getrennt werden?

4. Wodurch erreichen Sie, dass beim Klicken auf eine Schaltfläche, einen Menüeintrag etc. ein gewünschter Programmcode ausgeführt wird?

5. Mithilfe welcher Eigenschaften können Sie Oberflächen bauen, die sich an die Bildschirmauflösung anpassen?

Kapitel 9
Gekonnt grafische Anwendungen erstellen

Der Verstand ist wie eine Fahrkarte: Sie hat nur dann einen Sinn,
wenn sie benutzt wird.
– Ernst R. Hauschka

Nachdem Sie im vorigen Kapitel eine kleine Windows-Anwendung programmiert haben, gestalten wir nun ein etwas größeres Programm. Dieses Beispiel soll Ihnen weitere Sprachelemente und Steuerelemente zur Gestaltung der Benutzeroberfläche näherbringen. Das letzte Kapitel beinhaltete kaum grafische Elemente, und Sie konnten die Benutzeroberfläche sehr einfach erstellen.

Dieses Kapitel zeigt Ihnen, wie Sie Anforderungen umsetzen können und auf welche Art und Weise Sie Benutzeroberflächen gestalten können.

Bei der Entwicklung von Software kommen Ihnen wahrscheinlich Tausende von Ideen für Features, die Sie gern in Ihr Programm packen möchten. Sie werden wohl eine Menge von Todos haben, und daher wird Ihr erstes Programm eine kleine Aufgabenliste sein – also ein Programm, in das Sie entsprechende Aufgaben eintragen können. Ich führe Sie in diesem Kapitel schrittweise durch die Programmerstellung und erläutere dabei entsprechende Konzepte. Unser Beispielprogramm zur Erstellung der Aufgabenliste soll folgende Features haben:

▶ Es können mehrere Aufgaben angelegt werden.

▶ Eine Aufgabe besteht aus ihrem Namen und einer Beschreibung, einer Priorität, einem Datum, wann sie erstellt wurde, und einer Information darüber, ob sie bereits erledigt wurde.

▶ Es existiert eine Übersicht über alle Aufgaben.

▶ Es existiert eine Detailansicht einer bestimmten Aufgabe.

▶ Es können Aufgaben entfernt werden.

▶ Aufgaben können als erledigt markiert werden.

▶ Aufgaben, die als erledigt markiert sind, werden in der Übersichtsliste nur dann angezeigt, wenn dies explizit aktiviert wurde.

Diese Anforderungen sollten uns für eine erste Version genügen. Wenn Ihnen noch weitere Anforderungen einfallen, was sicher der Fall sein wird, scheuen Sie sich nicht, diese später als Übung umzusetzen. Allerdings sollten Sie erst diese Anforderungen umgesetzt haben, und wenn das Programm diese erfüllt, können Sie mit der Programmierung der neuen Anforderungen beginnen.

> **Programmiertipp: Anforderungen im Vorfeld sammeln**
>
> Generell gilt: Wenn Sie Programme schreiben wollen, sammeln Sie erst die Anforderungen an das Programm! Schreiben Sie eine Liste mit den Features, die das Programm erfüllen soll. Dadurch wissen Sie immer, wie viel Arbeit Sie bereits erledigt haben und was noch aussteht. Außerdem ist dadurch automatisch ersichtlich, wann die erste Version Ihres Programms fertiggestellt ist – nämlich dann, wenn die Anforderungen alle umgesetzt wurden.

Erstellen Sie für diese Anwendung ebenfalls eine Windows Forms-Anwendung mit dem Projektnamen TaskList.

9.1   Das Storyboard

Nachdem Sie nun bereits Ihr Hauptfenster vor sich sehen, ist es an der Zeit, das sogenannte *Storyboard* zu entwerfen. Hierbei handelt es sich um den Prototyp der Benutzeroberfläche. Das Storyboard bestimmt die Oberfläche Ihres Programms und somit, welche Eingabemöglichkeiten dem Benutzer zur Verfügung stehen und welche Menüs und welche Buttons vorhanden sind. Diese Benutzeroberfläche besitzt noch keine Funktionalität. Es soll jedoch bereits jedes Element vorhanden sein, das später mit Funktionalität ausgestattet wird. Durch das Storyboard wird eruiert, ob die Benutzerführung den Ansprüchen genügt und vollständig ist.

Sie können mithilfe des Storyboards überprüfen, ob alle Anforderungen abgedeckt werden können, und sehen bereits, wie die zukünftigen Benutzer mit Ihrem Programm arbeiten werden, um bestimmte Anwendungsfälle zu erfüllen. Diese Anwendungsfälle werden *Use Cases* genannt. Notieren Sie sich die Use Cases, denn diese sind später, nachdem Sie das Programm programmiert haben, hervorragende Testfälle, mit denen Sie die korrekte Funktionsweise Ihrer Anwendung überprüfen können.

Zum Entwurf des Storyboards eignen sich Skizzen. Wenn Sie wollen, können Sie aber auch versuchen, das Storyboard sofort im *Visual Studio Designer* umzusetzen. Da die Benutzeroberfläche eines der wichtigsten Elemente im Programm ist, weil sie sehr über Erfolg und Niederlage der Software entscheidet, werden Sie in Zukunft viel Zeit damit verbringen, sich zu überlegen, wie die Benutzer möglichst einfach und intuitiv mit Ihrer Software arbeiten können. Sie werden immer wieder Entscheidungen treffen müssen, zum Beispiel welche Steuerelemente Sie einsetzen. Hierzu bekommen Sie im nächsten Kapitel ein paar Tipps, die Ihnen das Leben diesbezüglich ein wenig einfacher machen sollen.

Begnügen wir uns im ersten Schritt mit der in Abbildung 9.1 dargestellten Benutzeroberfläche.

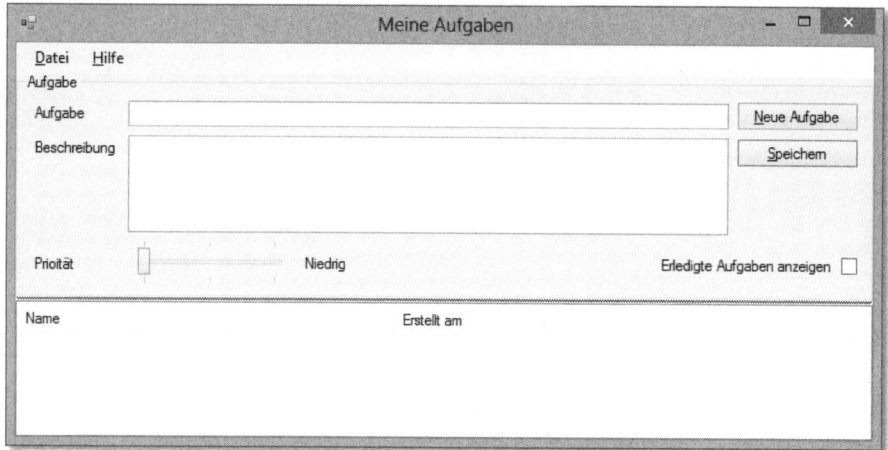

Abbildung 9.1 Beispielprogramm Aufgabenliste – die Benutzeroberfläche

Der untere Bereich der Anwendung ist eine Liste der Aufgaben. Bei einem Klick auf die entsprechende Aufgabe werden sowohl der Name der Aufgabe als auch eine entsprechende Beschreibung und die Priorität im oberen Bereich der Anwendung angezeigt.

Das Menü Datei beinhaltet Neue Aufgabe, Speichern und Beenden. Die Hilfe enthält lediglich einen Eintrag Über dieses Programm. Für Über dieses Programm reicht der Standarddialog, den Visual Studio für uns anlegt. Klicken Sie hierzu im Projektmappen-Explorer mit der rechten Maustaste auf das Projekt, und wählen Sie Hinzufügen • Windows Form... In der Liste finden Sie einen Eintrag mit dem Namen Infofeld. Benennen Sie dieses Info-Feld mit dem Namen Aboutbox, und fügen Sie es dem Projekt hinzu.

Sie besitzen nun zwei Formulare in Ihrem Projektmappen-Explorer. Benennen Sie das Formular von Form1 in MainForm um (rechte Maustaste und Umbenennen). Die Dateiendung wird dabei nicht geändert, allerdings werden alle Verweise im Programmcode automatisch aktualisiert.

9.1.1   Gestaltung der MainForm

Als Erstes kümmern wir uns um das Grundgerüst. Zu Beginn erstellen wir das Menü. Fügen Sie auch hier wie im letzten Beispiel aus der Toolbox unter MENÜS & SYMBOL-LEISTEN das Steuerelement MenuStrip hinzu. Erstellen Sie die Menüeinträge wie in Abbildung 9.2 dargestellt. Unter dem Menüpunkt HILFE verbirgt sich lediglich der Eintrag ÜBER DIESES PROGRAMM.

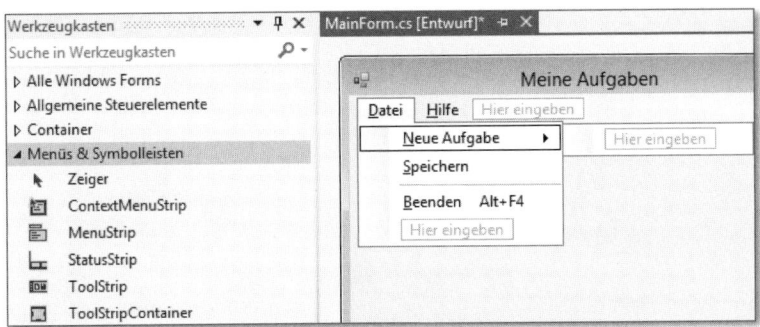

Abbildung 9.2 Die Grundstruktur der Anwendung – Menüerstellung

Nachdem Sie das Menü hinzugefügt haben, beschäftigen wir uns mit dem restlichen Bereich des Formulars. Die Anwendung besteht aus einem oberen und einem unteren Bereich. Geben Sie dem Benutzer die Möglichkeit, die Größe der einzelnen Bereiche selbst anzupassen. Dadurch sollen die Größe der Liste und die Größe des Eingabefeldes für die Aufgabenbeschreibung geändert werden können. Diese Funktionalität sind Sie unter anderem vom Windows Explorer gewohnt, bei dem Sie auch die Größe des Bereichs anpassen können, in dem sich die Ordnerstruktur befindet. Was Sie dazu benötigen, ist ein SplitContainer. Diesen können Sie von der TOOLBOX einfach in das Fenster ziehen. Der SplitContainer wird automatisch eingefügt. Ein *Container* ist etwas, was andere Steuerelemente beinhalten kann. Ein SplitContainer ist ein Container, der selbst wieder zwei Container beinhaltet und bei dem der Benutzer die Größe der einzelnen Bereiche selbst anpassen kann.

Damit der Container horizontal und nicht vertikal geteilt wird, klicken Sie den Container an und ändern die Eigenschaft Orientation im EIGENSCHAFTEN-Fenster von Vertical auf Horizontal. Die Eigenschaft DOCK wird auf Fill gesetzt, was dem zentralen Element der Eigenschaftendarstellung entspricht. Dadurch wird der gesamt verfügbare Platz des übergeordneten Elements (also in diesem Fall die Fläche des Formulars) verwendet.

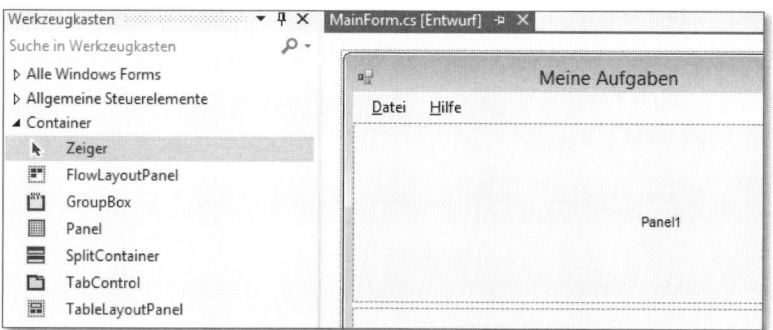

Abbildung 9.3 Die Grundstruktur der Anwendung – »SplitContainer«

Der untere Bereich der Anwendung ist einfach gestaltet. Hier ist lediglich eine ListView erforderlich. Die ListView ist nicht das einfachste Steuerelement und etwas gewöhnungsbedürftig. Allerdings verfügt dieses Steuerelement über relativ viel Funktionalität und Gestaltungsmöglichkeiten. Die ListView finden Sie in der Toolbox unter ALLGEMEINE STEUERELEMENTE. Ziehen Sie dieses Control auf den unteren Bereich im SplitContainer. Klicken Sie die ListView an, um diese so zu konfigurieren, dass diese für die Anwendung optimal ist. Abbildung 9.4 zeigt die konfigurierte Liste.

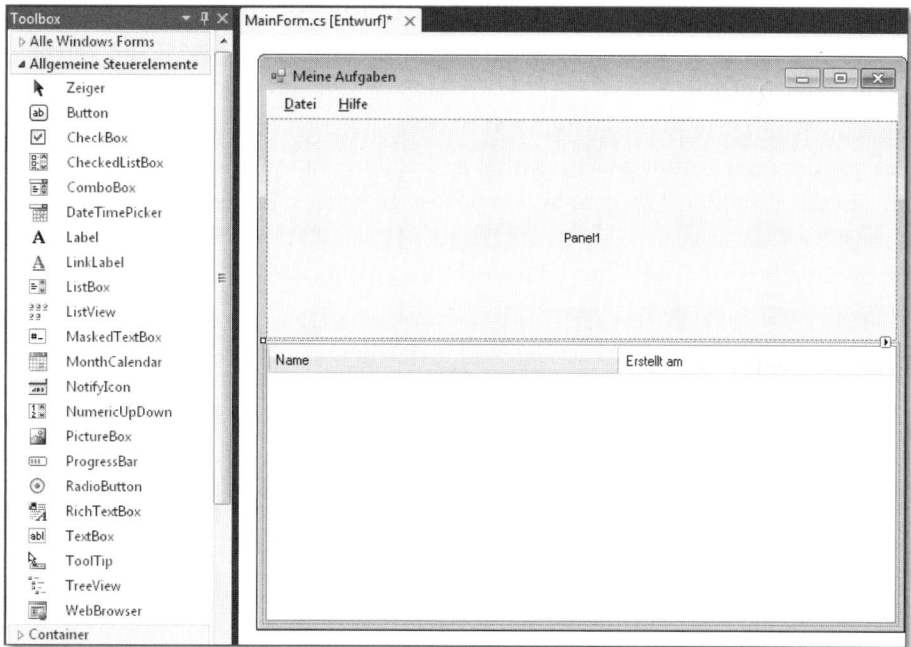

Abbildung 9.4 Die Grundstruktur der Anwendung – »ListView«

Ändern Sie die Eigenschaften der ListView wie folgt:

▶ DOCK: Setzen Sie die Eigenschaft DOCK auf den Wert Fill, sodass die ListView den gesamten unteren Bereich ausfüllt.
Sie kennen diese Eigenschaft bereits aus dem Notepad Beispiel.

▶ COLUMNS: Mithilfe der Columns-Eigenschaft werden die einzelnen Spalten konfiguriert, die in der Aufgabenübersicht dargestellt werden. Klicken Sie auf die drei Punkte »...«, um ein Fenster zu öffnen, das die Spaltenkonfiguration ermöglicht. Es sind (wie in Abbildung 9.6 dargestellt) zwei Spalten notwendig.

▶ Die erste Spalte beinhaltet die Bezeichnung der Aufgaben, die zu erledigen sind. Nennen Sie diese colName, und setzen Sie die Eigenschaft Text auf den Wert Name. Sie können auch die Spaltenbreite anpassen, um die Darstellung zu optimieren.

▶ Die zweite Spalte beinhaltet das Erstellungsdatum der Aufgaben. Nennen Sie diese colCreated, und setzen Sie die Eigenschaft Text auf Erstellt am. Abbildung 9.6 zeigt das Fenster für die Spaltendefinitionen. Sie werden die Spalten erst dann sehen, wenn Sie auch die folgende Eigenschaft View auf den entsprechenden Wert gesetzt haben.

▶ VIEW: Setzen Sie die Eigenschaft View auf den Wert Details. Immerhin soll eine Listenansicht realisiert werden, die die entsprechenden Spalten anzeigt. Die anderen Optionen dieser Eigenschaft zeigen Icons in verschiedenen Größen an.

▶ CHECKBOXES: Setzen Sie die Eigenschaft Checkboxes auf den Wert true, um für jeden Listeneintrag (für jede Aufgabe) eine Checkbox anzeigen zu lassen, die darstellen wird, ob die Aufgabe bereits erledigt wurde oder nicht.

▶ GROUPS: Laut den Anforderungen für die Anwendung kann für jede Spalte eine Priorität festgelegt werden. Die ListView bietet hierzu ein tolles Feature, das eine entsprechende Gruppierung ermöglicht. Analog zur Spaltendefinition können Sie nun entsprechende Gruppen anlegen, die die Prioritäten »hoch«, »mittel« und »niedrig« abbilden. Legen Sie folgende drei Gruppen an:

  – die erste Gruppe mit dem Namen grpPrioHigh und einem Header-Wert Priorität Hoch

  – die zweite Gruppe mit dem Namen grpPrioMiddle und einem Header-Wert Priorität Mittel

  – die dritte Gruppe mit dem Namen grpPrioLow und einem Header-Wert Priorität Niedrig

Die erstellten Aufgaben werden später bei der Anzeige den entsprechenden Gruppen zugewiesen. Die Gruppen werden später wie folgt aussehen:

Abbildung 9.5 Gruppendarstellung einer »ListView«. Die Einträge sind nach der Priorität gruppiert.

Nachdem nun der untere Bereich der Anwendung abgeschlossen ist, ist es Zeit, sich um den oberen Teil Ihres Programms zu kümmern. Dieser wird sowohl die Darstellung einer in der ListView selektierten Aufgabe als auch das Erstellen einer neuen Aufgabe übernehmen.

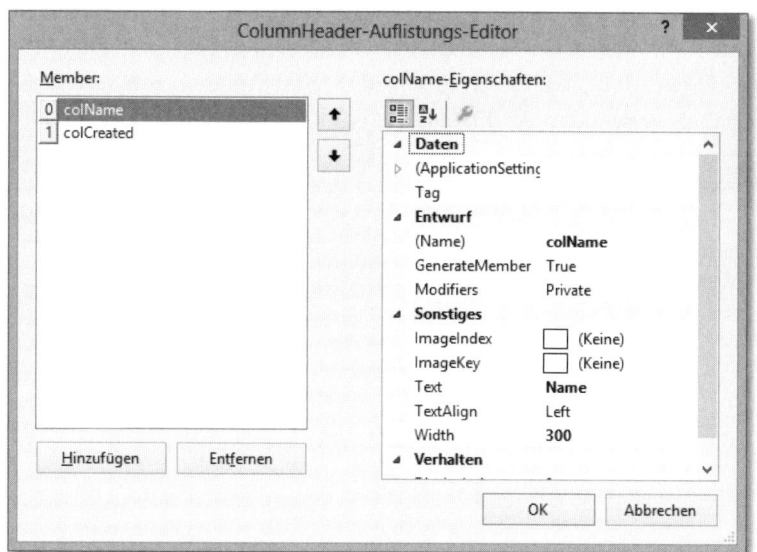

Abbildung 9.6 »Listview« – Spaltendefinition

Eine GroupBox, die Sie in der Toolbox in der Kategorie CONTAINER finden, soll die gesamten Steuerelemente des oberen Bereichs beinhalten. Ziehen Sie diese in den oberen Bereich der Anwendung, und setzen Sie die Eigenschaft Dock wie bei der ListView auf den Wert Fill. Die Text-Eigenschaft der GroupBox ändern Sie in Aufgabe.

Was Sie nun benötigen, sind zwei Textboxen und zwei Labels für die Bezeichnung der Textboxen, die Sie in der Toolbox unter ALLGEMEINE STEUERELEMENTE finden. Die erste Textbox soll die Bezeichnung enthalten, während die zweite Textbox eine detaillierte Beschreibung der Aufgabe beinhalten soll. Damit der Benutzer weiß, was in die Textbox geschrieben werden soll, ist es erforderlich, dass Sie die Textboxen entsprechend bezeichnen – dazu dienen die beiden Labels. Fügen Sie die Steuerelemente ein, indem Sie diese wie gewohnt auf den entsprechenden Bereich des Formulars (in die eingefügte GroupBox) ziehen. Versuchen Sie, das Design des Formulars (ähnlich wie in Abbildung 9.7 dargestellt) zu erstellen. Bei der Positionierung hilft Ihnen die Entwicklungsumgebung mit entsprechenden Hilfslinien, die angezeigt werden, wenn Sie zwei Steuerelemente nebeneinander positionieren. Diese Hilfslinien helfen Ihnen auch, entsprechende Abstände perfekt einzuhalten.

Damit die Textbox mit der Beschreibung mehrzeilig ist, setzen Sie die Eigenschaft Multi-Line der Textbox auf den Wert true. Anschließend ist es möglich, die Höhe der Textbox entsprechend per Mausklick anzupassen. Außerdem ist es möglich, einen sehr langen Text einzugeben. In diesem Fall sollte automatisch eine Scrollbar erscheinen. Setzen Sie bei dem mehrzeiligen Textfeld also die Eigenschaft ScrollBars auf Vertical. Als Name der beiden Textboxen verwenden Sie bitte txtName und txtDescription. Zum Setzen der Bezeichnungen der Labels verwenden Sie die Eigenschaft Text.

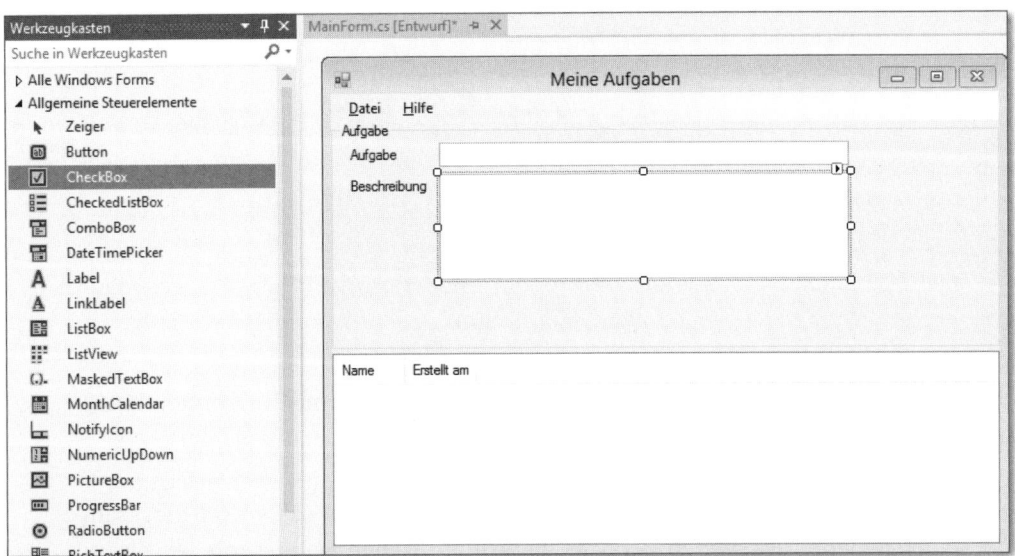

Abbildung 9.7 Die Grundstruktur der Anwendung – Positionierung der Textboxen

Nachdem Sie diese Schritte durchgeführt haben, nimmt die Anwendung Gestalt an. Nur noch ein paar Steuerelemente, und das Storyboard ist abgeschlossen. Laut Anforderung ist es notwendig, dass der Benutzer für die Aufgabe eine Priorität festlegen kann. Hierzu bietet sich eine TrackBar an. Mithilfe dieser TrackBar soll der Benutzer die Priorität der Aufgabe festlegen können. Ein Label neben der TrackBar beschreibt für den Benutzer, was hier konfigurierbar ist, nämlich die PRIORITÄT der Aufgabe, und ein weiteres Label zeigt die aktuelle Priorität der gewählten Aufgabe (siehe Abbildung 9.8).

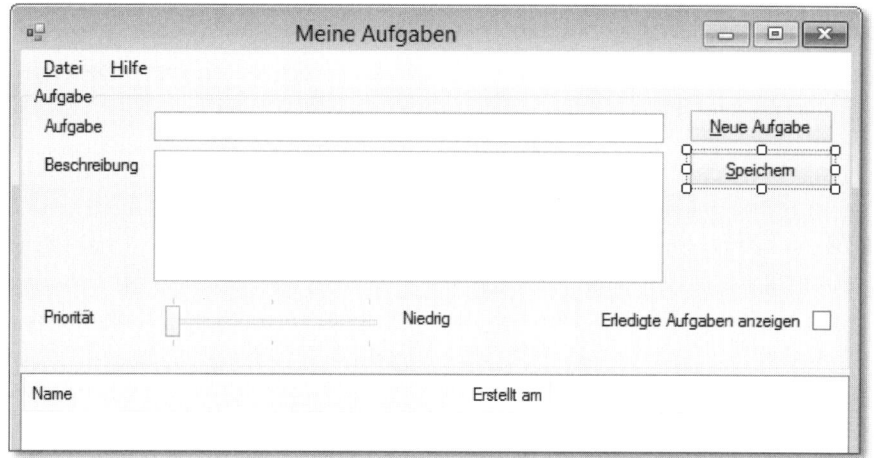

Abbildung 9.8 Die Grundstruktur der Anwendung – Fertigstellen des Storyboards

Da das Label, das die von der TrackBar aktuell gewählte Priorität anzeigt, später vom Programmcode aus verändert wird, ist es von Vorteil, ihm einen sprechenden Variablennamen zu geben. Nennen Sie es daher lblShowPriority. Für die TrackBar setzen Sie bitte folgende Eigenschaften:

- NAME: Alle Steuerelemente, die im Programmcode angesprochen werden, sollen einen vernünftigen Namen besitzen, sodass der Programmcode einfacher lesbar ist. Vergeben Sie als Namen trackPriority.

- MAXIMUM und MINIMUM: Es existieren drei Prioritäten (niedrig, mittel, hoch), daher wird das Minimum auf 1 und der Maximalwert der TrackBar auf 3 gesetzt.

- LARGECHANGE: Die Eigenschaften TickFrequency und LargeChange geben an, um wie viel der Wert der TrackBar bei einem Mausklick geändert wird, wobei LargeChange der Wert ist, um den sich die Position ändert, wenn Sie auf die TrackBar klicken, und die TickFrequency ist der Wert, wenn Sie den Slider selbst ziehen. Ändern Sie den Wert von LargeChange auf 1, sodass auch bei einem Klick die Priorität lediglich um eins erhöht oder verringert wird.

▶ TICKSTYLE: Ändern Sie diese Eigenschaft auf Both, sodass die TrackBar wie im Bildschirmausschnitt angezeigt wird.

Nachdem Sie dies gemeistert haben, fügen Sie eine Checkbox ein, damit der Benutzer später entscheiden kann, ob er alle Aufgaben oder nur die noch nicht abgeschlossenen Aufgaben angezeigt bekommen möchte. Setzen Sie folgende Eigenschaftswerte:

▶ NAME: chkShowFinished

▶ CHECKALIGN: MiddleRight; dadurch wird die Checkbox rechts vom Text angezeigt.

▶ TEXT: Erledigte Aufgaben anzeigen

Nun sind noch zwei Schaltflächen (Buttons) erforderlich, sodass der Benutzer die Änderungen der Aufgabe speichern und neue Aufgaben hinzufügen kann. Auch diese beiden Schaltflächen sind in Abbildung 9.8 dargestellt. Wenn der Benutzer auf die Schaltfläche NEUE AUFGABE klickt, so werden die Inhalte der Textboxen geleert, und der Benutzer kann eine neue Aufgabe erfassen. Durch einen Klick auf SPEICHERN wird die neue Aufgabe der Aufgabenliste hinzugefügt. Wird eine Aufgabe bearbeitet, so klickt der Benutzer auf den Listeneintrag, um die Aufgabentexte und die Priorität im oberen Bereich zu sehen. Nachdem er Änderungen vorgenommen hat, klickt der Benutzer auf SPEICHERN, um die Änderungen zu speichern und die Darstellung der Liste in der ListView zu aktualisieren.

Fügen Sie also die Schaltflächen ein, und setzen Sie bei der Schaltfläche für eine neue Aufgabe folgende Eigenschaften:

▶ NAME: btnNew

▶ TEXT: &Neue Aufgabe

Durch das &-Symbol wird der Buchstabe N unterstrichen, und wenn der Benutzer Alt + N drückt, entspricht das einem Klick auf diese Schaltfläche.

Setzen Sie die Eigenschaften der SPEICHERN-Schaltfläche bitte wie folgt:

▶ NAME: btnSave

▶ TEXT: &Speichern

Gratulation, das Storyboard für das Hauptformular Ihrer Anwendung ist abgeschlossen!

Die Erstellung einer guten und intuitiven Benutzeroberfläche benötigt sehr viel Zeit, Geduld und Erfahrung. Für Ihr erstes Programm soll uns diese Benutzeroberfläche so weit genügen.

9.2 Der Prototyp

Der Prototyp setzt nun das Storyboard um. In diesem Fall wurde das Storyboard bereits in Visual Studio umgesetzt, daher handelt es sich zum Großteil bereits um den Prototyp. Allerdings kann es gut möglich sein, dass Sie in Zukunft die Benutzeroberflächen erst auf Papier erstellen, und nachdem Sie die Struktur der Anwendung auf dem Papier festgelegt haben, wird diese in Visual Studio umgesetzt. Nichtsdestotrotz ist der Prototyp noch nicht ganz fertig. Starten Sie das Programm mithilfe der [F5]-Taste oder indem Sie auf PLAY klicken, und maximieren Sie das Anwendungsfenster. Sie werden feststellen, dass sich die Textboxen und die Schaltflächen nicht wie gewünscht vergrößern bzw. positionieren. Damit die Schaltflächen immer rechts positioniert sind, müssen Sie die Anchor-Eigenschaft so konfigurieren, dass die Schaltflächen oben und rechts statt oben und links verankert werden. Ändern Sie dazu die Eigenschaft so, wie in Abbildung 9.9 dargestellt.

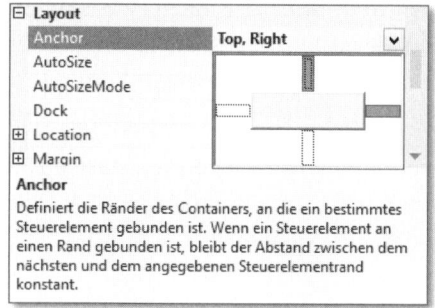

Abbildung 9.9 Setzen Sie die Verankerung der Steuerelemente.

Damit die Textboxen bei einer Vergrößerung des Fensters ebenfalls länger werden, fügen Sie bei der Anchor-Eigenschaft zusätzlich Right hinzu. Dadurch werden die Textboxen sowohl am linken als auch am rechten Rand verankert, und daher werden diese breiter.

Prüfen Sie auch die anderen Steuerelemente auf die Anchor-Eigenschaft, sodass sich die einzelnen Steuerelemente wie gewünscht verhalten. Zusätzlich können Sie für das Fenster selbst in den Eigenschaften eine minimale Größe angeben, die beim Verkleinern nicht unterschritten werden darf. Des Weiteren können Sie auch beim `SplitContainer` angeben, wie klein die einzelnen Bereiche minimal werden dürfen (siehe Abbildung 9.10).

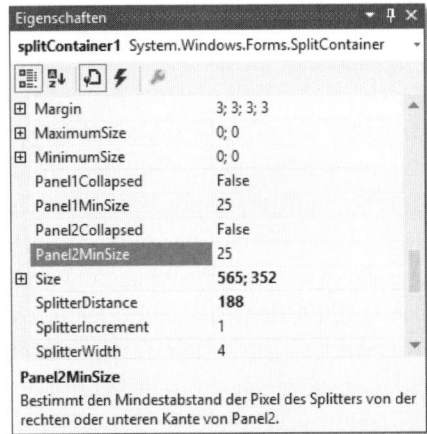

Abbildung 9.10 Minimale Größe beim »SplitContainer«

Diese Einstellungen tragen dazu bei, dass der Benutzer Ihre Software akzeptiert. Ein Computer kann hier keine sinnvollen Werte ermitteln und weiß nicht, wie sich die Benutzeroberfläche verhalten soll. Daher müssen Sie als Entwickler die Eigenschaften manuell setzen und somit bestimmen, wie sich die Steuerelemente beim Vergrößern oder Verkleinern des Fensters verhalten sollen.

Bevor Sie sich nun auf die Funktionalität Ihres Programms stürzen können, müssen Sie das Programmierkonzept der Events kennen. Dadurch können Sie auf einen Klick eines Menüeintrages oder auf einen Klick auf eine Schaltfläche reagieren.

9.3 Programmieren der Funktionalität

Nachdem Sie nun das Storyboard fertig erstellt haben, ist es an der Zeit, dass Sie sich um die Funktionalität des Programms kümmern. Hierzu definieren wir als Erstes eine Klasse Task, die eine einzelne Aufgabe darstellt. Des Weiteren kümmert sich diese Klasse um das Laden und das Speichern der einzelnen Aufgaben. Fügen Sie also dem Projekt eine neue Klasse Task hinzu. Eine Aufgabe besteht aus einem Namen, einer Beschreibung, einem Erstellungszeitpunkt, einer Priorität und einer Information, ob die Aufgabe bereits erledigt wurde oder nicht. Als Priorität kommen genau drei Werte infrage:

Niedrig, Mittel, Hoch. Daher bietet sich hier ein Enum an. Die Klasse sieht also wie folgt aus:

```
using System;
using System.Collections.Generic;
using System.Xml.Serialization;
using System.IO;

namespace TaskList {
    //Enum definieren
    public enum Priority {
        Low = 1,
        Medium,
        High
    }
    public class Task {
        //Eigenschaften der Task-Klasse definieren
        public string Name { get; set; } //Aufgabenbezeichnung
        //Beschreibender Text der Aufgabe
        public string Description { get; set; }
        //Ist die Aufgabe bereits erledigt?
        public bool IsDone { get; set; }
        public DateTime Created { get; set; } //Erstellungszeitpunkt
        public Priority Priority { get; set; } //Aufgabenpriorität
    }
}
```

Listing 9.1 Definition der Klasse Task mit deren Eigenschaften

Die Eigenschaften der Aufgaben sind nun definiert. Die Aufgabenbezeichnung sowie ein beschreibender Text sind ebenso vorhanden wie der Erstellungszeitpunkt und die Priorität. Da jede Aufgabe offen oder bereits erledigt sein kann, existiert noch die Eigenschaft IsDone, die den Wert true besitzen soll, wenn die Aufgabe bereits erledigt wurde.

Es sind noch zwei Methoden notwendig, die die Speicherung und das Laden von mehreren Aufgaben übernehmen. Es existieren verschiedene Arten, wie etwas gespeichert werden kann. Hier wird ein *Serialisierungsmechanismus* verwendet. Dabei werden die Eigenschaften automatisch in einem bestimmten (XML)-Format auf die Festplatte gespeichert. XML (*Extensible Markup Language*) ist in der Softwareentwicklung weit verbreitet und relativ einfach. Sie können später die Datei einfach mit Notepad oder

Ähnlichem öffnen und sie sich ansehen. Der Vorgang, bei dem die Eigenschaften des Objekts in ein entsprechendes speicherbares Format umgewandelt werden, wird *serialisieren* genannt.

Der unten angeführte Programmcode ermöglicht das Laden und das Speichern einer Liste von Aufgaben. Die beiden Methoden sind sich sehr ähnlich. Beim Speichern wird ein sogenannter *Stream* geöffnet. Sie können sich einen Stream als einen Schlauch vorstellen, in dem die einzelnen Bytes nacheinander vorhanden sind. Der Stream wird zu der Datei geöffnet, in die gespeichert werden soll. Die statische Methode OpenWrite von der File-Klasse öffnet die Datei zum Schreiben und gibt den Stream zurück, mit dem die Datei geschrieben werden kann, indem die einzelnen Bytes in den Stream hinzugefügt werden.

Nachdem der Stream verfügbar ist, wird ein XmlSerializer eingesetzt, der unser tasks-Objekt in den Stream hineinschreibt, und zwar byteweise in diesem XML-Format.

Das Laden der Datei funktioniert genau so, nur dass natürlich geprüft werden muss, ob die Datei überhaupt vorhanden ist. Anschließend wird die Datei nicht zum Schreiben, sondern zum Lesen geöffnet und das Objekt nicht in die Datei serialisiert, sondern aus der Datei deserialisiert.

```
public class Task {
    //Eigenschaften der Task-Klasse definieren
    public string Name { get; set; }
    public string Description { get; set; }
    public bool IsDone { get; set; }
    public DateTime Created { get; set; }
    public Priority Priority { get; set; }

    //Methoden zum Laden und Speichern der Tasks.
    public static void SaveTasks(List<Task> tasks,
    string filename) {
        //Datei zum Schreiben öffnen.
        //Das Using-Statement führt dazu, dass die Datei wieder
        //freigegeben wird, sobald der Vorgang abgeschlossen wurde.
        using (Stream stream = System.IO.File.Open(filename,
        filemode.Create)) {
            //Erzeuge XmlSerializer für den zu serialisierenden
            //Typ List<Task>.
            XmlSerializer serializer = new XmlSerializer(typeof
            (List<Task>));
```

```
        //Die Umwandlung (Serialisierung) erfolgt in den
        //Stream, der auf die Datei verweist. Dadurch wird
        //automatisch in die Datei geschrieben.
        serializer.Serialize(stream, tasks);
    }
}


public static List<Task> LoadTasks(string filename) {
    List<Task> tasks = new List<Task>();
    //Prüfe, ob die Datei, die geladen werden soll,
    //überhaupt existiert.
    if (System.IO.File.Exists(filename)) {
        //Datei zum Lesen öffnen.
        //Using-Statement, damit die Datei nach dem Lesen
        //wieder geschlossen wird.
        using (Stream stream =
        System.IO.File.OpenRead(filename)) {
            //XmlSerialisierer für die Umwandlung erzeugen.
            XmlSerializer serializer =
            new XmlSerializer(typeof(List<Task>));
            //Deserialize erzeugt aus dem XML wieder die
            //Liste von Tasks.
            //Der Cast (List<Task>) ist notwendig, da
            //Deserialize ein object liefert.
            tasks = (List<Task>)serializer.Deserialize(stream);
        }
    }
    return tasks;
}
}
```

Listing 9.2 Die Klasse Task erweitert um die Funktionen zum Laden und Speichern
per Serialisierungsmechanismus

An diesem Serialisierungscode ist neben den neu verwendeten Klassen wie XmlSerializer oder Stream noch etwas spannend: die List<Task>. Eine Liste ist eine Alternative zu
einem Array, bei der jedoch die Anzahl der Elemente nicht von vornherein festgelegt
sein muss. Eine Liste kann dynamisch wachsen und schrumpfen. Sie werden später
noch weitere Alternativen zu Arrays mit ihren jeweiligen Vor- und Nachteilen kennenlernen.

Die spitzen Klammern bei der Liste geben den Datentyp an. Es handelt sich also um eine Liste von Task-Objekten. Diese spitzen Klammern sind als *Generics* bekannt. Die Liste ist also eine generische Klasse, was bedeutet, dass die Liste für verschiedenste Datentypen verwendet werden kann – in diesem Fall für Task-Objekte. Sie können jedoch auch Listen von int oder string erzeugen und verwenden. Immer wenn Sie spitze Klammern sehen, bedeutet das, dass es sich um generische Methoden oder Klassen handelt und Sie den gewünschten Datentyp einsetzen.

9.3.1 Menü-Event-Handler implementieren

Das Formular für die About-Box haben Sie bereits erstellt. Sollten Sie dies übersprungen haben, ist hier nochmals kurz die Anweisung: Klicken Sie mit der rechten Maustaste im Projektmappen-Explorer auf das Projekt, und wählen Sie Add • Windows Form. Anschließend wählen Sie AboutBox und bestätigen Sie. Es wurde ein neues Formular zur Anwendung hinzugefügt. Dieses wollen wir nun über das Menü öffnen.

Beginnen Sie mit dem Menü. Klickt der Benutzer auf Hilfe • Über dieses Programm, so wird das About-Fenster geöffnet. Klicken Sie also mit einem Doppelklick auf diesen Menü-Eintrag, dann legt Visual Studio für Sie den entsprechenden Event-Handler an. Sie befinden sich in dem Code, der bei einem Klick auf diesen Menü-Eintrag ausgeführt wird. Sie können nun den Programmcode zum Öffnen dieses Fensters direkt in diesen Event-Handler programmieren oder auch eine Methode aufrufen, die dies für Sie übernimmt, um den Aufruf unter Umständen auch von anderen Programmteilen aus durchführen zu können.

```
private void überDiesesProgrammToolStripMenuItem_Click
(object sender, EventArgs e) {
    ShowAboutBox();
}
private void ShowAboutBox() {
    //Erzeugt ein AboutBox-Formular-Element.
    AboutBox box = new AboutBox();
    //AboutBox-Dialog anzeigen.
    box.ShowDialog();
}
```

Listing 9.3 Darstellung des About-Dialogs über einen Menü-Klick

Eine ebenfalls sehr einfach programmierte Funktionalität ist das Beenden des Programms. Erstellen Sie also einen Event-Handler für den Menü-Eintrag Beenden.

```
private void beendenToolStripMenuItem_Click
(object sender, EventArgs e) {
    ExitApplication();
}
private void ExitApplication() {
    Application.Exit();
}
```

Listing 9.4 Implementierung des Event-Handlers zum Beenden des Programms

Es sind nun noch zwei Menü-Einträge vorhanden, die auf ihre Implementierung war-
ten. Wir wollen diese noch nicht vollständig implementieren, da wir dazu noch ein paar
Dinge entscheiden müssen. Allerdings können Sie bereits entsprechende Dummy-
Methoden anlegen (wie Sie es von der schrittweisen Verfeinerung gewohnt sind).

```
private void neueAufgabeToolStripMenuItem_Click(
object sender, EventArgs e) {
    NewTask();
}

private void speichernToolStripMenuItem_Click(
object sender, EventArgs e) {
    HandleSave();
}
private void HandleSave() {
}
private void NewTask() {
}
```

Listing 9.5 Event-Handler zum Speichern und Erstellen einer neuen Aufgabe

9.3.2   Datenhaltung

Bevor Sie entscheiden können, wie die Methoden `HandleSave` oder `NewTask` implemen-
tiert werden, müssen Sie sich überlegen, wie Sie die einzelnen Aufgaben verwalten. Die
Anforderung beschreibt, dass man einzelne Aufgaben anlegen bzw. bearbeiten kann.
Des Weiteren ist eine Übersicht der vorhandenen Aufgaben notwendig.

Es wird kein Weg daran vorbeiführen, dass Sie alle vorhandenen Aufgaben mithilfe
einer Liste oder Ähnlichem verwalten. Des Weiteren ist immer eine einzelne Aufgabe
aus dieser Liste aktiv. Dies ist diejenige Aufgabe, die gerade bearbeitet wird, oder auch

diejenige, die neu hinzugefügt wird. Des Weiteren muss die Aufgabenliste irgendwohin gespeichert werden. Daher sind folgende drei Variablen notwendig, die Sie zur Formularklasse hinzufügen:

```
public partial class MainForm : Form {
    string filename;
    List<Task> tasks;      //Die Liste aller Aufgaben.
    Task currentTask;      //Die aktuell hinzugefügte oder bearbeitete
                           //Aufgabe.
```

Listing 9.6 Variablendefinition im Hauptformular. Diese Variablen werden für die Verwaltung in der Oberfläche benötigt.

Wenn die Anwendung gestartet wird, sollen die einzelnen Aufgaben geladen und in dem Objekt tasks gespeichert werden. Diese Liste beinhaltet alle Aufgaben. Werden die Aufgaben gespeichert, so wird die Aufgabenliste (tasks) wieder serialisiert auf die Festplatte geschrieben. Wird eine bestimmte Aufgabe zum Bearbeiten ausgewählt, so soll diese im Objekt currentTask abgelegt werden.

Wenn die Anwendung startet, sollen die Aufgaben geladen werden – genau genommen dann, wenn das Fenster geladen wird. Klicken Sie also mit einem Doppelklick auf das Fenster, um einen Lade-Event-Handler zu erhalten.

```
private void Form1_Load(object sender, EventArgs e) {
    //Windows verwendet \ als Trennzeichen im Pfad.
    //Linux verwendet /. Verwenden Sie System.IO.Path.
    //DirectorySeparatorChar. Dann ist es irrelevant, ob Ihr
    //Programm unter Linux oder Windows läuft - zumindest, was die
    //Pfadangabe betrifft.
    filename = Environment.CurrentDirectory +
    Path.DirectorySeparatorChar + "tasklist.xml";
    //Laden der Aufgaben von der Festplatte.
    LoadTasks();
    //Die Textbox mit den Namen soll den Fokus bekommen -> der
    //Cursor blinkt in diesem Feld.
    this.txtName.Focus();
}
```

Listing 9.7 Laden der vorhandenen Aufgaben direkt beim Programmstart

Mit Environment.CurrentDirectory wird das aktuelle Ausführungsverzeichnis ausgelesen, also das Verzeichnis, in dem die *.exe*-Datei gespeichert ist. Der gesamte Dateiname wird beim Laden des Fensters erstellt und in die lokale Klassenvariable `filename` gespeichert.

Die Methode `LoadTasks` ist natürlich einfach programmiert:

```
private void LoadTasks() {
    //Lade die existierenden Aufgaben von der Festplatte.
    tasks = Task.LoadTasks(filename);
    //Aktualisiere die Ansicht (stelle die geladenen Aufgaben dar).
    UpdateTaskListView();
}
```

Listing 9.8 Implementieren der Lade-Funktion in der Oberfläche. Das Laden selbst wird an die Task-Klasse übergeben.

Allerdings sollten Sie bedenken, dass Sie versuchen, auf eine Datei zuzugreifen! Das bedeutet, dass sehr viele verschiedene Fehler auftreten können, und die gilt es zu behandeln. Führen Sie eine entsprechende Fehlerbehandlung durch, ansonsten wird Ihr Programm häufig abstürzen, falls es ein Problem mit dem Dateizugriff gibt. Dadurch wird der Code definitiv länger, jedoch erhöht eine Fehlerbehandlung die Stabilität und Qualität Ihres Programms erheblich.

```
private void LoadTasks() {
    //Lade die existierenden Aufgaben von der Festplatte.
    try {
        tasks = Task.LoadTasks(filename);
    }
    catch (InvalidOperationException) {
        MessageBox.Show("Es ist ein Fehler aufgetreten. Die aktuelle
Aufgabenliste ist fehlerhaft. Die Aufgaben konnten nicht geladen werden.\nBei
der nächsten Speicherung wird die Auflagenliste überschrieben.",
            "Fehler beim Laden", MessageBoxButtons.OK,
            MessageBoxIcon.Error);
        tasks = new List<Task>();
    }
    catch (System.Security.SecurityException) {
        if (MessageBox.Show("Die Aufgaben konnten nicht geladen werden.
Sicherheitseinstellungen verhindern den Zugriff auf die Datei. Bitte stellen Sie
fest, ob Sie ausreichende Rechte auf das Ausführungsverzeichnis besitzen. Soll
erneut versucht werden, die Datei zu laden?",
            "Fehler beim Laden", MessageBoxButtons.RetryCancel,
```

```
                    MessageBoxIcon.Exclamation) == DialogResult.Retry) {
                    LoadTasks();
            }
            else
                tasks = new List<Task>();
        }
    catch (Exception ex) {
            if (MessageBox.Show("Es ist ein unbekannter Fehler beim Laden der
Aufgabenliste aufgetreten.\n" + ex.Message + "\nSoll
erneut versucht werden, die Datei zu laden?",
                    "Fehler beim Laden", MessageBoxButtons.RetryCancel, MessageBoxIcon.
Error) == DialogResult.Retry) {
                    LoadTasks();
            }
            else
                tasks = new List<Task>();
        }
        //Aktualisiere die Ansicht (stelle die geladenen Aufgaben dar).
        UpdateTaskListView();
}
```

Listing 9.9 Implementierung der Ladefunktion in der Oberfläche mit Fehlerbehandlung. Sollte das Laden der Einträge nicht erfolgreich sein, so wird ein Fehler an den Benutzer ausgegeben.

MessageBox ist eine Klasse, die es Ihnen ermöglicht, eine Fehlermeldung auszugeben. Benutzen Sie die Klassenmethode Show dazu. Diese Methode hat einige Parameter, die relativ selbsterklärend sind und die Sie setzen sollen. Achten Sie auf den Rückgabewert der Methode Show. Dieses Enum liefert zurück, welche Schaltfläche bei der Fehlermeldung gedrückt wurde (z. B. Ok, ABBRECHEN, WIEDERHOLEN usw.).

Da Sie noch keine Aufgaben anlegen können, bringt es noch nicht sehr viel, entsprechenden Programmcode zur Darstellung zu programmieren. Erstellen Sie daher lediglich eine Stub-Methode für UpdateTaskListView ohne Implementierung.

9.3.3 Aufgaben anlegen und bearbeiten

Wenn der Benutzer auf die Schaltfläche NEUE AUFGABE klickt, so sollen sich die Werte in den Textfeldern leeren, und der Cursor soll bei der Aufgabenbezeichnung blinken. Nachdem der Benutzer entsprechende Eingaben durchgeführt hat und auf SPEICHERN klickt, soll die Aufgabe gespeichert und in der Aufgabenliste angezeigt werden.

Diese kurze Anforderungsbeschreibung gilt es nun durch entsprechende Algorithmen in zwei Event-Handlern zu programmieren. Zum einen müssen Sie bei einem Klick auf NEUE AUFGABE die Eingabefelder leeren und den Fokus setzen. Zum anderen muss beim Speichern die Aufgabe mit der Eingabe erstellt werden und zu den bestehenden Aufgaben hinzugefügt werden. Des Weiteren müssen die Änderungen gespeichert werden und die Ansicht der bestehenden Aufgaben aktualisiert werden.

Erzeugen Sie wie bisher mit einem Doppelklick auf die Schaltfläche NEUE AUFGABE den Event-Handler. Rufen Sie in diesem Event-Handler lediglich die Methode NewTask auf (wie auch dann, wenn der Benutzer im Menü auf NEUE AUFGABE klickt):

```
private void btnNew_Click(object sender, EventArgs e) {
    NewTask();
}
private void NewTask() {
    currentTask = null;      //Es soll eine neue Aufgabe werden.
                             //Aktuelle Aufgabe auf NULL.
    UpdateCurrentTaskView(); //Eingabefelder leeren.
    txtName.Focus();         //Der Cursor soll im Name-Feld blinken.
}

private void UpdateCurrentTaskView() {
    string name = "";
    string description = "";
    Priority prio = Priority.Low;

    //Lies die Werte von der aktuell selektieren Aufgabe.
    if (currentTask != null) { //Ist eine Aufgabe zum Bearbeiten
                               //vorhanden?
        name = currentTask.Name;
        description = currentTask.Description;
        prio = currentTask.Priority;
    }

    //Aktualisiere die Werte in den Textboxen.
    txtDescription.Text = description;
    txtName.Text = name;
    trackPriority.Value = (int)prio;
}
```

Listing 9.10 Implementieren der Funktion zum Erstellen einer neuen Aufgabe und Aktualisieren einer ausgewählten Aufgabe

Die Idee ist folgende: Die Methode `UpdateCurrentTaskView` aktualisiert den oberen Bereich der Anwendung. Dabei prüft die Methode, ob das `currentTask`-Objekt gesetzt ist oder nicht. Je nach Ergebnis werden leere Werte angezeigt oder die Werte der Aufgabe. Diese Methode ist also für die Aktualisierung des Bereichs zuständig und kann beim Bearbeiten einer bestehenden Aufgabe verwendet werden und auch, um eine neue Aufgabe anzulegen.

Sie können über den vergebenen Namen auf die Textboxen zugreifen. Die `Text`-Eigenschaft ist die Eigenschaft, die angezeigt wird. Der Tracker besitzt lediglich einen Wert. Da unser Enum für die Priority als `int` verwaltet wird, können wir einen Cast durchführen und dadurch den Wert einfach dem Tracker zuweisen. Um die Aktualisierung des Labels, das die aktuelle Priorität anzeigt, kümmern wir uns gleich. Dieses Label soll immer dann aktualisiert werden, wenn sich der Tracker ändert. Netterweise hat dieser ein entsprechendes Ereignis, für das wir uns registrieren können.

Um das Label zu aktualisieren, wenn der Tracker für die Priorität gezogen wird, ist es erforderlich, dass Sie sich für das `Scroll`-Ereignis registrieren. Darin können Sie nun den Wert des Trackers abfragen und je nach Ergebnis den Label-Text setzen. Immer wenn sich der Wert des Trackers ändert, ändert sich das Label automatisch mit. Der Programmcode hierzu sieht wie folgt aus:

```
private void trackPriority_Scroll(object sender, EventArgs e) {
    switch (this.trackPriority.Value) {
        case 1:
            this.lblShowPriority.Text = "Niedrig";
            break;
        case 2:
            this.lblShowPriority.Text = "Mittel";
            break;
        case 3:
            this.lblShowPriority.Text = "Hoch";
            break;
        default:
            this.lblShowPriority.Text = "";
            break;
    }
}
```

Listing 9.11 Implementieren der Slider-Funktionalität für die Priorität der Aufgabe

Perfekt. Da dies nun auch funktioniert, können wir uns um die Speicherung kümmern. Das bedeutet, dass Folgendes durchgeführt wird, wenn der Benutzer auf SPEICHERN klickt:

1. Prüfung der Eingabedaten: Ist auch wirklich ein Aufgabentext vorhanden? Wenn nicht, wird eine Fehlermeldung an den Benutzer ausgegeben.

2. Wird eine bestehende Aufgabe aktualisiert oder eine neue Aufgabe gespeichert? Je nachdem muss entweder ein neues Objekt zur Liste der Aufgaben hinzugefügt werden oder nur die neuen Werte zugewiesen werden.

3. Die Änderungen speichern. Achtung: Fehlerbehandlung!

4. Aktualisieren der Aufgabenliste.

5. Die Eingaben wieder leeren, sodass eine neue Aufgabe erstellt werden kann.

Versuchen Sie, diese Schritte zu programmieren. Den Methodenrumpf dazu haben Sie bereits geschrieben. Registrieren Sie sich für den Event-Handler, und rufen Sie die Methode HandleSave auf, in der Sie die entsprechende Funktionalität programmieren.

Wie gesagt: Versuchen Sie selbst, entsprechende Implementierungen durchzuführen. Falls Sie Probleme dabei haben, verlieren Sie nicht gleich die Geduld, sondern versuchen Sie, strukturiert den Fehler zu finden und zu beheben. Genau durch solche Schwierigkeiten lernen Sie zu programmieren! Hier ist der Programmcode zum Speichern:

```
private void btnSaveTask_Click(object sender, EventArgs e) {
    HandleSave();
}
private void HandleSave() {
    if (SaveTasks()) {
        MessageBox.Show("Aufgaben gespeichert.", "Information",
            MessageBoxButtons.OK, MessageBoxIcon.Information);

        //Ansicht (Listview) aktualisieren -> Die Änderung wird
        //dadurch auch sichtbar.
        UpdateTaskListView();

        //Aktuelle Einträge in den Textboxen entfernen.
        currentTask = null;
        UpdateCurrentTaskView();
    }
}
```

Listing 9.12 Erste Ebene des schrittweise verfeinerten Algorithmus zum Speichern der Aufgabenliste mit Fehlerbehandlung

SaveTasks soll sich um die Speicherung kümmern, und wenn diese erfolgreich war, liefert die Methode den Wert true. UpdateTaskListView wird die Aktualisierung der Aufgabenliste durchführen. Da currentTask auf null gesetzt wird und anschließend UpdateCurrentTaskView aufgerufen wird, werden die Eingabewerte automatisch geleert und der Cursor blinkt bei der Aufgabenbezeichnung. Ganz im Sinne der schrittweisen Verfeinerung ist es notwendig, die einzelnen Methoden zu programmieren:

```
private bool SaveTasks() {
    //Eingabefelder validieren - wurde auch tatsächlich etwas
    //eingegeben?
    if (ValidateTaskData()) {
        //Prüfen, ob es eine neue Aufgabe ist, oder ob die
        //bestehende Aufgabe aktualisiert wird.
        if (currentTask == null) {
            //Neue Aufgabe erstellen.
            currentTask = new Task();
            currentTask.Created = DateTime.Now;
            //Die neu erstellte Aufgabe zur Liste der Aufgaben
            //hinzufügen.
            tasks.Add(currentTask);
        }
        //Eigenschaften der Aufgabe aktualisieren -> Einträge der
        //Textbox übernehmen.
        currentTask.Name = this.txtName.Text;
        currentTask.Description = this.txtDescription.Text;
        currentTask.Priority = (Priority)this.trackPriority.Value;

        //Die Aufgaben auf die Festplatte speichern.
        bool retry = true;
        do {
            try {
                Task.SaveTasks(tasks, filename);
                retry = false;
            }
            catch (SecurityException) {
                if (MessageBox.Show("Die Aufgaben konnten nicht gespeichert
werden. Bitte prüfen Sie, ob Sie genügend Rechte im Ausführungsverzeichnis
besitzen.\nSoll die Speicherung erneut versucht werden?",
                    "Fehler", MessageBoxButtons.RetryCancel,
                    MessageBoxIcon.Error) == DialogResult.Retry)
```

```
                    retry = true;
                else
                    // Kein erneuter Speicherversuch -> return
                    // false.
                    return false;
            }
            catch (IOException) {
                if (MessageBox.Show("Die Aufgaben konnten nicht gespeichert
werden. Bitte prüfen Sie, ob Sie Zugriff auf das Ausführungsverzeichnis besitzen
und ob die Datei nicht gerade geöffnet ist.\nSoll die Speicherung erneut
versucht werden?",
                        "Fehler", MessageBoxButtons.RetryCancel,
                        MessageBoxIcon.Error) == DialogResult.Retry)
                    retry = true;
                else
                    //Kein erneuter Speicherversuch -> return false.
                    return false;
            }
            catch (Exception ex) {
                if (MessageBox.Show("Die Aufgaben konnten aus unbekannten
Gründen nicht gespeichert werden.\n" + ex.Message +
"\nSoll die Speicherung erneut versucht werden?",
                        "Fehler", MessageBoxButtons.RetryCancel,
                        MessageBoxIcon.Stop) == DialogResult.Retry)
                    retry = true;
                else
                    //Kein erneuter Speicherversuch -> return false.
                    return false;
            }
        } while (retry == true);

        //Alles okay - Speicherung erfolgreich.
        return true;
    }
    else
        return false;
}
```

Listing 9.13 Zweite Ebene des schrittweise verfeinerten Algorithmus zum Speichern der Aufgabenliste mit Fehlerbehandlung

Sie müssen natürlich validieren, ob der Benutzer tatsächlich etwas eingegeben hat. Dies macht die Methode ValidateTaskData. Wenn currentTask den Wert null hat, so soll eine neue Aufgabe erstellt werden. Dazu wird ein neues Objekt angelegt und zur Aufgabenliste hinzugefügt. Nachdem die Werte aus den Textfeldern den Werten des Task-Objektes zugewiesen worden sind, können die Aufgaben mit der bereits vorhandenen Methode gespeichert werden. Je nachdem, ob dies alles gut gegangen ist oder nicht, wird true oder auch false zurückgegeben.

Die Validierung, ob die Eingaben korrekt sind, ist einfach:

```
private bool ValidateTaskData() {
    //Prüfe, ob auch tatsächlich etwas in die Eingabefelder
    //eingegeben wurde.
    //Prüfe Name.
    if (this.txtName.Text == String.Empty) {
        MessageBox.Show("Bitte geben Sie einen Aufgabennamen an.", "Hinweis",
MessageBoxButtons.OK, MessageBoxIcon.Warning);
        txtName.Focus();    //Cursor in das Namensfeld setzen.
        return false;
    }
    //Prüfe Beschreibung.
    if (this.txtDescription.Text == String.Empty) {
        MessageBox.Show("Bitte geben Sie eine Aufgabenbeschreibung an.",
"Hinweis", MessageBoxButtons.OK, MessageBoxIcon.Warning);
        txtDescription.Focus(); //Cursor in das Beschreibungsfeld
                                //setzen.
        return false;
    }
    return true;
}
```

Listing 9.14 Eingabenvalidierung. Sollte die Eingabe nicht korrekt sein, wird ein Fehler an den Benutzer ausgegeben.

Inzwischen können Sie Aufgaben erstellen, speichern und laden. Was noch fehlt, ist die Darstellung in der ListView.

9.3.4   Darstellung der Aufgaben in der ListView

Die Methode UpdateTaskListView soll für die Aktualisierung der ListView zuständig sein. »Aktualisieren« bedeutet, dass die aktuell vorhandenen Einträge entfernt und alle

Einträge in der Aufgabenliste (tasks) in die ListView eingefügt werden. Dies ist natürlich nicht der effizienteste Weg, diese Aufgabe zu lösen, allerdings soll uns dies nun nicht stören.

```
private void UpdateTaskListView() {
    //Die ListView auf das Aktualisieren des Inhaltes vorbereiten.
    listView1.BeginUpdate();
    isViewUpdate = true;
    //Sollte die ListView bereits Einträge haben, ListView leeren.
    this.listView1.Items.Clear();

    if (tasks != null) {
        //Füge jede Aufgabe aus der Aufgabenliste hinzu.
        foreach (Task t in tasks) {
            //Entweder ist die "Erledigte anzeigen"-Checkbox
            //angehackt oder die Aufgabe ist noch nicht als erledigt
            //markiert. Eine der beiden Bedingungen muss erfüllt
            //sein, sodass die Aufgabe in die Liste aufgenommen
            //wird.
            if (chkShowFinished.Checked || !t.IsDone) {
                //Erzeuge ListViewItem für die Aufgabe.
                ListViewItem item = new ListViewItem();
                item.Text = t.Name; //Der Name soll angezeigt
                                    //werden.

                //Die Gruppe wird je nach Priorität gesetzt.
                switch (t.Priority) {
                    case Priority.High:
                        item.Group = listView1.Groups[0];
                        break;
                    case Priority.Medium:
                        item.Group = listView1.Groups[1];
                        break;
                    default:
                        item.Group = listView1.Groups[2];
                        break;
                }
                //Je nachdem, ob die Aufgabe bereits erledigt ist
                //oder nicht, wird die Checkbox angehackt.
                item.Checked = t.IsDone;
```

```
            //Die Referenz zum Aufgabenobjekt wird in der Tag-
            //Eigenschaft des ListViewItems für eine spätere
            //Verwendung gehalten.
            item.Tag = t;

            //Weitere Eigenschaften, die angezeigt werden
            //sollen, werden als SubItem hinzugefügt.
            ListViewItem.ListViewSubItem created = new
            ListViewItem.ListViewSubItem(item, t.Created.
            ToString());
            item.SubItems.Add(created);

            //Das erstellte ListViewItem muss der Listview
            //hinzugefügt werden.
            listView1.Items.Add(item);
        }
    }
}
isViewUpdate = false;
//Die Aktualisierung der Anzeige abschließen.
listView1.EndUpdate();
}
```

Listing 9.15 Darstellung der Aufgabenliste im ListView Control

Durch BeginUpdate und EndUpdate wird die Aktualisierung der Darstellung unterdrückt, bis diese abgeschlossen ist. Dadurch beginnt die ListView am Bildschirm nicht zu flattern, und der Programmcode kann viel effizienter ausgeführt werden. Je nach Priorität der aktuellen Aufgabe wird das ListViewItem in einer anderen Gruppe dargestellt. Dadurch wird eine Prioritätengruppierung erzielt. isViewUpdate habe ich bereits eingefügt, da dies später noch benötigt wird, wenn ein Element in der ListView angehakt wird. Dabei soll nämlich die Aufgabe als erledigt markiert werden und die Änderungen gespeichert werden. Dies hat zur Folge, dass die ListView aktualisiert wird. Diese setzt die Checked-Eigenschaft je nachdem, ob die Aufgabe bereits erledigt ist oder nicht, was wieder zur Speicherung führt und so weiter. Lange Rede kurzer Sinn: Wenn wir den Event-Handler anschließend programmieren, würde sich das Programm in einer Endlosschleife verirren.

Der Benutzer soll natürlich entsprechende Aufgaben einfach erledigen können. Dazu soll es lediglich notwendig sein, den Eintrag in der ListView anzuhaken. Das bedeutet, dass Sie sich wieder für ein Ereignis der ListView registrieren müssen: ItemChecked.

```
private void listView1_ItemChecked(
object sender, ItemCheckedEventArgs e) {
    if (!isViewUpdate) {//Nur wenn die Listview nicht gerade
                        //aktualisiert wird.
        Task theTask = (Task)e.Item.Tag;    //Aufgabe aus Tag-
                                            //Eigenschaft auslesen.
        theTask.IsDone = e.Item.Checked;    //Aufgabe als erledigt
                                            //markieren.
        SaveTasks();                        //Aufgaben speichern (da
                                            //geändert).
        UpdateTaskListView();               //Ansicht aktualisieren.
    }
}
```

Listing 9.16 Implementierung des Event-Handlers, der aufgerufen wird, wenn ein Eintrag in der Aufgabenliste angehakt wird

Beim Erstellen der ListView-Einträge wurde die Aufgabe in die Tag-Eigenschaft geschrieben. Dieser Event-Handler benutzt genau diese Tag-Eigenschaft, um auf die Aufgabe zuzugreifen und diese entsprechend auf »erledigt« oder auch »nicht erledigt« zu setzen. Anschließend wird die Aufgabenliste wieder gespeichert und die Benutzeroberfläche aktualisiert.

Bisher können Sie noch keine Aufgaben bearbeiten oder löschen. Als Erstes wollen wir die Aufgaben bearbeiten:

Wird ein Eintrag in der Liste angeklickt, so soll dieser Eintrag bearbeitet und somit im oberen Bereich angezeigt werden. Das bedeutet, dass wie beim Erledigt-Setzen bei einem Klick auf einen Eintrag (Ereignis SelectedIndexChanged) durch die Tag-Eigenschaft die Aufgabe gelesen, in das lokale currentTask-Objekt gespeichert und der obere Bereich der Anwendung von der bereits bestehenden Methode aktualisiert werden muss. Also registrieren Sie sich für das Ereignis, und los geht's!

```
private void listView1_SelectedIndexChanged(
object sender, EventArgs e) {
    //Dieses Event wird ausgelöst, wenn sich die aktuelle Auswahl
    //der Listview ändert.
    //Die aktuelle Aufgabe (currentTask) entspricht dem selektierten
    //Eintrag.
    //Das Auslesen des Eintrags erfolgt über die Tag-Eigenschaft.
    if (this.listView1.SelectedItems.Count > 0)
        this.currentTask = (Task)this.listView1.SelectedItems[0].Tag;
```

```
    else
        this.currentTask = null;

    UpdateCurrentTaskView();
}
```

Listing 9.17 Implementierung des Event-Handlers, der aufgerufen wird, wenn
eine andere Aufgabe in der Aufgabenliste aufgerufen wird. Eine neue Auswahl
führt zur Aktualisierung in der Oberfläche.

Das war's schon mit dem Bearbeiten. Da das Speichern und das Aktualisieren des oberen Bereichs bereits implementiert sind, ist es lediglich erforderlich, zu ermitteln, welches Element tatsächlich ausgewählt wurde.

Natürlich wollen Sie Aufgaben auch löschen können. Am schönsten wäre es, wenn der Benutzer diese lediglich anklicken und auf die [Entf]-Taste drücken müsste. Dann wollen wir dem Benutzer diesen Komfort bieten! Da der Benutzer ein Element in der List-View anklickt und anschließend auf [Entf] drückt, wird wieder ein Ereignis der ListView benötigt: KeyUp.

In diesem Event-Handler können Sie nun prüfen, ob es sich beim Tastendruck tatsächlich um die [Entf]-Taste handelt, und wenn ja, dann können Sie den oder die gewählten Einträge aus der Liste entfernen, die Aufgabenliste erneut speichern und die Ansicht aktualisieren.

```
private void listView1_KeyUp(object sender, KeyEventArgs e) {
    //Ist mindestens 1 Eintrag selektiert und wurde ENTF gedrückt ->
    //Eintrag löschen
    if (e.KeyCode == Keys.Delete && listView1.SelectedItems.Count > 0) {
        //Eintrag wird aus der Liste gelöscht.
        foreach (ListViewItem item in listView1.SelectedItems) {
            tasks.Remove((Task)item.Tag);
        }
        //Alle (noch vorhandenen) Einträge werden gespeichert.
        SaveTasks();
        //ListView wird aktualisiert.
        this.UpdateTaskListView();
        //Aktualisiere Textboxen (es ist ja kein Element mehr gewählt).
        this.UpdateCurrentTaskView();
    }
}
```

Listing 9.18 Implementierung des Event-Handlers, welcher bei einem Tastendruck aufgerufen
wird. Wird die [Entf]-Taste gedrückt, so wird die Aufgabe gelöscht und die Ansicht neu geladen.

Glückwunsch! Ihr Programm ist beinahe vollständig. Lediglich eine Kleinigkeit fehlt noch: Wenn der Benutzer auf die Checkbox klickt, um auch erledigte Aufgaben anzuzeigen, so muss die Darstellung in der ListView aktualisiert werden. Doppelklicken Sie auf die Checkbox, und programmieren Sie den Event-Handler wie folgt aus:

```
private void chkShowFinished_CheckedChanged(
object sender, EventArgs e) {
    UpdateTaskListView();
}
```

Listing 9.19 Aktualisierung der Ansicht, sobald ein Eintrag an- oder weggehakt wird

Fertig!

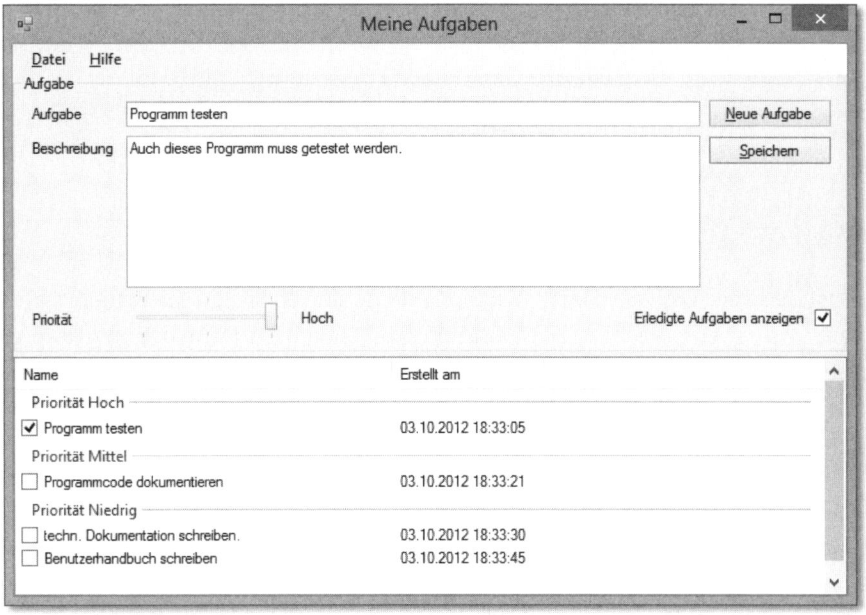

Abbildung 9.11 Das Ergebnis des ersten Programms

Ich gratuliere Ihnen nun sehr herzlich! Sie haben in diesem Abschnitt gesehen, wie Sie Windows-Anwendungen programmieren können. Sie haben gesehen, dass Sie dabei viel mit Ereignissen arbeiten und dass die bisher durchgearbeiteten Kapitel das Grundhandwerkszeug für Ihre Anwendung sind. Das algorithmische Denken wird innerhalb eines Event-Handlers benötigt, und in manchen Fällen auch übergreifend, damit keine Endlosschleifen entstehen. Gratulation!

9.4 Zusammenfassung

In diesem Kapitel haben Sie sich mit dem Serialisieren und Deserialisieren von Daten auseinandergesetzt und als Alternative zu Arrays generische Listen kennengelernt, welche Sie mit beliebigen Datentypen verwenden können.

Sie haben in diesem Kapitel *Steuerelemente* wie `Button`, `Trackbar`, `Label`, `Listview` und ähnliche kennengelernt. Sie haben gesehen, dass Sie die Benutzeroberfläche mit sehr wenig Programmieraufwand gestalten können. Durch die vielen Konfigurationsmöglichkeiten der einzelnen Steuerelemente können Sie ein entsprechendes Verhalten einfach konfigurieren. Wenn es jedoch darum geht, nun tatsächlich Funktionalität in die Anwendung zu bringen, kommen Sie um die Programmierung nicht herum. Hier sind nun Ihre algorithmischen Ideen und Gedanken gefordert.

Des Weiteren wurden Sie mit einem Vorgehen in die erste Anwendung eingeführt, das ich Ihnen gut empfehlen kann:

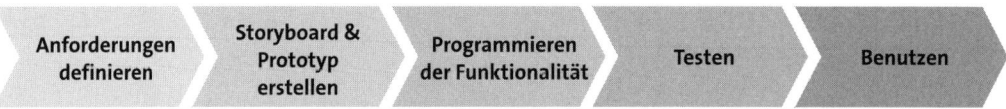

Abbildung 9.12 Vereinfachter Projektablauf

Natürlich ist dies sehr grob skizziert. Nichtsdestotrotz sollten Sie auf die Erstellung des *Storyboards* und der entsprechenden *Use Cases* nicht verzichten. Denn dadurch können Sie sich sicher sein, dass die Funktionalität, die Sie programmieren wollen, aus Sicht des Arbeitsflusses bereits fertig ist. Sie müssen diesen Ablauf nicht für die gesamte Anwendung betrachten. Sie können diesen Arbeitsfluss auch auf Feature-Ebene anwenden!

9.5 Aufgabe

Testen Sie das Programm. Sie sollten noch zumindest einen Fehler finden (möglicherweise mehr). Finden Sie den Fehler, und überlegen Sie sich, wie Sie diesen beheben können!

Wenn es Ihnen Spaß macht, was ich hoffe, dann überlegen Sie sich noch ein oder zwei weitere Features. Versuchen Sie, diese einzubauen. Nutzen Sie dabei alles, was Sie bisher an Methodik und Vorgehen gelernt haben!

9.6 Kontrollfragen

1. Nennen Sie die vereinfachten Schritte eines Projektablaufs.

2. Was ist bei einem generischen Datentyp besonders?

3. Mit welchem Konzept wird in grafischen Benutzeroberflächen am häufigsten gearbeitet und auf Steuerelemente reagiert?

4. Was sind die zwei Haupteigenschaften von Steuerelementen, die zur Positionierung dienen?

5. Wie wird der Vorgang zum Speichern der Liste von Aufgaben in einer Datei genannt, der in diesem Programm verwendet wird?

6. Richtig oder falsch? Streams werden zum Lesen bzw. Schreiben von Dateien verwendet.

7. Welche Klasse wird zum Beenden eines Programms verwendet?

Kapitel 10
So gestalten Sie Benutzeroberflächen

Der Anfang ist die Hälfte des Ganzen.
– Aristoteles

Die Benutzeroberfläche ist eines der Elemente, mit denen ein Programm steht oder fällt. Die Benutzeroberfläche ist die Schnittstelle zum Benutzer und daher nicht nur für das Look & Feel verantwortlich, sondern auch dafür, wie Ihr Programm wahrgenommen wird. In diesem Kapitel erfahren Sie, welche Benutzergruppen Sie unter Umständen für Ihr Programm in Betracht ziehen müssen und welche Bedürfnisse diese Benutzergruppen besitzen. Ich gebe Ihnen Tipps dazu, welche Design-Möglichkeiten Ihnen zur Verfügung stehen und wann Sie welche Steuerelemente einsetzen sollten. Nach den Hinweisen, die Ihnen helfen sollen, Ihre Benutzeroberflächen zu gestalten, gehe ich auf einige Punkte der Windows-Design-Standards ein und zeige, wie Ihnen das Entwicklungswerkzeug *Microsoft Visual Studio für Windows Desktop* bei der Einhaltung dieser Standards hilft.

10.1 Gruppen von Benutzern – oder die Frage nach dem idealen Wetter

Bestimmt kennen Sie das: Sie fragen zwei Menschen, welches Wetter sie in diesem Augenblick am liebsten hätten, und bekommen zwei ganz unterschiedliche Antworten. Genau so kann es Ihnen mit dem Design der Benutzeroberfläche Ihrer Programme ergehen. Je nach den Erfahrungen und Vorlieben Ihrer Benutzer sieht die ideale Benutzeroberfläche absolut anders aus. Während manche Systemadministratoren am liebsten alles per Commandline erledigen oder Shellscripts benutzen, sind andere Gruppen auf eine Weboberfläche fixiert, und wieder andere wollen keine Wartezeiten und daher einen Windows-Client vor sich haben. Die einen Benutzer lieben das neue Ribbon-Menü von Office 2007, die anderen hassen es. Man kann es eben nicht jedem recht machen.

Gott sei Dank haben sich jedoch bereits sehr viele Personen den Kopf darüber zerbrochen, wie Benutzeroberflächen (in der Windows-Welt) idealerweise zu gestalten sind, damit sich möglichst viele Personen darauf sehr einfach zurechtfinden. Aus diesem

Grund sind sich alle Programme irgendwie ähnlich (das Menü beginnt mit DATEI, BEAR-BEITEN, ANSICHT, ... unter DATEI finden Sie NEU, ÖFFNEN, SPEICHERN, SPEICHERN UNTER... usw.). Daher sollten auch Sie sich nach Möglichkeit an diese Design Guides halten – dazu jedoch später mehr.

Prinzipiell sollten Sie immer dann, wenn Sie wollen, dass ein Benutzer etwas eingibt, ihm auch tatsächlich sagen, was Sie von ihm wollen! Gehen Sie beim Design der Benutzeroberfläche immer vom DAU (dem Dümmsten Anzunehmenden User) aus. Ein Benutzer ohne Vorkenntnisse muss sich in Ihrem Programm zurechtfinden, und das Programm muss so stabil sein, dass es nicht abstürzt, sondern den Benutzer geduldig auf den richtigen Weg der Benutzung führt. Gehen Sie davon aus, dass der DAU der Standardbenutzer Ihrer Software ist – selbst wenn Sie eine Software für Systemadministratoren schreiben. Wenn Sie sich den DAU als Messlatte legen, bedeutet dies:

▶ Ihre Software wird stabiler, da alle möglichen und vor allem »unmöglichen« Fälle der Benutzereingaben oder allgemein der Benutzung Ihres Programmes getestet werden müssen. Benutzen Sie Ihr Programm beim Testen so, wie es eigentlich nicht gedacht war.

▶ Ihre Software muss dem Benutzer immer wieder detaillierte Hinweise geben, was er zu tun hat, damit der Benutzer das (wahrscheinlich gewünschte) Ziel erreicht.

▶ Sämtliche Dialoge und Eingabefelder müssen mit sprechenden Bezeichnungen und ausreichend beschreibendem Text versehen sein.

▶ Sämtliche Benennungen müssen durchgängig sein. Das bedeutet, dass Sie einen Begriff immer wieder verwenden und nicht an einer anderen Stelle im Programm ein Synonym davon einsetzen. (Zum Beispiel heißt in Microsoft Word FORMAT ÜBERTRAGEN immer FORMAT ÜBERTRAGEN und nicht plötzlich in einem Dialog »Formatierung übernehmen«. Dies wäre zwar semantisch gleichbedeutend, jedoch verwirrt es die Benutzer! Ja, wirklich!)

▶ Die Benutzeroberfläche muss klar strukturiert sein, damit sich der Benutzer auch zurechtfindet. Es muss klar erkennbar sein, welche Elemente zusammengehören (z.B.: Was ist eine Schaltfläche und was nur ein Bild und eine Beschreibung, was sind Pflichtfelder und wie muss was ausgefüllt werden?). Eine klare Struktur beginnt schon bei den Abständen von Eingabefeldern. Das heißt, dass zwei Elemente, welche logisch zusammengehören, weniger Abstand zueinander haben als zwei beliebige Elemente.

Bei der Gestaltung der Benutzeroberfläche gilt der Grundsatz: »Keep it simple and stupid.« Das bedeutet, dass Sie dem Benutzer idealerweise genau das zeigen, was er sehen muss – nicht mehr und nicht weniger. Erweiterte Optionen einer Einstellung sind nur dann sichtbar, wenn diese explizit abgefragt werden. Diese sind jedenfalls bereits mit sinnvollen Standardwerten belegt. Sie kennen bestimmt Dialoge, in denen Sie entsprechende Zusatzeinstellungen aufklappen müssen, oder die erscheinen, sobald Sie einen MEHR-Button oder Ähnliches angeklickt haben. Versuchen Sie immer, einen Dialog (ein Fenster) möglichst einfach zu halten. Die Vielzahl von Einstellmöglichkeiten soll der Benutzer nur sehen, wenn er diese explizit anfordert und sehen will. Somit schaffen Sie automatisch den Eindruck von zwei verschiedenen Benutzeroberflächen, und zwar den einer Standardoberfläche und den eines Experten-Modus. Der Mehraufwand hierfür lohnt sich. Immerhin werden Benutzer nicht gleich von einer Vielzahl von Einstellungsmöglichkeiten erschlagen und abgeschreckt.

Auch bei Windows wird dieses Szenario immer konsequenter umgesetzt. Wizzards steuern unerfahrene Benutzer. Administratoren stehen detaillierte Konfigurationsdialoge zur Verfügung und diejenigen, die hier noch mehr Möglichkeiten benötigen, schreiben die Werte in der Konfigurationsdatenbank von Windows (in der Registry) um.

10.2   Steuerelemente und ihr Einsatz

Im Folgenden zeige ich Ihnen die verschiedenen Arten von Steuerelementen und erkläre, wann Sie diese am besten einsetzen und wann andere Controls eine bessere Wahl darstellen. Es sind nicht alle Standardcontrols angeführt, und Sie finden hier lediglich eine Auswahl von Hinweisen, wann Sie welche Controls verwenden sollen. Die Verwendung der Steuerelemente ist Ihnen bereits aus den letzten zwei Kapiteln bekannt. Sie ziehen diese auf das Formular Ihrer Windows–Anwendung, setzen verschiedene Eigenschaften und reagieren auf Ereignisse, indem Sie im EIGENSCHAFTEN-Fenster das gewünschte Ereignis mit einem Doppelklick wählen.

Alle folgenden Steuerelemente bieten natürlich die bereits bekannten Eigenschaften für die Positionierung (Dock und Anchor) sowie eine Namenseigenschaft. Des Weiteren besitzen sie eine Eigenschaft Enabled, die Sie verwenden können, um Schaltflächen etc. zu deaktivieren, sodass der Benutzer diese nicht anklicken kann.

Im Folgenden werden verschiedene Controls und deren Einsatzgebiete gezeigt sowie die wichtigsten Eigenschaften, die Sie abfragen, bzw. Ereignisse, auf die Sie reagieren können.

10.2.1   Checkbox

Sie kennen natürlich Checkboxen, und ihre Verwendung liegt oftmals auf der Hand. Benutzen Sie eine Checkbox ausschließlich, um eine Option zu aktivieren oder zu deaktivieren. Eine Checkbox ist nicht für die Auswahl verschiedener Optionen geeignet, wie das folgende Beispiel zeigen soll: Stellen Sie sich vor, es wäre im DRUCKEN-Dialog eine Checkbox vorhanden, um auszuwählen, ob Sie im Hoch- oder im Querformat drucken wollen. Ist die Checkbox gewählt, heißt dies nun Hoch- oder Querformat. Selbst wenn die Beschriftung der Checkbox mit »Hochformat« gewählt wäre, weiß der Benutzer nicht unbedingt, was passiert, wenn die Checkbox nicht gewählt wurde – kurz: Das passt einfach nicht.

Verwenden Sie eine Checkbox lediglich, wenn die Anzahl der Optionen zehn Elemente nicht überschreitet! Für den Fall, dass Sie mehr als zehn Optionen aktivieren oder deaktivieren müssen, verwenden Sie anstatt einer Checkbox lieber eine `CheckedListBox`, also eine Liste, in der Sie die einzelnen Einträge aktivieren können.

Im Gegensatz zu Radiobuttons verwenden Sie Checkboxen, um voneinander unabhängige Optionen zu aktivieren bzw. zu deaktivieren. Bei Radiobuttons schließt eine Einstellung eine andere aus. Beim Druckdialog können Sie sich zwischen Hochformat und Querformat entscheiden. Die Entscheidung für die eine Option schließt die andere Option aus.

Checkboxen können drei verschiedene Status annehmen: »aktiviert«, »deaktiviert«, »teilweise aktiviert«. Den dritten Status sollten Sie ausschließlich dann verwenden, wenn Sie eine gemeinsame Eigenschaft von vielen Elementen darstellen wollen – also wenn Sie zum Beispiel mehrere Dateien markieren und darstellen wollen, dass manche schreibgeschützt sind und andere nicht.

Die zwei wohl wichtigsten Eigenschaften dieses Steuerelements, neben der `Text`-Eigenschaft, sind `Checked` und `CheckState`, mit denen Sie prüfen können, ob die Checkbox im Moment gesetzt ist. Mit dem Ereignis `CheckedChanged` können Sie sich darüber informieren lassen, wenn sich der Zustand der Checkbox ändert, und entsprechend mit Ihrem Programm darauf reagieren.

10.2.2 CheckedListBox

Die `CheckedListBox` ist eine Liste, in der Sie die einzelnen Listeneinträge wie eine Checkbox aktivieren oder deaktivieren können. Für den Fall, dass die Einträge in der Listbox (vom Benutzer) sortiert werden sollen und ihre Anzahl die bei den Checkboxen angeführten zehn Elemente überschreitet, sollten Sie eine `CheckedListBox` bevorzugen.

Die wichtigsten Eigenschaften dieses Controls sind:

▶ `Items`: Mit dieser Eigenschaft legen Sie fest, welche Elemente in der Listbox vorhanden sind, und können somit die `CheckedListBox` mit Werten befüllen.

▶ `SelectedItem`: Dadurch können Sie auf den aktuell selektierten Eintrag der Liste zugreifen.

Die wichtigsten Ereignisse dieses Steuerelements sind:

▶ `SelectedIndexChanged`: Dieses Ereignis wird aufgerufen, wenn ein Element in der Liste ausgewählt wird.

▶ `ItemCheck`: Dieses Ereignis wird ausgelöst, wenn die Checkbox eines Elements den Status ändert.

Der folgende Codeausschnitt zeigt den Zugriff auf die Eigenschaften in den erwähnten Event-Handlern.

```
private void Form1_Load(object sender, EventArgs e) {
    this.checkedListBox1.Items.Add("Eintrag 1", CheckState.Unchecked);
    this.checkedListBox1.Items.Add("Eintrag 2", CheckState.Checked);
    this.checkedListBox1.Items.Add("Eintrag 3", CheckState.Unchecked);
}
private void checkedListBox1_SelectedIndexChanged(
object sender, EventArgs e) {
    MessageBox.Show("Ausgewählt wurde:
 " + checkedListBox1.SelectedItem.ToString());
}
private void checkedListBox1_ItemCheck(
object sender, ItemCheckEventArgs e) {
    MessageBox.Show("Das Element mit dem Index " + e.Index +
    " hat den Check-Status geändert auf: " + e.NewValue.ToString());
}
```

Listing 10.1 Beispielcode für die Verwendung einer CheckedListBox

10.2.3   Button

Verwenden Sie einen Button, wenn der Klick auf den Button eine sofortige Aktion auslöst. Sollten Sie versucht sein, einen Button innerhalb eines Fließtextes zu platzieren, verwenden Sie statt eines Buttons einen Hyperlink.

Wenn der Klick auf einen Button ein Fenster nicht schließt, sondern ein neues Fenster öffnet, so soll der Text des Buttons mit drei Punkten enden. Gleiches gilt für Menü-Einträge. Sie kennen dies vor allem von Menüs. Im Menü DATEI existieren die Einträge SPEICHERN und SPEICHERN UNTER... Während der Menüpunkt SPEICHERN das Dokument lediglich speichert, ohne ein weiteres Fenster zu öffnen (vorausgesetzt, der Speicherort des Dokuments ist bekannt), wird im Menüpunkt SPEICHERN UNTER... immer der SPEICHERN-Dialog angezeigt. Wenn ein Benutzer drei Punkte sieht, geht er davon aus, dass noch weitere Einstellungen durchgeführt werden können. Sie sollten den Benutzer diesbezüglich nicht enttäuschen.

Die wichtigsten Eigenschaften und Ereignisse bei einer Schaltfläche sind natürlich der angezeigte Text sowie das Ereignis Click, wenn die Schaltfläche betätigt wird.

10.2.4   Textbox & Label

Textboxen und Labels sind relativ intuitiv zu benutzen. Natürlich sollen Textboxen lediglich verwendet werden, wenn auch tatsächlich ein frei wählbarer Text eingegeben werden kann. Damit der Benutzer weiß, was er in die Textbox einzugeben hat, wird diese im Normalfall mit einem beschreibenden Label versehen. Achten Sie darauf, dass die Textbox eine Länge besitzt, die der Eingabe entspricht – nicht dass die Textbox zu kurz ist.

Die Textbox haben Sie bereits kennengelernt. Ihre wichtigen Eigenschaften sind neben dem eingegebenen Text (Eigenschaft Text) die MaxLength, die eine maximale Zeichenlänge ermöglicht (z.B. für Postleitzahlen maximal 8 Zeichen), sowie MultiLine und ScrollBars für mehrzeilige Textfelder. Durch die Eigenschaft PasswortChar können Sie ein Passwort-Feld realisieren, in dem der Benutzer den eingegebenen Text nicht sieht.

Das wohl wichtigste Ereignis, auf das Sie reagieren können, ist TextChanged, das bei jeder Änderung im Textfeld, also bei jedem einzelnen Tastendruck aufgerufen wird:

```
private void textBox1_TextChanged(object sender, EventArgs e) {
    if (textBox1.Text.Contains("?"))
        MessageBox.Show("Sie haben ein Fragezeichen eingegeben.
        Warum?");
}
```

Listing 10.2 Beispielcode für den Event-Handler, welcher aufgerufen wird, sobald der Text in der Textbox geändert wird

Ebenfalls interessante Ereignisse für eine Textbox sind KeyDown, KeyPress und KeyUp, die ebenfalls bei jedem Tastendruck aufgerufen werden. Hier können Sie einzelne Tastendrücke speziell behandeln, wie folgender Code veranschaulicht:

```
private void textBox1_KeyUp(object sender, KeyEventArgs e) {
    if (e.KeyCode == Keys.Escape)
        MessageBox.Show("Escape wurde gedrückt");
}
```

Listing 10.3 Beispiel für einen Event-Handler, welcher aufgerufen wird, sobald eine Taste in der Textbox gedrückt wird. In diesem Fall zur Feststellung, ob die ESC-Taste gedrückt wurde.

10.2.5   Treeview

Viele Darstellungen und Datenstrukturen besitzen eine Baum-Form. Die bekannteste ist die Ordnerstruktur im Windows Explorer. Genau diese Ordnerstruktur ist eine *Treeview*, in der Sie die einzelnen Ebenen des Baumes öffnen und schließen können. Treeviews werden im Normalfall bei hierarchischen Datenstrukturen eingesetzt. Handelt es sich jedoch lediglich um eine Hierarchie von zwei oder drei Ebenen, ist es besser, eine *Listview* einzusetzen. Treeviews sind eine relativ komplexe Art der Darstellung und werden von fortgeschrittenen Benutzern akzeptiert. Bei absoluten Anfängern ist die Treeview aufgrund ihrer Komplexität nicht geeignet. Obgleich eine Treeview (vor allem große) Hierarchien gut abbilden kann, vergessen Sie nicht, dass der Benutzer aufgrund der großen Datenmenge und des Platzbedarfs nicht alle Ebenen der Hierarchien auf einmal sehen kann.

Eine Treview, ein Baum, besteht aus einzelnen Knoten, was den Elementen der Treeview entspricht. Diese können Sie in der Eigenschaft Nodes definieren. Ein Knoten (Node) kann selbst wieder Knoten enthalten, und diese sogenannten »*Kindknoten*« können auch wieder Knoten beinhalten. Dadurch entsteht die hierarchische Struktur.

Dieses komplexe Steuerelement stellt viele nützliche Ereignisse zur Verfügung, wie beispielsweise NodeMouseClick und NodeMouseDoubleClick, die ausgelöst werden, wenn der Benutzer auf einen Eintrag in der Treeview klickt bzw. doppelklickt.

```
private void treeView1_NodeMouseClick(
object sender, TreeNodeMouseClickEventArgs e) {
    MessageBox.Show("Es wurde auf den Eintrag " + e.Node.Text +
    " geklickt");
}
```

Listing 10.4 Beispielcode für einen Event-Handler, welcher ausgelöst wird, sobald ein Knoten im Baum mit der Maus angeklickt wird

Das Ereignis NodeMouseHover ermöglicht beispielsweise das Hervorheben eines Eintrags, wenn sich die Maus über den Eintrag bewegt:

```
TreeNode lastHoverNode = null;
private void treeView1_NodeMouseHover(object sender,
TreeNodeMouseHoverEventArgs e) {
    if (lastHoverNode != e.Node) {
        if (lastHoverNode != null)
            lastHoverNode.ForeColor = System.Drawing.Color.Black;
```

10

```
        e.Node.ForeColor = System.Drawing.Color.Red;
        lastHoverNode = e.Node;
    }
}
```

Listing 10.5 Beispielcode für einen Event-Handler, welcher aufgerufen wird, sobald die Maus über einen Knoten in der TreeView bewegt wird

10.2.6   Listview

Die Ansicht der Inhalte eines Ordners wird mithilfe einer Listview umgesetzt. Dabei ist es irrelevant, ob Sie die Detailansicht von Dateien gewählt haben (Abbildung 10.2), die Kategorieansicht der Datenträger sehen oder die Miniaturansicht bei Bildern (Abbildung 10.1). All diese verschiedenen Ansichten sind Teile der Listview. Wenn Sie also innerhalb einer Liste Sortierung, Drag & Drop oder auch Copy-&-Paste-Funktionalitäten benötigen, sollten Sie eine Listview einer normalen Liste oder Combobox vorziehen.

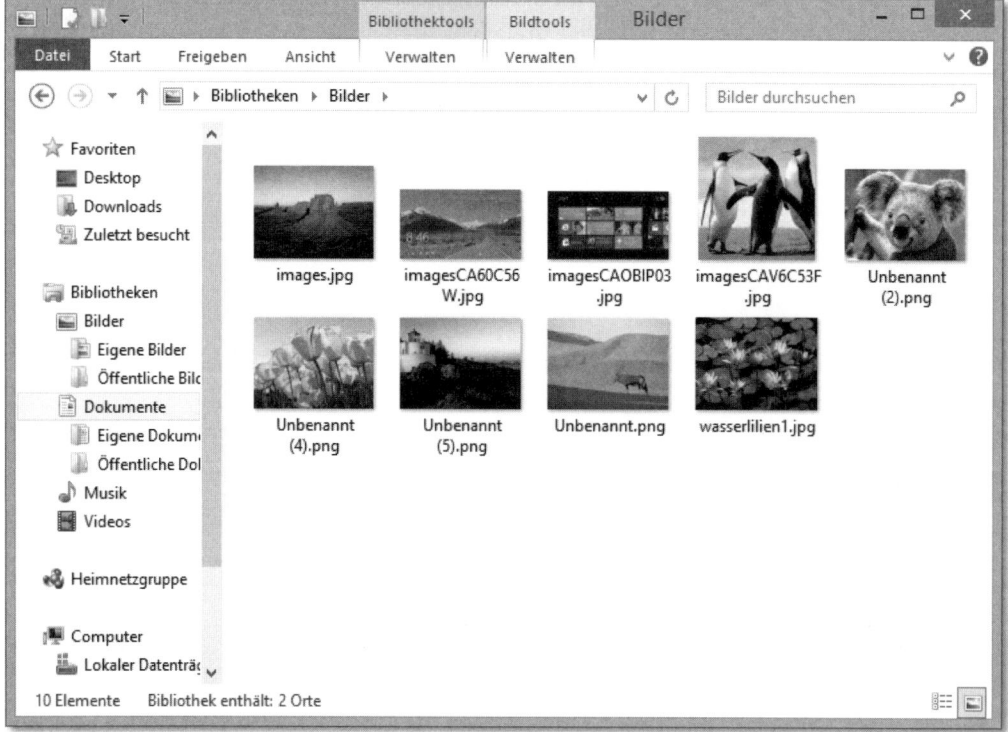

Abbildung 10.1 Darstellung mit einer »Listview« – Miniaturansicht

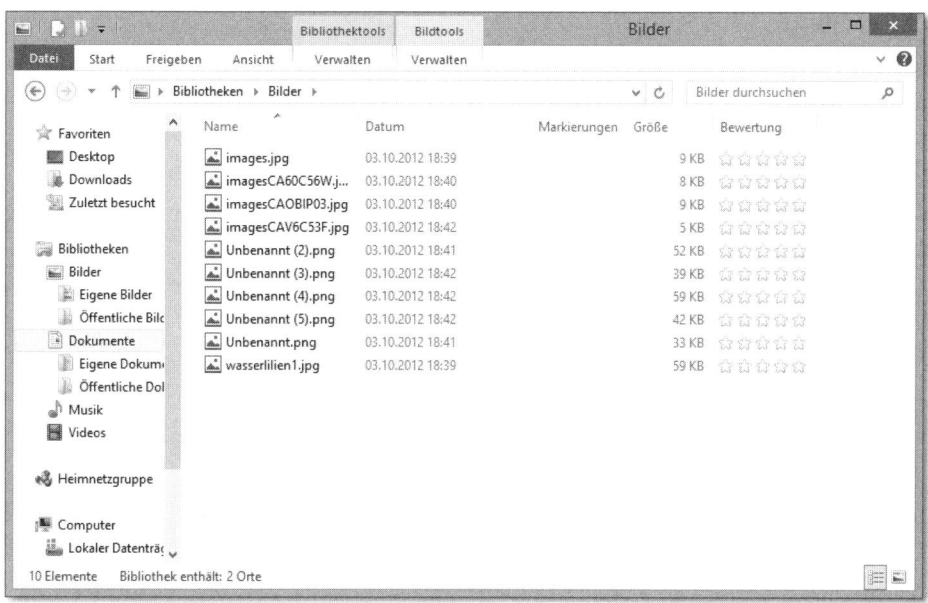

Abbildung 10.2 Darstellung mit einer »Listview« – Detailansicht

Sie haben die Listview bereits im letzten Kapitel kennengelernt und mit ihr gearbeitet. Die Darstellung der Listview (Abbildung 10.1, Abbildung 10.2, Abbildung 10.3 bzw. Abbildung 9.5) ist von der Eigenschaft View abhängig.

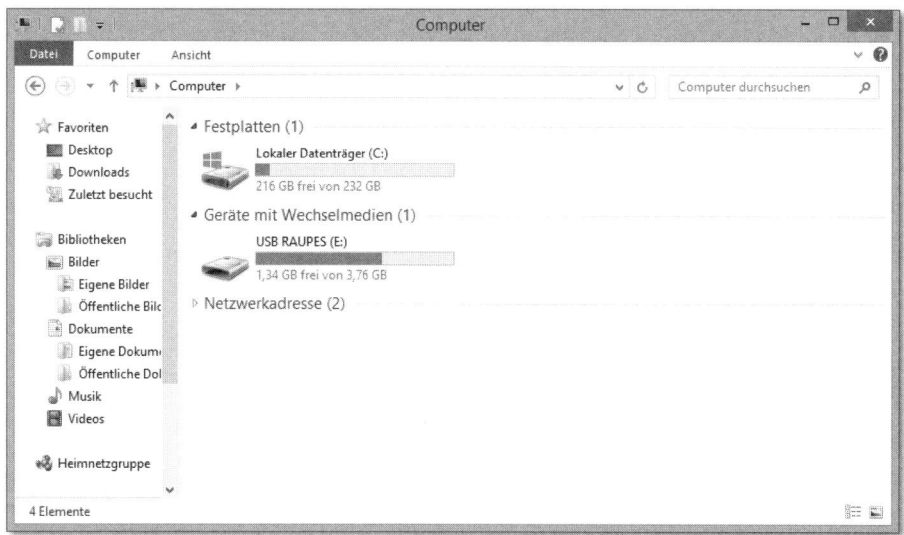

Abbildung 10.3 Darstellung mit einer »Listview« – Kategorieansicht

10.2.7 Menü & Kontextmenü

Kontextmenüs sind eine tolle Sache. Hier können Sie eine Vielzahl von zusätzlichen Funktionalitäten bereitstellen, ohne dass sich der Benutzer durch andere Menüs hindurchquälen muss. Prinzipiell gilt für Menüs und Kontextmenüs das gleiche Prinzip wie bei den Buttons: Sind drei Punkte vorhanden, so öffnet sich ein neuer Dialog!

Des Weiteren sollten Sie bei Menüs nicht vergessen, dass diese auch über die Tastatur und Tastenkürzel steuerbar sein sollen. Bei den Tastenkürzeln haben sich ebenfalls Standardkürzel eingebürgert (z.B. Strg+S für SPEICHERN, Strg+N für NEU usw.), die Sie auf genau diese Art und Weise verwenden sollten. Das Nette ist, dass dies lediglich eine Konfiguration des Menüeintrags ist und dass Sie hierzu nichts extra programmieren müssen. Vergessen Sie auch nicht, die Menütexte mit entsprechenden Alternativen navigierbar zu machen, indem ein Buchstabe in der Kombination mit der Alt-Taste zum Ausführen des Befehls verwendet wird. Seit Windows 2000 werden die Buchstaben im Menü erst unterstrichen, wenn Sie auch die Alt-Taste drücken. Wenn Sie sie jedoch drücken, sollen die Buchstaben auch entsprechend unterstrichen erscheinen. Das Schöne daran ist, dass Sie hierzu lediglich im Menütext vor dem Buchstaben, den Sie entsprechend verwenden wollen, ein &-Symbol platzieren müssen, und der Rest der Funktionalität ist bereits im Menü programmiert. Zum Beispiel ist dadurch die Text-Eigenschaft des Menüeintrags NEU ein klein wenig abgewandelt: &Neu. Bei DATEI wäre es &Datei, und bei BEENDEN wäre es &Beenden. Das &-Symbol wird nicht angezeigt, sofern Sie nicht die Alt-Taste drücken. Wenn das Menü allerdings geöffnet ist, und Sie drücken Alt+B, so hat dies den gleichen Effekt, als würden Sie auf den BEENDEN-Eintrag klicken.

Abbildung 10.4 Darstellung des Menüs von »Notepad«

Außerdem finden Sie im Menü auch immer wieder Trennlinien, die dem Benutzer die Orientierung erleichtern. Diese Trennlinien sind normale Menü-Einträge mit einem Bindestrich (-) als Text.

Wenn Sie sich nicht sicher sind, welche Tastenkombination für welchen Menü-Eintrag verwendet werden soll oder welcher Buchstabe unterstrichen werden soll oder zwischen welchen Einträgen eine Trennlinie gezogen werden soll, so ist es am besten, einfach kurz in ein anderes Programm zu blicken oder sich in den *Windows Style Guides* umzusehen.

Sie können einzelne Menüeinträge auch wie eine Checkbox aktivierbar und deaktivierbar machen, wie in zu sehen ist. Hierzu setzen Sie die Eigenschaft `CheckOnClick` des Eintrags auf `true`.

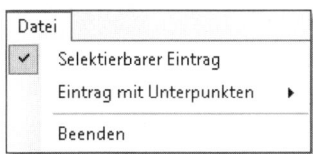

Abbildung 10.5 Aktivierbarer bzw. deaktivierbarer Menüeintrag

In diesem Fall ist neben dem Ereignis `Click`, das Sie bereits kennen, auch das Ereignis `CheckedChanged` sehr nützlich, das ausgelöst wird, wenn sich der Aktivierungsstatus ändert. Sie können für Menüeinträge auch Bilder verwenden, wie beispielsweise eine Diskette als zusätzliches Speichern-Symbol. Die Eigenschaft `Image` ermöglicht das Setzen eines entsprechenden Bildes.

10.2.8   Track Bar (auch Slider genannt)

Sie sollten lieber Slider (Schieberegler) anstatt Radiobuttons verwenden, wenn mehr als vier verschiedene Werte zur Auswahl stehen. Sie sollten Slider auch dann verwenden, wenn es sich um eine relative Angabe handelt. Wenn Sie einen Slider einsetzen, sollten Sie dem Benutzer sofortiges Feedback gewähren. Ein Beispiel hierfür ist der Zoom-Faktor in Microsoft Word oder auch die Darstellung im Windows Explorer: Hier wird bereits die Darstellung angepasst, während Sie den Balken (Tracker) mit der Maus ziehen.

Die wichtigsten Eigenschaften des Sliders sind:

▶ `Minimum` und `Maximum`: Diese Eigenschaften bestimmen den minimal bzw. maximal selektierbaren Wert.

▶ `Value`: Diese Eigenschaft ermöglicht das Setzen bzw. Auslesen des aktuell dargestellten Wertes.

▶ `TickStyle`: Dies ermöglicht verschiedene visuelle Darstellungen.

▶ `SmallChange` bzw. `LargeChange`: Diese Eigenschaften konfigurieren, wie stark sich der Wert beim Ziehen ändert, also wie genau sich der Slider einstellen lässt.

Das wichtigste Ereignis ist `ValueChanged`, mit dessen Hilfe Sie auf Wertänderungen reagieren können.

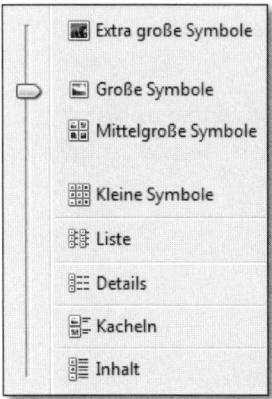

Abbildung 10.6 Einsatz des »Sliders« im Windows Explorer

10.2.9   Listbox & Combobox

Listbox und Combobox sind zwei artverwandte Steuerelemente, die in großer Vielfalt existieren – sei es die *Combobox* bei der Auswahl der Schriftart oder die *editierbare Combobox* bei der Auswahl der Schriftgröße oder beim Anpassen von Toolbars. Überall dort werden Listboxen oder auch Comboboxen eingesetzt. Im Gegensatz zu Comboboxen können bei *Listboxen* (je nach Konfiguration) auch mehrere Elemente ausgewählt werden, indem der Benutzer die [Strg]-Taste drückt. Allerdings wissen dies viele User nicht, und daher ist es in diesem Fall besser, entweder eine Checkboxlist oder zwei Listboxen zu verwenden, wobei eine Listbox die möglichen Optionen und die zweite Listbox die ausgewählten Optionen beinhaltet. Die Wahl erfolgt in Normalfall mit einem Button, wie in dargestellt.

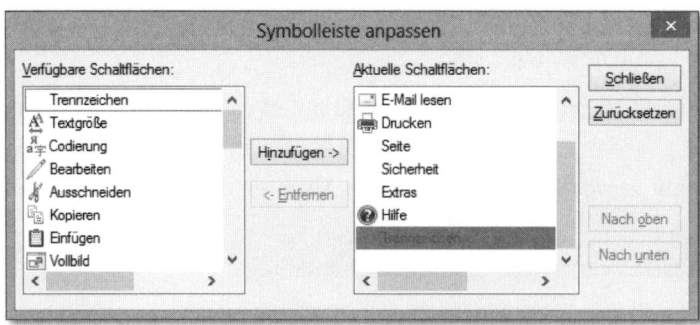

Abbildung 10.7 IE7 – Anpassung der Toolbar mit zwei Listboxen

Die wichtigsten Eigenschaften von Listbox und Combobox sind:

- `Items`: die Werte, die angezeigt werden.
- `SelectedItem`: das aktuell ausgewählte Element.

Ein wichtiges Ereignis ist `SelectedIndexChanged`, um auf die Änderung der aktuellen Auswahl reagieren zu können.

```
private void comboBox1_SelectedIndexChanged(
object sender, EventArgs e) {
    MessageBox.Show("Der jetzt selektierte Eintrag: " +
    comboBox1.SelectedItem.ToString());
}
```

Listing 10.6 Beispiel für einen Event-Handler, welcher aufgerufen wird, sobald ein neuer Eintrag in der Combobox selektiert wird

Die Combobox besitzt des Weiteren die Eigenschaft `DropDownStyle`, mit der Sie konfigurieren können, ob der Benutzer nur Einträge aus der Liste wählen oder auch selbst in die Box tippen kann.

10.3   Standarddialoge

Die Standarddialoge von Windows sind gut durchdacht und bieten eine Vielzahl von Funktionen. Noch wichtiger ist jedoch, dass die Benutzer diese Dialoge gewohnt sind. Es wäre also pure Zeitverschwendung, diese Standarddialoge nicht zu verwenden und stattdessen die entsprechende Funktionalität nachzuprogrammieren.

Um die einzelnen Dialoge verwenden zu können, ist es lediglich erforderlich, diese von der Toolbox im Visual Studio auf das entsprechende Formular zu ziehen. Anschließend legen Sie die Eigenschaften des Dialogs im Eigenschaftenfenster fest und verwenden diesen im Programmcode. Die folgenden Programmteile beziehen sich auf die Dialoge, die Sie mittels der Toolbox in Ihr Formular gezogen haben. Die Programmcodes zeigen, wie Sie die Steuerelemente konfigurieren, die Dialoge öffnen und anschließend auf den bzw. die gewünschten Werte zugreifen.

10.3.1   Laden & Speichern

Beinahe jede Anwendung muss Dateien laden bzw. Dateien speichern. Dazu benötigt der Benutzer die Möglichkeit, auszuwählen, wo die Datei gespeichert bzw. von wo die

Datei geladen werden soll. Was Sie dazu benötigen, ist der OpenFileDialog bzw. der SaveFileDialog. Diese zwei Dialoge ermöglichen den einfachen Zugriff auf die Windows-Standarddialoge.

Sie haben diese Dialoge bereits in Kapitel 8, »Notepad selbst gemacht«, verwendet, und das sollten Sie weiterhin tun. Diese Dialoge sind sehr einfach zu verwenden und bieten einen großen Funktionsumfang in der Navigation, in ihren Darstellungsmöglichkeiten etc. Außerdem sind die Benutzer diese wie auch die folgenden Dialoge gewohnt und mit deren Benutzung vertraut. Setzen Sie sie also ein.

LADEN und SPEICHERN sind hier der Vollständigkeit halber erneut angeführt und mit ein paar zusätzlichen Eigenschaften angereichert.

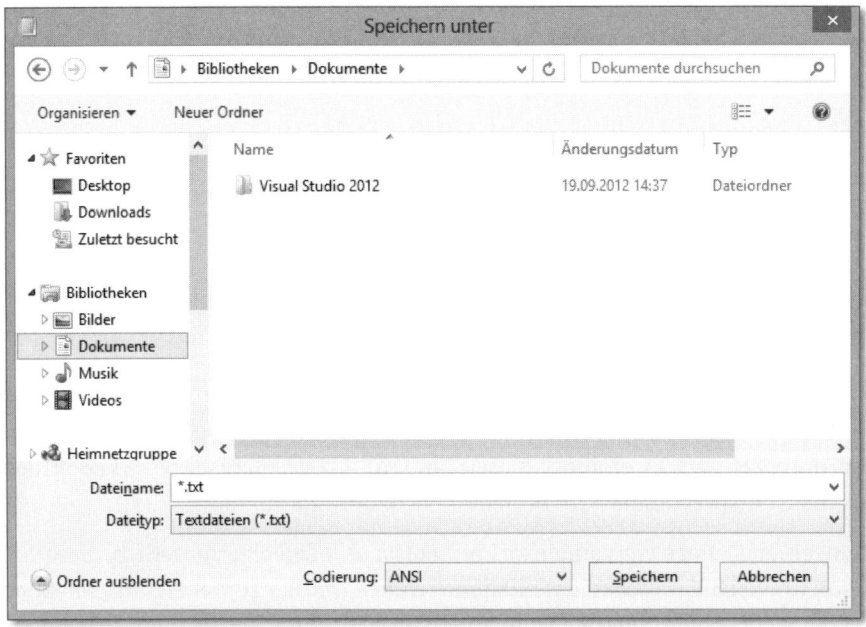

Abbildung 10.8 Standarddialog »Speichern«

Die Verwendung des Dialogs ist sehr einfach, wie der folgende Beispielcode zeigt:

```
//Es werden nur TXT- und CSV-Dateien erlaubt
//Filter-Syntax: [Anzeigetext]|[Dateiendung]|[Anzeigetext]|
//[Dateiendung]...
openFileDialog1.Filter = "Text|*.txt|CSV|*.csv"; //Sie können auch
                                                 //mehrere Endungen
                                                 //angeben.
```

```
//Dialog-Titel setzen.
openFileDialog1.Title = "Datei öffnen";

//Der Dialog prüft selbst, ob die Datei existiert. Nur
//existierende Dateien dürfen gewählt werden.
openFileDialog1.CheckFileExists = true;

//Ein Dateinamen-Vorschlag wird unterdrückt, indem dieser explizit
//auf leer gesetzt wird.
openFileDialog1.FileName = "";

//Dialog anzeigen. Warten, bis er geschlossen wird, und prüfen,
//ob auch OK gedrückt wurde.
if (openFileDialog1.ShowDialog() == DialogResult.OK) {
    //Auslesen des gewählten Dateinamens
    string fileName = openFileDialog1.FileName;
    MessageBox.Show("Folgende Datei wurde gewählt: " + fileName);
}
```

Listing 10.7 Verwendung des Datei-Öffnen-Dialogs

Je nach Konfiguration der Klasse kann der Benutzer auch mehrere Dateien auf einmal selektieren:

```
//Mehrfachselektierungen können ebenfalls erlaubt werden, falls
//mehrere Dateien auf einmal geöffnet werden sollen.
openFileDialog1.Multiselect = true;
if (openFileDialog1.ShowDialog() == DialogResult.OK) {
    //Die selektierten Dateien werden wie folgt ausgelesen:
    string[] fileNames = openFileDialog1.FileNames;
    MessageBox.Show("Die Anzahl der gewählten Dateien: " +
    fileNames.Length);
}
```

Listing 10.8 Verwendung des Datei-Öffnen-Dialogs bei erlaubter Mehrfachselektion

Der Ausgangspunkt ist die ShowDialog-Methode, die den Dialog modal öffnet und zurückgibt, welcher Button im Dialog (OK, ABBRECHEN, …) gedrückt wurde. Anschließend können Sie über die Eigenschaft FileName bzw. FileNames auf den/die selektierte(n) Dateinamen zugreifen. Mit den Klassen aus dem Namespace System.IO können Sie die Dateien nun öffnen und entsprechend behandeln.

10

Obwohl sich der Beispielcode auf den OpenFileDialog zum Laden von Dateien bezieht, ist es nicht erforderlich, auch den SaveFileDialog-Code abzudrucken, da dieser analog dazu benutzt wird und Sie ihn bereits benutzt haben.

Die Standarddialoge sind immer ähnlich zu benutzen. Sie müssen sie ein wenig konfigurieren und den Dialog mit der ShowDialog-Methode aufrufen und das Ergebnis abfragen. Anschließend holen Sie den gewünschten Wert (Dateiname, Drucker, Farbe etc.) mit einer Eigenschaft ab und gehen weiter im Programm. Die Dialoge werden mit ShowDialog modal geöffnet. Das bedeutet, dass die Programmausführung erst dann fortgesetzt wird, wenn der Dialog geschlossen wurde. Daher kann auch direkt das Ergebnis von ShowDialog abgefragt werden, da der Rückgabewert nach dem Schließen des Dialogs vorhanden ist und das Programm so lange wartet bzw. nicht weiter ausgeführt wird, bis der Dialog geschlossen wurde.

10.3.2   Drucken

Das Drucken eines Dokuments ist immer wieder spannend. Zusätzlich sind noch viele verschiedene Arten von Druckeinstellungen möglich, und oft stehen auch verschiedene Drucker zur Auswahl. Zum Glück nimmt Ihnen der PrintDialog die entsprechenden Einstellungen, also das Auslesen und die Anzeige der einzelnen Drucker und Netzwerkdrucker und so weiter ab.

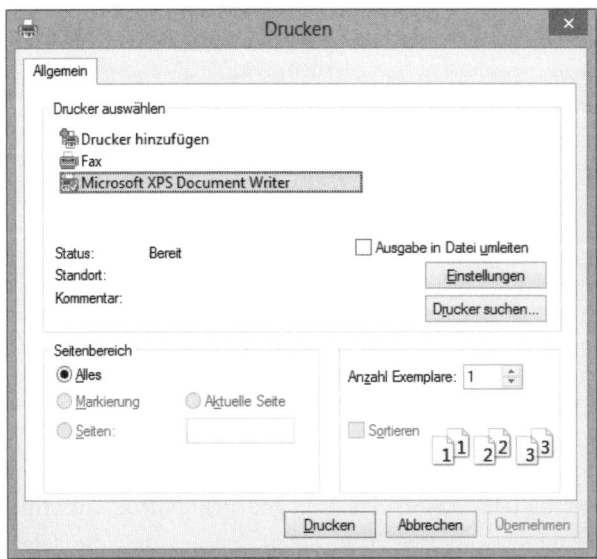

Abbildung 10.9 Der Standarddialog »Drucken«

Wie auch die anderen Dialoge ist der `PrintDialog` sehr einfach zu benutzen, wie folgender Programmcode zeigt:

```
//Dialog anzeigen
if (printDialog1.ShowDialog() == DialogResult.OK) {
    //Das Ergebnis der Auswahl auslesen:
    System.Drawing.Printing.PrinterSettings settings =
    printDialog1.PrinterSettings;
    MessageBox.Show("Folgender Drucker wurde gewählt: " +
    settings.PrinterName);
}
```

Listing 10.9 Verwendung des Drucker-Dialogs

10.3.3   Farbwähler

Eines der Standardcontrols ist der Farbwähler, der es dem Benutzer ermöglicht, in gewohnter Art und Weise eine gewünschte Farbe auszuwählen. Ich gebe zu, der Dialog ist nicht der schönste, und auch Microsoft benutzt nicht mehr ständig diesen Dialog, wie zum Beispiel bei der Farbwahl in Word 2007 ersichtlich ist. Dennoch steht Ihnen dieser Dialog out-of-the-box und ohne, dass Sie direkt die Windows-API anprogrammieren müssen, zur Verfügung.

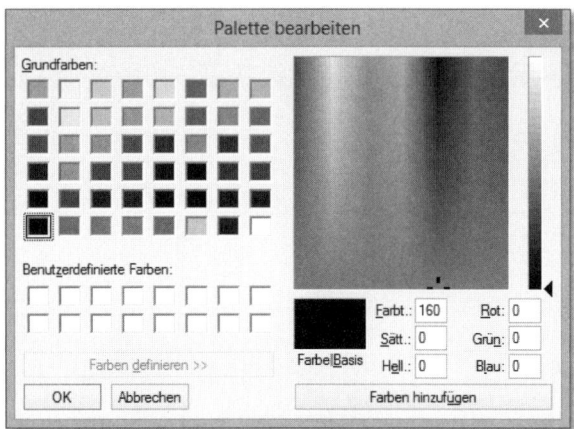

Abbildung 10.10 Standarddialog »Color« (»Farbwähler«)

Die Verwendung dieses Dialogs funktioniert auf gewohnte Art und Weise, wie bei all den anderen Dialogen auch. Mit einigen Einstellungen können Sie das Look & Feel, die Voreinstellungen und die Funktionalität des Dialogs festlegen, und durch den gewohn-

293

ten Programmcode zum Anzeigen des Dialogs bzw. zum Abrufen des gewählten Wertes können Sie diesen Dialog verwenden:

```
//Dialog anzeigen
if (colorDialog1.ShowDialog() == DialogResult.OK) {
    //Farbe wird nur ausgelesen, wenn auf OK geklickt wurde.
    //Bei Abbrechen nicht!
    Color selectedColor = colorDialog1.Color;
    MessageBox.Show("Folgende Farbe wurde gewählt: " +
    selectedColor.Name);
}
```

Listing 10.10 Verwendung des Farbauswahl-Dialogs

10.3.4   Ordner auswählen

Oftmals ist es nicht sinnvoll, den OpenFileDialog zu verwenden, da der Benutzer keine Datei, sondern einen Ordner auswählen soll. Unter Umständen soll es dem Benutzer auch möglich sein, bei der Auswahl des Ordners einen neuen Ordner direkt anzulegen. Bestimmt kennen Sie dies aus Setup-Assistenten. Diese Funktionalität bietet Ihnen der FolderBrowserDialog. Des Weiteren können Sie auch die Beschreibung des Dialogs angeben, die angezeigt werden soll.

Abbildung 10.11 Standarddialog »Browse For Folder« (»Ordner auswählen«)

Die Verwendung dieses Dialogs ist gewohnt unspektakulär. Doch genau diese Einfachheit bei der Verwendung ist es, die uns Entwicklern das Leben etwas einfacher macht

und es uns ermöglicht, uns den wirklich wichtigen Dingen bei der Anwendungsent-
wicklung zu widmen. Seien Sie also wegen der Einfachheit nicht enttäuscht.

```
//Das Erzeugen eines neuen Ordners direkt in diesem Dialog erlauben.
folderBrowserDialog1.ShowNewFolderButton = true;
//Der Beschreibungstext, der oben beim Dialog angezeigt wird.
folderBrowserDialog1.Description = "Bitte wählen Sie den Ordner aus,
in welchen die Datei gespeichert werden soll";
//Dialog anzeigen.
if (folderBrowserDialog1.ShowDialog() == DialogResult.OK) {
    //Selektierten Pfad auslesen.
    string selectedFolder = folderBrowserDialog1.SelectedPath;
    MessageBox.Show("Folgender Ordner wurde gewählt: " +
    selectedFolder);
}
```

Listing 10.11 Verwendung des Ordner-Auswahl-Dialogs

10.3.5   Schriftart auswählen

Obwohl auch der `FontDialog` etwas verstaubt wirkt, ist er in Windows der Standarddialog zum Auswählen von Schriftarten. Und wie bei allen Standarddialogen können Sie
sich darüber freuen, dass die Dialoge bei einer anderen Windows-Version das dort übli-
che Design haben und in der dort verfügbaren Funktionalität zur Verfügung stehen. Das
bedeutet, dass der Dialog möglicherweise in der nächsten Windows-Version besser aussieht, ohne dass Sie etwas dafür tun müssen.

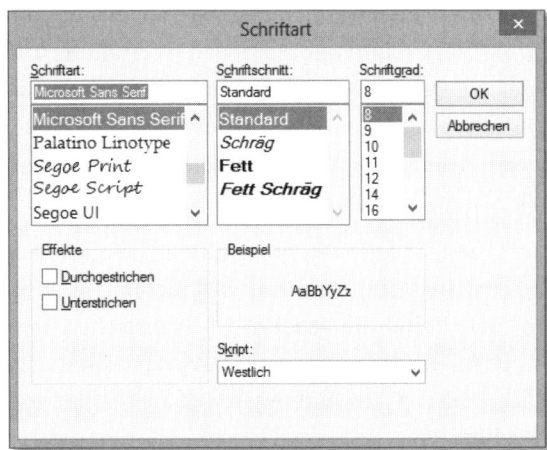

Abbildung 10.12 Standarddialog »Font« (»Schriftart auswählen«)

Die Verwendung des Dialogs ist ebenfalls wieder sehr einfach. Durch die verschiedenen Eigenschaften, die Sie für diesen Dialog konfigurieren können, können Sie auch einzelne Features ein- bzw. ausschalten.

```
//Farbwahl erlauben.
fontDialog1.ShowColor = true;
//Dialog anzeigen.
if (fontDialog1.ShowDialog() == DialogResult.OK) {
    //Auslesen der einzelnen Eigenschaften, die
    //nun berücksichtigt werden sollen/können.
    Font selectedFont = fontDialog1.Font;
    Color fontColor = fontDialog1.Color;
}
```

Listing 10.12 Verwendung des Schriftartauswahl-Dialogs

10.4 Gutes Design

Gutes Design spiegelt sich natürlich darin wider, dass sich der Benutzer möglichst schnell zurechtfindet. Hierzu existieren entsprechende *Design Guides*, an die Sie sich halten sollten. Microsoft hat beispielsweise Design Guides veröffentlicht, die beschreiben, wie Benutzeroberflächen, die Benutzerführung etc. in Windows-Anwendungen gestaltet werden sollen. Microsoft-Produkte halten sich daran. Da sich die meisten Benutzer in diesen Produkten zurechtfinden und eine bestimmte Erwartungshaltung entwickelt haben, was sich hinter welchen Menüpunkten verbergen soll, empfehle ich Ihnen, sich auf diese Design Guides zu verlassen, denn diese bilden genau diese Erwartungshaltungen ab. Microsoft bietet hierzu eine Vielzahl von Design Guides – über die Erstellung und Verwendung von Icons bis hin zur idealen Verwendung von Steuerelementen, das Design und Verhalten eines Wizzards bis hin zum Design Guide für ein Ribbon. Im Literaturverzeichnis finden Sie MSDN-Beiträge, in denen Sie diese Guides nachschlagen können, wenn Sie sich intensiver mit diesem Thema auseinandersetzen wollen.

Inzwischen existieren auch bei Microsoft verschiedene Designrichtlinien, je nachdem, ob Sie Modern Windows UI Oberflächen (z. B. für Windows 8-Anwendungen) oder Windows Desktop-Anwendungen erstellen. Dabei sind die Modern UI Oberflächen sehr stark für Touch-Geräte wie Tablet PCs optimiert und auch bei der abgespeckten WindowsRT-Version lauffähig. Die klassischen Desktop-Anwendungen, wie Sie sie hier entwickelt haben, existieren nach wie vor weiter.

Ein gutes Design erkennen Sie auch daran, dass sich die Anwendung immer so verhält, wie es ein Benutzer erwartet, und den Benutzer führt. Das bedeutet: Wenn Sie das Fenster größer ziehen, verhält sich das Programm so, wie es der Benutzer erwartet, und zwar vergrößern sich bestimmte Bereiche, andere Bereiche bleiben rechts und wieder andere links. Auf jeden Fall wird der Platz optimal genutzt. Gleiches gilt für das Verkleinern des Fensters. Der Benutzer erwartet eine aufgeräumte Benutzeroberfläche, und das bedeutet, dass Sie nicht zu viele Elemente auf ein Fenster oder einen Karteireiter platzieren sollten und dass die Steuerelemente in einer Linie angeordnet sind. Es sind wenige vertikale Blicklinien vorhanden, und die Abstände zwischen den einzelnen Controls sind konsistent.

Wenn Sie in der .NET-Welt Windows-Anwendungen entwickeln, ist es einfach, entsprechende Designs zu erstellen, die sich verschiedenen Bildschirmauflösungen und Fenstergrößen anpassen. Früher musste der Programmierer selbst den gesamten Programmcode für die Positionierung etc. bei der Änderung der Fenstergröße programmieren.

10.4.1 Automatisches Anpassen der Größe

Die Steuerelemente, die Sie verwenden, besitzen alle eine Eigenschaft mit dem Namen `Anchor`. Diese Eigenschaft bestimmt, wie sich das Steuerelement beim Vergrößern bzw. Verkleinern des Fensters verhalten soll. Standardmäßig ist die Eigenschaft auf `Left`, `Top` gesetzt, was so viel bedeutet, dass sich der Abstand nach links und nach oben nicht ändert. Wenn Sie nun wollen, dass sich das Steuerelement beim Vergrößern des Fensters auch nach rechts hin vergrößert, so wählen Sie zusätzlich den Wert `Right`, und schon ändert sich auch der Abstand zum rechten Rand des Fensters nicht mehr, was zur Konsequenz hat, dass das Steuerelement in die Breite gezogen wird.

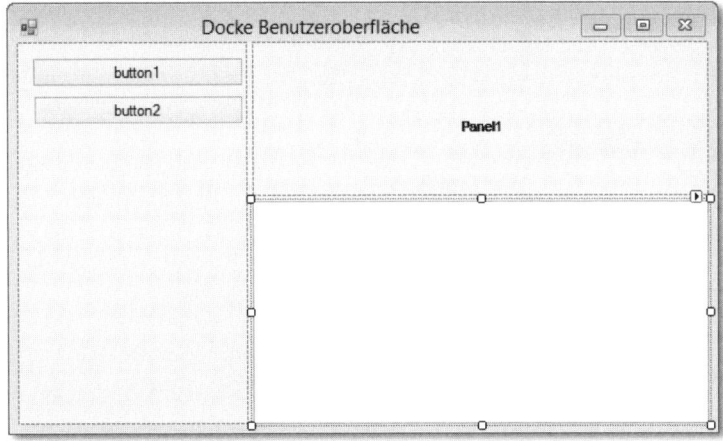

Abbildung 10.13 Beispiel – Fenster mit Panels zur Strukturerstellung

Zusätzlich zu dieser Eigenschaft existiert auch eine Dock-Eigenschaft. Mit dieser Eigenschaft können Sie ein Steuerelement immer ganz unten, links, oben oder rechts platzieren. Es passt sich automatisch den Änderungen des Fensters an.

Ein Tipp: Verwenden Sie das Panel-Steuerelement, um die Grundstruktur des Fenster-Designs zu erstellen. Diese Steuerelemente platzieren Sie mittels der Dock-Eigenschaft. Anschließend platzieren Sie die weiteren Steuerelemente innerhalb der Panels.

10.5   Wie hilft die Entwicklungsumgebung?

Was nützt das ganze Wissen und die ganze Theorie, wenn es in der Praxis nicht umsetzbar ist? Ich will hier keine philosophischen Diskussionen starten, und aus diesem Grund gibt es natürlich eine adäquate Unterstützung von der Entwicklungsumgebung, sodass es Ihnen relativ leicht gemacht wird, ein Windows-konformes Design zu erstellen. Die Unterstützung bei der Entwicklung von Benutzeroberflächen mit der *Windows Presentation Foundation* ist zwar seit der *Visual C# 2010 Express Edition* besser geworden, aber noch immer nicht so einfach und komfortabel, wie die Windows Forms-Entwicklung. Erfreuen Sie sich daher zu Beginn an der einfacheren Windows Forms–Entwicklung!

Visual Studio unterstützt Sie, indem es Ihnen entsprechende Hilfslinien beim Positionieren Ihrer Steuerelemente anzeigt (siehe Abbildung 10.14), sodass Sie bei Einhaltung dieser Abstände automatisch Windows-Design-konform sind, was die Einhaltung von Abständen betrifft.

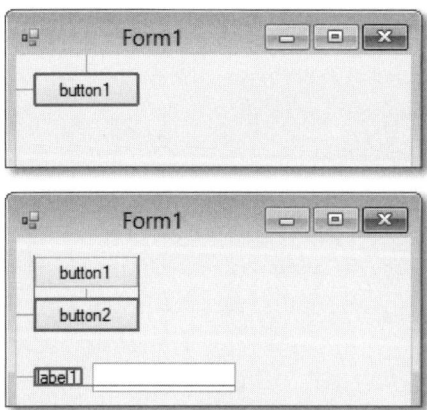

Abbildung 10.14 UI-Entwicklung – Unterstützung durch Visual Studio

Welches Steuerelement Sie zu welchem Zweck verwenden, müssen Sie natürlich selbst wissen, da nur Sie den Zweck kennen, den das Steuerelement erfüllen soll. Nichtsdestotrotz sind die Hilfslinien eine sehr gute Unterstützung!

10.6   Zusammenfassung

Sie haben in diesem Kapitel einiges über die *Gestaltung der Benutzeroberfläche* gelesen. Begonnen habe ich damit, Ihnen die Illusion zu nehmen, eine für alle Benutzer optimale Benutzeroberfläche gestalten zu können. Denken Sie daran: Die Menschen sind verschieden und setzen verschiedenste Erwartungen in Ihre Software. Gehen Sie bei der Gestaltung der Benutzeroberfläche von dem Stereotyp des *DAU* aus. Dieser Benutzer macht alles falsch, was er nur falsch machen kann. Dieser Benutzer weiß nichts von Ihrem Programm, und dennoch soll er das Programm selbstständig erlernen können, und das Programm soll nicht stetig abstürzen. Dieser Benutzertyp soll Ihre Messlatte sein!

Verwenden Sie bei Dialogen eine Art »erweiterte Optionen«, um einen *Expertenmodus* anzubieten. Dadurch schaffen Sie es, die Benutzeroberfläche auch bei vielen Parametrisierungsoptionen aufgeräumt und übersichtlich zu halten. Der Expertenmodus wird erst dann gestartet, wenn der Benutzer dies explizit will. Vergessen Sie jedoch nicht, sinnvolle Standardwerte zu vergeben, falls der Benutzer den bequemen Weg wählt!

Sie haben in diesem Kapitel des Weiteren eine Auswahl von *Standardcontrols* kennengelernt, die Ihnen bei der Entwicklung zur Verfügung stehen, und Sie haben erfahren, wie bzw. wann Sie diese verwenden sollen. Es sind nicht nur einfache Controls (wie Buttons oder Labels) für Sie verfügbar, sondern auch sehr komplexe und ausgereifte wie zum Beispiel Druck-, Speichern- oder auch Lade-Dialoge.

Zu guter Letzt habe ich Ihnen gezeigt, wie die *Entwicklungsumgebung* Sie dabei unterstützt, entsprechend anregende Benutzeroberflächen zu gestalten. Nehmen Sie diese Hilfe in Anspruch! Die Benutzeroberfläche ist viel mehr Konfiguration als Programmierung. Seien Sie froh darüber, denn das bedeutet, dass die aufwendige Programmierung für die ganzen Eigenschaften (Tastenkürzel, Resize usw.) bereits von Microsoft durchgeführt und Ihnen zur Verfügung gestellt wurde.

Um eine erfolgreiche Benutzeroberfläche bzw. eine erfolgreiche Benutzerführung zu erhalten, sollten Sie sich selbst immer wieder beim Testen Ihres Programms fragen: »Was würde ich nun von diesem Programm erwarten?«

10.7   Aufgabe

Es existiert bestimmt das eine oder andere Programm, mit dem Sie nicht zufrieden sind. Überlegen Sie sich eine neue Benutzeroberfläche, die Ihren Erwartungen und Wünschen entspricht. Versuchen Sie sich an einzelnen Dialogen. Sie müssen nicht das Design einer ganzen Anwendung ändern. Es reichen kleine Verbesserungen, die Sie in einzelnen Dialogen finden.

Setzen Sie diese Benutzeroberfläche mit der *Microsoft Visual Studio Express für Windows Desktop* um. Dadurch setzen Sie sich mit den Stärken und Schwächen bestehender Oberflächen auseinander und lernen, wie Sie bessere Benutzeroberflächen erstellen können.

10.8   Kontrollfragen

1. Richtig oder falsch? Eine Checkbox soll ausschließlich dazu verwendet werden, eine Option ein- bzw. auszuschalten.

2. Richtig oder falsch? Der Standarddialog zum Speichern ist das gleiche Steuerelement, das zum Laden benutzt wird.

3. Welche Ansichten unterstützt das ListView-Steuerelement?

4. Wie heißt der Bernutzer-Typ, von dem Sie beim Design der Benutzeroberfläche ausgehen sollten?

5. Durch welche Kennzeichnung weiß ein Benutzer, dass sich bei einem Klick auf einen Button ein weiterer Dialog öffnet?

6. Was ist ein Beispiel für eine hierarchische Datenstruktur?

7. Welches Steuerelement ermöglicht das Abbilden von hierarchischen Datenstrukturen?

8. Wann sollten Sie einen Radiobutton einer Checkbox vorziehen?

9. Richtig oder falsch? Visual Studio unterstützt Sie bei der Einhaltung von Windows Design Guides beim Platzieren von Steuerelementen.

10. Richtig oder falsch? Damit eine Anwendung auch bei verschiedenen Bildschirmauflösungen den verfügbaren Platz optimal nutzt, ist es erforderlich, die Aufteilung entsprechend zu programmieren.

Kapitel 11
Tipps zum Finden von Fehlern

Die meisten Fehldiagnosen entstehen nicht etwa durch technische
Pannen, sondern durch Denkfehler.
- Jerome Groopman

Softwareentwickler sind stets von Fehlern umgeben, Fehlern, die sie selbst gemacht haben, oder Fehlern von anderen. Wir sind es gewohnt, dass Programme manchmal abstürzen und manchmal nicht das tun, was sie sollen. Jeder Entwickler wünscht sich eine fehlerfreie Software, jedoch hat dies wohl noch keiner geschafft. Sowohl während der Entwicklung als auch später im laufenden Betrieb Ihrer Anwendung werden Sie mit Fehlern konfrontiert. Ich möchte Ihnen daher nun einige Tipps zum Finden von Fehlern, aber auch zum Vermeiden von Fehlern geben.

Fehler passieren! Ihnen, mir und jedem anderen Entwickler. Das ist ganz normal und natürlich. Wichtig ist es, den Fehlern – oft liebevoll *Bugs* genannt – einerseits eine möglichst geringe Chance zu geben sich einzuschleichen und andererseits diese mit effizienten kleinen Tricks schnell auf die Pelle zu rücken. Mindestens genauso wichtig, obwohl häufig vernachlässigt, ist es, anschließend nach gleichen oder ähnlichen Fehlern Ausschau zu halten und diese zu beheben, bevor sie zu einem Problem werden können.

11.1 Fehler sind »Rudeltiere«!

Eine Sache, die sich in der Praxis immer wieder bestätigt, ist, dass Fehler »Rudeltiere« sind. Der gleiche oder ein sehr ähnlicher Fehler tritt meist auch an anderen Stellen wieder auf. Außerdem treten häufig Fehler relativ nahe beieinander auf. Finden Sie einen Fehler, so ist die Wahrscheinlichkeit hoch, dass sich in der Nähe noch ein weiterer befindet.

Das Fazit aus dieser Erkenntnis ist, dass es gut ist und im gesamten betrachtet Arbeit erspart, wenn Sie, sobald Sie einen Fehler gefunden haben, den Code auf weitere ähnliche Fehler in ähnlichen Codeabschnitten sowie im aktuellen Codeabschnitt durchsuchen.

> **Merkenswert**
>
> Häufig befinden sich gleiche Fehler in ähnlichen Codeteilen.
>
> Ein Fehler kommt selten allein.

11.2 Effizientes Auffinden von Fehlern

Fehler passieren, das ist normal, und das Finden von Fehlern ist nicht immer ganz trivial. Andererseits kann man mit ein paar Tricks die Fehler schneller finden.

11.2.1 Tipp 1: In sehr kurzen Zyklen programmieren und testen

Das Kredo lautet: kleine Teile implementieren und gleich testen, ob diese auch funktionieren. Wenn Sie kleinschrittig testen, haben Sie den großen Vorteil, dass sich die Fehler nur in wenigen Codezeilen verstecken und daher schnell gefunden werden können.

11.2.2 Tipp 2: Fehler reproduzieren

Die wichtigste Voraussetzung, um einen Fehler leicht finden zu können, ist, diesen reproduzieren zu können. Sie müssen also als erstes herausfinden, unter welchen Umständen der Fehler genau auftritt.

Zum Beispiel: Nach dem Programmstart wird in einem Textfeld (welches z.B. eine Zahl als Eingabe erwartet) der Wert »`asdf`« eingegeben und dann die Eingabetaste gedrückt. Anschließend tritt der Fehler auf.

Durch eine derartige Beschreibung können Sie den Fehler immer und immer wieder nachstellen und reproduzieren. Somit haben Sie auch die Möglichkeit, den Programmcode so lange anzupassen, bis der Fehler nicht mehr reproduzierbar und somit behoben ist. Sie wissen erst, dass der Fehler behoben ist, wenn dieser nicht mehr nachgestellt werden kann.

Nachdem Sie den Fehler gefunden und behoben haben, testen Sie den Programmcode erneut. Dies ist sehr wichtig, um sicherzustellen, dass einerseits der Fehler nun wirklich beseitigt ist und dieser sich nicht mehr reproduzieren lässt. Andererseits stellen Sie dadurch fest, ob Sie nicht neue Fehler eingebaut haben. Bei diesem erneuten Test spricht man von einem *Regressionstest*.

> **Definition: Regressionstest**
> Ein Regressionstest überprüft, ob ein Fehler tatsächlich behoben wurde und ob durch die Behebung des Fehlers neue Fehler gemacht wurden.

11.2.3 Tipp 3: Der Debugger

Der Debugger ermöglicht Ihnen, mit Haltepunkten Ihr Programm Schritt für Schritt durchzugehen. Überlegen Sie bei jedem Schritt, den der Computer in Ihrem Programm ausführt, was Sie in diesem und im nächsten erwarten würden und ob dies auch eintritt. Kontrollieren Sie Variablenwerte und Belegungen, und denken Sie darüber nach, ob diese so im aktuellen Schritt korrekt sind. Der Debugger ist sehr nützlich beim Finden von reproduzierbaren Fehlern.

Mithilfe des Debuggers können Sie perfekt durch den Programmcode navigieren. Benutzen Sie beispielsweise `F11`, um in eine Funktion hineinzuspringen, während der Haltepunkt (Breakpoint) beim Funktionsaufruf steht, oder `⇧`+`F11`, um die Funktion durchlaufen zu lassen und wieder zurück zum Aufruf zu kommen. Mit `F10` führen Sie die aktuelle Zeile aus und der Debugger bleibt in der nächsten Zeile stehen, während mittels `F5` bis zum nächsten Haltepunkt fortgesetzt wird.

11.2.4 Tipp 4: Möglichst große Blöcke ausschließen

Je mehr Codezeilen von einem Fehler betroffen sein können, desto schwieriger wird es, diesen zu finden. Versuchen Sie daher, möglichst große Codeblöcke auszuschließen (z.B. `if`-Abfragen, Schleifen, Funktionsaufrufe) und den Fehler in kleinen Abschnitten aufzuspüren. Versuchen Sie also stets auch herauszufinden, wo der Fehler nicht vorhanden sein kann. Dadurch müssen Sie nämlich viel Code nicht mehr weiter analysieren.

Das schrittweise Verfeinern unterstützt Sie dabei, da Sie dadurch viele Funktionen und wenig große Codeblöcke erhalten.

11.2.5 Tipp 5: Kritisch hinterfragen

Hinterfragen Sie den Teil Ihres Codes, der nun aufgrund der kurzen Zyklen und der schrittweisen Verfeinerung nicht sehr groß ist, kritisch. Stellen Sie sich die Fragen *»Was soll dieser Programmcode genau machen?«* und *»Was macht dieser Programmcode wirklich genau?«*. Fragen Sie sich das für den gesamten Codeabschnitt, aber auch für einzelne Teile wie `if`-Abfragen oder Schleifen.

11.2.6 Tipp 6: Die richtigen Werte genau prüfen

Wenn Sie den Debugger benutzen, haben Sie häufig sehr viele Variablen, die Sie überprüfen können. Weisen Sie einer Variablen einen Wert zu, müssen Sie diesen nicht gleich in der nächsten Zeile überprüfen. Der Computer macht seine Arbeit schon richtig. Fragen Sie sich eher, welche Variablen für den aktuellen Fehler relevant sind und überprüfen Sie diese. Vergeuden Sie nicht Ihre Zeit mit jeder einzelnen Variable. Durch das anfängliche Hinterfragen entwickeln Sie ein Gespür, das Ihnen künftig helfen wird, effizient Fehler zu finden. Die folgende Abbildung 11.1 zeigt die einzelnen Schritte, die Sie durchführen sollten, um Fehlern auf die Schliche zu kommen.

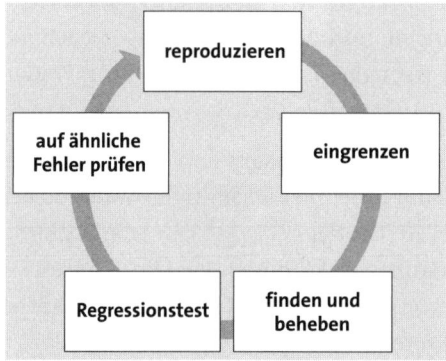

Abbildung 11.1 Zeigt die Schritte, die Sie Punkt für Punkt durchführen sollten, um Fehlern auf die Spur zu kommen.

11.3 Fehler möglichst gut vermeiden

Nachdem Sie nun über ein paar kleine Werkzeuge verfügen, mit denen Sie Fehler leichter finden können, möchte ich Ihnen auch noch das wichtigste Werkzeug mitgeben, das Ihnen helfen wird, Fehler im Vorhinein zu reduzieren:

Vermeiden Sie, wo immer es geht, doppelten Code!

Durch doppelten Code, der häufig durch Kopieren und Einfügen (Copy & Paste) entsteht, vermehren sich einfache Fehler in Windeseile. Jede Fehlerbehebung muss mehrfach durchgeführt werden. Außerdem unterscheiden sich die Codeteile meist leicht voneinander, und häufig entstehen durch diese leichten Abwandlungen neue Fehler.

Doppelter Code hat noch nie Vorteile und schon immer Nachteile gebracht. Nicht unmittelbar, aber mittelbar! Vermeiden Sie doppelte Teile, indem Sie diese in Funktionen auslagern, die dann nur einmal vorkommen und mehrfach benutzt werden.

Durch das Vermeiden von Copy & Paste werden Sie nicht alle Fehler verhindern können. Aber Sie werden weniger machen, und vor allem werden Sie nicht denselben Fehler dutzende Male in Ihrem Code haben. Falls Sie Star Wars-Fan sind, so können Sie sich Copy & Paste als die verlockende »dunkle Seite der Macht« vorstellen.

11.4 Warum es die fehlerfreie Software nicht gibt

Viele Forschungsinstitutionen und namhafte Unternehmen haben versucht, automatisch zu überprüfen, ob eine Software fehlerfrei ist. Im Allgemeinen ist dies nach wie vor nicht möglich: Man kann die Abwesenheit von Fehlern einfach nicht feststellen. Man kann nur durch entsprechende Tests versuchen, vorhandene Fehler nachzuweisen. Die Krux an der Sache ist also, dass Sie nicht darauf schließen können, dass keine Fehler vorhanden sind, nur weil Sie keine finden. Dies gilt es erst einmal zu akzeptieren, wenn Sie jemals eine Software an Freunde oder möglicherweise sogar Kunden ausliefern wollen. Das Streben nach Perfektion verhindert ganz einfach, dass Sie Ihr Programm jemals jemandem zur Verfügung stellen werden, da Sie niemals wissen werden, ob dieses nun fehlerfrei ist. Im Allgemeinen ist es sogar so: Sobald Sie jemanden mit Ihrer Software arbeiten lassen, treten erst recht Fehler auf, die Sie bisher noch nicht gefunden haben. Akzeptieren Sie das! Es ist eine Tatsache, dass niemand auf der ganzen Welt die absolut fehlerfreie Software erstellen kann.

Professionelle Entwickler wissen das ebenfalls und veröffentlichen *Beta*-Versionen (neuerdings auch gerne *Preview*-Versionen genannt). Also Versionen, von denen sie wissen, dass diese nicht fehlerfrei sind, und auch der Benutzer der Software weiß, dass es zu Fehlern kommen kann.

Also, Fehler machen ist normal. Und die Welt geht nicht unter, wenn einer passiert oder eine Software während der Entwicklung viele Fehler hat. Das Streben nach Perfektion ist hier eher schädlich. Viel wichtiger ist es, frühzeitig Testversionen zu veröffentlichen und von den Benutzern gemeldete Fehler rasch zu beheben.

11.5 Zusammenfassung

Akzeptieren Sie, dass Sie wie jeder andere Entwickler auf der Welt Fehler machen und auch Ihr Programmcode niemals perfekt ist. Somit versteht es sich auch von selbst, dass immer kleinere oder größere Fehler auftreten, die es zu beheben gilt.

Vermeiden Sie doppelten Code, und gehen Sie strukturiert bei der Fehlersuche vor. Wer im Hinterkopf behält, dass Fehler »Rudeltiere« sind, sucht effizienter nach ihnen, da das Programm über die aktuelle Codezeile hinweg analysiert wird und somit häufig weitere Fehler gefunden und behoben werden. Das spart in der Summe Ihre wertvolle Zeit und schont Ihre Nerven!

Durch das Anwenden von kleinen Tricks und durch das Nutzen der Debug-Funktionen wird Ihnen die Fehlersuche erleichtert.

11.6 Aufgabe

Gehen Sie bei der nächsten Fehlersuche vor, wie hier beschrieben:

1. Sollten Sie lange Codeabschnitte (eine ganze Bildschirmseite oder mehr) finden, überarbeiten Sie diese, sodass sie kürzer werden, und rufen Sie lediglich Funktionen auf, damit Sie Punkt 2 der Aufgabe gut durchführen können.

2. Schließen Sie möglichst große Codeteile aus. Auf diese Weise reduzieren Sie schnell den Bereich, in dem sich der Fehler verbergen kann.

3. Durchsuchen Sie Ihren Code nach ähnlichen Codeteilen und überprüfen Sie, ob sich auch dort Fehler befinden. Wenn Sie ähnliche Codeteile gefunden haben, überarbeiten Sie diese, damit keine doppelten Codestellen vorkommen.

11.7 Kontrollfragen

1. Wieso hilft frühzeitiges Testen nach kleineren Änderungen im Programmcode bei der Fehlersuche?

2. Inwieweit hilft die Vorgehensweise des schrittweisen Verfeinerns bei der Fehlersuche?

3. Mit welchem Tastenkürzel führt der Debugger die aktuelle Zeile aus und hält bei der nächsten wieder an?

4. Warum ist es wichtig, einen Fehler zu reproduzieren, bevor dieser behoben wird?

5. Was ist ein Regressionstest?

Kapitel 12
Was ist noch hilfreich?

Man hilft den Menschen nicht, wenn man für sie tut,
was sie selbst tun können.
– Abraham Lincoln

Die Entwicklung eines Computerprogramms kann sehr aufwendig sein und sich über längere Zeit hinziehen. Es werden eine Vielzahl von Dateien erzeugt, Programmcodes erstellt, die später wieder gelöscht werden und so weiter. In diesem Kapitel lernen Sie ein paar bewährte Tricks kennen, die Ihnen die Entwicklung erleichtern können. Diese Tricks betreffen nicht nur technologische Elemente, sondern auch organisatorische. Sie lernen, was ein Repository ist und warum Sie eines verwenden sollen. Sie erfahren, womit Sie Tests automatisiert durchführen können und wie Sie möglicherweise viele Helfer und andere Entwickler um sich scharen können.

12.1 Ein Blatt Papier und ein Bleistift

Selbst im digitalen Zeitalter und im Bereich der Softwareentwicklung sind Papier und Bleistift nicht wegzudenken. Scheuen Sie sich nicht, Ihre Benutzeroberflächen auf einem Blatt Papier zu skizzieren. Zeichnen Sie ein Ablaufdiagramm, und skizzieren Sie Programmteile. Verschmähen Sie diese Werkzeuge nicht! Sie werden Ihnen gute Dienste leisten.

12.2 Repository

Bei der Softwareentwicklung entstehen viele Programmdateien, die verwaltet werden müssen. Eine entsprechende Ordnerstruktur erleichtert natürlich das Wiederfinden und die Orientierung. Allerdings haben Sie bei Ihren bisher programmierten Algorithmen möglicherweise festgestellt, dass Sie oftmals Programmcodes geändert haben und sich zu einem späteren Zeitpunkt aber herausstellte, dass Sie die Änderung besser nicht gemacht hätten. Manchmal passiert es, dass man sich wünscht, man könnte einen früheren Stand der Entwicklung wiederherstellen oder zumindest nachschlagen. Vermutlich denken Sie nun an ein komplexes Backup-Szenario, mit dem Sie sich diese Wünsche erfüllen könnten. Ich schlage Ihnen jedoch einen besseren Weg vor: Verwenden Sie eine Software zur Versionsverwaltung – ein Repository!

Das *Repository* beinhaltet sämtlichen Programmcode und verwaltet diesen in verschiedenen Versionen. Professionelle Softwareentwicklung beginnt mit einer Versionsverwaltung. Haben Sie erst einmal ein entsprechendes Tool eingesetzt, möchten Sie es nie wieder missen! Jedes Softwareprojekt – egal ob groß oder klein, egal ob ein oder viele Entwickler daran beteiligt sind – sollte über ein Repository verfügen. Es verwaltet wie erwähnt den gesamten Programmcode in allen Versionen. Jede Änderung, die Sie in das Repository einspielen, führt zu einer neuen internen Versionsnummer, und es ermöglicht Ihnen, verschiedene Versionen miteinander zu vergleichen oder auch jederzeit einen früheren Stand einer Datei wiederherzustellen.

Es existieren verschiedene Softwaretools – kommerzielle und kostenlose. Die Microsoft-Variante heißt *Visual Studio Team Foundation Server* und ist wirklich gut. Allerdings ist dieser Team Foundation Server mit erheblichem Kostenaufwand verbunden. Daher würde ich Ihnen für den Privatgebrauch eine kostenlose Open-Source-Variante empfehlen: *Subversion*.

Subversion ist eines der erfolgreichsten Open-Source-Projekte. Es bietet natürlich bei Weitem nicht die Funktionalität wie der Visual Studio Team Foundation Server, allerdings ist das vorhanden, was Sie mindestens benötigen, und Subversion wird auch in großen Softwareprojekten eingesetzt. Subversion ist das Repository, in dem Ihr Programmcode verwaltet wird. Sie können entsprechende Ordnerstrukturen erstellen und sich so das Repository organisieren. Wenn Sie Ihren Programmcode benötigen, so wird dieser aus dem Repository *ausgecheckt* (engl. *checkout*) was bedeutet, dass eine lokale Kopie des Programmcodes erstellt wird. Nachdem Sie Ihre Änderungen durchgeführt haben, wird der Programmcode wieder *eingecheckt* (engl. *commit* oder *checkin*), was bedeutet, dass Ihre Änderungen in das Repository übernommen werden und eine neue Versionsnummer (*Revision* oder *Changeset* genannt) erstellt wird. Das absolut Tolle ist nun, dass Sie jederzeit eine alte Version auschecken können, da Sie jede Version einzeln verwalten können. Sie können sich auch jederzeit ermitteln lassen, was sich seit welcher Version geändert hat. Dies sind die Grundfunktionalitäten eines Repositorys. Sie können auch noch einen *Branch* (Entwicklungszweig) beginnen oder verschiedene Branches *mergen* (d.h. wieder zusammenführen), was bei mehreren Entwicklern sehr interessant ist.

Subversion ist lediglich das Repository und über die Kommandozeile steuerbar. Es existieren jedoch verschiedene Clients zum Verwalten von Subversion, die oftmals ebenfalls Open-Source sind. Das wohl bekannteste heißt *Tortoise SVN*. Es klinkt sich in das Kontextmenü des Windows Explorers ein, und von dort aus ist es möglich, das Repository zu verwalten oder auch das Ein- bzw. Auschecken durchzuführen. Ein ebenfalls in Verbindung mit Visual Studio bekanntes Tool ist *AnkhSVN*, ein Plug-in für Visual Studio. Dieses Plug-in ermöglicht es Ihnen, dass Sie mit Subversion fast so arbeiten, als würden Sie im Hintergrund den Microsoft Visual Studio Team Foundation Server verwenden.

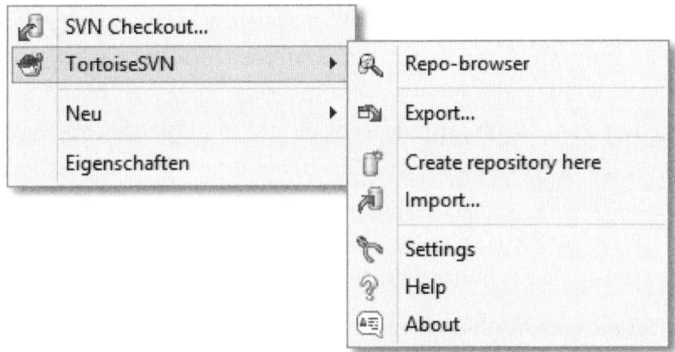

Abbildung 12.1 Screenshot von TortoiseSVN – Erstellen eines neuen Projektarchivs (engl. Repository). Dieses Tool inkludiert sich in den Windows Explorer und wird über dessen Kontextmenü gesteuert.

Im Literaturverzeichnis finden Sie bei [Tigris.org] die Webseite zu den entsprechenden Tools. Nachdem ein Repository angelegt wurde, können alle Dateien, die sich in diesem Verzeichnis befinden, in die Versionsverwaltung aufgenommen werden. Hierzu müssen Sie lediglich mit der rechten Maustaste auf das Verzeichnis klicken und die Option Einchecken verwenden.

12.3   Unit-Tests

Software zu testen, ist unbedingt notwendig. Oftmals kostet es etwas Überwindung, seine eigene Schöpfung nach Möglichkeit absichtlich zum Absturz zu bringen, aber genau das ist es, was Sie beim Testen machen sollen. Ein erfolgreicher Test ist ein Test, der einen Programmfehler aufzeigt. Und wenn Sie den Fehler nicht finden – irgendwer wird ihn finden und ist dann wahrscheinlich nicht erfreut darüber. Je früher Sie einen

Fehler finden, umso besser ist es, und je weniger Fehler in der Software sind, desto besser ist sie.

Wenn Sie programmieren, passiert es oft, dass die Behebung eines Fehlers einen anderen Fehler erzeugt, der jedoch nicht sofort auftritt und meist auch nicht offensichtlich ist. Daher müssen auch Änderungen im Programmcode immer wieder getestet werden. Dies nennt sich *Regressionstesten*. Um das Regressionstesten möglichst effizient durchführen zu können, können Sie Tests automatisieren. Dabei laufen Tests automatisch und liefern als Ergebnis die Information, ob sie erfolgreich durchgelaufen sind oder nicht.

Die kleinste Einheit ist der sogenannte *Unit-Test* - auch *Komponententest* genannt. Dies ist ein Test, der meist genau eine Methode testet. Ein weiterer Unit-Test testet eine andere Methode, bis die Klasse vollständig getestet wurde. Dabei gilt es zu beachten, dass alle möglichen Zweige des Programms mindestens einmal durchlaufen werden, also bei einer if/else-Verzweigung jeder Zweig mindestens einmal. Hierbei existiert eine Kennzahl: die *Code-Abdeckung* (engl. *Code Coverage*). Die Code-Abdeckung beschreibt, wie viel Prozent des gesamten Codes durch die Tests durchlaufen werden. Je näher die Code-Abdeckung bei 100 % liegt, umso besser.

Ein Unit-Test ist nichts weiter als eine Methode, die automatisch beim Starten des Testes ausgeführt wird, und die die Klasse, die Sie testen wollen, verwendet, indem die gewünschte Methode mit bestimmten Parametern aufgerufen wird. Die Tests müssen als solche gekennzeichnet sein, damit das Programm, das die Tests ausführt, erkennt, dass es sich hierbei um einen Unit-Test handelt und dieser ausgeführt werden soll. In Wahrheit ist ein Unit-Test auch lediglich ein kleines Stück Software, das Sie programmieren. Durch Unit-Tests haben Sie den Vorteil, dass das Testen Ihres Programms großteils automatisiert abläuft, und wenn Sie einen bestehenden Code ändern, können Sie relativ sicher sein, dass dadurch keine unentdeckten bösartigen Seiteneffekte herbeigeführt werden.

Je länger Sie an einer Software arbeiten und je weiter Sie diese entwickeln, desto wertvoller werden Unit-Tests. Sie ändern einen Programmteil und aktualisieren die Unit-Tests für diesen Programmteil bzw. schreiben neue Unit-Tests. Anschließend lassen Sie alle Unit-Tests durchlaufen, und Sie werden feststellen, ob diese Änderung unerwünschte Nebeneffekte bewirkt hat oder nicht.

Beachten Sie jedoch unbedingt Folgendes: Unit-Tests müssen Sie von Beginn Ihres Projektes an erstellen! Es ist beinahe unmöglich, in ein bestehendes Projekt nachträglich Unit-Testing einzuführen. Der Aufwand ist enorm, und wahrscheinlich sind Umbauarbeiten notwendig, damit die Bereiche entsprechend testbar werden, was wiederum dazu führt, dass neue Fehler produziert werden und noch mehr bestehender Code geändert werden muss.

Das Wichtigste am Testen sind die Testfälle – also die Belegung der Übergabeparameter der Methoden, die Sie testen wollen. Wenn Sie eine Methode vor sich haben, die zwei Zahlen dividiert, so versuchen Sie, diese Zahlen mit ungültigen Parametern aufzurufen, und sehen Sie, ob die Methode richtig reagiert, indem Sie zum Beispiel eine Division durch null versuchen (Gleiches gilt natürlich, wenn Sie das Programm aus Benutzersicht testen). Testen Sie Grenzwerte: Wenn das Programm eine Zahl zwischen 0 und 128 erwartet, testen Sie, ob sich das Programm mit den Werten -1, 0, 25, 128 und 129 richtig verhält, wobei 25 natürlich eine beliebige Zahl innerhalb des gültigen Bereichs ist.

Mit der neuen Version *Visual Studio Express 2012 für Windows Desktop* ist erstmals das Unit-Test-Framework von Microsoft in die kostenlose Visual Studio-Version integriert. Lediglich die Code Coverage kann mit der kostenlosen Version nicht bestimmt werden. Hierzu sind entweder andere Unit-Test-Frameworks wie zum Beispiel *NUnit* notwendig oder eine kostenpflichtige Version von Visual Studio 2012. Sie können natürlich auch auf die Code Coverage vorerst verzichten, denn alleine dadurch, dass Sie Unit-Tests implementieren, arbeiten Sie professioneller als viele andere Berufsentwickler.

Hier ist ein kleines Code-Beispiel, um zu zeigen, wie ein Unit-Test mit NUnit aussieht. Als Beispiel wird ein Bankkonto herangezogen. Die Eigenschaft `Balance` entspricht dem aktuellen Kontostand. Mittels `Deposit` wird auf das Konto eingezahlt, und mittels `Withdraw` wird ein Betrag abgehoben. Die Methode `Transfer` stellt eine Überweisung auf ein anderes Konto dar.

```
public class Account {
    //Der aktuelle Kontostand.
    public float Balance { get; private set; }

    public void Deposit(float amount) { //Auf das Konto einzahlen.
        Balance += amount;
    }
    public void Withdraw(float amount) { //Vom Konto Geld abheben.
        Balance -= amount;
    }
    public void Transfer(Account to, float amount) {
        //Überweisung = von einen Konto abheben und auf das andere
        //Konto einzahlen.
        this.Withdraw(amount);
```

```
        to.Deposit(amount);
    }
}
```

Listing 12.1 Eine normale Klasse mit Eigenschaften und Methoden, die getestet werden soll

Die Methode `Transfer` soll nun getestet werden. Dazu wird ein neues KOMPONENTEN-
TESTPROJEKT in Ihrer Projektmappe angelegt. Dieses muss nun einen Verweis auf das
Originalprojekt besitzen, um dort auf die `Account`-Klasse Zugriff zu haben.

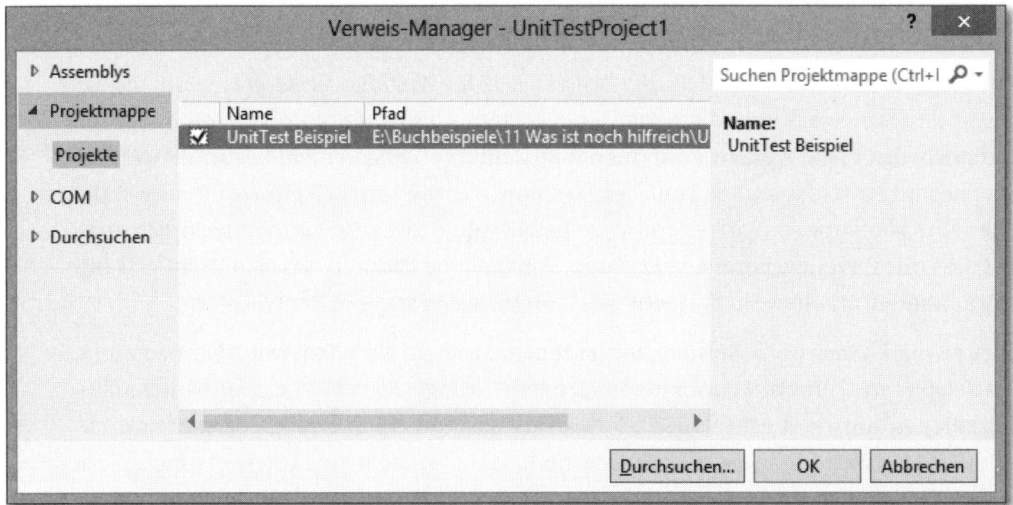

Abbildung 12.2 Verweis auf ein anderes Projekt in der aktuellen Projektmappe festlegen

Da die Tests nicht den Originalprogrammcode beeinflussen sollen, ist es wichtig, dass
die Unit-Tests in einem eigenen Projekt angelegt werden.

Das Testprojekt hat einen Verweis auf das *Microsoft.VisualStudio.QualityTools.UnitTest-
Framework* Assembly. Durch diesen Verweis ist ein zusätzlicher Namespace verfügbar:
`Microsoft.VisualStudio.TestTools.UnitTesting`. In diesem Namespace sind nun Attri-
bute und zusätzliche Klassen definiert, auf welche das Testframework reagiert und die
Ihnen automatisierte Tests ermöglichen.

Die wichtigsten Attribute sind [`TestClass`], dieses wird über die `Test`-Klasse geschrieben werden, sowie das Attribut [`TestMethod`], das über die Methode geschrieben wird,
die einen Test darstellt. Durch die Attribute kann nun das Testframework bestimmen,
welche Klassen Tests beinhalten und welche Testmethoden ausgeführt werden.

```
using Microsoft.VisualStudio.TestTools.UnitTesting;
using UnitTest_Beispiel;

namespace UnitTestProject1 {
    [TestClass]
    public class AccountTest {
        [TestMethod]
        public void TransferTest1() {
            Account source = new Account(); // Konto 1
            source.Deposit(200.0F);      // Geld einzahlen
            Account destination = new Account();    // Konto 2
            destination.Deposit(150.0F);    // Geld einzahlen

            // Geld von Konto 1 nach Konto 2 überweisen
            source.Transfer(destination, 100.0F);
            // Kontrolle, ob die Überweisung korrekt funktioniert hat.
            Assert.AreEqual(250.0F, destination.Balance);
            Assert.AreEqual(100.0F, source.Balance);
        }
    }
}
```

Listing 12.2 Der Unit-Test zum Testen der Klasse

Der Test funktioniert wie folgt: Es werden zwei Konten (Objekte vom Typ Account) ange-legt und entsprechende Beträge eingezahlt (Deposit). Nachdem nun von einem Konto ein Betrag (100 €) auf das andere Konto überwiesen worden ist (Transfer), müssen auf dem einen Konto entsprechend 100 € mehr bzw. 100 € weniger verfügbar sein. Assert.AreEqual prüft nun, ob die Werte in der Eigenschaft Balance den korrekten Wer-ten entsprechen. Falls nicht, liegt ein Programmfehler vor, und der Test schlägt fehl. Falls ja, läuft der Test durch, und Sie können beruhigt sein.

Weitere Testfälle könnten nun sein, dass ein negativer Betrag von einem Konto über-wiesen wird. Als Entwickler müssen Sie entscheiden, ob dies gültig sein soll oder ob ein Fehler ausgelöst werden muss. Wie auch immer Sie sich entscheiden, schreiben Sie eine Testmethode, die diesen Fall prüft!

Ausführen können Sie den Test nun wie in Abbildung 12.3 dargestellt, indem Sie im TEST-EXPLORER auf ALLE AUSFÜHREN klicken. Den TEST-EXPLORER können Sie über das Menü TEST – FENSTER – TEST-EXPLORER einblenden.

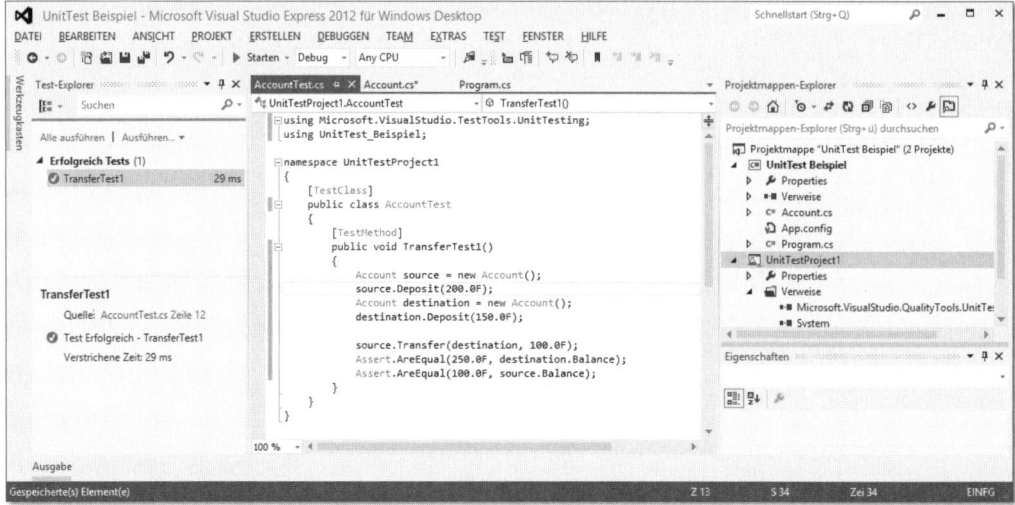

Abbildung 12.3 Zeigt das erfolgreiche Ausführen eines Unit-Tests

Unit-Tests sind nichts anderes als Methoden, die Werte überprüfen. Die Assert-Klasse beinhaltet die entsprechenden Methoden zur Überprüfung.

12.4   Freunde zum Testen

Oft lässt sich nicht alles testen bzw. nicht alles automatisiert testen. Nun muss wieder ein Mensch herhalten, der Ihr Programm testet. Dieser Tester können natürlich Sie selbst sein, was Sie auch definitiv sein werden. Allerdings gibt es eine sehr wichtige Regel:

> **Grundlegende Regel für Software-Tests**
> Der Programmierer soll niemals der Tester sein!

Damit ist Folgendes gemeint: Nachdem Sie Ihren Code selbst für gut befunden haben (und um dies tun zu können, müssen Sie den Code natürlich getestet haben), müssen Sie jemanden finden, der Ihren Code testet. Dies ist die bekannte Beta-Phase – also der Status, in dem Sie glauben, dass Ihr Programm bereits fertig ist. Sie haben die Features ein Dutzend Mal getestet, und alles lief fehlerfrei. Doch sobald Sie eine andere Person an das Programm lassen, stürzt es sofort ab. Dies mag zu Beginn etwas demotivierend sein. Allerdings ist dies ganz normal. Es ist wichtig, dass Sie diese Phase meistern, denn Sie haben bereits so viel Zeit und Mühe in das Projekt investiert, dass es unbedingt auch fertiggestellt werden muss. Diese Phase ist wie erwähnt sehr mühselig, was wahrscheinlich auch der Grund dafür ist, dass sehr viele Open-Source-Projekte nicht über diese Phase hinausgelangen.

Dies ist das Ergebnis von folgenden Einflüssen, die Sie nicht beeinflussen können:

▶ Sie haben den Code programmiert und alles darangesetzt, dass er richtig funktioniert. Beim Testen sollen Sie nun das Gegenteil beweisen. Sie können nämlich nicht beweisen, dass ein Programm funktioniert. Sie können nur beweisen, dass es nicht funktioniert, und beim Testen versuchen Sie nun genau das. Dies widerstrebt Ihrem Innersten natürlich: Auch wenn Sie versuchen, einen Fehler zu finden, bedeutet dies für Sie lediglich mehr Arbeit und dass Sie sich zuvor geirrt haben. Daher ist eine unterbewusste Hemmschwelle da, die Ihre Kreativität beim Testen einschränkt.

▶ Sie haben das Feature so oft getestet, dass Sie den Weg, den Sie gehen müssen, damit das Feature funktioniert, blind kennen. Sie wissen, was Sie tun müssen, damit es funktioniert, und tun dies intuitiv. Dies könnte man als eine Art Blindheit bezeichnen. Eine andere Person kennt diesen Weg nicht und wird intuitiv handeln. Dabei ergeben sich möglicherweise andere Wege und Arten der Benutzung, an die Sie zuvor nicht gedacht haben, was Fehler aufdeckt.

▶ Jeder Mensch tickt ein klein wenig anders und verhält sich ein klein wenig anders. Dadurch ergeben sich andere Testvarianten.

Nun werden Sie wohl denken, dass es absolut klar ist, dass nicht nur Sie, sondern auch andere Personen Ihr Programm testen müssen. Möglicherweise haben Sie ein paar Freunde, die gern Ihr Programm testen wollen. Stellen Sie Ihnen die Beta-Version zur Verfügung, und erklären Sie ihnen auch, dass es sich um eine Beta-Version handelt und dass sie Fehler bitte melden sollen (sofern Ihr Programm dies nicht automatisch macht). Sorgen Sie jedoch dafür, dass Ihr Programm so weit gediehen ist, dass es nicht gleich beim ersten Klick abstürzt. Dies wäre sehr frustrierend. Wenn Sie dies mehrmals machen, werden Ihnen die Tester ausgehen.

12.5   Open Source und die Community

Sie können Ihr Programm natürlich auch der Open-Source-Gemeinschaft zur Verfügung stellen, und wenn Ihr Programm auf genügend Interesse stößt, entwickelt sich dadurch eine kostenlose Qualitätssicherungsabteilung mit vielen Testern, die Ihnen dabei helfen, Fehler zu finden und zu beheben. Möglicherweise finden Sie auch Gleichgesinnte, die Ihnen bei der Entwicklung helfen. *Sourceforge* (*www.sourceforge.org*) ist eine der berühmtesten Open-Source-Plattformen. Im Bereich von .NET-Technologien ist *CodePlex* (*www.codeplexx.com*) sehr interessant. Die Plattform *CodePlex* ist kostenlos und wird von Microsoft betrieben. Dabei können Sie als Versionsverwaltung sogar den *Team Foundation Server* kostenlos benutzen.

12.6   Verwenden Sie Bestehendes

Programmieren macht Spaß! Wahrscheinlich sind Sie wie die meisten Programmierer und wollen alles einmal selbst programmiert haben. Sie wollen nicht auf bestehende Komponenten zurückgreifen. Immerhin müssen Sie sich in diese Komponenten auch wieder einarbeiten und müssen diese auch irgendwo finden. Ja, Sie haben Recht, so ist es. Manchmal ist es auch notwendig, dass man einfach etwas versucht, neue Technologien ausprobiert und damit spielt. Es ist oftmals sehr hilfreich, selbst zu versuchen, wie etwas programmiert wird.

Andererseits wollen Sie auch, dass Ihr Programm fertig wird, und da können Sie jede Hilfe gebrauchen. Bedenken Sie, dass bestehende Komponenten oftmals gut durchdacht und – was noch wichtiger ist – bereits getestet sind. Sie können meist davon ausgehen, dass diese Komponenten funktionieren. Andere Personen haben sich intensiv mit diesen Komponenten auseinandergesetzt, sodass diese funktionieren. Diese Komponenten sind praktisch bereits ein Produkt, das nur darauf wartet, von Ihnen eingesetzt zu werden. Wenn Sie eine grafische Benutzeroberfläche programmieren, kommen Sie vermutlich auch nicht auf die Idee, einen Button selbst zu programmieren. Sie verwenden die Elemente, die Ihnen das .NET Framework bereits zur Verfügung stellt, und dadurch ist die Erstellung der Oberfläche relativ wenig Arbeit. Doch bleibt natürlich noch die gesamte Funktionalität, die Sie entwickeln müssen, und auch das ist mehr als genug zu tun. Wenn Sie sich nun vorstellen, Sie müssten auch noch die gesamten Steuerelemente selbst programmieren, wäre dies wohl ein hoffnungsloses Unterfangen. Genau wie bei den Steuerelementen sollten Sie auch bei anderen Bereichen kurz im Internet recherchieren, was es schon gibt und ob Sie dies nicht verwenden können, sodass Sie lediglich noch Ihre Logik einbauen müssen.

Der Gedanke, bereits Bestehendes zu verwenden, gilt nicht nur für Komponenten in der Softwareentwicklung, sondern auch für ganze Programme. Wenn Sie mehrere Programmideen im Kopf haben, so sollten Sie genau abwägen, welche Idee Sie umsetzen wollen. Dabei hilft es zu eruieren, ob bereits derartige Programme existieren, die genau das abdecken, was Sie machen wollen. Wenn dies der Fall ist, stellt sich die Frage, ob Sie Ihre Energie tatsächlich in dieses Projekt investieren wollen oder ob es nicht besser ist, die nächste Programmidee zu evaluieren und umzusetzen.

12.7 Planung

Möglicherweise kennen Sie den Spruch »Planung ersetzt den Zufall durch den Irrtum«. Und möglicherweise wissen Sie auch, dass die wenigsten Softwareprojekte in der kalkulierten Zeit mit den kalkulierten Ressourcen fertiggestellt werden. Bestimmt ist Ihnen dies inzwischen durch die Fehlersuche bei Ihren eigenen Algorithmen bewusst geworden.

Dennoch ist etwas Planung bei Softwareprojekten notwendig. Sie ist notwendig, um die Komplexität in den Griff zu bekommen. Das Allerschwierigste in der Softwareentwicklung ist, zu definieren, was die Software genau machen soll, also welche Features die Software beinhalten soll. Meist sind die Anforderungen extrem grob. Immerhin erwartet der Kunde, wenn er sagt, er will ein Textverarbeitungsprogramm, nicht Notepad, sondern Word. Sie können sich vorstellen, dass zwischen diesen beiden Softwareprodukten Dimensionen in Umfang, Komplexität und Funktionen liegen. Gleiches gilt für die Prozessdefinition. Es ist sehr schwierig, alle Aspekte eines Features zu definieren. Unter welchen Umständen ist dieses Feature verfügbar? Soll zum Beispiel Text nur dann ausgeschnitten werden können, wenn er zuvor markiert wurde? Wie soll sich das Programm im Fehlerfall verhalten? Wie verhält sich ein Bildbearbeitungsprogramm, wenn die zu öffnende Datei kein Bild, sondern ein PDF ist? Wie ist die Eskalationsroutine, welche Möglichkeiten existieren, und welches Verhalten wird an den Tag gelegt? Und so weiter.

Der Kunde und die zukünftigen Programmbenutzer sind die wichtigsten Personen. Denn diese Personen bestimmen das Produkt. Sie bestimmen, welche Funktionen im Produkt vorhanden sind und welche nicht. Die Funktionen und die Frage »Welches Problem soll das Programm lösen?« werden in Besprechungen mit dem Kunden beschlossen, oder der Kunde liefert ein sogenanntes Lastenheft, in dem die Anforderungen an das Programm aufgelistet sind. Also liefert entweder der Kunde die Anforderungen direkt, oder sie werden gemeinsam mit dem Kunden erarbeitet. Häufig wird anschließend ein mehr oder weniger umfangreiches Pflichtenheft auf Basis dieses Lastenheftes erstellt. Das Pflichtenheft beinhaltet im Detail, wie das Programm funktionieren wird. Es ist selten der Fall, dass alle Anforderungen an die Software vollständig definiert werden können oder dass diese bereits zu Beginn der Entwicklung bekannt sind. Daher ändern sich diese Anforderungen häufig im Laufe des Entwicklungsprozesses. Nichtsdestotrotz sind der Kunde und die Endbenutzer äußerst wichtig und müssen immer wieder in entsprechende Entscheidungen mit eingebunden werden.

Versuchen Sie, Ihr Projekt grob zu planen. Versuchen Sie, die Features so weit zu definieren, bis Sie sagen können: »Jetzt weiß ich, wie diese genau aussehen sollen.« Definieren

Sie einen Zeitpunkt, ab dem Sie keine neuen Ideen mehr in das Programm aufnehmen. Notieren Sie diese neuen Ideen für die nächste Version des Programms, ansonsten wird Ihr Programm niemals fertiggestellt, und Sie befinden sich auf einem endlosen Weg, der nie zum Ziel führt. Sobald Sie Ihre Feature-Übersicht vor sich haben, versuchen Sie, zu vereinfachen und zu verallgemeinern und Ihre wahre Feature-Liste zu bekommen. Dann teilen Sie Ihr Projekt in kleinere Phasen, die *Meilensteine* genannt werden. Dadurch bekommen Sie einen Zeithorizont und eine Richtung. Nun müssen Sie noch die Komplexität Ihres Programms in den Griff bekommen. Dazu versuchen Sie, das Produkt in Teilbereiche zu zerlegen, die möglichst unabhängig voneinander sind. Zum Beispiel könnte man die Features von Microsoft Word wie folgt (ganz) grob so zerlegen:

▶ Textformatierung

▶ Tabellen-Editor

▶ Einfügeoptionen

▶ Dokumentsicherheit usw.

Wie feingranular Ihre Zerlegung ist, und ob diese Unterpunkte lediglich eine oder viele Granularitätsstufen besitzen, hängt von der Projektgröße und von Ihnen ab (bei Microsoft Word würde allein die Zerlegung wahrscheinlich bereits einen Ordner füllen). Sie sollten das Projekt jedoch unbedingt in kleinere Teile zerlegen, die sich oftmals mit dem Meilensteinplan kombinieren lassen. Dadurch vermeiden Sie, dass Features und Programmteile dem halbfertigen Zustand nicht entwachsen können.

Planen Sie grob, welche Klassen Sie benötigen und welche Funktionalitäten diese ungefähr beinhalten sollen. Überlegen Sie, welche Eingabemasken für den Benutzer gebraucht werden, und vor allem, welche Benutzerinteraktionen überhaupt möglich sein sollen. Je mehr Sie planen, desto weniger Überraschungen sollten während der Entwicklung auftreten. Erinnern Sie sich an die Vorgehensweise in Kapitel 9, »Gekonnt grafische Anwendungen erstellen«? Dies ist gängige Praxis. Zu Beginn werden die Anforderungen definiert. Anschließend wird das Storyboard erstellt, und wenn damit die einzelnen Benutzeraktionen (Use-Cases) abgedeckt sind, wird mit der Implementierung des Programms begonnen. Anschließend folgen Dokumentation, Handbuch, Marketing und so weiter.

12.8   Zusammenfassung

Es gibt noch viel mehr in der Welt der Softwareentwicklung als eine Tastatur und einen Compiler. Dieses Kapitel hat Ihnen einen kleinen Auszug der kleinen Helferlein dargestellt, die uns Softwareentwicklern das tägliche Leben erleichtern können.

Verschmähen Sie *Papier und Bleistift* nicht, um durchzugehen, wie ein Algorithmus funktioniert, oder um eine Benutzeroberfläche zu gestalten. Möglicherweise können Sie Papier und Bleistift auch nutzen, um ein Thema mit einem Kollegen zu diskutieren und dabei Ideen zu skizzieren.

Die *Versionsverwaltung* in Kombination mit *Unit-Tests* gibt Ihnen die Möglichkeit, auch etwas mit dem Programmcode zu spielen. Ihre Nutzung erlaubt es Ihnen, mögliche Verbesserungen oder Umstrukturierungen durchzuführen, ohne dass sich Angstschweiß auf Ihrer Stirn bildet. Immerhin lassen Unit-Tests Sie besser schlafen, da sehr viel Programmcode automatisch auf Knopfdruck immer wieder getestet werden kann, und andererseits ermöglicht Ihnen die Versionsverwaltung, immer wieder den aktuellen Programmcode einfach zu verwerfen und einen (oder mehrere) Schritte zurückzugehen und eine Alternative auszuprobieren. Diese beiden Elemente geben Ihnen Sicherheit, da sie Fehler verhindern oder Fehler auch nachvollziehbar machen und die Entstehung protokolliert wird.

Sie können Ihr Programm als *Open–Source*-Software zur Verfügung stellen oder eine Community aufbauen, die Ihnen bei der Entwicklung zur Seite steht. Wenn Sie Ihren Programmcode nicht der gesamten Welt zur Verfügung stellen wollen, helfen auch *Freunde*, die Ihnen beim Testen oder mit Ideen zu Ihrem Programm behilflich sein können.

Nicht zuletzt helfen Ihnen die *Planung* und das *Verwenden von bestehenden Komponenten* bei der Softwareentwicklung, um zu einem erfolgreichen Abschluss Ihres Projektes zu gelangen. Die Verwendung von Bestehendem verringert den Entwicklungs- und Testaufwand, wobei durch die Planung der Software und durch einen Meilensteinplan Ziele definiert werden, die Sie immer wieder motivieren und Ihnen neue Antriebskraft geben können. Ihr Kunde und der Endbenutzer sind die wichtigsten Personen.

12.9   Aufgabe

Mit guten Vorsätzen ist es immer so eine Sache. Sie sind schnell gemacht und werden nie eingehalten. Machen Sie aus diesem Grund aus dieser Aufgabe keinen Vorsatz, sondern tun Sie es!

Wenn Sie eine Idee ausfeilen und diese in ein Programm gießen wollen, stellen Sie fest, was die Motivation hinter dieser Idee ist. Hier ist ein Auszug möglicher Motivationen:

▶ Sie wollen etwas lernen.

▶ Sie haben den Auftrag bekommen.

▶ Sie wollen ein bestimmtes Produkt entwickeln.

Anschließend sehen Sie nach, welche Produkte bereits am Markt existieren, und validieren, ob es wirklich notwendig ist, dieses Projekt auf die Beine zu stellen, oder ob Sie nicht besser eine bestehende Lösung einsetzen und sich nach einem anderen Projekt umsehen.

12.10   Kontrollfragen

1. Bietet Ihnen ein Repository die Möglichkeit, festzustellen, wann etwas geändert wurde, und können Sie ältere Versionen wiederherstellen?

2. Was sagt die Code Coverage (Code-Abdeckung) bei Unit-Tests aus?

3. Was ist der Vorteil von Unit-Tests?

4. Warum soll der Programmierer selbst nie der Tester sein?

5. Warum ist es wichtig, dass bei einer Änderung im Code entsprechende Tests (auch über andere Teile des Codes) durchgeführt werden?

6. Nennen Sie Nachteile bei der Verwendung bestehender Komponenten.

7. Nennen Sie Vorteile bei der Verwendung bestehender Komponenten.

8. Was definiert der Meilensteinplan?

9. Was ist der Vorteil von Open-Source-Projekten?

10. Warum sollten Sie Freunde zum Testen heranziehen?

Kapitel 13
War das schon alles?

Was die Raupe Ende der Welt nennt,
nennt der Rest der Welt Schmetterling.
— Laozi

Nachdem Sie bereits sehr viel gelernt haben, schließt dieses Kapitel mit weiteren Sprachelementen von C# ab. Die Programmiersprache verfügt natürlich noch über weitere beachtenswerte Möglichkeiten und Features. Allerdings würde allein die Sprache an sich mindestens ein Buch füllen. Bisher lag unser Augenmerk auf Features, die in den meisten Sprachen auf diese oder sehr ähnliche Weise verfügbar sind. Jetzt befassen wir uns darüber hinaus mit Sprachfeatures, die Ihnen das Leben bei der Entwicklung von Microsoft .NET-Technologien sehr vereinfachen werden und die mit C# 3.0 in die Sprache aufgenommen wurden. Durch diese Sprachelemente können dem Programmierer alltägliche Aufgaben sehr elegant und einfach abgenommen werden. Der Programmcode kann dadurch kürzer, leichter verständlich und übersichtlicher werden. Die neuen Sprachelemente von C# 4.0 und C# 5.0 sind nicht derart revolutionär wie die in Version 3.0 hinzugekommenen Features und treten oftmals nur bei Spezialthemen hervor. Lediglich das Feature der benannten und optionalen Parameter, welches bereits vorgestellt wurde, erfreut sich einer breiten Anwendung.

C# wird ständig weiterentwickelt, und das ist gut so. Denn die Erweiterungen der letzten Jahre haben die Entwicklung weiter vereinfacht. Obgleich die Sprache umfangreicher geworden ist, werden Ihre Programme und Algorithmen einfacher und leichter.

Des Weiteren werden Sie in diesem Kapitel sehr hilfreiche Klassen kennenlernen, die bereits als »Alternativen zu Arrays« angekündigt worden sind.

13.1 Nullable-Typen

Manchmal kommen Sie in eine Situation, in der Sie zum Beispiel folgende Werte speichern wollen: »ja«, »nein«, »nicht belegt«. Hierzu würde sich natürlich der Datentyp `bool` anbieten. Allerdings kennt dieser lediglich `true` und `false`. Mit dem Datentyp `bool` können Sie in diesem Fall nicht entscheiden, ob die Variable einfach nicht belegt oder der Wert noch unbekannt ist. Ohne *Nullable-Typen* müssten Sie dieses Szenario mit einem Enum abbilden. Mithilfe von Nullable-Typen können Sie einen *nullable bool* verwenden. Dieser kann neben `true` und `false` auch den Wert `null` (also »nichts«) annehmen. Sie können Variablen jedes Datentyps nullable machen – `int`, `float`, `bool` usw. Um eine Variable nullable zu machen, deklarieren Sie diese mit einem Fragezeichen beim Datentyp:

```
bool? isAllowed = null;
if (isAllowed.HasValue) {
    //nur wenn die Variable auch einen Wert hat (HasValue) ->
    //entspricht: isAllowed != null
    bool allowedValue = isAllowed.Value; //den bool-Wert auslesen
                                         //(wenn HasValue==true)

    //einen Wert zuweisen
    isAllowed = true; //Es ist möglich, ganz normale bool-Werte
                      //zuzuweisen.
}
```

Listing 13.1 Verwendung einer nullable-Variablen

In diesem Beispielcode sehen Sie sowohl die Deklaration als auch die Verwendung einer Nullable-Variablen. Für andere Datentypen funktioniert dies genauso – Sie fügen einfach das Fragezeichen an, und mit `.HasValue` können Sie abfragen, ob die Variable aktuell einen Wert besitzt oder nicht. Auf den Wert selbst können Sie mittels `.Value` zugreifen. Intern wird dies übrigens mittels Generics gelöst. Es existiert im Framework ein generischer Nullable-Datentyp, der die Properties und dergleichen implementiert. Wenn Sie das Fragezeichen anfügen, wird dies vom Compiler entsprechend in den generischen Typ umgewandelt. Der C#-Compiler spart uns Entwicklern also wieder einmal Tipparbeit.

Nullable-Typen können Sie verwenden, wenn Sie zwischen »Wert« und »noch nicht initialisiert« unterscheiden wollen oder auch, um tatsächlich entsprechende Null-Werte aus einer Datenbank abzubilden.

13.2   Das Schlüsselwort var

Oftmals ist es für den Compiler möglich, den Datentyp zu ermitteln. In diesem Fall können Sie anstatt des Datentyps das Schlüsselwort var verwenden. Zum Beispiel:

```
var names  = new string[] { "Bernhard", "Mario", "Karin", "Karl",
"Bernhard" };
foreach(var name in names) {
    Console.WriteLine(name);
}
```

Listing 13.2 Verwendung des var-Schlüsselworts anstatt eines konkreten Datentyps

In diesem Fall kann der Compiler erkennen, dass die Variable names ein String-Array und auch die Variable name vom Datentyp string sein muss. Daher können Sie hier dieses Schlüsselwort verwenden. Ich rate von einer exzessiven Nutzung dieses Features ab, da es die Leserlichkeit des Codes nicht unbedingt erhöht. Versuchen Sie es dort einzusetzen, wo die Leserlichkeit des Codes nicht negativ beeinflusst wird, wie zum Beispiel bei foreach-Schleifen, und vermeiden Sie es bei reinen Deklarationen oder Ähnlichem. Wenn Sie mit var deklarierte Variablen verwenden, um das Ergebnis einer Methode zwischenzuspeichern und der Rückgabewert der Methode ändert sich (z.B. von List<string> in IList<string> oder in ähnliche kompatible Datentypen), so ist es nicht erforderlich, die Variablendeklaration zu ändern. Dieser Vorteil und die geringere Tipparbeit sind jedoch keine wesentlichen Verbesserungen. Dieses Feature ist für *LINQ* und anonyme Typen erforderlich. Da anonyme Typen keinen Namen besitzen, können Sie diese lediglich mit dem Schlüsselwort var deklarieren.

13.3 LINQ

Sie suchen Elemente in einem Array? Den Algorithmus dazu können Sie inzwischen ganz leicht erstellen. Dank C# 3.0 und LINQ existiert jedoch ein ganz einfacher Weg, um nur bestimmte Elemente aus einem Array zu laden. Alles, was Sie dazu benötigen, ist der Namespace System.Linq.

```
string[] names = new string[]
 { "Bernhard", "Mario", "Karin", "Karl", "Bernhard" };
var selectedNames = from n in names
            where n  == "Bernhard"
            select n;
foreach(string name in selectedNames)
    Console.WriteLine(name);
```

Listing 13.3 Filtern eines String-Arrays mittels LINQ

LINQ sieht einem SQL-Dialekt sehr ähnlich. Es ist wie folgt zu lesen:

```
from n in names
```

»Benutze das Array `names` und behandle jedes Element. Das einzelne Element wird durch die Variable n repräsentiert.«

```
where n == "Bernhard"
```

»Selektiere also nur jene Elemente im Array, deren Wert ›Bernhard‹ ist.«

```
select n
```

»Gib die Variable n zurück (sofern sie den Kriterien entspricht).«

Mit LINQ können Sie Abfragen in der oben angeführten Form durchführen. Sie können aber auch sortieren, gruppieren und vieles mehr.

Wie erwähnt, müssen Sie den Namespace `System.Linq` einbinden, um LINQ verwenden zu können. Der Grund hierfür ist, das LINQ mittels *Extension Methods* programmiert ist.

13.4 Extension Methods

Wie ich soeben erwähnt habe, ist LINQ mithilfe sogenannter Extension Methods programmiert worden. Mit Extension Methods können Sie bestehende Datentypen um Methoden erweitern (wie es LINQ mit Arrays, Listen usw. auch macht). Extension Methods können auch von Ihnen programmiert werden. Extension Methods machen bei Klassen, die Sie selbst geschrieben haben, meist keinen Sinn, da Sie hier ohnehin den Programmcode vor sich haben und diesen somit erweitern können. Allerdings können Sie mit Extension Methods bestehende Datentypen wie zum Beispiel den Typ `DateTime` erweitern.

Nehmen Sie an, Sie benötigen ein Datum, das immer nach einer bestimmten Art und Weise formatiert sein soll. Bisher haben Sie eine in der Community unter dem Namen *Utility*-Klasse oder *Helper*-Klasse bekannte Klasse geschrieben, die entsprechende Funktionalitäten (meist statisch) bereitstellt. Diese Klassen werden meist mit diesen Namen bezeichnet, weil sie eine Sammlung von kleinen Hilfsmethoden zur Verfügung stellen, die zwar immer benötigt werden, allerdings auch nirgendwo richtig dazugehören:

```
public static class Utility {
    public static string GetMyFormat(DateTime date) {
        return date.ToString("yyyy-MM:dd");
    }
}
```

Listing 13.4 Beispiel einer normalen statischen Methode

Immer wenn Sie nun ein Datum entsprechend formatieren wollen, verwenden Sie die statische Methode in der Utility-Klasse:

```
String formatedDate = Utility.GetMyFormat(DateTime.Now));
```

Listing 13.5 Verwendung einer statischen Methode

Mithilfe von Extension Methods können Sie den DateTime-Datentyp entsprechend um die Methode GetMyFormat erweitern, sodass die Methode wie folgt verwendet werden kann:

```
String formatedDate = DateTime.Now.GetMyFormat();
```

Listing 13.6 Verwendung einer Extension Method

Die Implementierung der entsprechenden Methode ist natürlich nach wie vor nötig. Die einzige Änderung, die Sie in Ihrer Utility-Klasse durchführen müssen, besteht darin, beim Übergabeparameter das Schlüsselwort this hinzuzufügen:

```
public static class Utility {
    public static string GetMyFormat(this DateTime date) {
        return date.ToString("yyyy-MM:dd");
    }
}
```

Listing 13.7 Implementierung einer Extension Method

Durch das Schlüsselwort this wird auf das aktuelle Objekt referenziert. Durch das Hinzufügen dieses Schlüsselwortes zum ersten Parameter der Funktion wird die Methode zur aktuellen Variable zugeordnet, und Sie können diese Methode wie eine Objektmethode verwenden.

Natürlich ist der Vorteil scheinbar minimal, da Sie nicht wirklich viel Tipparbeit sparen. Allerdings müssen Sie zugeben, dass die Benutzung nun um ein Vielfaches intuitiver ist, und Sie können auf die ständige Angabe der Utility-Klasse verzichten. Und die

13

Methode `GetMyFormat` passt auch viel besser zum `DateTime`-Datentyp. In Wahrheit ersetzt der Compiler den Original-Aufruf, wie Sie es auch ohne Extension Methods programmiert hätten. Allerdings ist das einem Programmierer wieder eher egal, solange der Compiler weiß, was er tut.

Das Schöne an Extension Methods ist, dass Sie dies mit beliebigen Datentypen durchführen können. Dabei ist es egal, ob es sich um primitive Datentypen wie `int` oder `double` oder um komplexe Klassen oder Interfaces wie `Form`, `IDbConnection` oder dergleichen handelt.

Wenn sich die Methoden in Ihrer `Utiltiy`-Klasse häufen, sollten Sie vielleicht überlegen, ob nicht eine Extension Method angebracht wäre, und den Aufruf entsprechend ändern. Achten Sie jedoch auf Folgendes: Die Extension Methods sind nur dann verfügbar, wenn mittels `using` der Namespace eingebunden ist, in dem sich die `Utility`-Klasse befindet!

13.5   Lambda-Expressions

Haben Sie sich bereits mit LINQ beschäftigt und Ihre ersten Gehversuche damit gemacht? Sie sollten es unbedingt ausprobieren! Warum nicht gleich jetzt sofort, noch bevor Sie weiterlesen?

LINQ ist toll, nicht wahr? Aber seien Sie ehrlich, es ist auch etwas viel Tipparbeit! Ich habe Ihnen bereits gesagt, dass LINQ auf Extension Methods basiert. Allerdings habe ich einen Zwischenschritt noch ausgelassen. Der Compiler übersetzt den LINQ-Ausdruck in eine *Lambda-Expression*, die nun als Extension Method implementiert ist. Sie können mittels Lambda-Expressions alles machen, was Sie mit LINQ auch machen können. Die Schreibweise ist lediglich etwas anders. LINQ ist zu Beginn einfacher zu verstehen. Wenn Sie ein paar Ausdrücke mit LINQ geschrieben haben und schon etwas Programmiererfahrung haben, werden Ihnen möglicherweise Lambda-Expressions besser gefallen. Wie gesagt sind einige Methoden mittels Extension Methods umgesetzt, und mittels Lambda-Expressions können Sie hier entsprechenden Code auf sehr kurze Art und Weise einfügen. Die folgenden Extension Methods, die hier verwendet werden, sind bereits im Namespace `System.Linq` bereitgestellt und müssen nur noch verwendet werden. Hier ist das gleiche Beispiel, wie es bei LINQ angeführt ist, mit Lambda-Expressions umgesetzt:

```
string[] names = new string[] { "Bernhard", "Mario", "Karin", "Karl",
"Bernhard" };
var selectedNames = names.Where(n => n == "Bernhard");
foreach (string name in selectedNames)
    Console.WriteLine(name);
```

Listing 13.8 Filtern eines Arrays mithilfe einer Lambda-Expression

Wie Sie sehen, ist dieser Code kürzer. Sie können auf das String-Array die Extension Method Where aufrufen. Diese benötigt jedoch ein Delegate oder eine entsprechende Lambda-Expression. Hierbei kommt ein neues Symbol ins Spiel, und zwar der Pfeil =>. Links vom Pfeil definieren Sie eine Variable. Sie können sie sich so vorstellen, als wäre sie eine Laufvariable, die nacheinander mit jedem Element des Arrays belegt wird. Rechts vom Pfeil steht die Bedingung, die erfüllt sein muss. Also muss n den Wert Bernhard besitzen, um in die Ergebnismenge zu gelangen.

Sie können auf diese Art und Weise die Namen auch alphabetisch sortieren:

```
string[] names = new string[] { "Bernhard", "Mario", "Karin", "Karl",
"Bernhard" };
var selectedNames = names.OrderBy(n => n); //sortieren nach der
                                           //Variable n
foreach (string name in selectedNames)
    Console.WriteLine(name);
```

Listing 13.9 Einfaches Sortieren eines Arrays mithilfe von Lambda-Expressions

Sie können entsprechende Aufrufe auch kombinieren. Zum Beispiel selektiert folgender Code erst alle Namen, die mit »K« beginnen, und anschließend werden diese sortiert:

```
string[] names = new string[] { "Bernhard", "Mario", "Karin", "Karl",
"Bernhard" };
var selectedNames = names.Where(n => n.StartsWith("K")).OrderBy(n => n);
foreach (string name in selectedNames)
    Console.WriteLine(name);
```

Listing 13.10 Kombinieren verschiedener Lambda-Expressions

Natürlich können Sie Derartiges auch in LINQ-Syntax durchführen:

```
string[] names = new string[] { "Bernhard", "Mario", "Karin", "Karl",
"Bernhard" };
var selectedNames = from n in names
    where n.StartsWith("K")
    orderby n
    select n;
foreach (string name in selectedNames)
    Console.WriteLine(name);
```

Listing 13.11 Kombination mithilfe von LINQ

Verwenden Sie die Schreibweise, die Ihnen am liebsten ist. In beiden Varianten benötigen Sie den Namespace `System.Linq` als `using`-Direktive, da (wie ich bereits bei den Extension Methods erwähnt habe) die Extension Methods nur dann verfügbar sind, wenn der entsprechende Namespace inkludiert ist.

Ob Sie die LINQ Syntax oder auch die Lambda-Expressions verwenden wollen, bleibt Ihnen überlassen. Es handelt sich hierbei lediglich um eine alternative Schreibform.

Wichtig ist, dass Sie sich mit dem Thema beschäftigen und diese Features einsetzen. LINQ erleichtert das Entwicklerleben ungemein, da Sie sich nicht mehr mit langen Algorithmen mit vielen verschachtelten Schleifen und `if`-Abfragen herumschlagen müssen, sondern einfach nur die vorhandene Funktionalität von LINQ verwenden können, um Elemente aus Listen zu selektieren, das Ergebnis zu sortieren und so weiter.

13.6   Anonyme Typen

Sie können selbst anonyme Typen anlegen. Das sind Klassen, die keinen Namen besitzen. Dieses Sprachfeature macht lediglich in Kombination mit LINQ Sinn und zeigt dort auch die entsprechenden Stärken. Der folgende Code liest alle Dateien aus einem Verzeichnis, die mindestens 100 KB groß sind. Anschließend wird nicht mit dem `FileInfo`-Objekt gearbeitet, sondern mit einem aufbereiteten anonymen Typ, der Eigenschaften bereits kombiniert:

```
const string DIR = "C:\\Windows";
const int MAX_SIZE = 100;

System.IO.DirectoryInfo dir = new System.IO.DirectoryInfo(DIR);
```

```
System.IO.FileInfo[] files = dir.GetFiles();

var selection = from f in files
                where f.Length / 1024 > MAX_SIZE
                //Es werden lediglich Teile des Datentyps verwendet,
                //und ein neuer Typ wird aus diesen Teilen generiert.
                select new {
                    Name = "Große Datei: " + f.Name,
                    FormatedSize ="Dateigröße [kb]: " + f.Length / 1024
                };
//Ergebnis anzeigen
foreach (var item in selection) {
    //IntelliSense funktioniert auch mit anonymen Typen.
    Console.WriteLine(item.Name + "; " + item.FormatedSize);
}
```

Listing 13.12 Beispiel zur Definition eines neuen, anonymen Typs mit zwei Eigenschaften

Sie können auch selbst einfach anonyme Typen erzeugen, indem Sie das Schlüsselwort var für den Datentyp verwenden und bei new keinen Typ angeben, sondern lediglich die Properties mit dessen Werten:

```
//Objekt eines anonymen Typs erstellen ...
var myPerson = new {
    FirstName = "Max",
    LastName = "Mustermann"
};
var mySecondPerson = new {
    FirstName = "Franz",
    LastName = "Karl"
};

//Array von anonymen Objekten ist selbst ein anonymes Objekt.
var persons = new[] { myPerson, mySecondPerson };

//Array ausgeben
foreach (var person in persons) {
    Console.WriteLine(person.FirstName + " " + person.LastName);
}
```

Listing 13.13 Verwendung von anonymen Typen in einem Array

Wie gesagt, kann ich Ihnen die exzessive Verwendung von anonymen Typen nicht emp-fehlen, da diese den Code in den seltensten Fällen verständlicher machen. Eine Aus-nahme ist natürlich der Einsatz anonymer Typen in Kombination mit LINQ, um hier entsprechende Wertkombinationen im `select` durchführen zu können.

13.7   Alternativen zu Arrays

Der größte Nachteil von Arrays ist, dass Sie die Größe eines Arrays nachträglich nicht ändern können. Wenn Sie ein Array vergrößern wollen, müssen Sie ein größeres Array anlegen und alle Elemente des Arrays in das neue Array kopieren. Dies kostet natürlich Laufzeit. Der große Vorteil von Arrays hingegen ist, dass Sie direkt mit dem Index auf einzelne Elemente zugreifen können und dass dieser Zugriff sehr schnell ist.

Ein Array können Sie sich wie folgt vorstellen:

| 1 | 4 | 3 | 2 | 9 | 1 | 5 | 8 |

Abbildung 13.1 Schematische Darstellung eines Arrays

Die folgenden Klassen können je nach Anwendungsfall diesen Nachteil aufheben. Sie finden die folgenden Klassen im Namespace `System.Collections.Generic`.

13.7.1   Liste

Den Nachteil der fixen Größe besitzen Listen nicht. Bei Listen können Sie immer neue Elemente hinzufügen, und die Größe der Liste wird automatisch angepasst. Eine Liste hat jedoch den Nachteil, dass der Zugriff auf ein einzelnes Element per Index bei verket-teten Listen (`LinkedList`) langsamer ist, da die Liste immer von Beginn an durchsucht werden muss. Die Implementierung beginnt also beim ersten Element, geht von Ele-ment zu Element und zählt die Anzahl der getätigten Schritte. Ist der gewünschte Index erreicht, so wird das Element zurückgegeben. Verwenden Sie generische Listen dann, wenn sich die Anzahl der Elemente oft ändert und ein direkter Zugriff per Index selten benötigt wird. Wenn Sie ein Array oder eine Liste mittels einer `foreach`-Schleife durch-laufen, ist die Geschwindigkeit identisch.

Eine Liste können Sie sich wie folgt vorstellen: Jedes Element kennt lediglich sein Nach-folger-Element. Wenn Sie also per Index auf ein Element zugreifen, so muss die Liste von vorne beginnend durchlaufen werden, bis der entsprechende Indexeintrag erreicht wurde. Dafür kann einfach ein Element an die Liste angefügt werden.

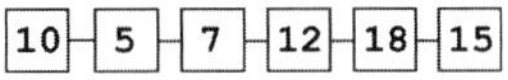

```
10—5—7—12—18—15
```

Abbildung 13.2 Schematische Darstellung einer einfach-verketteten-Liste (LinkedList)

Der Nachteil dieser Art von Listen (LinkedList) ist jedoch, dass sie verhältnismäßig langsam sind. Ein schneller direkter Zugriff und eine beliebige Anzahl von Elementen ermöglicht die List-Klasse, welche Sie sich als dynamisch wachsendes Array vorstellen können.

```
List<string> names = new List<string>();
names.Add("Bernhard");
names.Add("Angelika");
names.Add("Mario");
names.Add("Mario");
foreach (string name in names) {
    Console.WriteLine(name);
}
```

Listing 13.14 Verwendung einer generischen Liste

13.7.2   HashSet

Der Zugriff bei einem HashSet ist prinzipiell schnell. Wenn Sie jedoch nicht mehr als zehn Elemente erwarten, verwenden Sie eine Liste! Ein HashSet hat die Eigenheit, dass Elemente, die Sie mehrfach hinzufügen, lediglich einmal aufgenommen werden. Sie können also keine doppelten Einträge in einem HashSet erzeugen. Dafür können Sie mithilfe der Contains-Methode sehr effizient feststellen, ob ein Element bereits vorhanden ist. Des Weiteren gibt die Add-Methode zurück, ob das Element eingefügt (true) wurde oder bereits vorhanden ist und daher nicht eingefügt wurde (false). Verwenden Sie ein HashSet, wenn Sie keine doppelten Einträge wünschen, wenn Sie viele Elemente verwalten müssen oder auch dann, wenn Sie sehr oft eruieren müssen, ob ein Element bereits vorhanden ist. Die wichtigste Eigenschaft ist, dass Sie keine doppelten Einträge verwalten können!

```
HashSet<int> myHashSet = new HashSet<int>();
myHashSet.Add(1);
myHashSet.Add(2);
myHashSet.Add(1); //Gibt false zurück. 1 wurde nicht hinzugefügt,
                  //da es bereits vorhanden ist.
foreach (int item in myHashSet)
    Console.WriteLine("Hashset: " + item);
```

Listing 13.15 Verwendung eines generischen HashSet-Objekts

13.7.3   SortedList

Eine sortierte Liste ermöglicht es, die Einträge in einer Liste sortiert zu verwalten. Dadurch können Suchvorgänge früher abgebrochen werden, was vorteilhaft ist. Eine sortierte Liste hat die gleichen Eigenschaften wie eine Liste im Allgemeinen (variierbare Größe, kein effizienter direkter Index-Zugriff). Eine sortierte Liste benötigt aber nicht nur ein, sondern zwei Elemente. Das erste Element ist der sogenannte Key, der eindeutig sein muss. Das zweite Element, der Value, ist der tatsächliche Wert. Wichtig ist, dass der Key im Gegensatz zum Value eindeutig sein muss! Ist der Key bereits in der Liste vorhanden, so wird eine Fehlermeldung ausgelöst.

```
SortedList<int, string> prioList = new SortedList<int, string>();
prioList.Add(10, "Bernhard");
prioList.Add(5, "Angelika");
prioList.Add(15, "Mario");
foreach (KeyValuePair<int, string> item in prioList)
    Console.WriteLine(item.Key + " - " + item.Value);
```

Verwendung einer generischen sortierten Liste

Wie auch alle folgenden sogenannten Container, so verwaltet auch eine SortedList als Elemente Daten vom Typ KeyValuePair. Wenn Sie also auf ein Element zugreifen, wird ein KeyValuePair zurückgegeben. Da es sich um eine sortierte Liste handelt, werden die Elemente beim Einfügen in die Liste entsprechend nach dem Key sortiert. Das bedeutet, dass die Ausgabe in der Schleife eine andere Reihenfolge als die Einfüge-Reihenfolge liefert.

13.7.4   Dictionary

Ein Dictionary funktioniert intern wie ein HashSet (mittels einer Hash-Table). Allerdings verwaltet ein Dictionary wie eine sortierte Liste immer ein KeyValuePair, wobei der Key wie bei der sortierten Liste eindeutig sein muss. Wenn mehr als zehn Elemente vorhanden sind, ist ein Dictionary schneller als eine sortierte Liste. Der Geschwindigkeitsgewinn wird jedoch mit mehr Speicherbedarf bezahlt. Ein Dictionary ist wie ein HashSet dank der internen Hash-Table beim Zugriff sehr schnell. Prinzipiell ist es irrelevant, wie viele Elemente Sie im Dictionary oder im HashSet verwalten. Es ist immer gleich schnell. Diese Eigenschaft trifft aber nur für Arrays zu. Alle anderen Container sind auf die eine oder andere Art und Weise von der Anzahl der Elemente abhängig.

```
Dictionary<int, string> prioList1 = new Dictionary<int, string>();
prioList1.Add(10, "Bernhard");
prioList1.Add(5, "Angelika");
```

```
prioList1.Add(15, "Mario");
foreach (KeyValuePair<int, string> item in prioList1)
    Console.WriteLine(item.Key + " - " + item.Value);
```

Listing 13.16 Verwendung des Dictionary-Objekts

13.7.5   SortedDictionary

Das `SortedDictionary` ist vom Verhalten her identisch mit dem `Dictionary`. Der interne Aufbau dieser Klasse unterscheidet sich jedoch. Der Zugriff ist schneller als bei der sortierten Liste, allerdings langsamer als beim `Dictionary`. Das `SortedDictionary` benötigt weniger Speicher als das `Dictionary`, jedoch etwas mehr als die sortierte Liste. Wie ein `Dictionary` (und daher anders als die sortierte Liste) gibt auch das `SortedDictionary` die Elemente in der `foreach`-Schleife in der Reihenfolge aus, in der sie eingefügt wurden. Die Geschwindigkeit verhält sich logarithmisch, ist also auch bei sehr vielen Elementen sehr schnell.

```
SortedDictionary<int, string> prioList2 = new SortedDictionary<int, string>();
prioList2.Add(10, "Bernhard");
prioList2.Add(5, "Angelika");
prioList2.Add(15, "Mario");
foreach (KeyValuePair<int, string> item in prioList2)
    Console.WriteLine(item.Key + " - " + item.Value);
```

Listing 13.17 Verwendung eines sortierten Dictionarys

Ein `SortedDictionary` wird intern nicht als Liste, sondern als baum-ähnliche Struktur abgebildet. Sie können sich dies ungefähr wie in Abbildung 13.3 dargestellt vorstellen. Jedes Element, das kleiner als das Wurzelelement ist, wird links eingefügt. Jedes Element, das größer als das Wurzelelement ist, wird rechts eingefügt. Dies wird für jeden Knoten so lange durchgeführt, bis der Platz des Elements klar definiert ist. Gleiches gilt bei der Überprüfung, ob ein Element vorhanden ist. Es ist natürlich etwas komplexer, aber weil dieses Verhalten bereits fertig programmiert existiert, müssen Sie sich darüber keine Gedanken machen.

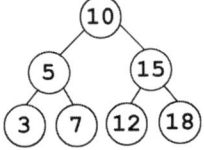

Abbildung 13.3 Struktur des SortedDictionary

Da Sie nun die Vor- und Nachteile der einzelnen Elemente kennen und die Aufgaben-liste die Eigenschaft hat, dass Sie eine flexible Anzahl an Aufgaben verwalten müssen, werden Sie verstehen, warum hier eine Liste durchaus angebracht ist. Der Hauptent-scheidungsfaktor für eine Liste oder ein Array ist meist, ob sich die Anzahl der Elemente ändert.

13.7.6   Async/Await

Manche Programme benötigen für verschiedene Aktionen unter Umständen länger. Eine Berechnung kann aufwendig sein, eine Simulation ist aufwendig, oder auch ein Download einer Datei vom Internet kann eine bestimmte Zeit dauern. Hier ist es wich-tig, Aufgaben, die länger dauern können – Microsoft spricht hier von Aktivitäten, die potenziell länger als 40 ms dauern –, in den Hintergrund zu verschieben, sodass die Anwendung nicht einfriert. Dies war bisher relativ aufwendig. Mit der aktuellen C# 5.0 existiert aber eine einfachere Möglichkeit, das Einfrieren Ihrer Anwendung zu ver-hindern.

Damit eine Methode automatisch in den Hintergrund geschoben werden kann, muss diese async sein. Das heißt, dass ein zusätzliches Schlüsselwort async zur Methoden-Sig-natur hinzugefügt wird. Außerdem muss die Methode void – also nichts – oder einen Task<T> zurückgeben.

Das folgende Codebeispiel zeigt eine entsprechende Methoden-Signatur und Imple-mentierung. Hierbei wird ein HTML-Code von einer beliebigen URL aus dem Internet heruntergeladen.

```
private async Task<string> DownloadUrl(string url) {
    // Die Webclient-Klasse übernimmt die Arbeit
    System.Net.WebClient client = new System.Net.WebClient();
    //
 DownloadStringTaskAsync lädt asynchron herunter. Mit await wird darauf gewartet
.
    return await client.DownloadStringTaskAsync(new Uri(url));
}
```

Listing 13.18 Darstellung einer Methode, welche async/await benutzt und in den Hintergrund geschoben werden kann

Wie Sie sehen, wird für den Download die Klasse WebClient verwendet. Diese besitzt bereits eine Methode, auf welche gewartet werden kann – nämlich DownloadString-TaskAsync. Damit auf das Ergebnis im Hintergrund gewartet wird, ist await erforderlich.

Async und await kommen immer in Kombination vor. Die Methode muss async in der Signatur verwenden, wenn in der Implementierung der Methode await vorkommt.

13.8   Zusammenfassung

Sie haben in diesem Kapitel weitere Sprachfeatures von C# kennengelernt, die seit C# 3.0 bis C# 5.0 vorhanden sind. Diese Sprachfeatures sind:

▶ *anonyme Klassen*, die eine Klasse ohne Klassennamen beschreiben;

▶ *Extension Methods*, die es Ihnen erlauben, bestehende Datentypen wie int, string oder auch beliebige andere Datentypen zu erweitern. Extension Methods werden definiert wie statische Methoden – mit dem kleinen Unterschied, dass Extension Methods in der Parameterliste zusätzlich das Schlüsselwort this beinhalten. Extension Methods sind nur verfügbar, wenn Sie den entsprechenden Namespace, in dem sich die Methode befindet, mit using inkludiert haben;

▶ *LINQ*. LINQ ist eine Abfragesyntax für Sortier-, Abfrage- oder auch Filterfunktionen auf Container-Strukturen (Listen, Arrays usw.). LINQ-Abfragen werden vom Compiler in Lambda-Expressions umgesetzt. Alles, was mit LINQ möglich ist, kann auch mittels Lambda-Expressions durchgeführt werden;

▶ *Lambda-Expressions*. Sie sind eine andere Schreibweise der LINQ-Syntax und werden mithilfe von Extension Methods umgesetzt;

▶ das *Schlüsselwort* var, das den Compiler beauftragt, beim Kompilieren zu entscheiden, welcher Datentyp dort eingesetzt werden soll;

▶ die Schlüsselwörter async/await, um längere Aufgaben in den Hintergrund verschieben zu können.

Nullable-Typen sind zwar bereits seit C# 2.0 Teil der Sprache, wurden aber dennoch erst in diesem Kapitel behandelt. Eine Nullable-Variable erstellen Sie, indem Sie nach dem Datentyp ein Fragezeichen setzen (z. B. int? oder bool?). Sie können mit der Eigenschaft HasValue abfragen, ob eine Nullable-Variable einen Wert besitzt oder nicht. Falls die Variable einen Wert besitzt, können Sie diesen durch die Eigenschaft Value abrufen.

Sie haben des Weiteren noch folgende Klassen und deren Vor- sowie Nachteile beim Durchsuchen bzw. Hinzufügen von Elementen kennengelernt:

▶ List: Die Liste kann dynamisch wachsen und schrumpfen und ist daher sehr gut geeignet, wenn die Anzahl der Elemente nicht bekannt ist. Der Nachteil einer Liste ist, dass der Zugriff auf ein bestimmtes Element durch den Index langsamer ist als bei Arrays.

- ▶ HashSet: Ein HashSet benötigt eine immer gleich lange Zugriffszeit, unabhängig von der Anzahl der darin vorhandenen Elemente. Ein Element kann genau einmal in das HashSet aufgenommen werden. Wird zweimal das gleiche Element eingefügt, so wird die zweite Einfügeoperation ignoriert.

- ▶ SortedList: Eine sortierte Liste ist schneller als eine Liste, wenn es sich um einen Suchvorgang handelt. Ein Listenwert besteht aus einem Key-Value-Paar, wobei der Key in der sortierten Liste eindeutig sein muss, da ansonsten ein Fehler ausgelöst wird.

- ▶ Dictionary: Das Dictionary besitzt wie das HashSet eine konstante Zugriffszeit und besteht wie die sortierte Liste aus einem Key-Value-Paar mit eindeutigem Key.

- ▶ SortedDictionary: Das sortierte Dictionary, das wie ein Baum aufgebaut ist, verhält sich wie ein Dictionary – mit dem Unterschied, dass es weniger Speicherplatz benötigt und die Zugriffszeit nicht konstant, sondern logarithmisch ist.

13.9   Aufgaben

Aufgabe 1

Sie erinnern sich bestimmt an die Aufgabe, als Sie den Benutzer einen Text eingeben ließen und Sie die vorkommenden Wörter gezählt haben. Dies war in Kapitel 5, »Implementierung«. Programmieren Sie diesen Algorithmus noch einmal, nun jedoch unter Zuhilfenahme von LINQ bzw. Lambda-Expressions. Vergleichen Sie die beiden Algorithmen, und staunen Sie, um wie viel kürzer und einfacher Ihr neuer Algorithmus geworden ist.

Aufgabe 2

Nehmen Sie sich die Aufgabe mit dem Diagramm aus Kapitel 5 noch einmal vor. Sehen Sie sich diesen Programmcode an, und versuchen Sie, einzelne Teile mithilfe von LINQ bzw. Lambda-Expressions zu vereinfachen.

13.10   Kontrollfragen

1. Wann bzw. wo kann das Schlüsselwort var verwendet werden?

2. Ist es mithilfe von LINQ möglich, ein Array zu sortieren?

3. Können Sie mit LINQ alle Ausdrücke formulieren, wie dies mittels Extension Methods möglich ist, oder nur bestimmte?

4. Auf welche Objekte können LINQ-Ausdrücke angewendet werden?

5. Ist es möglich, von anonymen Klassen abzuleiten?

6. Wann wird das `var`-Schlüsselwort durch den tatsächlichen Datentyp ersetzt?

7. Wie unterscheidet sich eine Extension Method von einer normalen statischen Methode?

8. Was ist die Voraussetzung, um eine bestehende Extension Method verwenden zu können?

9. Wie wird eine Nullable-Variable deklariert?

10. Wie wird abgefragt, ob eine Nullable-Variable einen Wert hat, und wie wird auf diesen zugegriffen?

11. Was ist der größte Vorteil von Arrays?

12. Richtig oder falsch? Bei einem `HashSet` kommt jedes eingefügte Element nur genau einmal vor.

13. Richtig oder falsch? Bei Dictionarys und sortierten Listen müssen die Elemente des ersten generischen Parameters nicht eindeutig sein und dürfen somit doppelt eingefügt werden.

13

Kapitel 14
Ein Wort zum Schluss

Ich gratuliere Ihnen! Sie haben sehr viel Ausdauer und Geduld bewiesen. Sie haben gezeigt, dass Sie die Eigenschaften besitzen, die Sie benötigen, um ein erfolgreicher Softwareentwickler zu werden. Sie haben die Grundzüge des Programmierens erlernt, und dabei wurde der Schwerpunkt nicht auf die Syntax oder Sprache gelegt, sondern auf das Wichtigste beim Programmieren: das algorithmische Denken. Die Syntax einer Programmiersprache ist verhältnismäßig unwichtig, da diese ähnlich wie Vokabeln in einer natürlichen Sprache ist. Das algorithmische Denken ist das, was es Ihnen ermöglicht, Programme zu schreiben. Es ist das, was es Ihnen erlaubt, nicht nur eine Programmiersprache zu erlernen, sondern nun, da Sie C# können, sich auch sehr schnell Java oder C++ anzueignen.

Erinnern Sie sich an das Einführungskapitel. Wenn Sie die Aufgabe dort nicht gemacht haben, empfehle ich Ihnen, diese spätestens jetzt nachzuholen, sofern Sie die Leidenschaft der Softwareentwicklung mit mir und Millionen anderer Menschen teilen. Entscheiden Sie für sich, in welche Bereiche Sie gehen wollen. Die Entscheidung muss ja nicht für ewig sein. Sie soll Ihnen lediglich die nächsten Schritte erleichtern.

Die Softwareentwicklung ist bereits eine Welt für sich. Es ist jedoch eine Welt, die sich so schnell dreht, dass es kaum möglich ist, Schritt zu halten. Es ist nicht nur so, dass sich die einzelnen Bereiche sehr schnell entwickeln, es kommen auch ständig neue Bereiche hinzu. Gestern hat eine Technologie noch nicht existiert, und morgen ist sie möglicherweise schon der Stand der Dinge oder die Technologie hat sich nicht durchgesetzt und ist wieder verschwunden.

Durch die Lektüre dieses Buches haben Sie die Grundzüge der Softwareentwicklung kennengelernt. Sie können algorithmisch denken und haben somit die größte Hürde genommen. Sie kennen schrittweises Verfeinern, Error-Handling, Objekte und Steuerelemente. Es fehlt Ihnen lediglich Erfahrung, aber die können Sie nur durch das Programmieren gewinnen. Je mehr Sie programmieren, desto routinierter werden Sie und mit desto mehr neuen Themen werden Sie sich beschäftigen.

Haben Sie keine Scheu vor verschiedenen Technologien. Lesen Sie sich in die einzelnen Ideen und Konzepte ein, und versuchen Sie diese anzuwenden und für sich zu entdecken. Lassen Sie sich von Ihrer Neugierde leiten, und werden Sie nicht nur ein guter, sondern ein sehr guter Entwickler.

Machen Sie nun, was Ihnen Spaß macht. Beginnen Sie damit, Programme für sich selbst zu schreiben, oder arbeiten Sie an Open-Source-Projekten mit. Je kleiner das Programm bzw. Projekt, umso besser, denn so können Sie viele kleine Erfolge feiern! Grundsätzlich ist es egal, was Sie tun, solange Sie programmieren. Welches Projekt Sie auch beginnen, Sie werden auf neue Themen und Herausforderungen stoßen, und mit jedem Projekt, das Sie umsetzen, werden Ihr Erfahrungsschatz und Ihre Routine größer.

Ich wünsche Ihnen viel Spaß!

Anhang A
Lösungen der Kontrollfragen und Aufgaben

A.1 Kontrollfragen

A.1.1 Kapitel 1, »Einführung«

1. Nennen Sie zwei Spaßverderber bei der Softwareentwicklung.

   Stress, der Druck, sich ständig weiterentwickeln zu müssen

2. Nennen Sie drei Spaßfaktoren bei der Softwareentwicklung.

   anderen Menschen helfen, ständig neue Herausforderungen, ständig neue Technologien und Neues lernen

3. Was ist Semantik?

   Die Semantik gibt dem Programm die Bedeutung.

4. Was ist ein Algorithmus?

   Ein Algorithmus ist eine Reihe von zusammengehörigen Befehlen, die einen bestimmten Zweck erfüllen.

5. Was ist eine Syntax?

   Die Syntax definiert, wie Sprachelemente zusammenhängen und verwendet werden dürfen.

6. Wer prüft die Syntax?

   der Compiler

7. Was sind die Hauptaufgaben des Compilers?

   die Prüfung der Syntax und das Übersetzen von Programmiercode in Maschinencode

8. Auf welche Fehler macht Sie der Compiler aufmerksam?

   auf Syntaxfehler

9. Welche Bereiche der Softwareentwicklung wurden behandelt?

   Webentwicklung, mobile Entwicklung, Client-Entwicklung, Entwicklung von Embedded Systems, parallele Entwicklung

10. Warum ist der Bereich der parallelen Softwareentwicklung für Programmier-Einsteiger nicht geeignet?

aufgrund der hohen Komplexität von parallelen Algorithmen

A.1.2   Kapitel 2: Algorithmisches Denken

1. Wie nennt sich die Art von Code, die oftmals zur Formulierung eines Algorithmus verwendet wird, jedoch vom Compiler nicht akzeptiert wird?

    Pseudocode

2. Welche Arten von Schleifen sind in C# möglich?

    `for`, `foreach`, `while`, `do`

3. Welche Arten von Verzweigungen sind in C# möglich?

    `if/else` *und* `switch`

4. Welche Typen von Arrays existieren?

    Ein- und mehrdimensionale Arrays. Bei mehrdimensionalen Arrays existieren rechteckige Arrays und Jagged-Arrays.

5. Eine Variable besteht aus zwei Komponenten. Welche sind das?

    Datentyp und Wert

6. Funktionen sollen:

    ☐ genau eine Aufgabe übernehmen

    richtig

    ☐ möglichst viele Aufgaben übernehmen

    falsch

    ☐ genau zwei Aufgaben übernehmen

    falsch

    ☐ keine Aufgabe übernehmen

    falsch

    ☐ nicht von den Funktionsparametern abhängig sein

    falsch

    ☐ nur von den Funktionsparametern abhängig sein

    richtig

7. Welcher Ausdruck/welche Ausdrücke ist/sind mit folgendem äquivalent: x = x + 1?

    ☐ x--

    falsch

☐ x /= 1

falsch

☐ x += 1

richtig

☐ x = x − 1

falsch

☐ x++

richtig

☐ x = x + 2

falsch

8. Mit welchem Index greifen Sie auf das erste Element in einem Array zu?

   null

9. Wie viele Indizes benötigen Sie für den Zugriff auf einen einzelnen Wert in einem dreidimensionalen Array?

   drei

10. Warum ist es wichtig, doppelten Code zu vermeiden, und wie können Sie dies erreichen?

   Durch doppelten Code ist es sehr wahrscheinlich, dass Fehler nur an einer Stelle ausgebessert werden, Änderungen nur an einer Stelle durchgeführt werden usw.

   Doppelter Code kann durch die Verwendung von Funktionen vermieden werden. Code, der potenziell doppelt ist, wird in eine Funktion ausgelagert, die genau diese Aufgabe übernimmt.

A.1.3   Kapitel 3: Die Wahl der Programmiersprache

1. Sie sollen ein Computerspiel programmieren, das sowohl unter Linux als auch unter Windows verfügbar sein soll. Für welche Programmiersprache würden Sie sich entscheiden?

   Eindeutig für C++. Die Standardsprache für Computerspiele ist immer noch C++. Wenn das Spiel auch unter Linux laufen soll, ist C# keine vernünftige Alternative.

2. Richtig oder falsch? Ein C#-Programm wird beim Kompilieren direkt in Maschinencode übersetzt.

   Falsch. Es wird ein Bytecode erstellt, der beim ersten Aufruf zu Maschinencode kompiliert wird.

3. Richtig oder falsch? Es existieren viele Programmiersprachen, die das .NET Framework benutzen.

   Richtig. Die populärsten sind C# und Visual Basic. Es existieren auch Python, Ruby, F#, Managed C++, Delphi.NET usw.

4. Richtig oder falsch? Ein Framework bietet viele Funktionen, die Sie benutzen können.

   Richtig. Das Framework bietet Tausende von Klassen, die bereits viele Funktionen implementieren und lediglich von Ihnen verwendet werden müssen.

5. Richtig oder falsch? Die Programmiersprache C wird primär für sehr hardwarenahe Programmierung eingesetzt.

   Richtig. C produziert schlanken Code und kann sehr ressourcensparend eingesetzt werden. Des Weiteren ist die Programmiersprache sehr verbreitet, und es existieren viele (auch frei verfügbare) C-Compiler für die verschiedenen Plattformen.

6. Richtig oder falsch? Beim Debuggen können Sie zwar den Programmfluss sehen, jedoch keine Variablenwerte.

   Falsch. Natürlich können Sie die Werte der Variablen abfragen, die bereits ausgeführt wurden. Hierzu dient das Watch-Fenster in Visual Studio.

7. Richtig oder falsch? Das Paradigma von Java und C# lautet »Don't trust the programmer«.

   richtig

8. Richtig oder falsch? C++ beinhaltet die Sprachelemente, die auch C besitzt und noch mehr.

   Richtig. C++ ist die Erweiterung von C. Primär wurde C++ um die Objektorientierung und Templates erweitert.

9. Welche der beiden Programmiersprachen ist komplexer: Java oder C++?

   Eindeutig C++. Mit Java wurde der Versuch unternommen, eine einfache, sichere Programmiersprache zu erzeugen. Dadurch sind auch diverse Möglichkeiten, die in C++ vorhanden sind, aus Java verbannt worden (z. B. die Mehrfachvererbung und Pointer).

10. Warum prüfen C# und Java bei der Ausführung des Codes und beim Kompilieren mehr als C oder C++?

    Um Fehler möglichst frühzeitig aufzudecken. Sie wissen ja: »Don't trust the programmer«.

A.1.4 Kapitel 4: Vom Text zum Algorithmus

1. Nennen Sie die Vorteile des schrittweisen Verfeinerns.

   – *Durch dieses Vorgehen wird der Code automatisch strukturiert.*

   – *Durch dieses Vorgehen werden Funktionen automatisch klein gehalten.*

   – *Durch kleine Methoden gestaltet sich die Fehlersuche einfach.*

2. Nennen Sie die Nachteile des schrittweisen Verfeinerns.

   Die Entscheidung, wann die Verfeinerung abgeschlossen werden kann, ist subjektiv, und je nach Programmierer ist der Detaillierungsgrad mehr oder weniger ausgeprägt.

3. Nennen Sie drei Wörter, die Sie beim Programmieren auf eine Schleife hinweisen.

   solange, von/bis, x-mal

4. Nennen Sie zwei Wörter bzw. Wortgruppen, die Sie beim Programmieren auf eine `if`-Abfrage hinweisen.

   wenn, je nachdem

5. Nennen Sie ein Wort oder eine Wortgruppe, die Sie beim Programmieren auf ein `switch`-Statement hinweist.

   je nachdem

A.1.5 Kapitel 6: Erweiterte Konzepte

1. Wozu dienen Enumerationen?

   Mithilfe von Enumerationen können verschiedene fix definierte Werte sprechend angegeben werden. Wenn es lediglich eine bestimmte Anzahl von Werten gibt, können Sie diese mittels Enumerationen abbilden. Dadurch wird der Code besser lesbar, und es werden Fehler vermieden. Ein Beispiel für Enumerationen ist: der FTP-Status-Code (im Enum FtpStatusCode) aus dem Namespace System.Net. Die verfügbaren Status sind im RFC-Protokoll definiert.

2. Wie heißt die Basisklasse aller Fehlerklassen?

   `Exception`. *Alle anderen Fehlerklassen spezifizieren detailliertere Fehler. Exception ist der allgemeinste Fehlerfall und daher die Basisklasse aller Fehlerklassen.*

3. Wie heißt das Sprachelement (Schlüsselwort), das beim Erstellen eines Objekts aufgerufen wird?

   Konstruktor

4. Können Eigenschaften von Klassen mit mehreren Parametern aufgerufen werden?

   Nein. Eigenschaften können direkt gesetzt werden. Es ist nur ein Parameter möglich. Sind mehrere Parameter erforderlich, so ist es notwendig, eine Methode zu erstellen.

5. Wie wird eine Klasse voll (eindeutig) qualifiziert?

    durch Angabe des Namespaces und des Klassennamens

6. Worauf verweist das Schlüsselwort `this`?

    auf das aktuelle Objekt der Klasse, das zur Laufzeit verfügbar ist, bzw. verwendet wird

7. Was können Sie mit `this` nicht ansprechen?

    statische Methoden, da diese sich auf die Klasse und nicht auf ein konkretes Objekt beziehen

A.1.6   Kapitel 7: Fortgeschrittene u. ereignisbasierte Konzepte

1. Was ist der Unterschied zwischen dem Überladen von Methoden und dem Überschreiben von Methoden?

    Eine Methode zu überladen bedeutet, dass die Methode mit diesem Namen mehrmals existiert, allerdings mit unterschiedlicher Parameterliste. Dies erhöht den Programmierkomfort bei der Verwendung. Eine Methode wird überschrieben, indem eine gleichnamige Methode in einer abgeleiteten Klasse eingeführt wird. Dadurch wird die Implementierung der Methode durch die Implementierung ersetzt, die in der abgeleiteten Klasse vorhanden ist.

2. Was sind die zwei wesentlichen Unterschiede zwischen Interfaces und abstrakten Basisklassen?

    Eine Klasse kann mehrere Interfaces implementieren, jedoch nur von einer Klasse erben.

    Interfaces können keinerlei Implementierung bieten, sie beschreiben lediglich, welche Methoden verfügbar sein müssen.

3. Welche Objekte können Sie einer Methode übergeben, die einen Parameter einer bestimmten Klasse verlangt?

    alle Objekte dieser Klasse oder einer davon abgeleiteten Klasse

4. Kann eine Klasse von mehreren anderen Klassen erben?

    Nein, Mehrfachvererbung ist in C# nicht möglich. Es ist jedoch möglich, dass die Basisklasse selbst wieder von einer anderen Klasse erbt.

5. Wie ist die Sichtbarkeit bei Eigenschaften und Methoden von Interfaces?

    immer public

6. Welchen Rückgabewert müssen Delegates besitzen, die für Ereignisse verwendet werden sollen?

    `void`

7. Was definiert der Delegate-Typ bei Ereignissen?

die Signatur der Ereignismethode und somit auch die Parameter, die für das Ereignis vorhanden sind

8. Was muss beim Auslösen eines Ereignisses beachtet werden?

Es muss abgefragt werden, ob sich jemand für das Ereignis registriert hat. Das Ereignis muss also auf ungleich null abgefragt werden, bevor es ausgelöst wird.

9. Kann sich nur eine Klasse oder können sich auch mehrere Klassen für ein Ereignis registrieren?

Es können sich mehrere Interessierte für ein Ereignis registrieren. Wird das Ereignis ausgelöst, so werden alle, die sich für das Ereignis registriert haben, entsprechend benachrichtigt und die Ereignismethoden werden aufgerufen.

10. Mit welchem Operator registriert man sich für ein Ereignis?

mit dem Operator +=

11. Wodurch wird die Methodensignatur einer Ereignismethode (Event-Handler) definiert?

durch den Ereignistyp, also das Delegate, das sich hinter dem Ereignis verbirgt

A.1.7 Kapitel 8: Notepad selbst gemacht

1. Was ist der Sinn von partiellen Klassen?

Eine einzelne Klasse kann dadurch auf mehrere Dateien aufgeteilt werden. Die Entwicklungsumgebung teilt zum Beispiel den Design-Code, der die Benutzeroberfläche beschreibt, und den Logik-Code, der vom Programmierer erstellt wird, mithilfe partieller Klassen in zwei Dateien auf.

2. Wie wird die Navigation durch die Tastatur bei Menüs ermöglicht?

Durch das &-Symbol bei einem Menü-Eintrag. Zum Beispiel ermöglicht &Datei das Aktivieren des Eintrages durch Alt + D.

3. Wie können Navigationseinträge gruppiert bzw. optisch getrennt werden?

durch den Bindestrich anstatt eines Textes im Menü-Eintrag

4. Wodurch erreichen Sie, dass beim Klicken auf eine Schaltfläche, einen Menüeintrag etc. ein gewünschter Programmcode ausgeführt wird?

durch Ereignisse

5. Mithilfe welcher Eigenschaften können Sie Oberflächen bauen, die sich an die Bildschirmauflösung anpassen?

    Dock *und* Anchor. Dock *ermöglicht das Ausrichten an einer Seite des Fensters bzw. vollflächig, während* Anchor *das Element an bestimmten Fensterkanten mit entsprechendem Abstand anhängt.*

A.1.8   Kapitel 9: Gekonnt grafische Anwendungen erstellen

1. Nennen Sie die vereinfachten Schritte eines Projektablaufs.

    Anforderungen definieren → Storyboard & Prototyp erstellen → Programmieren der Funktionalität → Testen → Benutzen

2. Was ist bei einem generischen Datentyp besonders?

    die spitzen Klammern, in denen der zu verwendende Datentyp angegeben wird

3. Mit welchem Konzept wird in grafischen Benutzeroberflächen am häufigsten gearbeitet und auf Steuerelemente reagiert?

    mit Ereignissen

4. Was sind die zwei Haupteigenschaften von Steuerelementen, die zur Positionierung dienen?

    Dock *und* Anchor. *Durch* Dock *kann das Steuerelement am Rand oder als füllende Fläche gesetzt werden, und mithilfe von* Anchor *können Abstände zum Rand des Formulars fixiert werden. Dadurch wird das Steuerelement beim Vergrößern oder Verkleinern des Fensters entsprechend angepasst.*

5. Wie wird der Vorgang zum Speichern der Liste von Aufgaben in einer Datei genannt, der in diesem Programm verwendet wird?

    Serialisieren beim Speichern bzw. Deserialisieren beim Laden

6. Richtig oder falsch? Streams werden zum Lesen bzw. Schreiben von Dateien verwendet.

    richtig

7. Welche Klasse wird zum Beenden eines Programms verwendet?

    Application. *Die statische Methode lautet* Exit. *Also* Application.Exit();

A.1.9   Kapitel 10: So gestalten Sie die Benutzeroberflächen

1. Richtig oder falsch? Eine Checkbox soll ausschließlich dazu verwendet werden, eine Option ein- bzw. auszuschalten.

    richtig

2. Richtig oder falsch? Der Standarddialog zum Speichern ist das gleiche Steuerelement, das zum Laden benutzt wird.

   Falsch. Es handelt sich hierbei um zwei verschiedene Steuerelemente, die jedoch ähnlich zu benutzen sind und eine gemeinsame Basisklasse besitzen.

3. Welche Ansichten unterstützt das `ListView`-Steuerelement?

   `LargeIcon`, `SmallIcon`, `List`, `Details`, `Tile`

4. Wie heißt der Benutzer-Typ, von dem Sie beim Design der Benutzeroberfläche ausgehen sollten?

   DAU: Dümmster Anzunehmender User

5. Durch welche Kennzeichnung weiß ein Benutzer, dass sich bei einem Klick auf einen Button ein weiterer Dialog öffnet?

   Durch drei Punkte. Ein Beispiel wäre: Speichern unter...

6. Was ist ein Beispiel für eine hierarchische Datenstruktur?

   die Ordnerstruktur im Windows Explorer

7. Welches Steuerelement ermöglicht das Abbilden von hierarchischen Datenstrukturen?

   das `TreeView`-*Steuerelement*

8. Wann sollten Sie einen Radiobutton einer Checkbox vorziehen?

   wenn eine gewählte Option eine andere ausschließt

   wenn es sich nicht um das Aktivieren einer unabhängigen Option handelt, sondern um eine Auswahl verschiedener zusammengehöriger Optionen

9. Richtig oder falsch? Visual Studio unterstützt Sie bei der Einhaltung von Windows Design Guides beim Platzieren von Steuerelementen.

   richtig

10. Richtig oder falsch? Damit eine Anwendung auch bei verschiedenen Bildschirmauflösungen den verfügbaren Platz optimal nutzt, ist es erforderlich, die Aufteilung entsprechend zu programmieren.

    Falsch. Sie müssen lediglich in den Eigenschaften der verschiedenen Steuerelemente festlegen, wie diese sich verhalten sollen.

A.1.10 Kapitel 11: Tipps zum Finden von Fehlern

1. Wieso hilft frühzeitiges Testen nach kleineren Änderungen im Programmcode bei der Fehlersuche?

Durch frühzeitiges Testen kann sich der Fehler nur in kürzlich geändertem Code befinden. Je weniger Code geändert wurde, desto einfacher kann der Fehler gefunden werden.

2. Inwieweit hilft die Vorgehensweise des schrittweisen Verfeinerns bei der Fehlersuche?

Durch die schrittweise Verfeinerung entstehen kurze Codeblöcke. Dadurch können große Codeteile beim Testen schnell ausgeschlossen werden.

3. Mit welchem Tastenkürzel führt der Debugger die aktuelle Zeile aus und hält bei der nächsten wieder an?

`F10`

4. Warum ist es wichtig, einen Fehler zu reproduzieren, bevor dieser behoben wird?

Damit nach der Änderung des Programmcodes festgestellt werden kann, ob der Fehler nun behoben wurde. Außerdem ermöglicht erst die Reproduktion des Fehlers das Debuggen.

5. Was ist ein Regressionstest?

Ein Regressionstest überprüft, ob ein Fehler tatsächlich behoben wurde und ob durch die Behebung des Fehlers neue Fehler gemacht wurden.

A.1.11   Kapitel 12: Was ist noch hilfreich?

1. Bietet Ihnen ein Repository die Möglichkeit, festzustellen, wann etwas geändert wurde, und können Sie ältere Versionen wiederherstellen?

ja

2. Was sagt die Code Coverage (Code-Abdeckung) bei Unit-Tests aus?

Sie gibt an, wie viel vom vorhandenen Code durch die Unit-Tests ausgeführt wurde. Je näher die Code Coverage bei 100 % liegt, desto besser. Jeder verfügbare Programmzweig sollte mindestens einmal durch einen Unit-Test geprüft werden.

3. Was ist der Vorteil von Unit-Tests?

Unit-Tests werden einmal programmiert und können jederzeit automatisch erneut ausgeführt werden. Dadurch können Seiteneffekte bei einer Programmänderung auf Knopfdruck entdeckt werden.

4. Warum soll der Programmierer selbst nie der Tester sein?

Der Programmierer erschafft die Software und tut sein Bestes, dass diese korrekt funktioniert. Wenn der Programmierer nun selbst testet, muss er beweisen, dass er Fehler gemacht hat und die Software nicht funktioniert. Dies ist ein Widerspruch in sich. Außerdem hat der Programmierer während der Entwicklung der Software bereits eine

Vielzahl von Tests durchgeführt und besitzt eine gewisse Projektblindheit. Andere Personen testen anders und gehen unbelastet an das System heran. Sie sind nicht emotional mit dem Produkt verbunden und bringen neue Ideen und eine andere Arbeitsweise ein.

5. Warum ist es wichtig, dass bei einer Änderung im Code entsprechende Tests (auch über andere Teile des Codes) durchgeführt werden?

   um mögliche Seiteneffekte der Änderungen aufzudecken

6. Nennen Sie Nachteile bei der Verwendung bestehender Komponenten.

   Sie müssen sich in die bestehenden Komponenten einarbeiten. Es ist erforderlich, dass Sie die Komponente kennenlernen und die Zusammenhänge verstehen. Außerdem ist oftmals der Programmcode nicht verfügbar.

7. Nennen Sie Vorteile bei der Verwendung bestehender Komponenten.

   Bestehende Komponenten sind meist bereits sehr gut getestet, und Sie können sich dadurch sowohl Entwicklungszeit als auch Testzeit sparen. Außerdem bieten bestehende Komponenten oftmals bei Weitem mehr Funktionalität, als Sie im ersten Schritt benötigen, und Sie können zu einem anderen Zeitpunkt auch diese Funktionalität verwenden.

8. Was definiert der Meilensteinplan?

   Er legt fest, bis zu welchem Zeitpunkt welcher Meilenstein erreicht sein soll. Ein Meilenstein ist meist ein bedeutender Projektstatus. Ein Projekt wird in verschiedenen Meilensteinen grob geplant, und vergessen Sie nicht, ausgiebig zu feiern, wenn Sie einen Meilenstein erreicht haben!

9. Was ist der Vorteil von Open-Source-Projekten?

   Möglicherweise finden Sie Gleichgesinnte, die mit Ihnen das Projekt umsetzen. Ihr Projekt wird in der Community möglicherweise bekannt, und Sie kommen in den Genuss, freiwillige Helfer bei der Programmierung oder auch beim Testen zu haben.

10. Warum sollten Sie Freunde zum Testen heranziehen?

    Jede Person ist einzigartig und verhält sich bei der Benutzung einer Software anders. Demnach testen Freunde auch anders als Sie selbst. Freunde sind nicht »produktblind«.

A.1.12   Kapitel 13: War das schon alles?

1. Wann bzw. wo kann das Schlüsselwort var verwendet werden?

   Das Schlüsselwort var *ersetzt die Angabe des Datentyps. Es kann also überall dort verwendet werden, wo eine Variable deklariert und gleichzeitig initialisiert wird. Fehlt die Initialisierung, so kann das* var*-Schlüsselwort nicht verwendet werden, da der Com-*

piler nicht entscheiden kann, durch welchen Datentyp er das Schlüsselwort später ersetzen soll.

2. Ist es mithilfe von LINQ möglich, ein Array zu sortieren?

   ja

   ```
   string[] myArr = new string[] { "Element4", "Element2",
   "Element3", "Element1" };
   var sortedArray = from item in myArr
          orderby item
          select item;
   ```

3. Können Sie mit LINQ alle Ausdrücke formulieren, wie dies mittels Extension Methods möglich ist, oder nur bestimmte?

   Alle LINQ Ausdrücke können mittels Extension Methods abgebildet werden.

4. Auf welche Objekte können LINQ-Ausdrücke angewendet werden?

   Auf alle Container-Objekte. Dies sind alle Objekte, die das IEnumerable-*Interface implementieren und dadurch mittels* foreach *durchlaufen werden können (auch* String-*Variablen).*

5. Ist es möglich, von anonymen Klassen abzuleiten?

   Nein, da beim Ableiten der Klassenname angegeben werden muss und anonyme Klassen keinen Klassennamen besitzen.

6. Wann wird das var-Schlüsselwort durch den tatsächlichen Datentyp ersetzt?

   Das var-*Schlüsselwort wird vom Compiler beim Kompiliervorgang durch den tatsächlich in diesem Fall benötigten Datentyp ersetzt.*

7. Wie unterscheidet sich eine Extension Method von einer normalen statischen Methode?

   Die Methodensignatur beinhaltet zusätzlich das Schlüsselwort this.

8. Was ist die Voraussetzung, um eine bestehende Extension Method verwenden zu können?

   Der Namespace, in dem sich die Klasse mit der Extension Methodebefindet, muss mittels eines using-*Statements inkludiert sein.*

9. Wie wird eine Nullable-Variable deklariert?

   Fügen Sie einfach dem Datentyp bei der Deklaration ein Fragezeichen an, zum Beispiel so: int? myVariable; bool? myVar1;

10. Wie wird abgefragt, ob eine Nullable-Variable einen Wert hat, und wie wird auf diesen zugegriffen?

Mit der Eigenschaft `HasValue` *wird abgefragt, ob eine Nullable-Variable einen Wert zugewiesen bekommen hat.* `false` *bedeutet, dass kein Wert vorhanden ist und die Variable somit den Wert* `null` *besitzt.*

Der typisierte Wert wird mit der Eigenschaft `Value` *abgefragt. Wird versucht, auf* `Value` *zuzugreifen, obwohl die Variable den Wert* `null` *hat, so wird eine* `NullReferenceException` *ausgelöst.*

11. Was ist der größte Vorteil von Arrays?

    Vorteil: sehr effizienter direkter Zugriff auf eine bestimmte Stelle. Nachteil: fixe Länge.

12. Richtig oder falsch? Bei einem `HashSet` kommt jedes eingefügte Element nur genau einmal vor.

    Richtig. Sollte ein Element mehrfach eingefügt werden, so wird die Einfügeoperation ignoriert.

13. Richtig oder falsch? Bei Dictionarys und sortierten Listen müssen die Elemente des ersten generischen Parameters nicht eindeutig sein und dürfen somit doppelt eingefügt werden.

    Falsch. Der erste Parameter ist der Key*-Parameter, dessen Werte eindeutig sein müssen. Ist ein* Key*-Wert bereits vorhanden, wird eine* `Exception` *ausgelöst.*

A.2   Aufgaben

A.2.1   Kapitel 1: Einführung

Hier war zwar eine Aufgabe vorhanden, diese betrifft jedoch lediglich Ihre persönlichen Präferenzen. Es gibt hierzu keine vorgegebenen Lösungen.

A.2.2   Kapitel 2: Algorithmisches Denken

Die Formulierung:

Es ist eine Folge von Zahlen vonnöten. Anschließend wird der Durchschnitt der Folgen von Zahlen ermittelt, indem die einzelnen Zahlen summiert werden und die Summe durch die Anzahl der Zahlen dividiert wird. Dies geschieht natürlich nur dann, wenn tatsächlich eine Folge von Zahlen vorhanden ist. Der Maximalwert wird ermittelt, indem die erste Zahl als Maximalwert registriert wird und anschließend dieser aktuelle Maximalwert mit allen nachfolgenden Zahlen verglichen wird. Ergibt der Vergleich der zwei Zahlen, dass die aktuelle Zahl größer als der aktuelle Maximalwert ist, so wird die aktuelle Zahl als Maximalwert gespeichert. Am Ende angekommen, ist der Maximalwert ermittelt. Der Minimalwert wird identisch ermittelt, nur dass der Vergleich nicht auf »größer«, sondern auf »kleiner« basiert.

Der Pseudocode:

```
Array erzeugen
Durchschnitt ermitteln:
    Summe ermitteln:
        Summenvariable anlegen
        Jedes Element im Array durchgehen
            Summenvariable um die aktuelle Zahl im Array erhöhen
    Wenn Anzahl der Elemente > 0
        Ermittelte Summe durch Anzahl dividieren
Maximum ermitteln:
    Max = erste Zahl
    Jedes Element im Array durchgehen
        Wenn aktuelle Zahl > Max
            Max = aktuelle Zahl
Minimum ermitteln:
    Min = erste Zahl
    Jedes Element im Array durchgehen
        Wenn aktuelle Zahl < Min
            Min = aktuelle Zahl
```

Der Algorithmus im entsprechenden Code:

```
static void Main(string[] args) {
    int[] numbers = new int[] { 1, 4, 6, 2, 9, 7, 5, 4 };
    float average = CalcAverage(numbers);
    int max = GetMax(numbers);
    int min = GetMin(numbers);
}

static float CalcAverage(int[] nums) {
    //Prüfe, ob es Elemente gibt, von denen ein Durchschnitt
    //errechnet werden kann.
    if (nums.Length > 0 ) {
        float sum = 0.0F;
        //Summiere die Werte auf.
        foreach(int value in nums)
```

```
                sum += value;
            //Dividiere die Summe durch die Menge der Elemente des
            //Arrays.
            return sum / nums.Length;
        }
        //Wenn es keine Elemente im Array gibt -> Gib -1 als Fehlerwert
        //zurück.
        return -1;
    }
    static int GetMax(int[] nums) {
        if (nums.Length > 0) {
            int max = nums[0];
            foreach(int value in nums)
                if (value > max)
                    max = value;
            return max;
        }
        //Falls keine Elemente vorhanden -> Gib -1 als Fehlerwert zurück.
        return -1;
    }
    static int GetMin(int[] nums) {
        if (nums.Length > 0) {
            int min = nums[0];
            foreach(int value in nums) {
                if (value < min)
                    min = value;
            }
            return min;
        }
        //Falls es keine Elemente gibt -> Gib -1 als Fehlerwert zurück.
        return -1;
    }
}
```

Wie Sie sehen, unterscheidet sich der Algorithmus dieser Beispiellösung etwas vom Pseudocode. Das kann durchaus passieren, wenn sich später herausstellt, dass, wenn bestimmte Elemente geändert werden, die Funktionalität ebenfalls gegeben ist und der Programmcode übersichtlicher oder effizienter ist.

A.2.3   Kapitel 3: Die Wahl der Programmiersprache

Hier ist keine entsprechende Lösung notwendig.

A.2.4   Kapitel 4: Vom Text zum Algorithmus

Aufgabe 1: Der Programmcode ist bereits im Kapitel angegeben.

Aufgabe 2: Eine Beispiellösung zur Primfaktorzerlegung.

Algorithmenformulierung

Zur Ermittlung der Primfaktoren ist es notwendig zu prüfen, ob eine Zahl durch eine entsprechende möglichst kleine Primzahl teilbar ist. Eine Zahl ist dann durch eine andere teilbar, wenn die Division der beiden Zahlen einen Rest von null ergibt. Ist die Zahl durch die gewählte Primzahl nicht teilbar, so wird die nächste größere Primzahl verwendet. Die Primzahl wird so lange durch die nächste größere Primzahl ersetzt, bis eine Teilbarkeit möglich ist oder die Primzahl die Zahl selbst erreicht hat. Dies ist dann der Fall, wenn die Zahl bereits eine Primzahl ist.

Ist eine Primzahl gefunden, so wird das Ergebnis der Teilung als neue Zahl verwendet, und das Spiel beginnt wieder von vorn.

Dies wird so lange durchgeführt, bis das Ergebnis der Teilung den Wert eins ergibt.

Da immer die nächstgrößere Primzahl für die Prüfung verwendet wird, ist es erforderlich, die Primzahlen zu ermitteln. Eine Primzahl ist lediglich durch eins und sich selbst teilbar. Um eine Primzahl zu ermitteln, müssen Sie also prüfen, ob die Primzahl durch 2, 3, 4, 5, 6, ... teilbar ist. Die Prüfung ist abgeschlossen, wenn die Zahl durch eine entsprechende andere teilbar ist oder die Zahl, die Sie für die Division verwenden, gleich der zu prüfenden Zahl ist. Ist die Zahl durch eine der Zahlen, die für die Division verwendet wird, teilbar, so handelt es sich nicht um eine Primzahl. Ist der Dividend am Ende bis zur Zahl selbst angelangt, so handelt es sich um eine Primzahl.

Um die Ausgabe zu lösen, ist es notwendig, jeden gefundenen Faktor entsprechend zu speichern oder direkt auszugeben.

Vereinfachung der schriftlichen Formulierung

Prüfe für jede Primzahl (beginnend mit der kleinsten), ob Zahl durch Primzahl teilbar.

Wenn teilbar, dann ist Primzahl Primfaktor und Ergebnis neue Zahl.

Wiederhole bis neue Zahl = 1

Primzahlenermittlung:

Für jede Prüfzahl von zwei bis Zahl

Prüfe, ob Zahl durch Prüfzahl teilbar ist

Wenn Zahl durch Prüfzahl teilbar

keine Primzahl

Sonst nächste Prüfzahl

Konkrete Algorithmenformulierung

Für jede Prüfzahl von 2 bis Zahl

Wenn IstPrimzahl(Prüfzahl)

Wenn Teilbar(Zahl, Prüfzahl)

Zahl = Zahl/Prüfzahl

Schreibe Prüfzahl als Primfaktor

Wenn Zahl = 1

Fertig

IstPrimzahl(Zahl)

Für jede PrimPrüfZahl von 2 bis Zahl

Wenn Teilbar(Zahl, PrimPrüfZahl)

Wenn PrimPrüfZahl = Zahl

Ja, ist Primzahl

Sonst

Nein, ist keine Primzahl

Worte durch Syntax ersetzen

Folgende Ersetzungen können nun durchgeführt werden:

Formulierung	Syntax
Für jede	for; da sich die Zahl jedoch stetig ändert, verwenden Sie besser while!

Tabelle 1.1 *Tabelle A.1* Syntax zur Wortersetzung für die Aufgabe aus Kapitel 4

Formulierung	Syntax
Wenn	`if`
Sonst	`else`
Ja, ist Primzahl	`return true`
Nein, ist keine Primzahl	`return false`
IstPrimzahl	Funktionsaufruf bzw. Definition
Teilbar(Zahl, Prüfzahl) = Division ergibt Rest null	Zahl % Prüfzahl == 0

Tabelle 1.1 *Tabelle A.1* Syntax zur Wortersetzung für die Aufgabe aus Kapitel 4

Obwohl es meist lediglich Ersetzungen sind, sehen Sie auch in dieser Beispiellösung, dass sich manche Elemente des Algorithmus noch ändern müssen, um dies entsprechend in Sourcecode zu formulieren. Der Grund dafür ist, dass sich die Zahl und somit das Abbruchkriterium stetig ändert. Ein Hinweis hierauf ist in der Formulierung oben die Tatsache, dass die Schleife mit »von zwei bis Zahl« angegeben wurde, dass sich jedoch innerhalb der Schleife die Zahl (die ja das Abbruchkriterium der `for`-Schleife definiert) ständig ändert, und das eigentliche Abbruchkriterium ist »Wenn Zahl = 1 dann Fertig«. Somit ist hier nicht wirklich eine `for`-Schleife gegeben, sondern Sie sollten besser eine `while`-Schleife formulieren. Ich will Sie damit darauf hinweisen, dass es auch bei einer sauberen Formulierung durchaus passieren kann, dass sich der Programmcode anders etwas besser formulieren lässt.

```
static void Main(string[] args) {
    WritePrimFactors(189);
    //Teste das Programm mit einem konkreten Wert.
    Console.Read();
}


//number: die Zahl für die die Primfaktoren erstellt werden soll
static void WritePrimFactors(int number) {
    int primNumber = 2; //Beginne mit 2.
    while (number > 1) { //Beende, wenn die Zahl 1 ist.
        //Überprüfe, ob die derzeit verwendete Zahl eine
        //Primzahl ist.
        if (IsPrim(primNumber)) {
```

```
                //Überprüfe, ob die Zahl ein Primfaktor ist.
                if (number % primNumber == 0) {
                    //Die neue Zahl ist das Ergebnis der Division.
                    number = number / primNumber;
                    //Gib den Primfaktor aus.
                    Console.WriteLine(primNumber);
        /*Vergrößere die Zahl nicht, die hier überprüft wird, da sie
          vielleicht ein weiteres Mal zur Zerlegung verwendet werden
          kann!*/
                }
                else {
                    //Vergrößere die Zahl, da die verwendete
                    //kein Primfaktor ist.
                    primNumber++;
                }
            }
            else {
                //Ermittle die nächste Primzahl; die derzeit
                //verwendete Zahl ist keine.
                primNumber++;
            }
        }
    }
    static bool IsPrim(int numToCheck) {
        //Überprüfe jede Zahl beginnend bei 2 bis zur zu
        //überprüfenden Zahl.
        for(int i = 2; i < numToCheck; i++) {
            //Prüfe, ob eine Division möglich ist.
            if (numToCheck % i == 0) {
                //Falls die Zahl die selbe ist wie die Prüfzahl,
                //dann ist sie eine Primzahl; sonst nicht.
                if (numToCheck == i)
                    return true;
                else
                    return false;
                }
        }
        return true;
    }
```

Bonusaufgabe

Es ist folgende mögliche Verbesserung denkbar: Die Prüfung, ob es sich um eine Primzahl handelt, kann bereits abgebrochen werden, wenn die Prüfzahl die Hälfte der Zahl überschritten hat, da bei der Division lediglich Ergebnisse ermittelt werden, die zuvor bereits geprüft wurden (Divisor und Quotient werden vertauscht, da diese symmetrisch sind).

```
//Zahl: die Zahl, für die die Primfaktoren erstellt werden soll
static void WritePrimFactors(int number) {
    int primNumber = 2; //Beginne mit der Primzahl 2
    while (number > 1) { //Beende, wenn die Zahl = 1
        //Überprüfe, ob die derzeitige Zahl tatsächlich
        //Primzahl ist.
        if (IsPrim(primNumber)) {
            //Überprüfe, ob die Zahl ein Primfaktor ist.
            if (number % primNumber == 0) {
                //Die neue Zahl ist Ergebnis der Division.
                number = number / primNumber;
                //Gib den Primfaktor aus.
                Console.WriteLine(primNumber);
    /* Vergrößere die Zahl nicht, die hier überprüft wird, da sie
       vielleicht ein weiteres Mal zur Zerlegung verwendet werden
       kann!*/
            }
            else {
                //Vergrößere die Zahl, da die verwendete
                //kein Primafaktor ist.
                primNumber++;
            }
        }
        else {
            //Ermittle die nächste Primzahl; die
            //derzeit verwendete Zahl ist keine.
            primNumber++;
        }

    }
}
//numToCheck ist die zu überprüfende Zahl, falls sie eine Primzahl
//ist.
```

```
static bool IsPrim(int numToCheck) {
/*Prüfe jede Zahl von 2 bis hin zu (numToCheck/
2), da alle Zahlen, die größer als (numToCheck/
2)+1 sind, bereits geprüft wurden. Deshalb ist es nicht nötig, den Rest der Zahl
en zu prüfen. Der geänderte Algorithmus ist deshalb doppelt so schnell wie vorhe
r!*/
    for(int i = 2; i < (numToCheck / 2) + 1; i++) {
        //Prüfe, ob die Division möglich ist.
        if (numToCheck % i == 0) {
            //Die Division ist möglich -> keine Primzahl.
            return false;
            }
        }
    //Bislang keine Division möglich -> muss Primzahl sein.
    return true;
}
```

A.2.5 Kapitel 5: Implementierung

Aufgabe 1

Erweiterung des Diagramm-Algorithmus. Die Erweiterung ist fett dargestellt.

```
static void Main(string[] args) {
    Console.WriteLine("Willkommen zu meinem ersten Programm.");

    bool end = false;
    while (!end) {
        //Lies das Zeichen, das der Benutzer eingegeben hat.
        char myCharacter = GetCharacter();

        //Lies die Zahlen, die der Benutzer eingegeben hat.
        int[] myNumbers = GetNumbers();

        //Zeichne das Diagramm mit den eingegebenen Werten.
        PrintDiagram (myCharacter, myNumbers);

        end = AskUser();
    Console.WriteLine("Drücken Sie eine beliebige Taste zum
    Verlassen des Programms.");
    Console.Read();
```

```
        }
    }
    static bool AskUser(){
        bool choiceOK = false;
        while (!choiceOK) {
            //Frage den Benutzer
            Console.WriteLine("Nochmal? (j,n)");
            //Lese das Zeichen, das der Benutzer eingeben hat.
            string line = Console.ReadLine();
            if (line.Length > 0)
                choice = line[0];
            //Prüfe, ob das Zeichen ein gültiges Zeichen ist.
            if (choice == 'j' || choice == 'n')
                choiceOK = true;
        }
        return choice == 'n';
    }
```

Aufgabe 2

```
using System;
using System.Collections.Generic;
using System.Linq;
using System.Text;

namespace Anagramm {
    class Program {
        static void Main(string[] args) {
            Console.WriteLine("Bitte geben Sie ein Wort ein:");
            string word = Console.ReadLine();

            //Verwandle alle Buchstaben des Wortes
            //in Kleinbuchstaben.
            word = word.ToLower();

            //Übernimm die einzelnen Buchstaben des
            //Wortes in ein Array.
            char[] letters = word.ToCharArray();
```

```
        //Diese Variable speichert, ob es sich bei dem
        //Wort um ein Anagramm handelt.
        //Zuerst nehmen wir an, dass das Wort ein Anagramm
        //ist (bool isAnagramm = true) und prüfen dann,
        //ob dies wirklich der Fall ist.
        bool isAnagramm = true;

        //Prüfe jeden Buchstaben.
        for (int i = 0; i < letters.Length / 2; i++) {
            //Prüfe, ob das Wort den gleichen
            //Buchstaben am Anfang hat
            //wie am Ende.
            if (letters[i] != letters[letters.Length -i -1]) {
                //Falls nicht der Fall ->
                //Das Wort ist kein Anagramm. Prüfung
                //ist beendet.
                isAnagramm = false;
                break;
            }
        }

        if (isAnagramm)
            Console.WriteLine(word + " ist ein Anagramm");
        else
            Console.WriteLine(word + " ist kein Anagramm!");

        Console.Read();
        }
    }
}
```

Aufgabe 3

```
using System;
using System.Collections.Generic;
using System.Linq;
using System.Text;

namespace WordCount {
    class Program {
        static void Main(string[] args) {
```

```
//Benutzer soll Text eingeben.
Console.WriteLine("Bitte geben Sie einen Satz ein:");
//Lies den eingegebenen Text.
string text = Console.ReadLine();

//Definition der Trennzeichen
char[] splitChars = new char[] { '.',
',', ';', '?', '!', ' ' };

//Trenne den Text mit der sog. StringSplitOption.
//Diese Option verhindert, dass wir
//leere Elemente im Arry erhalten.
string[] words = text.Split(splitChars,
StringSplitOptions.RemoveEmptyEntries);

//Dieses Array soll die Menge enthalten,
//wie oft einzelne Wörter im Satz vorkommen.
int[] occurs = new int[words.Length];

//Prüfe jedes Wort im Array und zähle,
//wie oft das jeweilige Wort dort vorkommt.
//Nimm jedes Wort und prüfe, ob es mit den
//anderen Wörter im Array identisch ist.
//Falls sie identisch sind, zähle die Anzahl hoch.
for (int i = 0; i < words.Length; i++) {
    for (int j = 0; j < words.Length; j++) {
        //Prüfe, ob das Wort an beiden Indexstellen
        //(i und j) gleich ist.
        if (words[i].ToLower() == words[j].ToLower())
            occurs[i]++;  //Das Wort ist an beiden
                          //Positionen das gleiche.
                          //Erhöhe deshalb die Zahl
                          //im occurs Array.
    }
}

/*
Nun haben wir die Menge der Wörter in der occurs-
Variable. Weil ein Wort mehrfach vorkommen kann,
benötigen wir ein anderes Array, um Duplikate zu
entfernen. Das bedeutet, dass in das neue Array nur
```

Wörter geschrieben werden dürfen, die dort noch nicht
vorkommen. Das neue Array darf maximal so viele
Elemente enthalten, wie wir derzeit insgesamt an
Wörtern haben.
*/

```csharp
string[] singleWords = new string[words.Length];
//words.Length genügt
int[] singleOccurs = new int[words.Length];

int singleIndex = 0;
for (int i = 0; i < words.Length; i++) {
    //Prüfe ob das Wort bereits in
    //singleWords existiert.
    bool exist = false;
    for (int j = 0; j < singleIndex; j++) {
        if (words[i].ToLower() ==
        singleWords[j].ToLower()) {
            exist = true;
            break;
        }
    }
    if (!exist) {
        //Füge das Wort hinzu.
        singleWords[singleIndex] = words[i];
        singleOccurs[singleIndex] = occurs[i];
        //Setze den Index auf den nächsten neuen
        //Slot im Array.
        singleIndex++;
    }
}

//Gib das Ergebnis aus.
for (int i = 0; i < singleIndex; i++) {
    Console.WriteLine(singleWords[i] + " (" +
    singleOccurs[i] + "x)");
}

Console.Read();
    }

  }
}
```

A.2.6   Kapitel 6: Erweiterte Konzepte

Aufgabe 1: Exception-Handling

Der geänderte Code ist fett dargestellt.

```
static char GetCharacter() {
    Console.WriteLine("Bitte geben Sie ein Zeichen ein, das für die
    Anzeige verwendet werden soll:");
    //Lies die ganze Zeile (sollte bloß ein Zeichen sein).
    string line = Console.ReadLine();
    //Übernimm das erste Zeichen der Zeile.
    //Prüfe, ob tatsächlich etwas eingegeben wurde:
    char c = 'x'; //Default-Wert, falls die Eingabe falsch war
    if (line.Length > 0)
        c = line[0];
    return c;
}


static int[] GetNumbers() {
    Console.WriteLine("Bitte geben Sie die Diagrammwerte ein:");
    string line = Console.ReadLine();   //Lies die gesamte Eingabezeile
    //Nimm die einzelnen Zahlen durch Trennen des Textes an den
    //Trennzeichen (z.  B. Leerzeichen, Semikolon, Komma).
    char[] splitSymbols = new char[] { ' ', ';', ',' };
    //Obwohl wir Zahlen trennen, behandeln wir sie vorerst
    //wie Text.
    string[] singleNumbers = line.Split(splitSymbols,
    StringSplitOptions.RemoveEmptyEntries);

    //Konvertiere die "Text-Zahlen" zu richtigen Zahlen.
    //Die Größe des Zahlen-Arrays ist identisch mit der Anzahl der
    //"Text-Zahlen"
    int[] myNumbers = new int[singleNumbers.Length];
    //Parse jede Zahl in das Array.
    for (int i = 0; i < myNumbers.Length; i++) {
        int parsedValue = 0;
        //Versuche, den Wert zu parsen.
        if (!int.TryParse(singleNumbers[i], out parsedValue))
            //Parsen nicht möglich -> gib Fehlermeldung aus.
            Console.WriteLine(singleNumbers[i] + "
            ist keine gültige Zahl!");
```

```
        //Weise den geparsten Wert zu (falls das Parsen
        //erfolgreich war; sonst 0).
        myNumbers[i] = parsedValue;
    }
    return myNumbers;
}
```

Wie Sie sehen, ist es nicht unbedingt immer notwendig, try/catch einzusetzen, um etwas zu prüfen. Versuchen Sie immer, die Benutzereingaben so gut wie möglich zu prüfen!

Aufgabe 2: Exception-Handling

```
using System;
using System.IO;

namespace Cap6Exercise2 {
    class Program {
        static void Main(string[] args) {
            //Lies den vom User eingegebenen Pfad.
            string path = GetPath();

            //Lies die Informationen des im Pfad
            //angegebenen Verzeichnisses.
            DirectoryInfo dirInfo = GetDirectoryInfo(path);

            //Prüfe, ob der Kostruktor funktioniert hat.
            //Falls ein Fehler aufgetreten ist -> dirInfo ist NULL.
            //Null = kein Objekt wurde erstellt!
            if (dirInfo != null) {
                //Prüfe, ob das Verzeichnis tatsächlich existiert.
                if (!dirInfo.Exists) {
                    Console.WriteLine("Das Verzeichnis '" + path +
                    "' existiert nicht!");
                }
                else {
                    //Ermittle die Menge der verfügbaren Dateien.
                    int amountOfFiles = dirInfo.GetFiles().Length;
                    //Zähle alle .exe-Dateien im Verzeichnis.
                    System.IO.FileInfo[] files =
```

```
            dirInfo.GetFiles("*.exe");

            double percentage = 0.0;
            //Errechne den Prozentwert nur, wenn es Dateien
            //im Verzeichnis gibt. Sonst Fehler einer
            //Division mit 0!
            if (amountOfFiles > 0)
                percentage = files.Length * 100.0 /
                amountOfFiles;

            //Berechne die Größe der .exe-Dateien.
            long sizeOfExe = 0;
            foreach (FileInfo file in files)
                sizeOfExe += file.Length;

            //Gib die Ergebnisse aus.
            Console.WriteLine("Im Pfad '" + path + "'...");
            Console.WriteLine("... sind " + amountOfFiles +
            " Dateien");
            Console.WriteLine("... sind " + files.Length +
            " exe-Dateien...");
            //Gib den formatierten Prozentwert aus.
            Console.WriteLine("... ... das sind " +
            percentage.ToString("0.00") + "% aller Dateien");
            Console.WriteLine("... ... mit einer Gesamtgröße
            von " + GetFormatedSize(sizeOfExe));
        }
    }
    Console.Read();
}

private static string GetPath() {
    bool pathOK = false;
    string path = "";

    while (!pathOK) {
        Console.WriteLine("Bitte geben Sie einen Pfad zur
        Analyse ein:");

        //der eingegebene Pfad
```

```
        path = Console.ReadLine();
        //Ermittle, ob eine Eingabe erfolgt ist.
        if (path == "")
            Console.WriteLine("Es wurde nichts eingegeben!");
        else
            pathOK = true; //Pfandangabe ist gültig; User
                           //muss nicht erneut gefragt werden.
    }
    return path;
}


private static DirectoryInfo GetDirectoryInfo(string path) {
    DirectoryInfo dirInfo = null;
    try {
        //Wenn Sie mit der Maus über den Konstruktor fahren,
        //sehen Sie im Tooltip, welche Fehler der Konstruktor
        //auslösen kann.
        dirInfo = new System.IO.DirectoryInfo(path);
    }
    catch (System.Security.SecurityException) {
        Console.WriteLine("Auf das Verzeichnis konnte aus
        Sicherheitsgründen nicht zugegriffen werden.");
    }
    catch (ArgumentNullException) {
        //Das sollte nicht möglich sein, da ein Pfad
        //wenigstens einen leeren String aufweist.
        //Falls er einen leeren String hat,
        //wurde das bereits vom Programm geprüft.
        Console.WriteLine("Fehlende Pfadangabe!");
    }
    catch (ArgumentException) {
        Console.WriteLine("Die Pfadangabe ist ungültig.
        Bitte überprüfen Sie das Eingabeformat.");
    }
    catch (System.IO.PathTooLongException) {
        Console.WriteLine("Der eingegebene Pfad ist zu lang.
        Bitte geben Sie einen kürzeren Pfad an.");
    }
    return dirInfo;
}
```

```
        private static string GetFormatedSize(long sizeOfExe) {
            double size = sizeOfExe;
            //Das sind die möglichen Werte.
            string[] suffix = new string[] { "Byte", "KB", "MB",
            "GB", "TB", "EB" };
            //der aktuelle Index des zu wählenden Suffix
            int index = 0;
            //solange der Index nicht außerhalb des Arrays liegt
            //und die Datei die Größe 1024 überschreitet
            while (size > 1024 && index < suffix.Length) {
                //Berechne die Größe mit dem neuen Wert.
                size = size / 1024;
                //Erhöhe den Index aufgrund der neuen Dimension
                index++;
            }
            //Bringe das Ergebnis in das richtige Format.
            return size.ToString("0.00") + suffix[index];
        }
    }
}
```

Aufgabe 3: Klasse implementieren

Das Testprogramm:

```
using System;

namespace FIFO {
    class Program {
        static void Main(string[] args) {
            //Testprogramm für die Fifo-Klasse
            Fifo myFifo = new Fifo(5);
            //Fülle die Fifo-Klasse
            myFifo.Push("Max");
            myFifo.Push("Franz");
            myFifo.Push("Fritz");
            myFifo.Push("Heinrich");
            myFifo.Push("Georg");

            Console.WriteLine(myFifo.Pop());    //Lies Max
            Console.WriteLine(myFifo.Pop());    //Lies Franz
```

```
            //noch einen Wert einfügen
            myFifo.Push("Michael");
            //alles auslesen
            while (myFifo.CurrentIndex > 0)
                Console.WriteLine(myFifo.Pop());

            Console.Read();
        }
    }
}
```

Die Klasse: Die Push-Methode ist gegenüber dem FILO unverändert.

```
using System;
using System.Collections.Generic;
using System.Linq;
using System.Text;

namespace FIFO {
    class Fifo {
        //das Array, das die Daten enthält
        private string[] data;
        //der Index des aktuellen Elements
        private int currIndex;

        /// <summary>
        /// Der Konstruktor. Initialisiert die Fifo-Klasse
        /// mit der Größe.
        /// </summary>
        /// <param name="size">Die Größe, die die Fifo-Klasse
        /// erhalten soll.</param>
        public Fifo(int size) {
            data = new string[size];
        }

        /// <summary>
        /// Gibt den aktuellen "Füllstand" zurück. Also den Index
        /// des aktuellen Elements.
        /// </summary>
        public int CurrentIndex {
            get {
```

```
        return currIndex;
    }
}


/// <summary>
/// Gibt die maximale Anzahl der Einträge, die
/// im aktuellen Fifo-Objekt erlaubt sind, zurück.
/// </summary>
public int SizeOfFifo {
    get {
        return data.Length;
    }
}


/// <summary>
/// Diese Methode fügt einen Namen in den Stack ein,
/// falls er noch nicht voll ist.
/// Falls der Stack bereits voll ist, wird ein Fehler
/// ausgelöst.
/// </summary>
/// <param name="name"> Der Name der eingefügt werden
/// soll.</param>
public void Push(string name) {
    //Prüfe, ob das Array nicht bereits voll ist.
    if (currIndex < data.Length) {
        //Setze das aktuelle Element im Array
        //und erhöhe anschließend den Index.
        data[currIndex] = name;
        currIndex++;
    }
    else
        throw new IndexOutOfRangeException("FIFO ist voll!");
}


/// <summary>
/// Diese Methode gibt einen Namen vom Stack zurück und
/// verkleinert den Index.
/// Falls der Stack bereits leer ist, wird ein Fehler
/// ausgelöst.
/// </summary>
```

```
        /// <returns>Der zuerst zum Stack
        /// hinzugefügte Name.</returns>
        public string Pop() {
            //Prüfe, ob der Stack nicht bereits leer ist.
            if (currIndex > 0) {
                //Verkleinere den Index (da das Element jetzt
                // "leer" ist).
                currIndex--;
                //Lies das erste Element.
                string item = data[0];
                //Verschiebe jetzt alle anderen Elemente um
                //eine Position nach vorne.
                for (int i = 1; i <= currIndex; i++)
                    data[i - 1] = data[i];

                return item;
            }
            else
                throw new IndexOutOfRangeException("Keine Daten im
                FIFO");
        }
    }
}
```

Aufgabe 4: Klasse implementieren

Das Testprogramm:

```
using System;

namespace Cap6Exercise4PriorityQueue {
    class Program {
        static void Main(string[] args) {
            PriorityQueue queue = new PriorityQueue(5);
            queue.Push("Max", 5);
            queue.Push("Fritz", 10);
            queue.Push("Henry", 1);
            queue.Push("Bill", 5);
            queue.Push("Bernhard", 9);
            //Die erwartete Ausgabe ist:
            //Henry, Max, Bill, Bernhard, Fritz.
```

```
        //Max vor Bill; zwar haben beide gleiche Priorität,
        //allerdings wurde Max vorher hinzugefügt.
        while (queue.CurrentIndex > 0)
            Console.WriteLine(queue.Pop());

        Console.Read();
      }
    }
}
```

Die Klasse:

```
using System;

namespace Cap6Exercise4PriorityQueue {
    /// <summary>
    /// Die Implementierung sieht aus wie folgt:
    /// Das Element mit der höchsten Priorität ist im Array an
    /// Position 0.
    /// Je höher der Array-Index, desto niedriger die Priorität.
    /// </summary>
    class PriorityQueue {
        //Zur Information: Sie können zwei Arrays nutzen oder ein
        //Array mit einer definierten Struktur.

        //das Array, das die Daten beinhaltet
        private string[] data;
        //ein weiteres Array, in dem die Priorität
        //festgehalten wird
        private int[] priorities;

        //der Index des aktuellen Elements
        private int currIndex;

        /// <summary>
        /// Der Konstruktor initialisiert die Fifo-Klasse
        /// mit der gewünschten Größe.
        /// </summary>
        /// <param name="size">Die Größe, die die Fifo-Klasse
        /// erhalten sollte</param>
        public PriorityQueue(int size) {
```

```
        data = new string[size];
        priorities = new int[size];
    }

    /// <summary>
    /// Erhält den aktuellen "Füllstand"-Index.
    /// </summary>
    public int CurrentIndex {
        get {
            return currIndex;
        }
    }

    /// <summary>
    /// Erhält die maximale Anzahl der Einträge, die in
    /// dieser Warteschlange erlaubt sind.
    /// </summary>
    public int SizeOfQueue {
        get {
            return data.Length;
        }
    }

    /// <summary>
    /// Diese Methode fügt ein Element in die Warteschlange ein
    /// (falls diese noch nicht voll ist).
    /// Falls die Warteschlange bereits voll ist, wird
    /// ein Fehler ausgelöst.
    /// </summary>
    /// <param name="name">The name to push into the
    /// queue.</param>
    /// <param name="priority">Die Priorität des
    /// Elements</param>
    public void Push(string name, int priority) {
        //Prüfe, ob der Stack nicht bereits voll ist.
        if (currIndex < data.Length) {
            //Suche die Position, an der das Element
            //eingefügt werden soll.
            //Die richtige Position ist die Position,
            // an der die Priorität des vorhandenen
```

```
        //Elements höher ist als die des
        //einzufügenden Elements.
        bool posFound = false;
        int index = 0;
        while (!posFound && index < currIndex) {
            if (priorities[index] > priority)
                posFound = true;
            else
                index++;
        }

        //Füge nun den Namen an dieser Positon ein.
        //"Einfügen" bedeutet hier: Verschiebe jedes
        //Element ab hier bis zum Ende
        //eine Position nach rechts.
        for (int i = currIndex; i > index; i--) {
            //Verschiebe die Daten UND die Prioritäten.
            data[i] = data[i - 1];
            priorities[i] = priorities[i - 1];
        }

        //Erhöhe den Index und setze das neue Element
        //an die Index-Position.
        currIndex++;
        data[index] = name;
        priorities[index] = priority;
    }
    else
        throw new IndexOutOfRangeException("Die
        Warteschlange ist bereits voll!");
}


/// <summary>
/// Diese Methode gibt eine Zahl vom Stack zurück
/// und verringert den Index.
/// Falls der Stack bereits leer ist, wird eine
/// exception ausgelöst.
/// </summary>
/// <returns>Das Element mit der
```

```
        /// höchsten Priorität</returns>
        public string Pop() {
            //Prüfe, ob der Stack nicht bereits leer ist.
            if (currIndex > 0) {
                //Verkleinere den Index, weil das Element
                //jetzt »leer« ist.
                currIndex--;
                //Lies das erste Element.
                string item = data[0];
                //Verschiebe nun alle Elemente eine Positon
                //weiter nach vorne.
                for (int i = 1; i <= currIndex; i++) {
                    data[i - 1] = data[i];
                    priorities[i - 1] = priorities[i];
                }

                return item;
            }
            else
                throw new IndexOutOfRangeException("Keine Daten im
                FIFO.");
        }
    }
}
```

A.2.7   Kapitel 7: Fortgeschrittene und ereignisbasierte Konzepte

```
class Human {
    public string Firstname { get; set; }
    public string Lastname { get; set; }

    public string GetFullname() {
        return Firstname + " " + Lastname;
    }
    public virtual string GetInfo() {
        return this.GetFullname();
    }
}


class Student : Human {
```

```
    public int Number { get; set; }
    public string College { get; set; }
    public override string GetInfo() {
        // String.Format ermöglicht das Zusammensetzen verschiedener Texte
        string ret = String.Format("{0} ({1} studiert an der {2})",
            base.GetInfo(),
            this.Number,
            this.College);
        return ret;
    }
}
```

A.2.8   Kapitel 8: Notepad selbst gemacht

Hinzufügen der Fehlerbehandlung (einfache Variante ohne verschiedene Fehlertypen):

```
private void speichernUnterToolStripMenuItem_Click(
object sender, EventArgs e) {
    //Speichern-Dialog öffnen und auf OK abfragen. Nur dann wird
    //gespeichert.
    if (saveFileDialog1.ShowDialog() == DialogResult.OK) {
        //Pfad zur selektierten Datei vom Dialog abfragen
        string filename = saveFileDialog1.FileName;

        //Text in die Datei schreiben
        try {
            System.IO.File.WriteAllText(filename, txtText.Text);
        }
        catch (Exception) {
            MessageBox.Show("Es ist ein Fehler aufgetreten.");
        }
    }
}

private void öffnenToolStripMenuItem_Click(
object sender, EventArgs e) {
    //Öffnen-Dialog öffnen und auf OK abfragen
    if (openFileDialog1.ShowDialog() == DialogResult.OK) {
        //gewählten Dateinamen auslesen
        string filename = openFileDialog1.FileName;
```

```
        try {
            //Inhalt der Datei in das Textfeld schreiben
            this.txtText.Text = System.IO.File.ReadAllText(filename);
        }
        catch (Exception) {
            MessageBox.Show("Die Datei konnte nicht geladen werden.");
        }
    }
}
```

A.2.9 Kapitel 9: Gekonnt grafische Anwendungen erstellen

Das Programm ist bereits vorhanden. Es ist nicht nötig, den Programmcode erneut abzutippen. Ich hoffe, Sie haben noch ein paar Ideen, was Sie im Programm erweitern möchten, und tun dies.

A.2.10 Kapitel 10: So gestalten Sie Benutzeroberflächen

Haben Sie Ihr persönliches Programm gefunden, das Sie verbessern möchten und dies auch erfolgreich getan? Als Beispiel hier ein Dialog aus *Windows Mail*. Das ist der Standard-E-Mail-Client, der bei Windows mitgeliefert wird. Wenn Sie eine neue Nachricht erstellen, können Sie Adressen aus dem Adressbuch wählen. Der Dialog hierzu ist in Abbildung A.1 dargestellt. Der Dialog ist nicht schlecht, er ist klar strukturiert und einfach zu bedienen. Allerdings möchte ich folgende Punkte aus meiner persönlichen Sicht verbessern:

▶ Der linke Bereich, in dem die Adressen erscheinen, ist zu schmal. Wichtige Informationen werden nicht dargestellt, und der Benutzer muss scrollen.

▶ Der rechte Bereich mit den gewählten Empfängern nimmt zu viel Platz ein. Es gibt selten so viele Empfänger.

▶ Ich kann nur vorhandene Empfänger aufnehmen. Es ist nicht möglich, dass ich zusätzlich E-Mail-Adressen einfach als Empfänger hinzufüge, ohne dass diese im Adressbuch angelegt werden. Die Boxen rechts sind nämlich Listen und keine Textfelder. Es ist daher nicht möglich, hier etwas einzugeben.

Abbildung A.2 zeigt die abgeänderte Benutzeroberfläche. Es lässt sich natürlich darüber streiten, ob diese Änderung nun schöner oder nicht so schön ist. Allerdings sind die oben angeführten Schwachpunkte der alten Benutzeroberfläche nicht mehr vorhanden.

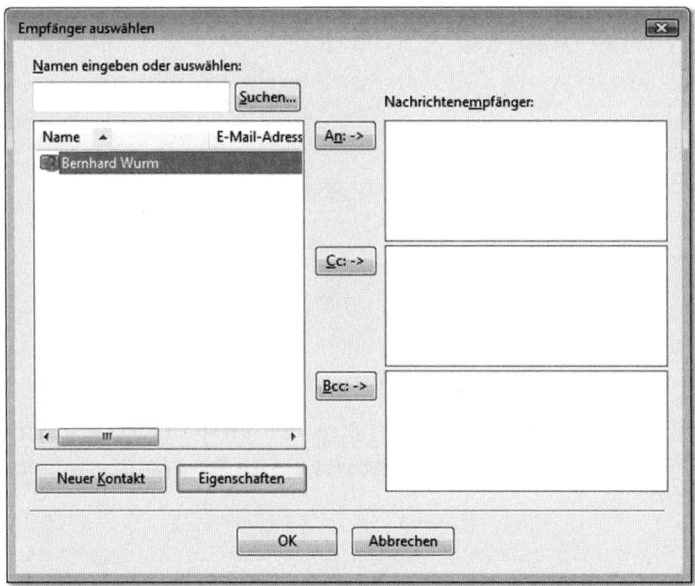

Abbildung A.1 In Windows Mail wählen Sie mit diesem Dialog Empfänger aus dem Adressbuch aus.

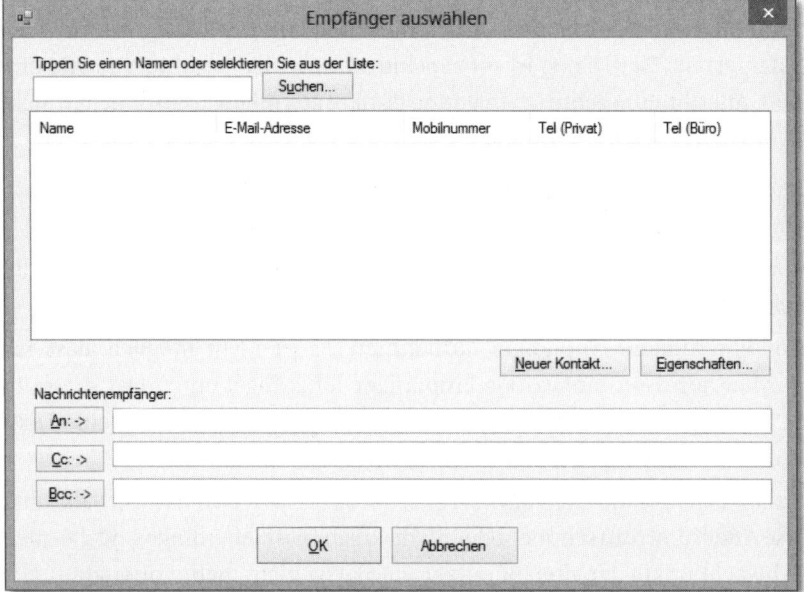

Abbildung A.2 Verbesserter Adressdialog

Da ich den rechten Bereich nach unten verschoben habe, ist nun mehr Platz für die Liste, und es ist zusätzlich die MOBILNUMMER Teil der Adressliste. Bei AN, CC und BCC handelt es sich nun um Textfelder und nicht mehr um Listen. Mehrere Adressen werden einfach nacheinander dargestellt. Dadurch wird Platz gespart, und es ist auch möglich, einzelne Adressen einzugeben.

A.2.11 Kapitel 11: Tipps zum Finden von Fehlern

Auch bei dieser Aufgabe kann keine Musterlösung geboten werden. Sehen Sie die Aufgabe als Werkzeug, das Ihnen helfen wird, Fehler einfacher zu finden.

A.2.12 Kapitel 12: Was ist noch hilfreich?

Ich kann Ihnen keine Lösung zu dieser Aufgabe geben, da Sie selbst Ihre Ideen haben und diese bewerten müssen. Mein Appell an Sie ist, dass Sie Ihre Ideen für Computerprogramme abwägen und wenn bereits sehr gute Lösungen bzw. Programme existieren, sollten Sie in Betracht ziehen, eine andere Idee umzusetzen anstatt Ihre Energie in ein Programm zu investieren, für das bereits sehr gute Alternativen existieren.

A.2.13 Kapitel 13: War das schon alles?

Aufgabe 1: Wortvorkommen im Satz mittels LINQ zählen

```
using System;
using System.Linq;
using System.Collections.Generic;

namespace WordCountLambda {
    class Program {
        static void Main(string[] args) {
            //Der User sollte eine Eingabe machen.
            Console.WriteLine("Bitte geben Sie einen Satz ein:");
            //Lies den eingegebenen Text.
            string text = Console.ReadLine();

            //Die zu verwendenden Trennzeichen:
            char[] splitChars = new char[] { '.',
            ',', ';', '?', '!', ' ' };
```

```
        //Mache aus allen Buchstaben Kleinbuchstaben.
        text = text.ToLower();

        //Trenne den Text mit einer StringSplitOption.
        //Diese Option verhindert, dass wir leere Elemente
        //im Array erhalten.
        string[] words = text.Split(splitChars,
        StringSplitOptions.RemoveEmptyEntries);

        //Hole jedes einzelne Wort genau einmal.
        //Distinct gibt ein Wort, das mehrfach vorhanden
        //ist, nur einmal zurück.
        IEnumerable<string> items = words.Distinct();

        //Gib das Ergebnis aus.
        foreach(string word in items){
            //Zähle, wie oft das hier nur einmal
            //vorliegende Wort insgesamt vorhanden ist.
            //Zähle also die Anzahl der Wörter, die
            //identisch mit dem hier einzeln vorliegenden
            //Wort sind.
            int amount = words.Count(item => item == word);
            Console.WriteLine(word + " (" + amount + "x)");
        }

        Console.Read();
      }
    }
}
```

Aufgabe 2: Diagramm mittels LINQ

```
using System;
using System.Collections.Generic;
using System.Linq;
using System.Text;

namespace DiagramLINQ {
    class Program {
        static void Main(string[] args) {
            Console.WriteLine("Willkommen zu meinem ersten Programm.");
```

```
        //Lies die Zeichen, die der User eingeben muss.
        char myCharacter = GetCharacter();

        //Lies die Zahlen, die der User eingeben muss.
        int[] myNumbers = GetNumbers();

        //Gib das Diagramm mit den eingegebenen Daten aus.
        PrintDiagram2(myCharacter, myNumbers);

        Console.WriteLine("Drücken Sie eine beliebige Taste zum
        Verlassen des Programms.");
        Console.Read();
    }

    static char GetCharacter() {
        Console.WriteLine("Bitte geben Sie ein Zeichen ein,
        welches für die Anzeige verwendet werden soll:");
        //Lies die gesamte Zeile (sollte nur ein Zeichen sein).
        string line = Console.ReadLine();
        //Lies das Zeichen – es ist das erste der Zeile.
        char c = line[0];
        return c;
    }

    static int[] GetNumbers() {
        Console.WriteLine("Bitte geben Sie die Diagrammwerte ein:");
        string line = Console.ReadLine(); //Lies die gesamte Zeile.

        // Nimm die einzelnen Zahlen durch Trennen des Textes
        // an den Trennzeichen (z.  B. Leerzeichen,
        // Semikolon, Komma).
        char[] splitSymbols = new char[] { ' ', ';', ',' };
        //Die getrennten Zahlen werden als Text behandelt.
        string[] singleNumbers = line.Split(splitSymbols,
        StringSplitOptions.RemoveEmptyEntries);

        //Konvertiere die "Text-Zahlen" zu richtigen Zahlen.
        //Die Größe des Arrays, das die Zahlen enthält,
        //ist genau so groß, wie die Menge der "Text-Zahlen"
        //Dies kann auch mit LINQ geschrieben werden.
        var myNumbers = from item in singleNumbers
```

```
                            select int.Parse(item);
                return myNumbers.ToArray();
        }


        static void PrintDiagram2(char character, int[] numbers) {
            //die Menge der auszugebenden Spalten
            int columnsCount = numbers.Length;
            //Die Menge der auszugebenden Zeilen entspricht
            //dem Wert der größten Zahlen.
            //Ermittle die Zeilen-Anzahl durch Aufruf
            //einer Hilfsmethode.
            int rowsCount = GetMaxNumber(numbers);

            //Für jede zu druckende Zeile:
            for (int row = rowsCount; row > 0; row--) {
                //Prüfe, ob das Zeichen gedruckt werden muss.
                for (int column = 0; column < columnsCount; column++) {
                    //Prüfe, ob die Zahl groß genug zum
                    //Drucken ist.
                    if (numbers[column] >= row)
                        //Wenn die Zahl gleich groß oder
                        //größer ist, dann gib das Zeichen aus.
                        Console.Write(character);
                    else
                        //Die Zahl ist nicht gleich groß
                        //oder größer -> gib ein Leerzeichen aus.
                        Console.Write(' ');
                }

                Console.WriteLine();    //Reihe beendet ->
                                        //beende die Zeile.
            }
        }


        static int GetMaxNumber(int[] numbers) {
            return numbers.Max(); //Diese ganze Methode kann durch
                                  //einen einzigen Methodenaufruf
                                  //ersetzt werden.
        }

    }
}
```

Anhang B
Literaturverzeichnis

Cuber, Ulrich. (2007). *Visual C# – Der umfassende Einstieg.* Galileo Press. Video-Training auf DVD. *http://www.galileocomputing.de/katalog/buecher/titel/gp/titelID-1616*

Fowler, M. (2003). Patterns of Enterprise Application Architecture. Addison-Wesley.

Gammer, Erich, R. H. (1995). *Design Patterns – Elements of Reusable Object-Oriented Software.* Addison-Wesley.

Gunnerson, Eric. (2001). *C sharp – Tutorial und Referenz.* Galileo Press.
Der Titel ist als vollständige HTML-Version auf der Webseite von Galileo Press abrufbar. Abgerufen am 15.11.2009. *http://openbook.galileocomputing.de/csharp/*

Microsoft (2008). *C# enum.* Abgerufen am 25.09.2008 von msdn.microsoft.com: *http://msdn.microsoft.com/de-de/library/sbbt4032(VS.80).aspx*

Microsoft (27.10.2009). Codeplex. Abgerufen am 15.11.2009 von Codeplex: *http://www.codeplex.com/*

Microsoft Corporation (2008). *Visual C# Sprachkonzepte.* Abgerufen am 11.5.2008 von Datentypen (C# und Java im Vergleich): *http://msdn.microsoft.com/de-de/library/ms228360.aspx*

Microsoft Corporation (2008). *Value Types Table (C# Reference).* Abgerufen am 24.5.2008 von Value Types Table (C# Reference): *http://msdn.microsoft.com/en-us/library/bfft1t3c.aspx*

Microsoft (2003). Enterprise Solution Patterns using Microsoft.NET. Microsoft.

Microsoft (2008). Parallel Computing Developer Center. Abgerufen am 9.10.2008 von msdn: *http://msdn.microsoft.com/en-us/concurrency/default.aspx*

Microsoft (2008). Visual Studio Express. Abgerufen am 15.11.2009 von Visual Studio Express: http://www.microsoft.com/express/

Microsoft (30.6.2009). Windows User Experience Interaction Guidelines. Abgerufen am 15.11.2009 von http://msdn.microsoft.com/en-us/library/aa 511258.aspx

Microsoft (2008). C# Programme für Windows 7 Webcasts. Abgerufen am 25.9.2008. *http://www.microsoft.com/germany/MSDN/webcasts/library.aspx?id=1032427526*

Microsoft (2008). Die Enterprise Library. Abgerufen am 25.9.2008. *http://www.codeplex.com/entlib*

Microsoft (2009). Entwicklerreferenz für C#. Abgerufen am 15.11.2009. *http://msdn.microsoft.com/de-de/vcsharp/default.aspx*

Microsoft (2009). Informationen rund um die ASP.NET Webentwicklung. Abgerufen am 25.9.2009. *http://www.asp.net*

Microsoft (2009). Open-Source-Plattform mit vielen nützlichen Projekten. Abgerufen am 15.11.2009. *http://www.codeplex.com/*

Microsoft. Informationen über die Zukunft von C#. Abgerufen am 15.11.2009. *http://code.msdn.microsoft.com/csharpfuture*

nunit.org (2007). NUnit. Abgerufen am 15.11.2009 von NUnit: http://www.nunit.org

Tigris.org (n.d.). *Subversion.Tigris.org*. Abgerufen am 9.10.2008 von Tigris.org: *http://subversion.tigris.org/*

Index

- Spracheinführung, Objektorientierung, Programmier-
techniken

- Windows-Programmierung
mit der WPF

- Inkl. LINQ, Task Parallel Library
(TPL), ADO.NET und Entity
Framework

Andreas Kühnel

Visual C# 2012

Das umfassende Handbuch

Der ideale Begleiter für Ihre tägliche Arbeit mit Visual C# 2012! In diesem Buch
finden Sie geballtes C#-Wissen: von den Sprachgrundlagen und der
Objektorientierung über Klassendesign, LINQ und Multithreading bis zur
Oberflächenentwicklung mit WPF und der Datenbankanbindung mit ADO.NET
und Entity Framework. Typische Praxisbeispiele helfen Ihnen jeweils bei der
Umsetzung.

1.400 S., 6. Auflage, mit DVD, 49,90 Euro
ISBN 978-3-8362-1997-6
www.galileocomputing.de/3243

Galileo Press

Thomas Theis

Einstieg in Visual C# 2012
Ideal für Programmiereinsteiger geeignet

Schritt für Schritt und mit vielen verständlichen Beispielen erfahren Sie in diesem Buch alles, was Sie über C# wissen müssen: von den Sprachgrundlagen und der objektorientierten Programmierung bis zu Datenbank- und Internetanwendungen. So werden Ihnen Ihre ersten Programme sicher gelingen!

581 S., 2. Auflage 2013, mit DVD,
24,90 Euro, ISBN 978-3-8362-1960-0
www.galileocomputing.de/3189

Patric Boscolo

Video-Training:
Visual C# 2012
Das umfassende Training

Ihr Trainer zeigt Ihnen Film für Film, wie Sie mit C# und Visual Studio eigene Windows-Programme, grafische Benutzeroberflächen und Datenbank-Anwendungen programmieren. Sie lernen zudem, wie Sie wichtige .NET-Klassen in der Praxis einsetzen und Windows Store Apps entwickeln!

DVD, Windows, Mac und Linux,
12 Stunden Spielzeit, 39,90 Euro
ISBN 978-3-8362-1974-7, Januar 2013
www.galileocomputing.de/3206

Das gesamte Buchprogramm: www.galileocomputing.de

Matthias Geirhos

Professionell entwickeln mit Visual C# 2012

Das Praxisbuch

Sie beherrschen C#, möchten aber gerne noch effizienter entwickeln? In diesem Buch finden Sie eine Vielzahl an Dos & Don'ts, mit denen Sie alle Phasen Ihres Projekts sicher meistern: OOA & OOD, GUIs, TPL und Multithreading, Code Smells, WCF, ADO.NET, Workflow Foundation, Unit Tests, Softwarepflege, Deployment u.v.m.

ca. 950 S., 2. Auflage, mit CD, 49,90 Euro
ISBN 978-3-8362-1954-9, Dezember 2012
www.galileocomputing.de/3175

Thomas Claudius Huber

Windows Presentation Foundation 4.5

Das umfassende Handbuch

Geballtes Wissen zum Grafik-Framework von .NET! Ob Grundlagen, XAML, GUI-Entwicklung, Datenbindung, Animationen, Multimedia oder Migration - hier finden Sie auf jede Frage eine Antwort! Grundkenntnisse in C# vorausgesetzt, ist dieses Buch sowohl zum Einstieg als auch als Nachschlagewerk optimal geeignet.

1.270 S., 3. Auflage, mit DVD und Referenzkarte, 49,90 Euro
ISBN 978-3-8362-1956-3
www.galileocomputing.de/3179

Thomas Theis

Einstieg in WPF 4.5

Grundlagen und Praxis

Der praktische Schnelleinstieg für alle, die WPF kennenlernen und schnell produktiv einsetzen möchten. Sie erfahren, wie Sie GUIs entwickeln, Grafiken und Animationen erstellen, Multimediadateien einbinden, mit Dokumenten arbeiten u.v.m. Inkl. Umstieg von Windows Forms und Einführung in Windows Store Apps

525 S., 2. Auflage 2013, mit DVD, 29,90 Euro, ISBN 978-3-8362-1967-9
www.galileocomputing.de/3214

Leseprobe im Web!

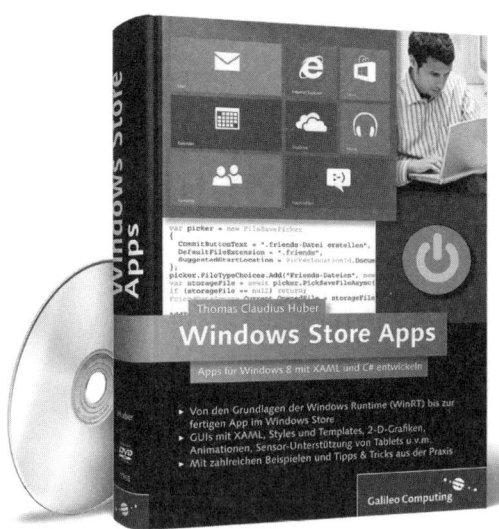

Torsten T. Will

414 S., 2012, 29,90 Euro
ISBN 978-3-8362-1732-3
www.galileocomputing.de/2824

C++11 programmieren

60 Techniken für guten C++11-Code

Dieses Buch behandelt die wesentlichen
Neuerungen in Sprachkern und
Standardbibliothek. Die Kapitel folgen
einem strengen Prinzip: Hintergrund und
Erklärung, Beispielcode, Interaktion und
Vernetzung mit weiteren C++-Neuerungen
und schließlich das Mantra, dass das
Gelernte auf den Punkt bringt.

Jürgen Wolf

1247 S., 2. Auflage 2009, mit CD,
39,90 Euro, ISBN 978-3-8362-1429-2
www.galileocomputing.de/2156

C++ von A bis Z

Das umfassende Handbuch

Dieses Buch bietet einen sehr
ausführlichen Einstieg in die Sprache C++
und die Objektorientierung. Darüber
hinaus enthält es Kapitel zu Profi-
Themen, wie Socket- und Cross-Plattform-
Entwicklung oder GUI- und Multimedia-
Programmierung. Es ist ein unent-
behrlicher Begleiter in Studium
und Beruf.

- Finde heraus, wie Du objektorientiert programmieren kannst

- Bewege Dich sicher in Deiner C++-Bibliothek

- Und alles auf dem neuesten C++11-Standard

Dieter Bär

Schrödinger programmiert C++

Das etwas andere Fachbuch

Schrödinger ist unser Mann fürs Programmieren. Er kann schon was, aber noch nicht C++. Schlau ist er, auch neugierig, aber zuweilen ungeduldig und etwas chaotisch. Er hasst Katzen und liebt WoW. Eigentlich der perfekte Partner, um endlich mal gründlich C++ zu lernen.

Zum Buch: Ein Traum! Die volle Packung C++. Die nötige Theorie, viele Hinweise und Tipps [im Büro], Unmengen von gutem, aber auch schlechtem Code, der verbessert und repariert werden will [in der Werkstatt] mit viel Kaffee und Übungen und den verdienten Pausen [zuhause im Wohnzimmer]. Und mittendrin ist Schrödinger, und natürlich du!

688 S., 2012, komplett in Farbe, 49,90 Euro
ISBN 978-3-8362-1756-9
www.galileocomputing.de/2853
www.schroedinger-programmiert.de

Galileo Press

Thomas Theis

Einstieg in Python
Ideal für Programmieranfänger geeignet

Python lernen leicht gemacht! Schritt für Schritt entwickeln Sie ein eigenes Spiel und lernen dabei alles, was Sie wissen müssen: von den Grundlagen der Programmierung bis zur Oberflächen-, Datenbank- und Internetentwicklung. Gut verständliche Erklärungen sorgen dafür, dass Ihnen der Einstieg sicher gelingt!

442 S., 3. Auflage 2011, mit CD,
24,90 Euro, ISBN 978-3-8362-1738-5
www.galileocomputing.de/2640

Johannes Ernesti, Peter Kaiser

Python 3
Das umfassende Handbuch

Für Einsteiger und fortgeschrittene Python-Programmierer die erste Wahl! Sprache, Standardbibliothek und Profi-Themen werden ausführlich beschrieben. Darüber hinaus wird auf die wesentlichen Unterschiede zwischen Python 3 und früheren Versionen eingegangen.

985 S., 3. Auflage 2012, mit CD,
39,90 Euro, ISBN 978-3-8362-1925-9
www.galileocomputing.de/3123